法 学 阶 梯
INSTITUTIONES
普通高等教育**法学规划教材**

民事证据法

张卫平 著

法律出版社
始创于1954年

www.lawpress.com.cn
好书,同好老师和好学生分享

出 版 说 明

法律出版社在其奋进发展的六十年光辉历程中，秉精诚之心，集全社之力，服务于我国法学教育事业，致力于法学教材出版。尤其在改革开放三十余年间，本社以“传播法律信息，推进法制进程，积累法律文化，弘扬法治精神”为宗旨，协同司法部法学教材编辑部，规划并组织出版了国家“八五”、“九五”期间的法学规划教材，为我国改革开放之初的法学教育和法治建设做出了开创性贡献；进入21世纪之后，法律出版社又根据教育部的部署和指导，相继规划并组织出版了“十五”、“十一五”和“十二五”法学规划教材，为我国法学教育事业的发展与改革付出了艰辛努力。

承蒙法学教育领域专家作者的信任，以及广大法律院校师生的支持，法律出版社经过三十年的发展与积累，相继出版各类法学教材达四百余种。在学科范围方面，完成以法学核心课程为重心，涉及法学诸学科的“全品种”横向结构；在培养层次方面，健全以本科教育为根本，兼顾职业教育和研究生教育的“多层次”纵向结构，进而打造“法律版”法学教科书体系，以期更好地为法学教育服务，为法治建设贡献绵薄之力。

近年来，法律出版社应因法学教育的发展变化，在教材编写体例及系列安排方面做出相应调整。在教材编写体例方面，结合当前教学实际与培养方案，将系统、全面的理论知识讲授与灵活、丰富的法律实践和能力训练相结合，倡导教材内容差异化，增加教材可读性，以期更好地培养法科学生的思维能力和法学素养。在教材系列安排方面，全力推进新品教材编写与注重既有教材修订相结合，根据教材风格与特色进行适当的套系整合，集中现有的国家级规划教材和在编的规划教材，形成以“普通高等教育法学规划教材”为名的全新教材系列。

本系列教材多为出版多年并广受好评的经典教科书。此次全新推出，既是向长期以来关心支持法学教育出版事业的专家作者的崇高致敬，也是法律出版社为中国当代法学教育事业发展拳拳努力之情的真诚表达。法律出版社将以高度的精品意识和质量标准，不断丰富、完善本系列教材的结构和内容；除教材文本之外，还将配有多层次、多形式的教辅材料，更好地为广大师生服务。

“好书，同好老师和好学生分享”，法律出版社愿与法律共同体诸同仁，分享好书，分享智识，分享法治进程中的点点滴滴！

法律出版社　谨识
2014年10月

作 者 简 介

张卫平　山东莱芜人,1979 年考入西南政法学院法律系,1986 年研究生毕业留校执教;1993 年从讲师直接破格晋升为教授,同年赴日本分别在东京大学法学部和一桥大学法学部学习;1996 年获得博士生导师资格,同年成为国务院特殊津贴获得者,并入选国家百千万人才工程。

1999 年年初调清华大学法学院任教至今。曾任《现代法学》、《清华法学》杂志主编。现为清华大学法学院教授、博士生导师、诉讼法学科带头人,中国法学会常务理事、中国法学会学术委员会委员、中国民事诉讼法学研究会会长、中国检察学研究会副会长、中国仲裁法学研究会副会长、最高人民检察院咨询委员,北京市高校教育名师。

个人独著十五部,合作著作四十七部,学术论文一百八十篇,其中,核心期刊发表学术文章九十余篇,法学类核心期刊七十余篇。讲授课程“民事诉讼法”为国家精品课程。

教材说明及致谢

1. 关于民事证据规范,虽然没有一部专门的法典加以规定,但在民事诉讼法和相关的法律以及司法解释中均有诸多规定。这些规定构成了我国的民事证据规范。如何正确理解或解释这些有关民事证据的法律规范涉及民事证据的原理问题。本教材试图从民事证据原理的角度阐明民事证据规范和民事证据运用的基本原理。

2. 应当承认,与刑事证据法相比,民事证据法在理论研究尚有一定的差距,在一般理论的阐释和教学方面也是如此。市面上大部分有关证据法的教材都是以刑事证据为主。刑事诉讼证据法与民事证据法及理论都有很大的差异。为了弥补这一不足,我们推出了这一部集中阐释民事证据法原理的教材。

3. 本教材是民事证据领域中第一部关于民事证据法的个人教材。该教材结合我国最新的民事证据规范,根据最新的理论研究成果和资料,试图深入浅出地阐明民事证据的基本原理。

4. 为了强调民事证据原理的实际运用,我们在教材的体例上设置了"案例与分析"栏目,以提升阅读者的具体分析和运用的能力,尽量做到理论与实践的结合。除此之外,在体例上,我们还设置了"知识扩展",以便读者更多地了解域外相关的制度和理论,以扩大读者的视野。这也是本书的一大特点。

5. 本书作者有着多年讲授民事证据法的经历与经验。本书是作者长期关于民事证据理论研究和实践经验的总结,反映了作者对民事证据法原理的深入思考。同时,也必须承认,由于本书是初版,其中一定存有诸多不足之处,也希望读者能够予以指正,使本教材能够不断改进。

6. 本教材适合本科生、研究生以及对民事证据法理论有兴趣的实务工作者学习民事证据法之用。我们期望能够通过本教材进一步推动我国民事证据法的教学、研究和实务工作。

7. 博士研究生曹建军同学收集了本教材中的案例,并撰写了案例评析。曹建军、曹云吉、吴沣桦、拉提帕、余孙俐、韩梅君同学对本书文稿进行了认真的校对,在此,对他们表示感谢。

最后,还要感谢本书责编刘琳女士对本书编辑工作的辛勤付出。感谢法律出版社教育分社对本书出版的大力支持。

2017 年 5 月 15 日

于清华大学荷清苑无忧斋

本书常用法律文件及缩略语

法律文件	缩略语
《中华人民共和国民事诉讼法》	《民事诉讼法》
《最高人民法院关于适用〈中华人民共和国民事诉讼法〉的解释》	《民诉法司法解释》
《中华人民共和国民事诉讼法(试行)》	《民事诉讼法(试行)》
《最高人民法院关于民事诉讼证据的若干规定》	《民事证据规定》
《最高人民法院关于适用〈中华人民共和国民事诉讼法〉若干问题的意见》	《民诉法适用意见》

目　录

第一章　民事证据法引论 ……………………………………………………………（ 1 ）
　第一节　民事证据法概述 ……………………………………………………………（ 1 ）
　第二节　关于制定统一证据法或部门证据法 ………………………………………（ 3 ）
　第三节　证据法学 ……………………………………………………………………（ 5 ）
　第四节　英美法系民事证据法与大陆法系民事证据法 ……………………………（ 7 ）
　第五节　民事证据法中的当事人主义与职权探知主义 ……………………………（ 9 ）

第二章　证据及相关概念 ………………………………………………………………（ 15 ）
　第一节　证据的概念与特征 …………………………………………………………（ 15 ）
　第二节　证据能力 ……………………………………………………………………（ 17 ）
　第三节　证据的证明力 ………………………………………………………………（ 18 ）
　第四节　证据的学理分类 ……………………………………………………………（ 20 ）
　第五节　证据的法定种类 ……………………………………………………………（ 22 ）

第三章　书证 ……………………………………………………………………………（ 28 ）
　第一节　书证的概念与特征 …………………………………………………………（ 28 ）
　第二节　文书的种类 …………………………………………………………………（ 29 ）
　第三节　书证的证据能力与书证的证明力 …………………………………………（ 30 ）
　第四节　书证的提出与书证(文书)提出义务制度 …………………………………（ 31 ）
　第五节　文书真伪确认之诉 …………………………………………………………（ 42 ）

第四章　证人证言 ………………………………………………………………………（ 49 ）
　第一节　证人证言概述 ………………………………………………………………（ 49 ）
　第二节　证人的义务 …………………………………………………………………（ 51 ）
　第三节　证人的权利 …………………………………………………………………（ 54 ）
　第四节　证人的申请与证人调查 ……………………………………………………（ 55 ）

第五章　视听资料与电子数据 …………………………………………………（66）
第一节　视听资料 ………………………………………………………………（66）
第二节　电子数据 ………………………………………………………………（67）

第六章　鉴定意见 ………………………………………………………………（77）
第一节　概述 ……………………………………………………………………（77）
第二节　鉴定的类型 ……………………………………………………………（78）
第三节　诉讼外鉴定（私鉴定）、专家辅助人及专家意见等…………………（80）
第四节　鉴定申请与鉴定人 ……………………………………………………（83）
第五节　鉴定意见的质证 ………………………………………………………（85）
第六节　鉴定费用、标准及负担…………………………………………………（85）
第七节　关于重复鉴定 …………………………………………………………（86）

第七章　当事人陈述、物证与勘验笔录…………………………………………（89）
第一节　当事人陈述 ……………………………………………………………（89）
第二节　物证 ……………………………………………………………………（94）
第三节　勘验笔录 ………………………………………………………………（98）

第八章　自认 ……………………………………………………………………（104）
第一节　引论 ……………………………………………………………………（104）
第二节　自认的含义、功能………………………………………………………（106）
第三节　自认的机理与法律效果 ………………………………………………（110）
第四节　自认成立与撤回 ………………………………………………………（112）
第五节　对间接事实的自认 ……………………………………………………（117）
第六节　自认制度与我国的适用环境 …………………………………………（119）

第九章　经验法则 ………………………………………………………………（123）
第一节　经验法则概述 …………………………………………………………（123）
第二节　经验法则的作用 ………………………………………………………（126）
第三节　违反或错误适用经验法则的法律后果 ………………………………（131）
第四节　经验法则的运用 ………………………………………………………（134）

第十章　免证事实 ………………………………………………………………（140）
第一节　概述 ……………………………………………………………………（140）

第二节　免证的各类事实 ……………………………………………………………（145）

第十一章　证据收集 ……………………………………………………………（154）
第一节　证据收集概述 ……………………………………………………………（154）
第二节　证据收集的原则 …………………………………………………………（156）
第三节　当事人证据收集 …………………………………………………………（157）
第四节　法院的证据收集 …………………………………………………………（160）
第五节　检察机关的证据收集 ……………………………………………………（162）
第六节　我国证据收集制度的完善 ………………………………………………（164）

第十二章　证据保全 ……………………………………………………………（172）
第一节　证据保全概述 ……………………………………………………………（172）
第二节　证据保全的种类与实施证据保全的条件 ………………………………（175）
第三节　证据保全程序 ……………………………………………………………（178）
第四节　证据保全的方法及效力 …………………………………………………（179）

第十三章　公证证据保全 ………………………………………………………（182）
第一节　公证证据保全概述 ………………………………………………………（182）
第二节　公证证据保全的特征与作用 ……………………………………………（186）
第三节　公证证据保全的法律效力 ………………………………………………（188）
第四节　公证证据保全的合法性 …………………………………………………（190）
第五节　证人证言的公证保全问题 ………………………………………………（193）

第十四章　举证期限制度 ………………………………………………………（195）
第一节　举证期限的含义与后果 …………………………………………………（195）
第二节　狭义举证期限制度的根据、目的和举证期限的性质 ……………………（197）
第三节　举证期限 …………………………………………………………………（200）
第四节　关于“新证据”的界定 …………………………………………………（204）
第五节　几种特殊情形下的举证期限 ……………………………………………（205）

第十五章　公证证明 ……………………………………………………………（212）
第一节　公证证明概述 ……………………………………………………………（212）
第二节　公证证明文书（公证书）概述 …………………………………………（213）
第三节　公证证明效力 ……………………………………………………………（217）

第四节 诉讼中对公证证明的异议及解决程序 …………………………………（224）
第五节 对公证行为违法的救济程序 ……………………………………………（227）
第六节 公证证明与诉讼中的质证 ………………………………………………（228）

第十六章 证明与证明标准 ………………………………………………………（232）
第一节 证明与疏明 ………………………………………………………………（232）
第二节 严格证明与自由证明 ……………………………………………………（233）
第三节 主要事实、间接事实、辅助事实和基本事实 ………………………………（235）
第四节 证明标准 …………………………………………………………………（238）

第十七章 事实认定的方法 ………………………………………………………（252）
第一节 引论 ………………………………………………………………………（252）
第二节 事实认定与法定证据原则 ………………………………………………（253）
第三节 事实认定与自由心证原则 ………………………………………………（258）
第四节 事实认定的制度保障及建构 ……………………………………………（267）

第十八章 证明责任 ………………………………………………………………（269）
第一节 概说 ………………………………………………………………………（269）
第二节 证明责任的含义 …………………………………………………………（271）
第三节 我国民事诉讼中的“举证责任”与“证明责任” ……………………………（280）

第十九章 证明责任的分配 ………………………………………………………（286）
第一节 证明责任分配的含义和意义 ……………………………………………（286）
第二节 证明责任分配规范 ………………………………………………………（287）
第三节 证明责任分配的理论 ……………………………………………………（291）
第四节 证明责任分配原则的运用 ………………………………………………（297）

关键词索引 ………………………………………………………………………（302）

第一章　民事证据法引论

第一节　民事证据法概述

一、民事证据法的含义

“民事证据法”具有狭义和广义两重含义。狭义的民事证据法仅仅是民事诉讼中的证据规范，指调整人们之间在民事诉讼中就证据运用所形成的社会关系的规范总和。也就是说，只要是对民事诉讼中证据运用所作出的法律规定都属于民事证据法。关于民事证据的法律规范，主要规定在民事诉讼法之中。同时，其他法律中也有民事证据运用的有关规定。不仅在实体法，例如，侵权行为法、合同法、物权法、公司法、婚姻家庭法、继承法等中有规定，在其他民事程序法中也有关于民事证据的规定，例如，仲裁法、公证法。

广义的民事证据法则不仅包括民事诉讼中的证据规范，也包括非讼程序中的证据规范。例如，仲裁程序、人民调解程序等。

从规范的形式来看，民事证据法也指独立的关于民事证据的法律文本。我国目前还没有独立的民事证据法文本，关于民事证据的规范规定皆在民事诉讼法文本之中。有学者主张制定独立的“证据法”或“民事证据法”，但未获得立法认可。

由于民事证据的规范是由各种具体证据制度构成的，例如，证人制度、当事人陈述制度、鉴定制度、证明责任制度、举证时限制度、证据交换制度、质证认证制度等，因此，民事证据法与民事证据制度在含义上是相同的，可以互用。

二、民事证据法与刑事证据法

民事证据法与刑事证据法都是关于证据运用的法律规范，因此，两者存在某些共同点。例如，在证据种类的规定方面，民事诉讼法和刑事诉讼法的相关规定是相同的。但民事证据法与刑事证据法还是存在很大的差异。如果没有注意到这些差异，就可能对各自领域中证据的运用产生误识。从两者的差异来看，主要有以下几点：

1. 各自所依附的实体法在性质上完全不同。民事证据法所依附的是民事实体法，属于私法范畴。刑事证据法所依附的是刑事实体法，属于公法范畴。程序法与实体法的内在联系,使得因为所依附的实体法的性质不同,而导致民事证据法与刑事证据法在理念、目的、具体制度的规定方面也有很大不同。这也是三大诉讼的证据制度很难合一构成独立的证据法的一个重要原因。正是由于其依附的实体法是私法,因此私法中的原则和精神——意识自治、契约自由也会在民事诉讼中得到延伸。民事诉讼法中的约束性辩论原则、处分原则、自认制度、证据契约、和解制度、调解制度等都是私法原则和精神在民事诉讼中的具体延伸。应当注意的是,公法与私法的概念、内涵以及两者的分界对于理解大陆法系法学理论和制度具有非常重要的作用。如果不了解公法与私法的界分和差异,对于习惯于英美法系思维,又对大陆法系法学这一特点不甚了解的人而言,就很难理解大陆法系的理论和制度,包括民事诉讼的理论和制度。在英美法的思维中,因为没有公法与私法的界分,因此,在诉讼程序和制度方面,三大诉讼——民事诉讼、刑事诉讼和行政诉讼在程序的差异就不会像大陆法系那样明显。在大陆法系的理论中,十分明确民事诉讼解决的是私法上的争议,因此私法上的原则和理念应当在民事诉讼程序与制度上得以体现。由此,在程序、制度和理念方面,民事诉讼与刑事诉讼就有了很大的差别。

2. 诉讼法律关系主体的性质不同,使得在证据法律关系中当事人的法律地位也有所不同,法律对证据运用的规制也就各不相同。在刑事证据法律关系中,一方是公权力机关,另一方是非公权力机关的自然人或团体(组织)。虽然在法律上当事人各方的诉讼地位是平等的,但实际上双方拥有的资源不同,实际地位有很大的差异。刑事诉讼的被告嫌疑人在收集证据、运用证据方面均受到客观限制。

3. 事实认定的理念和方法有所不同。首先,作为公法的刑事诉讼法在理念上强调通过诉讼程序、证据制度保障无辜的人不会受到刑事追究,有罪的人应当得到应有的制裁。民事证据法在理念上讲究的是当事人之间的平等,在收集、运用证据方面给予双方当事人充分的对等保障。虽然民事证据法和刑事证据法也都会考虑各种价值平衡,但是价值平衡的具体内容有所不同。刑事证据法必须考虑人权保障与案件事实揭示的冲突关系。基于人权保障这一首选价值,对案件事实的揭示就必须受到限制,这一限制也就要在刑事证据法中得到体现。例如,在刑事诉讼中法律就严禁通过刑讯逼供获得证据,强调对非法证据的排除,并且有一整套关于非法证据排除的程序和规则。在民事诉讼中,当事人双方是平等的民事主体,是在私权范围内收集相关证据。因此,在处理私权保障与揭示真实的冲突方面不像刑事证据法那样绝对化,强调非法证据的绝对排除,非法证据的处理具有更大的灵活性,非法获得的证据并非绝对排除。例如,侵犯隐私权所获得的证据从性质上属于非法证据,但在某些情形中也并非一律排除。如果隐私权的受害人本身是争议侵权案件的加害人,该案件的权利人不通过涉及隐私权的方法就无法获得相关证据,此时如果排除该项涉嫌侵犯隐私权的证据,就会导致权利的实体难以得到救济。其次,在事实认定方面,民事诉讼强调可以根据当事人在辩论中的所有资料信息对案件事实予以认定。除了证据之外,还包括如共同诉讼人的自认、当事人陈述的态度等,这些都可以成为法官心证的依据。而在刑事诉讼中，为了更有利于对人权的保障，则强调事实认定必须根据证据做出认定，所谓“证据法定主义”，而不能依赖于证据之外的其他资料信息，例如被告嫌疑人的供述态度等。最后，基于刑事诉讼法对人权保障的强调，刑事证据法对案件事实认定也比民事证据法有更加严格的要求，有更高的证明标准。例如，刑事证据法排除传闻证据，但民事证据法并不完全排除传闻证据，至少没有明确的禁止性规定。传闻证据依然可以作为事实认定的参考。在刑事证据法中，强调证据补强规则，在认定犯罪事实方面，只有被告人供述，不得认定被告人有罪，必须要有其他证据予以补强。民事证据法中并不强调证据补强问题。在证明标准方面，刑事证据法采用排除合理怀疑原则，民事证据法的证明标准则为高度盖然性原则，显然后者在证明标准上要低于刑事证据法的要求。

4. 民事诉讼相对于刑事诉讼更强调法律关系和程序的安定与效率。反映在证据法规范中，就会规定或设置举证时限以强调诉讼效率；在再审中限制证据的提出以控制再审的适用范围，实现程序的安定性。

三、民事证据法与民事实体法

民事证据法与民事实体法有着密切的关系，不仅民事实体法的原则和精神会在民事证据法中得到延伸，而且民事证据的某些具体制度和规定也会在实体法中予以规定。为了使得民事法律中程序与实体能够更好地对接，在民事实体法中也会规定民事诉讼法，包括民事证据法的某些内容。最典型的就是关于事实认定的推定、证明责任的分配。因为在具体的事实认定中，推定和证明责任的分配必须与民事实体法中的实体规定配合，例如，侵权法中对各种具体侵权请求权要件事实的证明责任分配，环境保护法中对环境侵权证明责任的分配等。根据各国的具体情形不同，实体法对证据制度的规定也有所不同，有的国家和地区，例如葡萄牙和澳门地区的民法典，不仅规定了具体法律关系的证明责任，还就自认制度等做出了明确的规定。

第二节　关于制定统一证据法或部门证据法

一、问题的提出

我国现行的民事证据规范或者说民事证据法并没有独立，而是规定在民事诉讼法中。刑事证据规范和行政证据规范也是如此，没有从相应的诉讼法中单列出来成为独立的证据法。在我国曾经有学者主张制定跨三大诉讼法的单行证据法或者制定部门证据法——民事证据法、刑事证据法。学者们也提出了诸多单行证据法的草案。例如,江伟教授主持的《中国证据法草案(建议稿)》,毕玉谦教授的《中国证据法草案》,陈界融教授的《统一证据法》,陈光中教授主持的《中华人民共和国刑事证据法专家拟制稿》,肖建国、章武生教授主持的《民事证据法》,汤伟建教授主持的《民事证据法学者建议稿》等。在1998年第九届全国人大第一次会议期间,人大代表陈华娇等32名代表联名提出建议,要求制定证据法。在以后的九届人大二、三、四次会议期间也有代表提出建议要求制定证据法,但最终没有被立法机关采纳。民事证据法和刑事证据法的草案也没有得到立法机关的回应。尽管如此,一些学者还是坚持统一证据法的理念,但不是通过立法程序,而是通过司法机关的司法解释将证据规则的适用统一起来。在这方面,张保生教授做出了很大的努力,主持完成了《〈人民法院统一证据规定〉司法解释建议稿及论证》。不过从实践来看,要形成统一的证据规则,司法解释还有很长的路要走。

制定独立证据法的想法主要受英美法系立法例的影响。与大陆法系国家不同,英美法系国家存在独立的证据法。相反,大陆法系国家几乎没有一个国家存在单行的证据法。从学者们的论述来看,制定统一证据法的主要理由有以下几点:(1)三大诉讼的证据规范有其共性。这是统一证据法的基础。(2)证据规范不同于诉讼规范有其特殊性。因此,应当从各自的诉讼法中予以分离。(3)有助于完善证据规范体系。(4)有助于实现司法公正。[1] 希望制定单行民事证据法的理由则主要是基于民事证据规范的特殊性和有助于完善民事证据规范两个方面。

二、制定统一证据法的考量因素

笔者认为,在我国制定统一证据法的必要性和迫切性并不明显,上述支撑制定统一证据法的观点还显得不是那么充分。其一,就三大诉讼的证据规范共性与特殊性,尤其是就刑事诉讼证据和民事诉讼证据的共性与特殊性而言,究竟是共性多于特殊性,还是特殊性多于共性,本身就是一个有争论的问题,如果特殊性大于共性,制定统一的证据法就难以成立了。其二,英美法系国家之所以有统一的证据法与英美法系的司法制度与证据制度的历史有关。基于英美法系的历史发展,英美法系没有公法与私法的界分,也没有像大陆法系那样提出三大诉讼程序的区分,尤其是行政诉讼与民事诉讼。正因如此,自然是三大诉讼共性大于特殊性,证据规范也同样是如此。也就是说,英美法系有形成统一证据法的基础。反观我国的情形,由于历史上受大陆法系的影响,三大诉讼有明确的界分,因此尚不具备统一证据法的基础。至于完善证据制度,提升司法公正与制定统一证据法没有明显的关联。

---

[1] 参见宋英辉、汤维建主编:《证据法学研究述评》,中国人民公安大学出版社2006年版,第133页、第134页。张保生主编:《中国证据法治发展报告(1978-2008)》,中国政法大学出版社2011年版,第13~17页。

是否有必要制定单行的部门证据法，将证据规范从部门诉讼法中脱离出来，与两个因素有关：一是证据制度的规模大小；二是人们对证据制度的相对独立性的认识。最重要的因素是证据制度的规模大小。按照现在的证据制度规模很难独立成为单行部门证据法——民事证据法或刑事证据法。而从我国诉讼法的特点以及法治的初级性来看，也很难发展成为像英美法系那样复杂的证据规范体系。处于法治初级阶段的中国诉讼法，还没有形成精细司法、精确司法的理念和对精细司法、精确司法的普遍需求。从诉讼法的立法要求来看，诉讼法的法律文本就是寻求简约化，如此，也就不可能再制定一部内容复杂的部门证据法，来扩张证据制度的规模。作为以传统思维为基本模式的学者，其取向自然是规则细化主义，制定独立的证据法可以理解。现实却是，即使内容非常复杂，对民事执行有更细致要求的民事执行法也都未提上立法日程，更何况证据法。

证据规范能否从相应的诉讼法中独立，成为单独的部门证据法，还关系到上述第二个因素——人们对证据制度在民事诉讼规范体系中的独立程度的认识。如果人们认为，虽然证据制度具有自己的规制特点，具有自己的独立性，但并没有独立到可以离开民事诉讼法的程度，也就不大可能认同这种独立。从诉讼实践来看，证据的运用总是在诉讼过程中进行的，不可能离开诉讼程序而存在。与此不同，民事执行完全是另一个阶段，与诉讼程序的结果有关联，不再与诉讼程序有关系。虽然在执行程序中也会遭遇执行关系诉讼，但仅仅是关系诉讼。因此，将民事执行法从民事诉讼法中分离，人们还能够认可。有学者也认为，应该将家事诉讼和非讼程序从民事诉讼法中分离，成为独立的家事诉讼程序法和非讼案件程序法。从应然的角度来讲，因为这些诉讼适用的原则与一般民事诉讼的原则有很大的不同，所以这些程序规范从民事诉讼法中分离容易得到人们的理解。虽然立法层面还没有意识到这一点，或虽然有所了解，但基于对民事诉讼法律规范规模的控制，暂时不具有可能性。

第三节　证 据 法 学

在我国学术界，不仅有证据法这一概念，还有与证据法这一概念有一定联系的证据法学的概念。一般而言，人们习惯于只要有独立的部门法，也就应该存在相应的部门法学。例如，民事诉讼法与民事诉讼法学，刑事诉讼法与刑事诉讼法学。对证据法学概念的理解涉及对这一概念如何定义的问题。一种认识是证据法学是一门独立于诉讼法学的部门法学，如同证据法独立于诉讼法一样。之所以认为是一门独立的部门法学，是因为这门学科具有自己独立的研究对象。通常认为，独立的研究对象是该学科存在的主要条件。该学科是因为其对象的特殊矛盾性而存在的，具体可以表述为专门研究如何运用诉讼证据以及有关法律规范。证据法学的研究对象具体包括以下内容:(1)刑事、民事和行政诉讼中的运用证据经验;(2)各种证据制度和理论;(3)法律规范中关于证据的规定;(4)古今中外关于证据的历史、理论和实践;(5)研究司法、执法、仲裁、公证、监察等活动中运用证据证明案件事实或其他相关事实上的规律、方法以及证据法律规范。[2] 对此,有学者认为,就我国以及大陆法系而言,证据法学还没有成为一门独立的法学学科。因为在我国以及大陆法系,并没有独立的研究对象。[3] 而在英美法系,证据法学是一门独立的学科,因为有自己的研究对象——证据的可采性规则。正是因为英美法有着发达或复杂的可采性规则,再通过英美法系学者的努力,证据法学才成为独立于诉讼法学且具有自己品格的学科。[4] 该学者认为,对证明责任等问题的研究并非只有从事证据法研究的人才进行研究,其他学科的人,例如民事实体法的学者也在进行研究。具体证据的认定问题属于自然科学研究的对象。[5]

笔者认为,证据法学是否为一门独立的学科,其界定并不是那么容易,如果将证据可采性作为对象,那么我国及大陆法系也依然存在证据可采性的研究。问题主要在于我国及大陆法系没有像英美法国家那样复杂的证据规则和体系,也就不可能具有英美法系那样发达的证据法理论及体系。大陆法系没有复杂的证据规则与大陆法系的自由心证原则有很大的关系。我国证据规则不发达与我国的法治初阶化有关。学科的独立性与由哪个学科的人进行研究没有关系,有些学者从事的就是跨学科的研究。是否可以称为一门独立的学科,与三个因素有关:(1)独立的研究对象;(2)独立的研究方法;(3)理论研究的体系化。证据法学属于法学的一个分支,在研究方法上与其他法学学科没有区别,作为法学学科的一个分支关键在于研究对象的独立性与理论研究的体系化。证据法学的对象与证据规则的规模及复杂程度有直接关系。在没有证据规则或规则极其简陋的情形下,是不可能生成独立的理论研究体系的,自然也不可能成为独立学科。从以上几点来看,就民事证据法学而言,似乎不可能成为一门独立的学科。如果继续走大陆法系证据法的路径,要成就为一门独立的证据法学也很难。也正是基于英美法系国家民事诉讼与其他诉讼程序并无大的区别,因此,民事诉讼法学都没能成为一门独立的学科。那么问题转向另一个方向,即证据法学有无必要独立?在民事诉讼中复杂的证据规则有无必要?这一问题自然也牵涉到民事证据法或证据法的独立问题。这也是民事诉讼法学应该思考的问题。在这方面,应该说民事证据法与刑事证据法的情形有很大的不同。毕竟刑事证据制度涉及对公权力的运用和限制问题。

---

〔2〕　参见樊重义主编:《证据法学》(第四版),法律出版社2008年版,第1页。

〔3〕　易延友:《证据法的体系与精神》,北京大学出版社2010年版,第17页。

〔4〕　同上注,第24页、第25页。

〔5〕　同上注,第16页、第17页。

第四节　英美法系民事证据法与大陆法系民事证据法

英美法系与大陆法系分属于两个不同的法制、法律文化、法律概念系统，其制度构成方面有着很大的差异。英美法系证据法与大陆法系证据法依存于各自的法制系统之中，在法制理念、法律文化、法律概念、具体制度方面也同样存在很大的差异。在认识和了解这些差异时，务必不能忽视两大法系各自历史、文化、理念上的本源性差异。例如，在思维方式和理念上，英美法系注重经验主义、实用主义，而大陆法系注重理性主义，看重原则和逻辑。思维方式和理念与具体证据制度的联系也相当微妙。

英美法系民事诉讼与大陆法系民事诉讼存有诸多不同，而其证据制度也许最集中地体现了两大法系民事诉讼的差异。从两大法系的具体国别来看，同一法系国家之间也存在一些差异，例如，英国证据法与美国证据法基于各自的发展，也有很大的差别。德国证据法与法国证据法也存在很大的差异。但总体而言，在同一法系之中，具有更多的共性。由此也就构成两大证据法比较的基础。比较两大法系证据法可以发现其存在以下差异：

1. 英美法系证据法不在意民事、刑事、行政各自的区别，证据规则统一适用于民事、刑事、行政诉讼领域；大陆法系特别重视公法与私法的区别，因此在证据法中也特别强调因依附的实体法性质不同而有所不同，由此也就特别在意民事证据法与刑事证据法、行政诉讼证据法的差异。例如，在民事证据法律关系中没有公权力的介入，因此强调在证据关系上也要尊重当事人双方的意志，承认证据契约；同时，也不像刑事证据法那样绝对排斥非法取得的证据，保留相当的灵活性。

2. 虽然英美法系是判例法传统，但在证据法方面却有着成文法。英美法系国家一般都有专门的证据法。例如，英国的《刑事证据法》（1898 年）、《民事证据法》（1995 年）、美国《联邦证据规则》、加拿大《证据法》、澳大利亚《1995 年证据法》、新西兰《1994 年证据法》、印度《1872 年证据法》等。大陆法系国家虽然有成文法传统，但却没有单行的《证据法》或《刑事证据法》、《民事证据法》，所有的相关诉讼领域的证据规定在各部法律之中，主要在相应的诉讼法典之中，例如民事诉讼法。

3. 英美法系证据法与大陆法系证据法另一个突出的不同点在于证人询问制度。证人在英美法系诉讼中具有非常特殊的位置，可以说人证有着证据之王的地位。所有庭审中的其他证据都需要借助证人证言的形式呈现出来。相对而言，在大陆法系民事诉讼中，书证可以称为证据之王。因此，证人询问在英美法系证据法中具有非常重要的地位，也更典型地体现了英美法系证据法的特点。英美法系国家普遍采取交叉询问制。交叉询问遵循一系列复杂、严格的规则和程序。而大陆法系国家除日本之外，大都采取职权询问制。日本则是交叉询问与职权主义的混合,没有排除职权询问。两大法系证据法上的这一差异体现了两大法系诉讼理念上的差异。在诉讼理念方面,英美法系更加注重当事人双方的对抗,大陆法系相较更强调法官对事实认定的干预。正是基于这一点或在这一层面上,英美法系国家的学者更愿意将其诉讼体制称为对抗制,将大陆法系国家诉讼体制称为纠问制。

4. 英美法系国家注重庭审前对证据的开示,有一整套所谓的证据开示程序(discovery),而且整个开示程序不是由法官主导,法官只是解决程序中存在的争议问题。而在大陆法系国家对证据的开示通常都是在庭审中,在法官的主持下进行。证据开示制度,是指在民事诉讼开始以后,事实审理之前,当事人双方各自向对方出示证据和要求对方当事人提出所持有的证据,以此获得案件信息的程序和制度。证据开示制度通过笔录证言(deposition)、要求提供文件和其他物品(request for production of documents and other things)、检查身体和精神状况(physical and mental inspection)、要求自认(request for admission)、质问书(interrogatories)等方式开示证据。证据开示程序促使当事人双方达成和解,避免庭审和裁判。大陆法系国家则因为注重审判公开原则、直接原则、言辞原则,因而对证据开示通常都是在公开的庭审中进行。

5. 英美法系国家侧重于强调证据资格和可采性,通常都会对证据的相关性作出相应的规定,有一整套复杂、严格的非法证据排除规则。如美国学者所说,证据法就是关于证据可采性的规则。[6] 而大陆法系国家一般不对证据的相关性作出规定。对非法证据的排除规制比较原则和抽象,甚至没有明确的法律规定。两大法系证据法的这一差异与证据法的不同理念有关。英美法系证据法注重度法律真实或形式真实,强调对证据的筛选或采纳。这一特点与英美法系的陪审制历史有着比较密切的关系。在英美法系的对抗性诉讼结构中,陪审团负责案件的事实认定,法官负责法律适用问题。何种证据具有何种证明作用是事实问题,证据能否作为合法的证据使用是法律问题。这一分工对证据法的内容具有重大的影响。证据法需要有大量的规则指引陪审团对证据的采用;相对英美法系证据法,大陆法系证据法则注重于证据的真实性,证据规则的重点在于证据的收集和调查以及相应的程序。大陆法系的这一特点又与大陆法系事实认定的自由心证原则有直接关联。自由心证原则讲究的是根据经验法则对证据加以判断,而不受可采性规则的约束。[7] 由于各自的关注点不同,两大法系学者研究的对象也就有所不同。

两大法系证据法的现实差异可以追溯到两大法系的历史和社会背景的差异,既具有必然性,也具有偶然性。例如,陪审制、律师制度、法官制度等。以美国的情形而言,美国

---

〔6〕 [美]杰弗里·哈泽德、米歇尔·塔鲁伊:《美国民事诉讼法导论》,张茂译,中国政法大学出版社 1999 年版,第 137 页。

〔7〕 关于两大法系证据法在理念方面差异的概括和描述,参见宋英辉、汤维建主编:《证据法学研究述评》,中国人民公安大学出版社 2006 年版,第 130 页、第 131 页。

的律师制度十分完善，律师群体在美国的法治之中也具有其他任何国家无法比拟的作用。诉讼中，在大陆法系国家由法官完成或实施的行为都是由英美法系的律师完成或实施的，如证据开示中的收集、调查证据等。如此一来，就需要有复杂的证据规则对律师的行为加以规范，也就对证据规则的细化有了更强烈的社会需求。因此，在观察、分析和借鉴两大法系的证据法时必须注意两大法系的不同背景。

第五节 民事证据法中的当事人主义与职权探知主义

一、概说

民事诉讼当事人主义与职权主义是特定民事诉讼体制或模式的特征体现。集中体现和反映了民事诉讼中法院与当事人的社会关系。在民事诉讼中，法院与当事人之间的关系也会在证据关系中得以规范。就当事人主义而言，当事人在诉讼中具有相对主导的作用，证据的主张、收集都由当事人担当；法院要受到当事人主张事实的约束，当事人没有主张的事实，没有在辩论中出现的事实，不能作为法院裁判的依据。在当事人诉讼体制之中，自认制度是其必然结果。相反，在职权主义诉讼体制或模式之下，法院可以独立收集证据、提出证据，即使是当事人没有主张的事实，法院也可以依职权发现，并作为裁判的依据。在职权主义体制之下，是不可能有自认制度的存在余地。当事人主义与职权主义作为不同的理念也会对证据法具体规范的建构产生不同的作用。因此，明了不同诉讼体制或模式，对我们理解民事证据法具有十分重要的意义。

在此，需要特别说明的是，民事诉讼理论中所谓的当事人主义与职权主义和刑事诉讼理论中所谓的当事人主义与职权主义的含义或视角有所不同。在大陆法系民事诉讼理论中，民事诉讼实行的是当事人主义，刑事诉讼实行的是职权主义。这一划分的理由或根据是，在民事诉讼中实行辩论原则和处分原则。基于辩论原则，当事人有提出主张和提出证据的责任。根据处分原则，诉讼程序由当事人启动，没有当事人的自由处分，诉讼程序不可能进行。相反，在刑事诉讼中既不存在辩论原则，也没有处分原则。

在刑事诉讼理论中，所谓当事人主义与职权主义的界分一般不是从民事诉讼与刑事诉讼的比较而言，而是出于英美法系与大陆法系的比较视角。根据这一视角，刑事诉讼理论认为，英美法系的刑事诉讼是当事人主义，大陆法系的刑事诉讼是职权主义。刑事诉讼中对当事人主义和职权主义的界分标准是诉讼程序的进行和证据调查是否职权化。英美法系在诉讼程序的进行和证据调查方面是当事人主导，因而是当事人主义，相反，因为大陆法系刑事诉讼在诉讼程序进行和证据调查方面强调职权化，因而构成职权主义模式。当然,即使是同属于大陆法系的国家,其职权主义的谱系或色调浓淡也有差异。例如日本,战后受美国的影响,在证据制度方面向当事人主义倾斜,提升了当事人在诉讼中的地位,相比德国,其职权主义的色彩要淡一些。但总体上,其主色调依然是职权主义。又如在日本,虽然废除了询问刑事被告的规定,赋予被告沉默权及拒绝到庭权,但仍然规定审判长在被告任意陈述时,可以就必要的事项要求被告陈述,其陈述不论有利或不利都可作为证据(日本《刑事诉讼法》第311条、日本《刑事诉讼规则》第197条)。[8]

还应注意的是,从英美法系的视角来看,由于英美法在刑事诉讼程序和民事诉讼程序方面的区别不像大陆法系刑事诉讼与民事诉讼那样明显,因此,在英美法系学者观察中,通常将刑事诉讼与民事诉讼视为一体,并以证据调查方式为基本视点,从而认为大陆法系无论刑事诉讼或民事诉讼都是职权主义,在认识上忽视大陆法系民事诉讼中的辩论原则和处分原则。英美法系国家通常认为,由于大陆法系国家在证据调查方法上实行的是职权询问,因而是职权主义;英美法系实行的是交叉询问,因而是当事人主义。而大陆法系国家民事诉讼理论则没有将职权询问与交叉询问作为职权主义或当事人主义的主要识别标准,由此,也就发生了两者认识的差异。

另一点需要说明的是,认为民事诉讼是当事人主义,这一认识是就大陆法系民事诉讼的体制现实和应然状态而言。但如果从大陆法系之外的民事诉讼来看,例如苏联、东欧民事诉讼,则是职权主义的诉讼体制。受苏联民事诉讼体制和传统民事诉讼方式的影响,我国民事诉讼体制的主色调也以职权主义为主。不过,基于社会的转型变化,我国的民事诉讼体制也正在逐渐地向当事人主义转换。

二、民事诉讼当事人主义与职权主义的一般含义

根据特定民事诉讼体制中法院与当事人的地位和作用的不同,可以将民事诉讼体制分为当事人主导型诉讼体制和职权干预型诉讼体制,也有的人将其称为当事人主义诉讼体制和职权主义诉讼体制。这两种诉讼体制的界分是相对的,因为世界上没有绝对的当事人主导或者绝对的职权干预的诉讼体制。当事人主导的诉讼体制只是相对于职权干预型诉讼体制而言,当事人在民事诉讼中具有更多的主导性。同样的,职权干预型诉讼体制也是相对于当事人主导型诉讼体制而言,法院在民事诉讼中具有更多的职权干预作用。英美法系和大陆法系的民事诉讼体制可以归入当事人主导型诉讼体制,而以苏联东欧国家为代表的民事诉讼体制则可以归入职权干预型诉讼体制。虽然英美法系和大陆法系国家的民事诉讼在许多具体制度方面有所不同,理念上也有所差异,大陆法系国家民事诉讼中法官拥有更多的职权干预,特别是在证据调查方面,例如大陆法系国家的法

---

〔8〕 关于刑事诉讼中的当事人主义与职权主义,可参见陈朴生:《刑事证据法》,台湾三民书局1997年版,第13~18页。

官职权询问,但总体而言,与职权干预型诉讼体制比较,由于贯彻辩论原则和当事人处分原则,在民事诉讼的基本关系上表现出当事人主导的特征,因此可以归入当事人主导型诉讼体制。

以苏联、东欧国家为代表的诉讼体制之所以会构建为一种具有强烈职权干预型的诉讼体制,与这些国家特定的意识形态、经济体制、政治体制、法制体制有密切的关系。单一的意识形态、计划经济体制、高度集权的政治体制以及司法不独立的法制体制决定了其职权干预型诉讼体制。[9]

我国民事诉讼法历史上受苏联民事诉讼法和民事诉讼理论的影响,且在意识形态、经济体制、政治体制、法制体制等方面也与其有一定共性,加之传统文化对上述体制的支持和融合,因此,我国的民事诉讼体制也反映出职权干预型诉讼体制的基本特征。在基本诉讼制度层面,我国民事诉讼尚未认可约束性辩论原则,当事人处分原则也受到很大的限制。在具体的诉讼制度方面,如审判范围、再审程序的职权启动、裁判依据事实的来源、证据职权调查、诉讼调解的职权干预、诉讼契约的有限等诸多方面都体现了职权干预型诉讼体制的特征。随着我国改革开放的不断深化,意识形态、经济体制、社会观念,甚至政治体制和法制体制也都在发生变革,因此,职权干预型诉讼体制已经越来越不适应社会发展的需要。基于这种变化,我国的民事诉讼也应逐步实现体制的转型。转型的基本方向是当事人主导型诉讼体制,因为当事人主导型的诉讼体制更符合社会转型的需要。当然,社会转型有一个过程,诉讼体制的转型也需要一个过程,也许是一个长期的过程。我国现有的诉讼体制之所以还有存在的现实必要,也是因为社会转型的缓慢和复杂性。[10] 从我国1991年《民事诉讼法》的制定到现在,总体上我国民事诉讼体制在规范层面正在逐步地转型过程中,局部也有逆转的情形,情形相对比较复杂。尤其是从2002年最高人民法院制定的《民事诉讼证据规定》以及2015年最高人民法院颁布的《民事诉讼法司法解释》来看,这种转型还是比较明显的,虽然在有的方面还有所保留,甚至有所矛盾。比较典型的是自认制度的规定性解释。

三、民事证据法中的当事人主义与职权主义

(一)证据法中的当事人主义

民事诉讼当事人主义的核心原则是辩论原则和处分原则。按照处分原则,在一般的民事诉讼中(涉及身份关系的诉讼、民事公益诉讼等除外),诉讼程序的启动和诉讼对象的范围依赖于当事人的意志,由当事人决定。按照辩论原则(约束性辩论原则),证明案

---

〔9〕 参见张卫平:《转换的逻辑——民事诉讼体制的转型分析》,法律出版社2007年版,第45页。

〔10〕 关于民事诉讼体制以及转型的理论,参见张卫平:《转换的逻辑——民事诉讼体制的转型分析》,法律出版社2007年版,第92~93页。

件事实的必要资料依赖于当事人,由当事人主张并提出。由于辩论原则规范民事诉讼中的事实关系——证据的提出、事实的证明,因而辩论原则(约束性辩论原则)也是当事人主义诉讼体制下的证据法基本原则。尽管职权主义诉讼体制下也有所谓"辩论原则",但是这种"辩论原则"实际不具有原则的作用,更多的是一种政治性权利口号,对民事诉讼中的基本关系——法院与当事人之间的关系没有实质上的约束性。职权主义诉讼体制下的非约束性辩论原则仅仅将辩论原则理解为当事人在整个民事诉讼程序的过程中享有辩论的权利,而且这种辩论的结果对法院没有任何约束力。与此不同,当事人主义下的辩论原则对民事诉讼的基本关系(也包括证据关系)具有约束作用,所以称为"约束性辩论原则"。

约束性辩论原则的基本含义是:

1. 直接决定法律效果发生或消灭的必要事实必须在当事人的辩论中出现,没有在当事人的辩论中出现的事实不能作为法院裁判的依据。

2. 当事人一方提出的事实,对方当事人无争议的,法院应将其作为裁判的依据。基于这一要点,也就自然产生了自认制度。即一方当事人对对方当事人主张的与己不利的事实予以承认的,法院就应当将该事实作为裁判的依据,且不依职权对该事实进行调查。这里应当特别注意的是,属于法院职权调查的事项,不受辩论原则范围的约束。也就是说,不是所有涉及民事案件的事实,法院都不能依职权进行调查和收集。因为这些事项属于法院职权范围。而在职权主义看来,民事案件的所有事项都是法院的职权调查事项。从职权主义的角度来看,没有私权领域和范围的限制。这也是当事人主义与职权主义的不同之处。

3. 法院对案件证据的调查只限于当事人双方在辩论中所提出来的证据。如果法院裁判中所依据的证据不是双方在诉讼辩论中提出来的,包括法院依据职权主动收集的证据,都是违反辩论原则的,属于违法裁判。

以上三点也被称为"辩论原则三要旨"。

约束性辩论原则的合理性在于:

其一,由于要求法院必须以当事人在辩论过程中出现的事实作为裁判的依据,就使作为整个民事诉讼核心的辩论程序真正得以实在化,避免了目前我国民事诉讼中辩论程序空洞化的弊端。此原则可有效控制庭审前的隐性诉讼活动和审判过程中裁判者的"暗箱操作",还可有效防止司法领域中的不正之风。

其二,该原则使当事人对自己实体权利和诉讼权利的处分能够得到完整与充分的体现。实体权利和诉讼权利的自由支配包含了对案件诉讼资料(案件事实)的处置。法院可以在当事人主张之外提出诉讼资料并作为裁判的依据,不仅违反不得"突袭裁判"的程序性公正的基本要求,也是对当事人处分权的干涉。

其三,该原则能够真正使法院置于中立第三者的立场,从而保证其公正地裁判民事案件。并且能够使当事人的主体权(当事人权)得到体现,改变过去那种不自觉地将当事人客体化的非正常状态。[11]

另外,基于民事诉讼的当事人主义,当事人之间可以就证据事项达成有关证据契约。例如,关于证据资格、举证时限、证明责任分配、证明方式的证据契约。双方可以约定,哪些证据才能证明某一特点的事实,何时提出证据,证明责任如何承担,以何种方式证明案件等。

正是因为有了约束性辩论原则,才有了民事诉讼法或证据法上的一个重要概念——主张责任。所谓"主张责任",是指在民事诉讼中,当事人没有主张的主要事实,将不得作为裁判的事实,该事实视为不存在,当事人也会因此承担相应后果。主张责任的内涵正是基于辩论原则的要求。在职权主义的诉讼体制中,就不存在主张责任这一概念和必要。按照职权主义诉讼体制中的职权探知原则,即使当事人没有主张的主要事实也可以作为法院裁判的依据,因此也就不存在所谓不主张所带来的后果问题。诉讼中,哪些主要事实应当由哪一方当事人承担主张责任属于主张责任的分配问题,该分配的原则与证明责任分配原则一致。关于证明责任分配的原则见本书"证明责任"一章。

(二)证据法中的职权主义与职权探知主义

证据法中的职权主义具体的体现为职权探知主义。职权探知主义是职权主义诉讼体制的核心内容之一。职权探知主义的基本内涵与辩论原则的内涵形成反对关系。主要包括以下几个方面:

1. 在民事诉讼中,法院可以在没有当事人申请调查、收集证据的情形下,主动调查、收集证据,并以该证据作为认定事实的依据。

2. 在民事诉讼中,当事人没有在诉讼中主张的事实也可以作为裁判的事实。

3. 即使一方当事人承认对方所主张的事实,但法院依然要进行调查,不以当事人承认的事实作为裁判的事实。

从消极的角度来看,职权主义几乎一律否定当事人双方之间的证据契约。

职权探知主义在理念上看似以追求事实真实为目的,但却没有顾及民事纠纷的性质,违背了民事当事人的处分自由,没有遵循民事诉讼中尊重当事人的理念。其结果也必然导致了法院偏离自己的中立地位,违反程序正义的基本要求,强化证据寻租行为,导致更加严重的司法腐败,损害裁判机关的公信与权威。

正是由于我国在民事诉讼体制方面正在从原来的职权主义逐步转向当事人主义,因此在证据法方面,也在从职权探知主义逐步转向辩论主义。这一转向过程可从以下几个方面来看:

---

〔11〕 张卫平:《我国民事诉讼辩论原则重述》,载《法学研究》1996年第6期。

其一,在职权探知方面,已经有所弱化,对于法院依职权调查收集方面已经明确规定予以限制。2001 年最高人民法院《民事证据规定》第 15 条规定,只有涉及可能有损国家利益、社会公共利益或者他人合法权益的事实以及属于法院职权调查的事项,法院可以依职权主动收集证据。2015 年最高人民法院《民诉法司法解释》第 96 条规定,《民事诉讼法》第 64 条第 2 款规定的人民法院认为审理案件需要的证据包括:(1)涉及可能损害国家利益、社会公共利益的;(2)涉及身份关系的;(3)涉及《民事诉讼法》第 55 条规定诉讼的;(4)当事人有恶意串通损害他人合法权益可能的;(5)涉及依职权追加当事人、中止诉讼、终结诉讼、回避等程序性事项的。

其二,在一定程度上承认自认,但又有所保留。正是这种承认与保留反映了诉讼体制转型过程的特点。《民诉法司法解释》第 92 条规定,一方当事人在法庭审理中,或者在起诉状、答辩状、代理词等书面材料中,对于己不利的事实明确表示承认的,另一方当事人无需举证证明。对于涉及身份关系、国家利益、社会公共利益等应当由人民法院依职权调查的事实,不适用前款自认的规定。但同时又规定,自认的事实与查明的事实不符的,人民法院不予确认。这就意味着,如果自认者想推翻承认的事实,只要主张该事实与真实事实不符就可以推翻自认,如此一来,自认的约束力就完全丧失了。

思考题

1. 民事证据法与刑事证据法比较有何特点?
2. 大陆法系证据法和英美法系证据法各有什么特点?
3. 如何看待制定统一的证据法?
4. 什么是证据法中的当事人主义和职权主义?

参考文献

1. 张卫平:《民事证据法必要性之考量》,载《法商研究》2001 年第 3 期。
2. 张卫平:《民事证据法:建构中的制度移植》,载《政法论坛》2001 年第 4 期。
3. 张卫平:《民事诉讼体制转型中的〈民事证据规定〉》,载《中国司法》2005 年第 4 期。

第二章 证据及相关概念

第一节 证据的概念与特征

一、证据的概念

民事诉讼中的证据，是指在民事诉讼中能够证明案件真实情况的各种资料，简称为“民事证据”，是民事诉讼中法院认定案件事实作出裁判的根据。

“证据”这一概念实际上包含了两种含义：其一，作为证据信息物质载体含义，是法院用于认定事实的资料，通常称为“证据资料”；其二，利用某种物体和其他形式作为证明案件事实的方法，通常称为“证据方法”。例如，以证人的证言来证明案件事实的方法就是证据方法中的一种，也称为“人证”。以物体的外部特性、质量、数量来证明或认定案件事实的方法就是物证的方法。我们说证据的合法性应当是指作为证据方法的合法性，作为一种客观存在的物质载体的资料本身不存在合法性问题。

当事人要证明自己提出的主张，需要向法院提供相应的证据材料，这些证据材料可以表现为书证、物证、视听资料、电子数据、证人证言、当事人陈述、鉴定意见、勘验笔录八种形式。这几种证据表现形式也是当事人证明自己主张的几种证据方法，即以某种证据形式来证明自己的主张。

证据不仅是当事人证明自己主张的证据材料，也是法院认定争议的案件事实，作出裁判的根据。只有经过质证和认证的证据，才能作为认定案件事实和裁判的根据。

二、民事证据的特征

关于证据的特征，学界历来有“两性说”和“三性说”的争论。“三性说”的观点认为，证据必须与要证明的案件事实具有关联性，并且符合法律规定的要求，具有其合法性，同时还具有客观性。“两性说”观点则否认证据具有合法性特征。

否认合法性的观点认为，所谓证据的合法性只是一种价值判断，属于证据审查的程序问题，不是证据本身。如果说证据是一种客观存在的事实，那么价值判断显然就不应该构成作为事实的组成部分，证据判断与证据不应是一回事。这里存在的分歧主要在于

“证据”这一语义的不同指向。过去论述证据合法性的观点自身往往是在双重含义上论述合法性的，这就必然导致其矛盾。实际上，证据的合法性特征所指的“证据”包含了证据资料这一客观存在，但不仅仅指证据资料。这个意义上，“证据”也就不仅仅是一种事实的存在状态，还包括证据资料取得的合法性。如果将证据仅仅看成一种客观存在的事实本身，自然会将合法性排斥在证据之外。如何定义证据，必须与其功能和价值联系起来。我们完全可以只在客观事实层面界定证据的含义，但这种界定的意义和价值是不完整和不充分的。只有将合法性纳入证据的含义才能够使得证据发挥其公正裁判的作用。

（一）证据的合法性

合法性是有效证据的基本特性之一。证据的合法性实质，是指某特定证据资料运用的合法性，并非指该作为证据信息载体的证据资料的合法性。合法性本身是人们的一种价值判断，作为证据资料的物自身不存在合法性与否的问题。民事诉讼中的证据合法性，是指在民事诉讼中，人们使用特定证据认定案件事实时必须符合法律规定的要求，不为法律所禁止，否则不具有证据效力。对证据合法性的要求，目的是保障证据的真实性和维护他人或其他组织的合法权益，体现了人们对程序正义和实体正义的双重要求。合法性主要包括了以下四个方面：

1. 证据主体合法。证据主体是指形成证据内容的个人或单位。证据主体合法，是指形成证据的主体须符合法律的要求。主体不合法也将导致证据的不合法。对证据主体的法律要求，也是为了保障证据的真实性。因此，法律根据证据特点，对某些证据的证据主体规定了相应的要求。例如，不能正确表达意思的人，不能作为证人；作出鉴定意见的主体必须具有相关的鉴定资格；等等。

2. 证据形式合法。证据形式的合法性，是指作为证据不仅要求在内容上是真实的，还要求形式上同时也符合法律规定的要求。例如，单位向法院提交的证明文书须有单位负责人签名或盖章，并加盖单位印章；保证合同、抵押合同等，需要以书面形式的合同文本加以证明。

3. 证据取得方法合法。当事人收集的证据材料能否作为法院认定案件事实的证据，还要看该证据材料取得方法是否符合法律的规定。法律规定证据取得方法必须合法是为了保障他人的合法权利不会因为证据的违法取得而受到侵害。例如，利用视听资料来证明案件事实时，就要求视听资料的取得不得侵犯他人的合法权利，如他人的隐私权等。常见的容易侵犯他人隐私权的证据取得方式是所谓偷录、偷拍。再如，法院调查收集证据，应当两人以上共同进行，不得由一名审判员或书记员独立调查，属于应当回避的审判人员也不能进行证据调查。

4. 证据程序合法。证据材料最后要作为证据还必须经过一定的诉讼程序，没有经过法律规定的程序，该证据仍然不能作为认定案件的根据。这一程序就是证据的质证程序。最高人民法院《民诉法司法解释》第103条规定,证据应当在法庭上出示,由当事人互相质证。未经当事人质证的证据,不得作为认定案件事实的根据。当事人在审理前的准备阶段认可的证据,经审判人员在庭审中说明后,视为质证过的证据。

(二)证据的客观性

笔者所谓证据的客观性,并非仅指证据资料必须是客观存在的事实,不以人们的主观愿望为转移,还包括证据资料的客观存在、证据的合法性以及与案件事实关联性的客观存在。在我国传统的证据法理论中,最为强调的是证据的客观性。我们注意到,国外的证据法理论从不提证据的客观性。这不是说国外证据理论的唯心主义观的问题,因为证据资料的存在本身是不言自明的。我们过去对证据客观性这一特征的强调实际上与特定的意识形态,即法的阶级论意识论有关,是特定意识形态影响的产物,即认为承认证据客观性是基于唯物主义的认识论。这无疑是过去法理意识形态化的一种表现。实际上,证据法上强调不得伪造证据、不得作伪证、不得作虚假陈述等都是为了满足证据客观性的要求。证据的客观性也并不排斥证据的合法性和关联性。证据的客观性本身包括三个方面的客观存在:证据资料的客观存在、证据资料合法性的客观存在和关联性的客观存在。所谓证据合法性的客观存在,是指证据资料所具有的合法性是实际存在的,而非人们杜撰和编造的。关联性的客观存在就更容易理解,因为关联性自身已经表明一种客观存在。

(三)证据的关联性

所谓证据的关联性,也称证据的相关性,是指证据必须与特定案件事实有实际联系,并具有证明作用。关联性是证据的客观属性之一。证据的关联性也就意味着该证据对于案件事实具有证明作用,具有证明作用的证据必然是与案件事实有关联的证据。

第二节　证 据 能 力

证据能力,又称证据资格或证据的适格性、适格证据,是指特定的证据材料所具有的作为认定事实的资格。每一种证据都有相应的证据能力的要求。例如,当事人陈述作为一种证据,其证据能力要求其陈述的主体必须是本案的当事人。这里的当事人不仅包括民事诉讼中的原告、被告,也包括有当事人地位的第三人。又如,关于证人证言的证据能力。民事诉讼法就规定,不能正确表达意思的人不能作证。再如,关于鉴定意见的证据能力。依照相关规定,不具有鉴定资质的机构所做的鉴定意见,不具有证据能力。

证据能力是大陆法系证据法理上的一个概念,大致相当于英美法系证据法理上的可采性。不过,英美法系证据法理上的可采性强调的是依据具体的规则所作出的判断,而证据能力侧重于证据资格的一般判断或抽象判断。

证据能力与证据的合法性是从不同视角对证据的判断。证据能力侧重于从资格的角度,是对一般证据的抽象要求。证据的合法性则既包括抽象的能力要求,也包含具体的要求,是综合的要求。一般而言,从实体上看,以严重侵害他人合法权益、违反法律禁止性规定或者严重违背公序良俗的方法取得的证据都应当属于不具有证据能力的证据。从程序上看,违反证据调查程序也可能导致某些特定的证据不具有证据能力。在违反程序与证据能力的关系上,英美法系与大陆法系国家的态度有所不同,大陆法系国家通常影响比较小,相反,英美法系则影响比较大,违反程序常常会否定特定证据的证据能力。违反程序是否否定其证据的证据能力,需要根据具体情形确定。在我国,未经人民法院许可,无正当理由未出庭的证人提供的书面证言是否具有证言能力就是一个问题。通常认为,书面证词因为无法进行质证,因而不具有证据能力。但也有人认为,书面证言的能力需要根据具体情形而定,不能一概否定。这一问题所涉及的是,书面证言是否成为证据,需要征得法院许可,而且要看有无正当理由,能否构成证据能力。在此,涉及如何理解证据能力是一种对证据的抽象要求的问题。

证据能力不同于证据的关联性。证据的关联性是一种针对具体案件的要求,而证据能力是对证据的抽象要求,与具体案件无关。

第三节　证据的证明力

证据的证明力,是指证据能够证明案件事实的证明程度。所有的证据都具有证明案件事实的作用,但证据不同,其证明作用力的大小也有所不同,即证据证明力的强弱有所不同。例如,直接证据与间接证据的证明力相比,直接证据的证明力就往往大于间接证据的证明力;传来证据的证明力就弱于原始证据的证明力。证明力的强弱或大小常常是通过对立或矛盾的证据之间的比较显现出来的。证明力不同于证据能力,证明力以证据能力为前提。没有证据能力,就无所谓证明力大小。

证据证明力有无和大小的确定,一是根据法律的规定,二是依靠法官的判断。根据法律的规定确定或判定证据证明力有无和大小的原则,在诉讼法理论上被称为"法定证据原则";证据证明力有无和大小的认定依赖于法官的自由判断,则被称为"自由心证原则",或为"自由心证原则"的基本和主要内容。法定证据原则发端于日耳曼法,盛行于中世纪的意大利法和德国的普通法时代。例如,当时的法律规定,当三个证人的证言一致时就能够证明某一事实的存在与否；书证的证明力强于人证。根据法定证据原则，证据证明力有无和大小必须预先在法律中加以规定，不允许法官在诉讼中根据自己的判断加以改变。法定证据原则由于排斥了法官根据案件的具体情况判断证据的证明力，导致了证据运用中的教条主义和僵化，否定了法官的能动作用。19 世纪法国民事诉讼法首先抛弃了法定证据原则，以自由心证取而代之，以后大陆法系各国也相继采用了自由心证原则。根据自由心证原则的要求，这些国家在法律修改或制定中取消了关于证据证明力的法律规定，允许法官在证据运用方面凭自己的“良心”和“理性”自由地作出判断。但奉行自由心证原则的国家并没有全盘否定证据证明力由法律规定的做法，在某些场合也规定了某些证据证明力的有无或大小。例如，关于有无诉讼代理权的证明，原则上就只能以书面委托或言词笔录内容加以证明，其他证据对此没有证明力。在法律有规定时，法官仍然不得违反法律的规定，自由认定证据的证明力。

我国没有明确规定采用自由心证原则。我国现行《民事诉讼法》第 64 条第 3 款规定：“人民法院应当按照法定程序，全面地、客观地审查核实证据。”该款规定的“审查核实证据”就包括了对证据证明力有无和大小的认定。最高人民法院《民事证据规定》第 64 条将《民事诉讼法》这一规定细化为“审判人员应当依照法定程序，全面、客观地审核证据，依据法律的规定，遵循法官职业道德，运用逻辑推理和日常生活经验，对证据有无证明力和证明力大小独立进行判断，并公开判断的理由和结果”。从司法实践来看，法律直接规定证据证明力有无和大小的情况并不多，多数情况仍然需要靠审判人员的判断，即要求审判人员按照良知、理性、经验规则对证据证明力有无和大小进行判断。这就不能排除审判人员判断的自由度，没有自由度也就不能根据案件具体情况来进行认定。另外，又必须在一定程度上防止审判人员认定证据的随意性，因此，《民事证据规定》又对如何具体认定证据的证明力做了某些规定。例如，规定了以下证据不能单独作为认定案件事实的依据：无法与原件、原物核对的复印件、复制品；无正当理由未出庭作证的证人证言等。还规定了双方当事人对同一事实分别举出相反的证据，但都没有足够的依据否定对方证据的，人民法院应当结合案件情况，判断一方提供证据的证明力是否明显大于另一方提供证据的证明力，并对证明力较大的证据予以确认。对同一事实存在若干矛盾的证据时，如何认定证据的证明力是实践中经常遇到的问题。由于不同种类的证据在一般情况下其真实、可靠程度会有所不同，真实性、可靠性相对高的某类证据的证明力就要大于真实性、可靠性相对低的另一类证据。

第四节 证据的学理分类

证据的学理分类,是指人们在理论上依据一定划分根据对证据进行分类,以便更清楚地认识不同证据的特征。在证据的学理分类中,人们往往不是以一个根据或一个标准对证据进行划分,而是以不同的根据或标准进行划分。这种多标准划分的结果也就形成了一定的交叉性。与此不同,证据的法定种类则更注意划分根据的同一性。在证据分类方面,刑事诉讼相对于民事诉讼更重视证据的分类,主要原因在于刑事诉讼更强调对证据的资格和证明力的判断。通过证据分类能够更清楚地认识各种证据的证据资格和证明力,尤其是在更强调诉讼对抗的英美法系中。而在大陆法系的民事诉讼中,由于对证据资格和证明力的判断主要依赖于法官的自由心证原则,对于证据证明力的判断主要受制于经验法则,对证据资格的要求远不像刑事诉讼那样重视。在大陆法系国家的民事诉讼法体系书或民事证据法的教科书中几乎没有专门论述证据学理分类的内容。

一、原始证据与派生证据

原始证据,也称原生证据,是指直接产生于案件或争议法律关系形成、变化过程中的证据。例如,争议合同形成中的合同文书、借贷关系中的借条等。派生证据也称传来证据,是指在非基于案件或争议法律关系形成、变化过程中产生的证据,通常是原始证据派生,通过复制、复印、传抄等转制方式形成的证据。

由于原始证据与派生证据的形成原因不同,派生证据经过转制就可能减损、扭曲证据信息,故一般而言,派生证据的证明力和可靠性不及原始证据。因此,在证据对抗中,原始证据更具有证明优势。人们在收集证据时也就应当尽量收集原始证据。但不能忽视派生证据,通过派生证据往往能发现原始证据,派生证据只要与案件有联系也能作为裁判依据。派生证据的审查主要在于派生证据与原始证据关联的真实性。

二、言词证据与实物证据

根据证据是以言词陈述方式还是以实物方式存在,可以将证据分为言词证据与实物证据。以人们的言词方式存在的证据就是言词证据。民事诉讼、行政诉讼中的当事人陈述、证人证言、鉴定意见,刑事诉讼中的被告人供述、被害人陈述等都属于言词证据。实物证据是指以实物形态为存在方式的证据。例如,能够证明案件事实的物体或物件。由于实物证据的根据是实物形态,与人们对证据的其他划分根据有所不同,因此,不能将不同划分根据形成的证据完全纳入这一概念之中。例如,不能说书证属于实物证据,因为它们属于不同的分类概念。如同我们将人分为好人和坏人两类,也可以根据年龄将人分为少年、青年和老年,但不能说青年人或老年人属于好人和坏人中的哪一类。

言词证据与实物证据划分的意义在于,这两类证据有各自不同的特点。言词证据因为是人们对案件事实的认识陈述,因此容易受主观因素的影响,具有可变性。而实物证据具有客观性,相对不易发生改变。即使人们要人为地加以改变,也容易留下痕迹。因此,人们在运用、审查、判断证据时,只有注意到这两类证据的不同特点才能更好地运用、审查和判断。

三、直接证据与间接证据

根据证据与案件事实的关系不同,人们常常将证据分为直接证据和间接证据。所谓直接证据,是指能够直接且独立地证明案件主要事实的证据。所谓间接证据就是不能直接、独立证明案件主要事实的证据。人们对于这两种证据的划分,非常强调两点:其一,是否能够单独证明;其二,对案件主要事实的证明如何。两者在划分根据上似乎存在交叉的情形——是否独立与是否为案件主要事实。如果按照是否独立,似乎应该分为独立证据与非独立证据;如果按照是否为案件主要事实,似乎应该分为主要证据和非主要事实证据更好。因此,人们通常对直接证据和间接证据的划分存在疑问。在民事诉讼中,直接证据和间接证据划分的实际意义也不大。基于民事法律关系形成、变化的复杂性,很难说某个证据能够直接独立地证明案件主要事实。实践中,更多地还是从证据种类上把握对案件主要事实的证明。这也是为什么民事诉讼重视证据种类,而不重视证据分类的原因。

四、本证与反证

本证与反证的分类根据是证据与证明责任承担者的关系。所谓本证,是指在民事诉讼中负有证明责任的一方当事人提出的用于证明自己所主张事实的证据。所谓反证,是指没有证明责任的一方当事人提出的为证明对方主张事实不真实的证据。本证和反证与当事人在诉讼中是原告还是被告没有关系,而与证据是否由承担证明责任的人提出有直接关系。我们可以通过一个具体的诉讼来加以说明。在原告诉被告要求返还借款的诉讼中,原告应当对存在借款关系负证明责任,因此,如果原告提出能够证明该借款关系成立的证据如借据,则该证据就是本证。而如果被告提出试图证明该借款关系不能成立的证据,则该证据是反证。如果被告主张已经还款,对方的权利已经消灭,则被告对这一事实主张应当负有证明责任,而被告为证明这一主张所提出的证据依然属于本证,原告提出的否认该事实主张的证据则是反证。在刑事诉讼中,由于一般没有民事诉讼证明责任的概念,不如民事诉讼那样讲究证明责任的分担,因此,一般也不适用本证与反证这一对概念。但是,在民事诉讼中本证与反证概念具有十分重要的作用。

本证的作用在于使法院对待证事实的存在与否予以确信，并加以认定，而反证的作用则是使法院对本证证明的事实的确信发生动摇，以致不能加以认定。本证和反证的称谓也表明了两者之间的冲突关系和作用。区别本证与反证的实际效果主要在于两者的证明标准有所不同，以便明确证明责任的归属。比如，本证与反证均没有能够达到证明的效果时，即待证事实处于真伪不明的场合，仍然由提出本证的当事人承担不能证明的相应后果，并不要求反证一定要达到能够使法院确信的程度，只要能够动摇法官对待证事实的确信即可。

反证不是对对方证据的反驳性证据，人们有时容易将反证误认为是反驳性证据。反驳性证据是一方当事人提出的针对对方所提证据，以证明该证据不具有合法性、真实性和关联性的证据，是对证据反驳的依据。反证的目的是证明对方当事人主张的事实不真实。

第五节　证据的法定种类

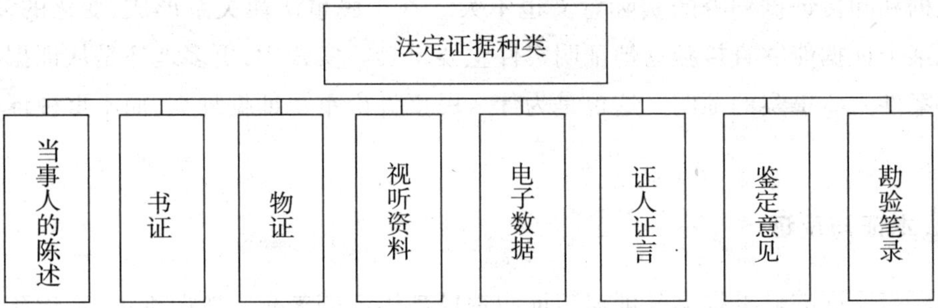

一、证据法定种类的含义

证据的法定种类，是指我国法律如民事诉讼法、刑事诉讼法、行政诉讼法对各种证据形式的规定。在法律中明确规定各种证据的形式，是我国证据法的一个特点。国外证据法律一般不会对各种证据形式作出明确规定。国外有的法律会对某些证据形式作出规定，例如电子证据、证人证言等，但不会试图对所有证据形式的种类作出规定。

一方面，证据种类法定化有其优点。证据种类法定化的长处在于，通过证据形式的规范有利于人们更方便地运用各种证据，针对各种证据的特点进行审查和判断。例如，在收集证据时可以按照法定种类进行收集、整理、归类保存；在进行证据交换时，所要交换的证据目录也可以按照法定种类列出，并进行交换；方便双方当事人对对方当事人提出的有关证据进行分析和判断；方便当事人按照证据种类进行质证；方便法院按照证据种类特征进行审查和认定。

另一方面,证据种类法定化又有其弊端。证据种类法定化的弊端是,容易被种类的法定画地为牢。因为证据表现形式多种多样,有的情形下,硬性将其归类面临困难。而且,由于证据内容的复杂性和多样性增加了划分的难度,特别是在讲究划分标准同一性方面就更加困难。证据种类法定化也容易影响证据的应用和制度规范。例如,《民诉法司法解释》设立了书证提出义务制度。根据这一制度,一方当事人可以请求法院责令持有书证的对方当事人提出该书证。但由于书证和视听资料、电子数据有法律上的界定,因此该制度就只能适用于书证,而属于视听资料的录音、录像以及电子数据则不能适用该制度。在国外,由于没有这些法定种类的限制,规定凡是文书或准文书都可以适用文书提出命令制度,其应用更为灵活。

现行民事诉讼法关于证据种类的规定,可能存在两个方面的问题:其一,种类划分过细。这使得法定种类证据缺乏较强的涵盖力,使得实践当中的新型证据难以纳入现有的种类之中,从而影响该证据的使用。其二,各类证据的划分标准缺乏统一性。有的是以证据信息的物质载体形式作为划分标准,如书证、视听资料;有的是以形成原因或方式作为划分标准,如电子证据;有的则是以主体作为划分标准,如勘验笔录。由于划分标准不统一,就有可能给证据归类造成困难。例如,手机拍摄的文书资料或记录,究竟属于书证、电子证据,还是视听资料?视听资料与电子证据的划分同样存在这样的困难。电子证据强调的是以数字化生成的信息作为其特征,而视听资料是以可听可视的表现形式作为特征,但是录音或录像也同样可能是以数字化方式生成的。如果以数字化生成作为根据,这些可听可视的资料也应当归入电子证据。只有非数字化生成的录音录像才能作为视听资料,这样必然导致录音录像这一证据资料的分割。当然,如果从实用主义的角度出发,只要方便好用,遵从人们的适用习惯,划分标准也不是太大的问题。

二、民事诉讼法关于民事证据种类的规定

1982 年《民事诉讼法(试行)》和 1991 年《民事诉讼法》均将民事证据种类规定为七种。法条表述为"证据有下列几种"(1991 年《民事诉讼法》第 63 条)。其排序如下:书证;物证;视听资料;证人证言;当事人的陈述;鉴定结论;勘验笔录。证据种类的序位与证据的重要程度和使用是否相对广泛有关。例如,书证在民事诉讼中相对具有更加重要的位置,因此,在排序上居于首位。勘验笔录在民事诉讼中使用的情形相对比较少,因此居于末尾。当然这种重要性的排序只是一种大致上的安排。

2012 年《民事诉讼法》修改之后,将原来的七种证据增加为八种,新增电子数据这一证据种类。其排列顺序也有所调整。按照现行法的规定,其顺序为:"(一)当事人的陈述;(二)书证;(三)物证;(四)视听资料;(五)电子数据;(六)证人证言;(七)鉴定意见;

(八)勘验笔录。”这一排序最突出的特点是将当事人的陈述排在了第一位。[1]

过去,对于电子数据(或称电子证据)是否为一种独立的证据种类一直存在争议,不少学者认为可以将电子数据归入视听资料这一类证据之中。但有的学者认为,电子数据有其自身的特点,而且在实践中运用得越加广泛,将电子数据予以独立,有利于这种证据的研究和运用。最终立法者采纳了这种观点。

应当注意的是,证据种类应当是一个开放的体系。这里所指的证据种类实质上是指作为证据资料的不同表现形式,准确地说,应当是指八种证据方法,而不是指证据的表现形式仅有八种。就人类认识有限的角度而言,法律关于证据种类的规定,应该视为对主要证据的列举。例如,证人证言,是以证人证言的方式证明案件特定事实的一种方法。

知识扩展 品格证据

品格证据,是指用于证明被告人、被害人和证人的名声好坏、性格特点、行为倾向、过去经历等可以反映特定主体的品格好坏的证据。例如,邻居证明被告人在其社区内声名狼藉的证言,被告人主张被害人具有暴力倾向而自己在案发时是出于正当防卫的陈述,一方提出的证人涉嫌诈骗的犯罪记录等。

早期英国普通法并不存在对品格证据使用方面的任何限制。在农业社会,对纠纷的审判常常见到以品格决定诉讼胜败的情形。而在早期陪审团时期,法院更是直接凭借陪审员对被告品格的了解作出判决。自17世纪末开始,品格证据排除规则才逐步确立,至19世纪初期,现代品格证据规则正式建立。为了保护被告人不因自己的人格而被定罪,避免陪审团过高评价品格证据而对被告人形成某种偏见,同时也基于无罪推定原则、被告人知悉指控罪名的权利、公平竞争的法庭规则以及禁止恶言的法律政策,英美法系证据法认为,关于一个人品格的证据原则上不能用于证明该人在特定场合的行为与其品格一致,但是例外情形下具有一定法律关联性的品格证据仍具有可采性。

依据适用主体的不同,品格证据规则包括被告人品格的证据规则、被害人品格的证据规则和证人品格的证据规则。(1)若原告方及其律师提出被告人的品格证据以证明被告人更有可能实施本案罪行,该品格证据不具有可采性,但是被告人提出的证明自己品格良好的证据、控诉方针对被告人自身品格证据而提出的相反品格证据、控诉方针对被告人证明被害人品格不良后提出的被告人品格不良的证据,可以被法官或陪审团采用。(2)如果被告方以被害人不贞洁、有暴力倾向等品格证据作为抗辩的,该品格证据不具有可采性,以防止对被害人造成进一步伤害,但是性侵犯案件中用于证明被告人不是犯罪主体、经被害人同意、确有保护被告

---

〔1〕 按照一般的理解,排序总有一定的根据。从1982年和1991年的民事诉讼法文本来看,排序以特定证据在民事诉讼中的重要性和适用的普遍性为依据。如果仍以此为根据,则此次调整将当事人的陈述排在第一位,就不是特别容易理解了。从重要性的角度和适用的普遍性角度来看,书证毫无疑问应当处于首席。如果从诉讼实践的情形来看,在证据交换中,当事人陈述往往并没有纳入证据之中。如此看来,将当事人陈述这一证据置于较后的序位倒是比较容易理解。由于立法修订理由没有公开,因此不清楚这种排序的根据何在。

人权利的必要时,关于被害人的品格证据可以采纳。(3)为了动摇证人证言的可信度,当事人可以出示涉及证人在社区的名声、熟人对证人品格的意见证据、证人有欺骗和不诚实行为的犯罪记录、被判处死刑或1年以上徒刑的重罪记录的品格证据,但是当事人不能主动提出己方证人品格良好的证据,对方当事人也不得对证人的回答再次提出品格证据,同时还严格区分在证人的诚实性格和偏见倾向两种情形中提出对应的品格证据。此外,如果一方当事人的品格成为案件事实的组成部分或者重要争点的,例如父母争夺子女监护权的民事诉讼中当事人的品格成为争点,或者在敲诈勒索的刑事诉讼中被告以自己身为强盗的罪恶名声作为敲诈手段的,此时品格证据也具有可采性。刑事量刑程序一般也允许将被告人的品格作为衡量因素,例如美国《量刑指南》明确将犯罪人的人格纳入是否适用缓刑的考虑情形,法官也可能因为考虑被告人的品格恶劣而在陪审团建议的量刑基础上加重刑罚。[2]

英美法系普通法对品格证据长期持排除和限制的态度,但是随着案件数量的增加、证明效率的强调以及对多元化生活的紧张心理,现代英美成文法逐渐增加了品格证据的可采范围,例如美国《联邦证据规则》第404~405条、英国《刑事审判法》第100~106条皆详细规定了诸多品格证据排除规则的例外情形。然而,品格证据规则仍然是英美证据法最为复杂和重要的规则之一。至于大陆法系,在制定法中也存在一些品格证据的身影,例如《德国联邦证据法》第51条第1项限制对前科记录的使用,《法国刑事诉讼法》第331条、第444条对被告人的品格证据作出规定,《意大利刑事诉讼法》第194条限制对被告人道德状况的证人证明。但是大陆法系国家没有形成系统的品格证据排除规则,而且更加关注某人过去信息的证明价值,而不是基于法律政策、证据能力规则限制品格证据的使用。

就诉讼程序而言,品格证据在刑事诉讼中具有更重要的作用,而民事诉讼适用品格证据规则的情形和范围都相对有限。品格证据经常因为与案件待证事实的关联性不强,尤其是品格良好的证据更是基本与案件无关,因此较少得到采纳。一般是在当事人的品格成为案件争点或者影响民事责任的成立、损害赔偿额度时,民事诉讼程序才会适用品格证据规则。[3]

思考题

1. 如何理解证据的客观性?
2. 证据种类法定化的长处与短处?
3. 证据能力与证明的证明力有何不同?
4. 本证与反证划分的根据和意义是什么?

---

〔2〕 参见易延友:《证据法的体系与精神——以英美法为特别参照》,北京大学出版社2010年版,第256~287页。

〔3〕 参见齐树洁主编:《英国证据法》,厦门大学出版社2014年版,第305~306页。

真题链接

1.(**2009 年司法考试卷三单选第 40 题**)关于证据理论分类的表述,下列哪一选项是正确的?( )[4]

A. 传来证据有可能是直接证据

B. 诉讼中原告提出的证据都是本证,被告提出的证据都是反证

C. 证人转述他人所见的案件事实都属于间接证据

D. 一个客观与合法的间接证据可以单独作为认定案件事实的依据

2.(**2008 年司法考试四川卷三单选第 41 题**)甲对乙提起的返还借款的诉讼,就乙向甲借款事实的证明,根据民事诉讼理论,下列哪一选项属于直接证据?( )[5]

A. 甲向法院提交的乙向其借款时出具的借据的复印件

B. 甲向法院提交的其向乙的银行卡转款的银行凭条

C. 甲的朋友丙向法院提供的曾听甲说乙要向甲借钱的证词

D. 甲的同事丁向法院提供的曾见到甲交给过乙钱的证词

3.(**2006 年司法考试卷三单选第 47 题**)民事诉讼中下列哪种证据属于间接证据?( )[6]

A. 无法与原件、原物核对的复印件、复制品

B. 无正当理由未出庭作证的证人证言

C. 证明夫妻感情破裂的证据

D. 与一方当事人或者代理人有利害关系的证人出具的证言

4.(**2008 年司法考试四川卷三多选第 83 题**)关于证据的种类,下列哪些选项是正确的?( )[7]

A. 患者王某以误诊为由起诉某医院。王某提交的医院病历和 X 光片均属于鉴定结论

B. 李某在某杂志上发表了一篇披露黄某隐私的文章。黄某诉至法院并提交了该杂志,该杂志属于书证

C. 张某认为徐某伪造遗嘱侵犯其继承权,向法院起诉徐某。张某提供了该份遗嘱,该遗嘱属于书证

D. 周某驾车回家途中将行人吴某撞伤,交警冯某当时正处在事故现场,于是按照双方责任开具了事故认定书。吴某诉至法院要求周某赔偿,并提供了事故认定书,该事故认定书属于勘验笔录

5.(**2007 年司法考试卷三多选第 81 题**)原告诉请被告返还借款 5 万元,为证明这一事实,原告向法院提交了被告书写的"借据";被告则主张"借款已经清偿",并向法院出示了原告交给他的"收据"。关于原、被告双方的证据,下列哪些选项是正确的?( )[8]

A."借据"是本证,"收据"是反证

B."借据"是本证,"收据"也是本证

---

[4] A

[5] A

[6] C

[7] BC

[8] BD

C.“借据”是直接证据,“收据”是间接证据

D.“借据”是直接证据,“收据”也是直接证据

参考文献

1. 陈瑞华:《证据的概念与法定种类》,载《法律适用》2012 年第 1 期。

2. 孙远:《论法定证据种类概念之无价值》,载《当代法学》2014 年第 2 期。

3. 鲁杰:《证据的属性反思》,载《政治与法律》2007 年第 2 期。

案例分析

扫描二维码阅读案例及作者对该案例的精彩分析。

第三章　书　　证

第一节　书证的概念与特征

一、书证的概念

书证,是指以文字、符号、图形等形式所记载的内容或表达的思想来证明案件事实的证据。例如,各种书面文件或纸面文字材料,如合同文本、各种信函、电报、传真、图纸、图表、文件等。但书证内容的物质载体并不限于纸面材料,非纸类的物质亦可成为载体,如木、竹、石、金属等。

二、书证的特征

书证具有以下特征:(1)书证以其文字、符号、图形等内容来证明案件的事实,而不是以其外形、质量等来证明案件的事实。这是书证与物证的最大区别。(2)书证往往能够直接证明案件的主要事实。(3)书证的真实性较强,不易伪造。书证往往是民事纠纷双方当事人在民事法律关系过程中所形成的文书资料,例如,合同、承诺书、欠条、借条、关于交易的记录、纪要等,且这些文书也往往都有各自的签名盖章,也就成为证明案件事实最直接的证据。

三、文书与书证的关系

文书属于书证的一部分。文书通常是以文本作为表现形式,因此文书具有可复制性。书证内容的载体形式则不限于文本,包括所有反映其书证的所有形式。文书的特点在于其内容具有一定的思想含义。书证的思想含义,是指表达人对事物的认识和看法。例如,借条作为文书表达了借贷人对于具体借贷关系的认识。而书证的内容则不一定具有思想含义。正因为文书具有一定的思想含义,因此,对证明案件事实具有更重要的意义。如果说书证在民事诉讼是证据之王,则文书则是证据中的王中王。因此,国外证据中一般不提书证,而是将文书作为规范和研究的重点。

第二节 文书的种类

文书是书证的抽象载体,为了便于运用书证和核实书证的真实性,可以根据各类文书的特点加以分类:

1. 公文书和私文书。公文书与私文书之法律上的区分源于罗马法和德国古代法。[1] 根据制作者的身份不同,文书可以分为公文书和私文书。公文书通常是指国家公务人员在其职权范围内制作的文书。我国企事业单位、社会团体在其权限范围内制作的文书也被称为公文书。《民诉法司法解释》虽然没有使用公文书这一概念,但已明确公文书的实质内容,即国家机关或者其他依法具有社会管理职能的组织,在其职权范围内制作的文书。(第114条)与此不同,私文书是指公民个人制作的文书。区分公文书和私文书的意义,主要在于判断各自真实性的方式有所不同。对公文书真实性的判断侧重于看该文书是否系有关单位及其公职人员在其职权范围内制作的。而对私文书则主要看文书是否由制作人本人签名或盖章。质疑公文书的真实性时,可采用向制作单位调查询问的方式加以核实。质疑私文书时,则需要通过核对笔迹、印章以及其他文书鉴定方法加以核实。在证明的要求上,提出公文书作为书证的人无需对该公文书的真实性加以证明,文书所记载的事项推定为真实,有相反证据足以推翻的除外。而提出私文书的人则应当对该私文书的真实性加以证明,对方无异议的除外。过去,人们对是否引入公文书和私文书这一对法律概念来说明不同书证的法律性质存有争议。持否定意见的人认为,一方面,难以界定公文书和私文书;另一方面,将公证文书纳入公文书会降低其法律优越性。笔者认为,公文书的具体界定并不难,虽然公文书十分广泛,但只要根据法律、法规、规章把握制作主体的性质及职务权力的范围即可。

2. 处分性文书与报道性文书。处分性文书是指记载以设立、变更或终止一定民事法律关系为目的的文书,如合同文本、变更合同的协议书、遗嘱、授权委托书等。报道性文书是指仅记载某事实,而不产生一定民事法律关系的目的的文书,如记载有能够反映案件事实的信件、日记等。有关联的处分性文书能够直接证明有争议的民事权利义务关系,因而通常具有较强的证明力。有关联的报道性文书虽然对案件事实有一定的证明作用,但其证明通常具有间接性。

3. 普通文书与特别文书。普通文书是在制作方式和程序方面没有特别的要求,仅仅记载某些事实的文书,如信件、日记、借据、收条等。特别文书是指按照法律规定必须按

---

〔1〕［日］松冈义正:《民事证据法》,张知本译,中国政法大学出版社2004年版,第240页。

照特定形式或程序制作的文书,如土地使用权证、房产证、经公证证明的合同文书等。由于特别文书的制作具有一定要求,文书记载的内容比较完善,真实性程度更高,因此具有更强的证明力。

4. 文书根据其不同的制作方法及相互关系,可以分为原本、副本、缮本、影印本、节录本、译本、认证本。原本是指由文书制作人最初制作的原始文书。副本是指该文书的全部内容照原本制作,对外具有与原本同样效力的文书。缮本是指抄缮原本全部内容的文书。影本是指影印原本全部内容的文书。缮本和影印本都不具有与原本同等的效力。节录本是指摘录原本部分内容的文书。译本是指将外文的原本翻译为我国文字的文书。认证本是指通过认证程序对其真实性加以证明的文书。

第三节　书证的证据能力与书证的证明力

一、书证的证据能力

书证的证据能力,是指书证作为证据的资格问题。在证据法理上,如果根据自由心证,对书证的证据能力没有特殊的限定,即使是在民事纠纷发生之后当事人就事实过程所作的叙述性文书也具有证据资格。与刑事诉讼不同,在刑事诉讼中刑事被告人的供述书作为一种书证就有证据资格的要求。

二、书证的证明力

书证的证明力也称为“书证的证据力”。书证要具有证明力或证据力,必须满足两个基本条件:其一,书证是真实的;其二,书证所反映的内容对待证事实能起到证明的作用。根据书证的上述两个基本条件,可以将书证的证明力分为形式上的证明力和实质上的证明力。

所谓书证形式上的证明力,是指该书证中所表达的意思或思想的确系制作该文书的人所为。是否具有形式上的证明力涉及书证的真伪问题。

所谓书证实质上的证明力,是指该书证的内容有证明待证事实真伪的作用。书证要有实质上的证明力,首先必须具有形式上的证明力,没有形式上的证明力,不可能存在实质上的证明力,而仅有形式上的证明力未必一定有实质上的证明力。

不同的文书,其形式上证明力与实质上证明力的关系有所不同。作为处分性的文书,如合同、遗嘱、委托书、票据等,只要证明了该文书形式上的证明力,则实质上的证明力也就没有问题。但报道性的文书,即使证明了该报道性文书具有形式上的证明力,也不一定具有实质上的证明力。

第四节　书证的提出与书证(文书)提出义务制度

一、书证的提出

当书证为提出证据的一方当事人持有时,持有该书证的当事人可直接将其提交给法院,但如果该书证为对方当事人或第三人持有时,在我国的诉讼实践中,允许当事人向法院提出申请,将该书证作为当事人因客观原因不能收集的证据,由法院根据当事人的申请予以收集。另外,有证据证明该书证确实为对方当事人持有,而该当事人又拒不提供的,根据《民事证据规定》第 75 条的规定,如果对方当事人主张该证据的内容不利于证据持有人,可以推定该主张成立。

二、书证提出义务制度的含义和意义

所谓书证提出义务,是指在诉讼中,经当事人申请(申请人或举证人),持有书证的一方当事人以及第三人在特定情形下具有向法院提出该书证的义务。书证提出义务制度,是指有关书证提出义务条件、范围、义务主体、例外情形等的规范构成。需要说明的是,从概念表述的准确度来看,使用“文书提出义务”的表述更为妥当。因为“书证”的含义比文书宽泛,它包括各种能够以文字、图形等证明案件事实的载体。而文书通常是指记载思想内容的文本,具有可复制性。正是由于这一特性,文书作为证据提出,才不会对持有者的生活产生太大的影响。但由于民诉法司法解释使用了证据提出义务的表述,因此本教材也援用这一表述。

就书证提出义务的性质而言,这种义务属于诉讼法上的义务,与实体法的规定无关,即使没有实体法上的规定,只要当事人的请求理由成立,法院就可以根据案件的情形要求持有该书证的当事人提出该书证。某些书证的提出在实体法如民法和商法上有规定,比如申请人对某些文书有实体上的阅览权,如公司财务报表,申请人就可以要求持有该文书的公司向法院提交该文书。这样的提出义务就不是诉讼法上的义务。

我国《民事诉讼法》中并没有明确规定书证提出义务。2015 年《民诉法司法解释》第 112 条对书证提出义务作出了明确规定:书证在对方当事人控制之下的,承担举证证明责任的当事人可以在举证期限届满前书面申请人民法院责令对方当事人提交。申请理由成立的,人民法院应当责令对方当事人提交,因提交书证所产生的费用,由申请人负担。对方当事人无正当理由拒不提交的,人民法院可以认定申请人所主张的书证内容为真实。按照《民诉法司法解释》的规定,目前我国书证提出义务的主体不包括持有书证的第

三人，仅指持有书证的当事人。

三、书证提出义务制度的目的和意义

设定书证提出义务制度的目的和意义在于，查清案件事实，根据证明的事实作出裁判。在现代型诉讼中，证据尤其是书证，常常存在证据偏在的情形，特别是在环境侵权诉讼、消费者权益侵权诉讼、金融借贷诉讼、劳动关系诉讼（工伤赔偿、非法解雇、工资纠纷等诉讼）、交通事故赔偿诉讼、公司诉讼、知识产权诉讼中。在民事争议中，因为涉及当事人自身的利益，所以一旦持有证据的当事人不提出该证据，负有证明责任的对方当事人便无法对案件主要事实予以证明，导致权利救济难以实现。追求真实是诉讼的重要价值之一，因此，为了应对证据偏在的情形，使裁判尽量接近案件真实，在特定条件下，应当赋予持有书证的一方当事人在对方当事人的请求下提出该书证的义务。

对于证据偏在的情形，我国《民事诉讼法》采取的应对措施是证据申请调查制度。即对于一方当事人没有持有又难以收集的证据，该当事人可以向法院提出申请，由法院进行收集，以供申请人在诉讼中使用。但由于法院根据当事人申请通过公权力收集证据，很容易受到证据持有人的阻拦，因此，在诉讼实践中，申请法院收集偏在证据没有得到普遍适用。同时，证据申请调查制度也容易导致法院偏离裁判中立的立场，难以处理好诉讼平等原则以及在证据调查方面容易发生司法腐败行为。因此，为了弥补这一缺陷，2001 年最高人民法院《民事证据规定》尝试规定“证据提供义务”。该司法解释第 75 条规定“有证据证明一方当事人持有证据无正当理由拒不提供，如果对方当事人主张该证据的内容不利于证据持有人，可以推定该主张成立”。但由于该规定没有任何限定，等于要求凡是持有证据的当事人都有义务提供证据，只要对方能够证明该证据由另一方当事人持有。可以说，这样的规定过于简单、粗暴，在诉讼实践中很少能够适用。

相比《民事证据规定》，2015 年《民诉法司法解释》在解决证据偏在方面有了一定的进步，创设了书证提出义务制度，有了相对简单的限定和程序，不过距离制度的充实和完善还有很大的差距。而且，由于这种义务的设定会冲击或突破最高人民法院民诉法司法解释的边界，因此，这一制度还需要通过《民事诉讼法》的修订通过立法予以确定。

大陆法系国家或地区，例如，德国、日本、韩国和我国台湾地区等都规定了书证提出义务，以应对诉讼中因为证据偏在所导致的证明难题。有关书证提出义务的制度通常被称为“文书提出命令制度”。文书提出命令中的“文书”并不限于文本材料。文书提出命令制度也适用于所谓“准文书”，即那些直接记载信息资料，包括记载电子数据的物件，如照片、磁带、光盘、硬盘等。在美国证据法中，解决类似证据偏在问题的方法是证据开示制度（discover）。根据美国的证据开示制度，一方当事人可以要求对方提供法律所规定的文书。

四、书证限定提出义务与书证一般提出义务

一般而言，在法律上任何义务的设定都不可能是无条件的。书证提出义务的设定也是有条件的。这里的书证一般提出义务或书证提出义务一般化是相对于书证限定义务而言的。所谓书证限定提出义务，是指法律关于书证提出义务仅限于法律有专门且具体规定的情形，即只有在此特别规定的情形下，持有该书证的人才有提出该书证的义务。书证一般提出义务，是指原则上对于案件争议事实有证明作用的书证，持有人都有义务提出，只有特殊情形根据法律的规定可以例外。根据各国的具体情形不同，对于例外情形的规定也有所不同，使得例外的范围大小也有所不同。

在大陆法系国家，最初书证（文书）提出义务制度大多都是限定提出义务，但从20世纪末始，书证提出义务的范围有所扩大。例如，日本、德国等。

日本比德国走得更远一些，从书证（文书）限定提出义务向书证一般提出义务转变。日本学界于20世纪80年代末开始研讨关于文书提出命令或提出义务制度的修正。日本原有的制度关于文书提出义务的规定属于限定义务。该制度将有提出义务的文书限定为四类：(1)当事人已经在诉讼中引用过的文书；(2)申请人拥有交付文书的请求权；(3)为申请人的利益制作的文书；(4)基于申请人与文书持有人之间的法律关系制作的文书。日本审议会在1990年形成修改草案，将文书提出义务与证人义务等同，属于一般义务。1996年日本法制审议会民事诉讼法部会专设文书提出命令制度小委员会，专门研讨文书提出命令制度的修改问题，并于2001年由审议会再次向日本国会提交修正案，并获得通过，实现了从文书提出限定义务向文书提出一般义务的转化。修正这一制度的基本考量是，原有的规定在证据偏在的情形下无法充分提出证据。尤其是为了促进诉讼进程，在诉讼审理准备阶段更有利于审理争点的整理。现行日本《民事诉讼法》第220条规定，有下列情形之一者，文书持有人不能拒绝提出文书：(1)当事人自己持有于诉讼中已引用的文书时；(2)举证人对于文书持有人能够请求交付或阅览文书时；(3)文书是为举证人的利益而作成，或者是基于举证人与文书持有人之间的法律关系而作成。同时，日本民事诉讼法还明确规定了不能适用提出义务的文书种类。从日本现行文书提出义务制度来看，日本文书提出义务的一般化并非简单将原来的限定予以取消，而是在取消限定的同时还规定了不承担义务的例外情形。这种文书提出义务的一般化与证人义务一般化相同。

相对于日本而言，德国就要谨慎得多，德国虽然也有拓宽文书提出义务范围的趋势，但德国主要是通过判例扩大实体权利的范围来实现文书义务的扩展，而非在法律上直接

规定文书提出义务的一般化。[2]

我国《民诉法司法解释》关于书证提出义务的规定与大陆法系国家的相关制度相比较，几乎没有任何具体的实质限制。可以说，属于最广泛的一般义务，可谓“超一般提出义务”。这种最广泛的提出义务看起来似乎最有利于揭示、查明案件事实，但由于制度规定过于简单，缺乏对提出义务具体的规定和程序，尤其是没有明确例外规定，没有形成完整的制度。在欠缺司法权威的司法环境中，要想使书证提出义务制度得以有效实施非常困难，书证提出义务的乱象难以避免。其结果与《民事诉讼法》所规定的证据申请调查一样，难以收到实效。

五、书证提出义务的条件

尽管按照《民诉法司法解释》，书证提出义务是一种一般义务，但这种义务的履行也需要满足一定的条件，否则容易导致该制度的滥用。从《民诉法司法解释》的相关规定来看，这方面还存在疏漏。书证提出义务的滥用将无端增加对方当事人的人力、财力的负担，干扰当事人正常经营和工作。例如，无端要求公司提出财务资料，就可能干扰公司的正常经营。从《民诉法司法解释》的规定来看，书证提出义务的成立需要满足以下条件：

（一）书证提出义务的对象或客体

ⅰ 一般情形

书证提出义务的对象或客体是书证。作为一类证据的书证一般理解为以文字、符号、图形等形式所记载的内容或表达的思想来证明案件事实的证据。

由于我国的民事诉讼法对证据作出种类规定，书证作为一类证据与其他证据有明确的界分。因此，作为相当于国外准文书的那些直接记载信息资料，包括电子数据的物件，如磁带、光盘、硬盘等就可能因为被纳入视听资料或电子证据，导致这些证据的提出不能适用《民诉法司法解释》规定的书证提出义务制度，从而影响对证据偏在问题的解决，除非另行规定视听资料、电子数据提出义务制度。

ⅱ 例外情形

在书证提出义务制度方面，现行制度还存在不完善之处。其中一个很重要的方面，就是没有明确在哪些书证不属于提出义务范围。因为书证的提出必须要考虑其他关系，否则可能影响到其他法律关系的运行。从国外的立法和实践来看，下列书证或文书应当除外：

---

〔2〕［德］罗森贝克、施瓦布、戈特瓦尔德：《德国民事诉讼法》，李大雪译，中国法制出版社2007年版，第888页。德国也有学者主张存在诉讼法上的文书提出一般义务。例如，德国施蒂尔纳教授就根据德国《民事诉讼法》的个别规定（第138条、第422条、第423条、第372a条）推出不负担证明责任的一方当事人具有一般阐明义务。见同注，第889页。

1. 涉及公务员职务上秘密的文书。如果涉及公务员职务上秘密的文书一律除外,则由于范围过于宽泛使得申请人难以获得该书证加以证明。因此还应当加上一定的限制,即提出该文书有可能损害社会公共利益,或者提出该文书将很大程度上影响公务行为的施行,即影响公务的除外。对这一除外情形的进一步理解,还涉及如何理解公务员职务上的秘密、是否损害社会公共利益以及是否对公务造成妨碍的问题。首先是,公务员职务上秘密的文书的判断问题。涉及国家秘密的文书应当属于这类文书没有问题。但判断没有规定为国家秘密,但与公务员职务有关的秘密文书是个问题。通常而言,其应该由国家机关予以判断比较妥当。对于该文书的提出是否损害社会公共利益或妨碍公务恐怕也应当交由国家机关予以判断。但这种做法的弊端就在于可能会造成这类文书提出的困难。其次,属于涉及国家秘密的文书是否就应当一概被排除在外。为了防止泄密,涉及国家秘密文书的内容可以由相关国家机关向法院告知与案件相关的事实部分,而无需将该文书提出。在国外,如德国、日本,因为证人免证事项就涉及公务员职务上秘密,并且有法律上的相关规定和判例,因此,书证提出义务中关于公务员职务上秘密的判断也可以适用证人免证事项的相关规定。

2. 记载具有免证义务的其他人职务行为的文书。因为具有免证义务,因此这些人从事职务行为所产生的文书也就不属于应当提交的文书。例如,医生、护士、律师、公证员、宗教人员、药剂师等职业人士在职务活动中的文书。如果文书提出义务也适用于这些人职务行为的文书,就必然会破坏这些人与相对人之间的信赖关系。

3. 专为文书制作人自己的利益所制作的文书。这类文书包括两类:一类是为个人的利益所制作的文书,如日记、笔记等;另一类是为了方便公司内部管理运行所制作的文书,如公司的各种管理记录。这类文书之所以应当除外,是因为如果提出就可能会妨碍制作人个人的活动自由,侵犯个人隐私和商业秘密,对制作人的利益造成损害。

4. 不属于法律上应公开的,国家机关内部组织管理所制作的文书。

5. 刑事案件中的文书,以及刑事案件中被司法机关扣押或没收的文书。这类文书具体包括起诉状、答辩状、代理词、委托书、代理合同、律师与被告嫌疑人之间的谈话记录、证据及证据目录、司法机关及公安机关保存的与案件有关的文书资料等。这些文书因为涉及相关人的重大利益,因此不能纳入书证提出义务的范围。

(二)由负有证明责任的一方当事人在举证期限届满之前提出申请

需要由负有证明责任的一方当事人提出申请,意味着书证为证明案件所需要。如果没有该书证,申请的当事人将因此承担相应的不利后果,通常情形为败诉。在主张实体权利请求时意味着权利无法获得救济,实体义务人也因此逃避了义务的履行。

根据《民诉法司法解释》第 112 条的规定,要求持有人提交书证的申请"可以"在举证期限届满之前提出。如何理解"举证期限"是个问题。因为《民事诉讼法》与《民诉法司法解释》中的举证期限在含义上有所区别。《民事诉讼法》规定的举证期间是指法院所确定的提出证据的期限。这种期限是一般期限，贯穿于整个诉讼程序。只要涉及提出证据，法院都可以确定一个相应的期限，以督促持有证据的人尽快提出证据。《民诉法司法解释》规定的“举证期限”是指开庭审理前准备程序阶段的举证期限。《民诉法司法解释》第99条规定，人民法院应当在审理前的准备阶段确定当事人的举证期限。因为《民诉法司法解释》关于举证期限有着专门的含义，因此，从文意上理解书证提出义务的申请期限应当是审理前准备阶段中的举证期限，而非《民事诉讼法》所规定的举证期限。(《民事诉讼法》所规定的一般举证期限的确定原本就属于法官的职权内容，没有专门加以规定的必要。关于举证期限，详见本书“举证期限制度”一章。)

应当注意的是，《民诉法司法解释》关于书证提出申请期限的规定使用的是“可以”。这里的“可以”应当理解为督促和倡导，而非必须在举证期限届满之前提出，否则失权。因为在有的情形下，在举证期限期间当事人可能还不知道哪些书证在对方当事人手中。尽管一般情况下，对于双方交往中的书证为谁持有，双方当事人应该有所了解，但也不能绝对化。有的书证的提出需要根据诉讼进程情况予以实施。只要不是故意迟延诉讼，也都应当允许。

（三）有正当的理由

《民诉法司法解释》第112条规定，书证在对方当事人控制之下，承担举证证明责任的当事人可以在举证期限届满前书面申请人民法院责令对方当事人提交。申请理由成立的，人民法院应当责令对方当事人提交。该条规定中的“理由”应当是指书证提出的实质理由。遗憾的是，《民诉法司法解释》没有进一步对实质理由作出明确的规定。这也是现行书证提出义务制度一个明显的缺失。没有“法定”的理由，在具体的实施中很容易受到书证持有人的抵制。在我国法官司法权威不高的情形下，无法定理由的情形下就作出提出命令将会进一步挑战法官的司法权威。

书证提出作为一般义务，书证强制提出的理由是否成立，由法官根据案件具体情形加以判断。原则上，正当的理由应当解释为实体法上的理由和诉讼法上的理由两种情形。

i 实体法上的理由

实体法上的理由就是申请人有要求对方提出该书证的实体请求权或要求阅览作为书证的文书的阅览请求权。例如，基于对该书证的所有权、双方之间的合同，合法占有、使用该文书，申请人有要求书证持有人交付该书证的请求权。再如，根据公司法的规定，有可以阅览公司财务资料的权利，对作为书证的该文书有阅览权。作为实体法上请求权的行使并不限于在诉讼中行使。还应当注意的是，实体法上权利和义务不是指公法上的权利义务。如果是基于公法上的请求权，就不会产生民事诉讼中的书证或文书提出义务。例如，根据国家行政机关信息公开的法律，任何人都可以要求公开有关行政事务的文书。但书证提出义务制度的申请人仅限于当事人，且仅限于在民事诉讼中。

ii 诉讼法上的理由

理论上作为诉讼法上的理由，可以解释为：(1)该书证曾经由持有人在诉讼中提出或引用过。“诉讼中”也就包括持有人在起诉状或答辩状或代理词、二审中上诉状、上诉答辩状、代理词以及再审中再审申请书等诉讼文书中引用过该书证。(2)由于持有该书证的当事人的妨碍行为无法获得该书证。(3)除了该书证之外，负有证明责任的当事人无法通过其他证据证明案件的主要事实。(4)作为书证的文书是为申请人利益或法律关系制作的文书。学理上为申请人利益所做的文书称为“利益文书”；基于申请人与证书持有人的法律关系所作的文书也就称为“法律关系文书”。持有人作为债务人写给申请人(债权人)的偿债承诺书是典型的利益文书；最典型的法律关系文书是反映申请人与持有人之间合同关系的合同文本。

关于“利益文书”。按照国外的通说，所谓利益文书，可以从两个方面加以判断：其一，该文书直接证明申请人的地位、权利、权限或者是这些内容的基础；其二，制作该文书的目的就是证明申请人的权利或者是证明这些权利的基础。利益文书的利益并非仅仅指举证人利益，也包括举证人与其他相关人的共同利益。在判断是否为利益文书时，也可通过制作该文书的目的和动机这些主观因素作为根据判断是否为了举证人以及举证人与其他人的共同利益。为所谓“利益文书”下一个抽象的定义比较容易，但在实践中对于何为妥当地界定利益文书则常常发生争议。在涉及经济交易的纠纷中，关于一方持有的会计账目，医疗事故侵权纠纷中的诊断记录、医疗记录、医药处方、护理记录，环境污染侵权纠纷中的加害人的生产工艺流程、生产记录、化学产品配方、原材料购买记录，产品质量侵权纠纷中的产品生产记录、产品生产工艺，公司诉讼中公司管理的有关记录、纪要、决议等，对于这些文书，持有文书的当事人常常会以非利益文书为由拒绝提出。对于是否为利益文书需要根据当事人的诉讼请求利益加以判断。如果这些文书涉及申请人的实际利益就构成利益文书，持有人应当提出。例如，环境污染侵权诉讼中，受害人主张加害人排放的废液造成损害，那么关于该加害工厂的生产规模和工艺流程就与因果关系以及损害结果有直接关联，属于典型的利益文书。从国外的诉讼实践来看，对于利益的解释也存在应当包括间接利益，[3]以及对利益判断的客观性问题。即除了根据制作文书人的动机、目的加以判断，也可以根据文书本身客观上是否为举证人的利益加以判断，即

---

〔3〕 日本福田高等裁判所的判例认为，利益文书的利益不仅包括直接利益，也应当包括间接利益，由此对利益做了扩大解释。参见福田高等裁判所 1977 年 7 月 13 日决定，转引自[日]吉村得重、小岛武司主编：《注释民事诉讼法(7)》，有斐阁 1995 年版，第 76 页。

使文书制作时主观上没有考虑举证人的利益。[4]

关于"法律关系文书"。作为书证提出义务的对象之一，一般学理上认为，法律关系文书成立的要件有两个：其一，该法律文书记载了举证人与持有人之间的法律关系以及相关事项。也就是说，该法律文书不仅指记载举证人与持有人之间法律关系的文本本身，还包括记载与该法律关系相关事项的文本。[5] 其二，该文书能够直接或间接表明或评价该法律关系存在与否。要件一是从记载事项的角度观察；要件二则是从证明作用的角度观察。没有证明作用也不能构成法律关系文书。在法律关系文书的界定上，经常涉及的争议是法律关系文书与内部文书的界别问题。因为单纯为持有人自己的目的所制作的文书就不是所谓法律关系文书，而是内部文书或非共通文书。两者的关键区别在于举证人与持有人或其他人法律关系的关联性上，即使是主观上仅为自己使用之目的制作的文书，但涉及争议的法律关系也就成了法律关系文书。[6]

（四）书证为被请求当事人所持有

这一条件涉及书证提出义务的主体范围问题。依照《民诉法司法解释》的规定，我国书证提出的义务仅限于当事人。按照《民事诉讼法》的规定和民诉法理论的一般理解，所谓当事人包括了原告（共同原告）、被告（共同被告）、有独立请求权第三人及无独立请求权第三人中承担民事责任的第三人（即无独立请求权中的被告型第三人）。

这一点与大陆法系国家的文书提出命令制度有所不同。大陆法系国家的文书提出义务主体还包括当事人以外的其他人。之所以有这种差异，原因在于目前《民诉法司法解释》的书证提出义务没有考虑基于实体法上请求权所产生的实体义务，而仅仅是诉讼法上的义务。作为诉讼法上的义务就只能是针对对方当事人，而不能是当事人之外的当事人。大陆法系国家的文书提出命令制度包括了基于实体法请求权所产生的提出义务。例如，基于实体上交付请求权或阅览请求权所产生的文书提出义务。在诉讼中，只要文书持有人负有实体上提出的义务，权利人都可以要求其提出，无论是当事人还是当事人以外的人。这是《民诉法司法解释》还有待完善之处，也是《民事诉讼法》修改中在建立书证或文书提出义务制度时所必须解决的问题。这样便于权利人从整体上——程序法和实体法两个方面理解书证或文书提出义务制度。

另外，应注意的是，这里的"持有"只是指书证为当事人所实际控制，并不问是否为该当事人所有或占有。

---

〔4〕 日本大阪高等裁判所1978年6月20日决定。参见《下级民事裁判所民事裁判例集》第32卷第9－22号，第1288页。

〔5〕 参见［日］兼子一等：《条解民事诉讼法》，弘文堂1986年版，第1060页。

〔6〕 ［日］菊井维大、村松俊夫：《民事诉讼法（2）》（全订版），日本评论社1986年版，第620页。

(五)书证提出费用由申请人承担

提出书证涉及查找、收集、识别、递送等行为,这些行为的实施有可能产生一定的费用。尤其是公司诉讼中,涉及大量的公司运作管理方面的文书,提出相关书证有很大物质投入。因为涉及的是申请人的利益,所以由此产生的费用应当由书证申请人承担。

六、不履行书证提出义务的法律后果

虽然法院对书证持有人作出了书证提出的命令,但义务人依然有可能不履行提出书证的义务。按照《民诉法司法解释》的规定,对方当事人无正当理由拒不提交的,人民法院可以认定申请人所主张的书证内容为真实。《民诉法司法解释》之所以如此规定就在于,在书证持有人不履行提出义务的情形下,难以通过其他强制手段使书证持有人提出书证。书证是特定内容的文书,无法用其他物品予以替代。

对此,《民诉法司法解释》的对策是在不履行义务时,推定申请人主张的书证内容为真实。这种推定必须有一个前提就是申请人在申请书证提出时要明确书证的内容。在有的情形下,申请人对于书证的具体内容十分清楚,例如,借条、承诺书。申请人知道借条中关于借款数额、还款时间、方式等。对于承诺书,申请人知道承诺的具体内容。但也有许多情形下,申请人(举证人)并不清楚该书证的具体内容,仅仅知道如果提出该书证能证明什么,也就是证明的事实。例如,医院的护理记录、医疗记录、产品生产加工的记录、材料购买记录等。所以,如果只是简单地认定申请人所主张的书证内容为真实就没有意义。实际上,申请人要求对方当事人提出该书证是认为自己提出的事实主张可以通过该书证得到证明。而这一事实显然对持有书证的当事人是不利的,即使持有书证该当事人也不愿意提出来,或者因为该书证对其不利而销毁、遗弃。因此,在持有书证的当事人不愿意履行书证提出义务时,应当认定申请人主张的事实为真实,而非认定书证内容为真实。

认定申请人主张的事实为真实,还需要有一定限制,否则也将造成不合理的情形。其一,申请人难以对书证记载的具体内容予以主张。因为申请人的事实主张总是通过书证的具体内容加以证明的。如果申请人能够说明书证记载的具体内容,则可以直接认定书证记载内容为真实,不需要对申请人主张的事实作出成立的推定。其二,申请人难以通过其他证据方法对自己主张的事实加以证明,只有该书证能够证明。如果其他证据也能够证明申请人主张的事实,也就没有必要非要通过推定的方式来认定申请人主张的事实为真实。[7]

当持有书证的人不履行义务，究竟是认定申请人（举证人）主张的事实为真实，还是实行证明责任的转换更为妥当，是国外理论界争议的一个问题。按照证明责任转换的理论，持有书证的当事人如果不履行提出义务，则关于书证所证明事实的证明责任就转换到持有书证的一方当事人，申请人不再负有证明责任，持有书证的当事人不愿意提出书证证明该事实就要承担由此产生的不利后果。原本按照证明责任的分配，该事实的证明责任在申请人一方当事人，正是因为对方不愿意提出该书证，通过其他证据方法又无法证明，导致了证明不能的情形。因此，有学者认为证明责任转换的措施比直接认定申请人主张事实真实更妥当。[8]

我国目前的书证提出义务的义务主体仅限于当事人。在持有书证的当事人不履行法院裁定的义务时，采用认定申请人主张事实为真实的办法是可行的。但如果将书证义务主体扩大到当事人之外的第三人，这种办法就失去意义了。因为对申请人主张事实存在的推定是基于该书证对持有人不利这一经验法则，第三人没有直接利害关系，而是基于其他原因不愿意履行义务。对此就只有对其采取一定的处罚措施促使其履行提出义务。在国外，对持有书证的第三人不履行义务的，通常措施是罚款。如果今后民事诉讼法修改时设定了针对第三人的书证提出义务，这一措施也需要加以配套规定。

七、书证提交的原则与例外

当事人向法院提交的书证原则上应当提交书证原件。作为例外，提交原件确有困难的，可以提交书证复制品。对于例外情形，《民诉法司法解释》有明确的规定。该解释第111条规定的情形有：(1)书证原件遗失、灭失或者毁损的；(2)原件在对方当事人控制之下，经合法通知提交而拒不提交的；(3)原件在他人控制之下，而其有权不提交的；(4)原件因篇幅或者体积过大而不便提交的；(5)承担举证证明责任的当事人通过申请人民法院调查收集或者其他方式无法获得书证原件的。

八、书证提出义务命令申请和审查程序

《民诉法司法解释》虽然规定了书证提出义务，但没有明确规定具体的程序以及命令的方式。没有这些具体程序和规范的命令方式，书证提出义务依然难以顺畅运作。从国

---

〔7〕 日本《民事诉讼法》原来没有对申请人主张事实的认定予以限制，只要文书义务人没有履行义务，便可以直接认定申请人主张的事实（待证事实或要证事实）为真实。1996年修改后的日本《民事诉讼法》对文书提出命令制度进行了修改，其中也就包括义务人不履行义务时，对主张事实认定为真实的上述条件限制（日本《民事诉讼法》第204条第3款）。参见［日］门口正人主编：《民事证据法大系》（第4卷各论2书证），青林书院2003年版，第209~211页。

〔8〕 参见［日］门口正人主编：《民事证据法大系》（第4卷各论2书证），青林书院2003年版，第212页。

外的制度规定以及运作实践来看,关于书证提出义务命令的申请、审查应当具有以下内容:

1. 举证人提出申请。其一,申请主体为举证人。举证人应向受理本案的管辖法院提出。这里的举证人为诉讼的当事人,不是诉讼当事人没有申请的利益。之所以成为"举证人"是因为该当事人对书证要证明的事实负有证明责任。如果不负有证明责任,该当事人就不会向法院请求命令持有书证的人提出该书证。没有该书证就将因为不能证明主张的事实而承担相应不利后果。其二,书面申请书及记载事项。书证提出义务的申请形式为书面申请。申请书应写明书证持有人(持有人的身份、住所地等可以保证送达书证提出命令的信息)、书证名称、书证内容概要、书证证明的事实、提出该书证的理由等。如果申请书没有记载相关事项,除了书证持有人、书证的内容概要可以在以后补充、完善之外,法院将驳回举证人关于书证提出义务的申请。

2. 法院在受理书证提出申请之后需对书证持有人是否具有书证提出义务进行审理或审查。作为本案诉讼的附带程序,可以由一名法官进行审查。

3. 审查认为符合书证提出条件的,可作出关于书证提出义务命令的决定。需要说明的是,虽然举证人申请的是关于书证提出义务的命令,但法院是否发出命令的裁决形式应当是裁定,也就是说裁定的内容是命令。裁定书应当写明申请人、书证持有人、申请提出的书证及范围、申请理由、裁定主文、不服裁定的救济方式。申请成立的,裁定主文通常为命令书证持有人于何时提出何书证。裁决认为仅有部分书证有提出的必要的,可以就该部分书证提出发出命令,但不能超出举证人的申请提出的范围。

4. 对提出命令裁定的程序救济。持有人或举证人可以在裁定作出后一定的时间内提出异议,请求撤销或改变许可提出或驳回请求的裁定。日本法律规定,对于"决定"不服的,可以即时抗告。[9] 在我国,考虑到书证提出义务涉及申请人(举证人)或书证持有人的利益,因此,也应当允许申请人(举证人)对书证提出义务的裁定提起异议,防止正当请求不能实现或不正当的请求损害书证持有人的利益。因为我国没有抗告制度,通常采用的是复议程序,所以对书证提出命令的裁定不服的也可以采用复议程序,在法院作出裁定之后一周内向作出该裁定的法院或上一级法院提出复议申请。法院在一定期间内对复议进行审查并作出最终裁决。应当注意的是,对于驳回申请人请求的裁定,因为对被申请人(书证持有人)没有异议利益,所以被申请人不能提出复议;相反,对于认可提出书证义务请求的裁定,申请人也没有复议的异议利益,也就不能对其提起复议。申请复议之后,复议法院经过审理可作出维持、撤销原裁定的裁定。该裁定自送达之日生效。

---

〔9〕 在日本,抗告当事人对法院的"决定"和"命令"不服提起的上诉,称为抗告。即时抗告为抗告的一种,要求在决定或命令作出后一周内提起,且一旦提起,在此期间,法院将停止决定或命令的执行。

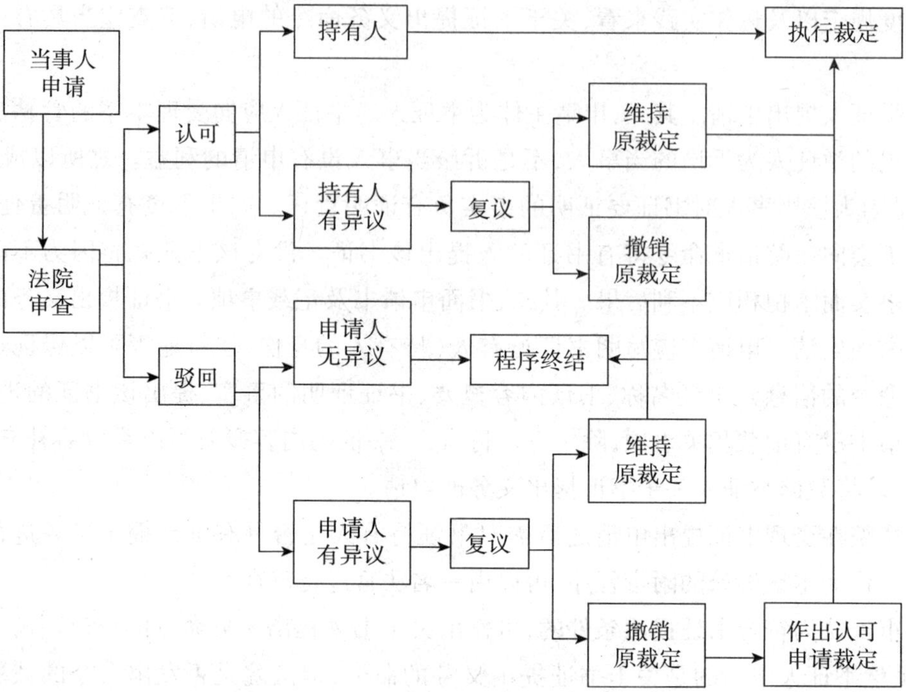

书证(文书)提出义务命令申请和审查程序图

第五节 文书真伪确认之诉

文书真伪确认之诉,是指当事人双方就特定文书的真伪发生争议时,一方向法院提起诉讼要求法院作出判决确认其文书真伪的诉讼。文书真伪确认之诉是一种非常特殊的诉讼。其特殊性在于,民事诉讼中的确认之诉都是以确认某一法律关系是否存在为对象,事实问题不能独立成为诉讼标的。因为民事诉讼追求的是权利义务争议的解决,而不是单纯地解决事实争议。作为证据本身的真伪问题虽然在诉讼中存在予以确认的问题,但不会独立成为诉讼对象。但由于某些文书的真伪直接涉及权利义务的确定,因此,在国外的诉讼法理上认为文书真伪的事实问题作为例外可以作为诉讼的对象,民事诉讼法上(如德国、日本、韩国等)也有专门的规定。文书真伪之诉作为预防性诉讼有助于防止权利义务争议的发生或扩展。我国民事诉讼法上没有关于文书真伪确认之诉的规定。实践中,关于文书真伪是否可以提起诉讼予以确认存有争议,在理论上,通常认为可以提起诉讼。

从诉的利益角度来看,文书真伪之诉并非适用于所有文书真伪的确认。只有那些直接涉及权利义务内容的文书,如遗嘱、合同、借条、章程等才具有可诉性。在国外,由于诉讼通常是在涉及权利义务争议时才会提起,因此直接就文书真伪提起确认之诉的也很少。

知识扩展 庭审笔录及法定化

一、庭审笔录

在我国民事诉讼中,无论特定化(指《民事诉讼法》和《民诉法司法解释》中专门规定的笔录)还是非特定化(根据诉讼的需要将要记载事项予以记录而形成的文本,没有特定的名称,例如,关于口头起诉、口头申请、异议不成立的内容的笔录、口头裁定的笔录、法庭外法院进行调查时所制作的询问笔录等)的笔录,其功能都在于单纯地记录法院和当事人的诉讼行为,而且法庭审理笔录或法庭笔录与其他笔录——合议庭笔录(《民事诉讼法》第42条)、勘验笔录(《民事诉讼法》第63条、第80条)、调解笔录(《民事诉讼法》第98条)、调查笔录(《民事诉讼法》第130条)、口头起诉笔录、口头答辩笔录、委托他人代理诉讼的口头委托笔录、询问当事人笔录、审理笔录、送达笔录、宣判笔录——并没有任何区别。然而,作为具有证明文书意义的最有价值的笔录应该是庭审笔录。所谓庭审笔录,是指人民法院在开庭审理中,对庭审过程的全程记录。由于庭审笔录记录的是整个庭审过程中多方诉讼主体的诉讼行为,不仅包括当事人行使诉讼权利的行为,也包括法院的审判行为以及其他诉讼参与人尤其是证人的诉讼行为。具有证明意义文书的庭审笔录不仅应当作为法院在辩论终结之时合议或独任裁判的资料,而且是实施庭审程序性事项的证明文书,在庭审程序性事项的证明方面具有唯一性。也就是说,在上诉审和再审程序中,当关于一审或原审程序的程序性事项发生争议时,法院判断的唯一依据就是庭审笔录。一旦发生争议,双方当事人就可以利用庭审笔录作为平息争议的法定根据,这对于维系程序的安定性具有重要意义。

但我国现行的庭审笔录还仅仅是一种记录性文本,并没有将其作为一种具有法定证明效力的文书。正是由于现行的笔录只是一种单纯的事实记载载体,因而就非常容易在电子化数字化的时代被全程录音、录像所替代。(其弊端已经在实践中显现)但实际上法庭中录音录像或速记本身只是庭审事实的原始记录,不能作为法定证明文书的笔录。如同公证机关对当事人提交的有法律意义的法律事实或法律文书的证明文书一样,公证机关的公证书证明的对象是法律事实或法律文书,被证明的法律事实或法律文书不过是客体而已。没有专门的公证人员公证活动,公证书不具有证明效力。作为法定化的庭审笔录应当由专门资质要求的专业人员按照法定要求制作。因此,具有法定证明意义的笔录是具有公证证明性质的主体(在国外就是书记官,也称为“公证官”)对庭审事实或庭审程序的过程记录的法律文本,是庭审录音录像、速记所不能替代的。在国外,如日本、德国,作为言词辩论期日的笔录都有专门的法定格式和制作要求。作为一种法定证明文书,言词辩论笔录必须可以为当事人所阅览和使用,而不仅仅是一种法院为制作裁判文书所准备的内部资料。这一点非常重要。在我国,由于庭审笔录不是一种公开的法律证明文书。因此,在涉及庭审程序事项和在庭审证据调查和认定中发生争议时,庭审笔录就不能作为判断的标准。在上诉或再审诉讼中,当事人不能直接引用,进而无法定分止争。

需要说明的是,由于我国内地民事诉讼法上没有言词辩论原则的要求。因此,诉讼中庭审所有事项和内容的笔录也就称为“庭审笔录”,而非大陆法系国家或地区所谓的言词辩论笔录或口头辩论笔录。“庭审笔录”在语义上强调的是特定空间——法庭中的审理活动,是以法院的活动为中心,而“言词辩论”强调的是一种对抗式的诉讼方式。正是由于我国传统诉讼没有强调言词辩论,而是一种具有职权色彩的审判方式,进而忽视了当事人言词辩论的重要性,法官的“审”也就成为诉讼活动的主要方面,因此也就自然而然地使用“庭审”这样的概念。另外,言词辩论强调的是法官与双方当事人之间的直接对话,并不强调对话的空间位置。因此,只要在言词辩论期日,即使是庭外进行证据调查活动,只要有法官和当事人参与,也属于言词辩论阶段的诉讼活动。当然,在法律上未明确言词辩论原则的情形下,基于习惯也不妨继续使用庭审笔录的表达,但我们应当在言词辩论的理念之下对庭审概念有新的认识,在民事诉讼法最终确定言词辩论原则之时回归于言词辩论笔录的表达。

从我国现行的庭审笔录在程序证明效力、公开阅览使用、制作要求、制作主体的非独立性等方面来看,我们可以将其大致概括为“非法定化庭审笔录”。

二、法定化庭审笔录的含义及主要内容

相对于我国现行的非法定化庭审笔录制度而言,法定化的庭审笔录制度要求庭审笔录是一种由庭审法官相对独立的公证官员制作,能够为当事人阅览或使用的,具有法定证明效力的文书。

法定化庭审笔录,就其内容的不同性质可分为庭审程序性或形式内容的笔录和实质性内容的笔录。由于笔录的内容不同,其笔录作为文书的证明效力也就有所不同。关于笔录的证明效力将在后文“五、庭审笔录的证明效力”中专门阐述。

1. 庭审程序性事项的笔录。程序性事项的笔录主要记载与庭审有关的程序事项和内容。包括庭审案件,庭审地点、时间,庭审法官或合议庭法官、书记官、庭审翻译,是否申请相关人员的回避以及相应的处理,出庭当事人及相关信息,法定代理人、诉讼代理人、出庭的其他诉讼参与人(诉讼辅助人、证人、鉴定人)及相关信息,庭审公开与否,如不公开其理由为何以及辩论的重要过程。我们决不可以轻视这些程序性事项,无论是在外国,还是在中国,这些事项上的违法都可能构成严重的程序违法,是上诉或再审的事由。

2. 庭审实质性内容的笔录。所谓实质性内容是指涉及具体辩论事项的内容,包括:(1)诉讼请求或诉讼标的方面。当事人关于诉讼标的变更、诉讼请求的放弃、权利认诺。(2)证据方面。事实主张的自认,证据主张的提出(由于在大陆法系国家或地区,没有向法院申请提出的证据是不会进行庭审证据调查的)与放弃,证人和鉴定人的陈述,作为裁判依据的证据的质证和认证(民事诉讼法和民诉法司法解释明确将证据的质证与否作为证据采信的程序规定,因此关于质证的笔录就显得十分重要)。(3)当事人主张、陈述方面。关于当事人主张的笔录是对当事人在庭审中的所有事实主张的证明文书。当事人事实主张的笔录也是最重要的笔录之一。按照辩论原则的要求,没有主张的主要事实不能作为裁判的依据。关于事实主张笔

录的法律意义在于,如果在笔录中没有记载的事实主张常常被视为当事人没有在辩论阶段提出,也就有可能不会作为裁判的依据。在一审中心主义的审判模式下,没有在一审中主张的事实在二审中不得再行主张,除非存在特殊情形。(4)当事人对审判违反诉讼程序行为的异议。(5)关于诉讼的其他重要事项的主张和陈述、法官释明、裁判的宣判及主要内容等。

为了防止人们庭审之后对庭审辩论问题的争执,影响已实施程序的安定性,有必要对庭审辩论中的重要事项或内容分别单独制作笔录,以便对具体的辩论内容和事项提供证明。例如,当事人陈述笔录、证据主张笔录、证据申请笔录、证据调查或质证、认证笔录、程序异议笔录、认诺笔录、证人笔录、鉴定人陈述笔录。我国现行笔录操作就存在记载内容过于笼统、含混的问题。这种笔录方式不利于当事人将其作为法定的证明手段。因此,细化笔录的做法也是程序细化的具体要求。

三、法定化庭审笔录的制作、成立、订正、更正

法定化的庭审笔录不同于现行庭审笔录,是一种具有法律证明效力的文书,就必须有相应的要求,否则不能成为一种具有法定证明效力的法律文书。法定化的庭审笔录的制作主体应当是与庭审法官保持相对独立性的司法人员,在大陆法系国家和地区,例如,德国、日本和我国台湾地区被称为书记官。其相对独立性表现在,在程序性事项的记载方面不受庭审法官的支配,法官不能干预书记官笔录制作行为。对非程序性事项,例如庭审中的证据调查内容,法官有支配权。因为对证据的调查或质证以及认定具有一定的心证性,调查中法官需要根据具体情形和经验予以判断,因此,当记载的内容与法官的认识不同时,书记官应当按照法官的要求予以订正、补充,虽然书记官也可以对法官的订正补充要求提出异议。

由于庭审笔录不是庭审诉讼行为的单纯记录,而是证明特定诉讼行为发生与否的法律文书。记录素材如庭审速记、录音、录像等只是庭审笔录的根据。按照德国《民事诉讼法》第160条之一的规定,这些记录资料在闭庭后应立即作成笔录。在日本,庭审笔录的原则是所谓"一期日一笔录",即在每个辩论期日都必须制作独立的言词辩论笔录。在一个辩论期日中,都将根据言词辩论的内容制作不同的言词笔录,例如当事人陈述笔录、自认笔录、权利主张认诺笔录、法庭调查笔录、法庭外调查笔录等。按照日本最高裁判所关于《民事案件口头辩论笔录的样式及记载方法的通知》的规定,根据笔录的内容不同,笔录有相应的格式要求。作为法律文书,法官、书记官必须在言词辩论笔录上署名签字。制作笔录书记官的签名以及言词辩论法官的签署是笔录的法定有效要件。没有法官、书记官的签署,判决如果是依据该笔录作出的,将构成一审程序违法的理由,导致撤销原判、发回重审。庭审(言词辩论)笔录的制作权限归于书记官,法官则对笔录有认证的义务。与此不同的是,我国现行的庭审笔录似乎只是对当事人陈述和证人陈述的记录,因此只要双方当事人和证人对速记记录结果签字认可即可。

笔录作为一种证明文书必须清晰地表述或表达相应的审理行为和诉讼行为,尤其是庭审中的程序性事项。所以,庭审笔录总是在庭审程序完成之后经过一段时间才制作完成。从国外的制度规定来看,虽然没有具体的时间要求,但由于言词辩论笔录是当事人可以利用的法律文书,当事人有可能根据本次辩论的情形决定下次言词辩论或以后诉讼行为的实施,因此

这就要求笔录应当在该辩论期日终结之前完成。我国民事诉讼法尚无辩论期日制度的规定，实践中庭审笔录作为一种对当事人在庭审中陈述内容的记录，通常都是在庭审结束后对原始记录认可签字即告完成，然后放入诉讼卷宗。

庭审笔录在法官签署并被编入案件记录卷宗之后即为成立，称为“外部性成立”，可意译为“形式上成立”。从此刻开始，当事人即可申请阅览这些笔录，并使用这些笔录作为证明文书。按照日本笔录规范，笔录不得随意更改，尤其是更正。学理上将笔录的更改分为订正与更正两类。订正是指笔录在形式上成立之前书记官对笔录的更改；更正是笔录在形式上成立之后，书记官对笔录的更改。无论是订正还是更正都要求不能涉及笔录记载的实质内容，仅对错漏之处以及显而易见的错误予以更改。订正或更正之后需要法官再次进行确认。更正最迟应当在诉讼记录卷宗移送上诉法院之前进行。

四、庭审笔录的阅览和使用

庭审笔录不仅作为裁判资料为法官裁判所使用，庭审笔录作为诉讼资料也应当为当事人和诉讼利害关系人所使用。当事人和诉讼利害关系人有请求阅览的权利。庭审笔录不仅由书记官制作，同时也由书记官保管。制作和保管庭审笔录都是书记官特有的权限。庭审笔录阅览请求也是直接向书记官行使。为了防止庭审笔录的丢失和损坏，阅览只能在法院特定的场所进行。原则上，书记官不得拒绝当事人和诉讼利害关系人阅览庭审笔录，除非该阅览妨碍庭审笔录的保管以及法官制作裁判文书或其他事务的情形。如果按照审判公开原则的要求，庭审笔录也应当向社会公开，因此法定化的庭审笔录也成为社会监督审判的一种方法，也是具体落实法官负责制，监督法官公正司法的有效方法。在实行法官弹劾制的国度，理论上，包括庭审笔录的所有诉讼记录也都可以成为弹劾法官的事实根据。

五、庭审笔录的证明效力

庭审笔录是关于法院、当事人、诉讼参与人在庭审中实施诉讼活动的法定证明文书。其中包括法院、当事人、诉讼参与人诉讼行为和程序性事项的记载，也有关于庭审辩论的实质性内容。如当事人、诉讼参与人尤其是证人关于案件事实的陈述内容。庭审笔录中关于庭审程序性事项的笔录具有绝对证明效力，其他证据无效。当人们对这些事项是否发生产生争议时，笔录是唯一的证明，不允许提出反证。〔10〕这也是理论上所谓的法定证据。庭审笔录没有记载的程序性事项，即视为没有发生或实施。

庭审笔录中关于辩论实质性内容事实的证明虽然也具有重要的证明作用，但不具有唯一的证明性。也就是说，即使是该笔录中没有反映的内容或事实，也不能认为其绝对不存在，不能作为裁判的事实依据。有相应的证据证明时，依然可以为法官作采纳。这是因为庭审笔录毕竟不可能完全记载和反映整个庭审中的所有事实以及证明过程，所以，如果在裁判中完全

〔10〕 德国《民事诉讼法》第165条对庭审笔录就程序性事项证明唯一性有明确的规定。该条规定，“关于是否遵守为言词辩论所规定的方式，只能用笔录证明。只有在证明笔录是伪造时，才能否定笔录中关于辩论方式的内容”。

以庭审笔录的记载事实作为唯一的依据显然是不妥当的。

庭审笔录作为一种法律文书在性质上相当于书证法理上的公文书。在诉讼中，一方当事人对庭审笔录的真实性提出质疑，质疑的一方当事人应提出反证加以证明。如此，在性质上作为法定证明文书的笔录与我国现有的单纯作为记录文本的笔录就有了本质上的差异。

六、庭审笔录法定化的意义

在民事诉讼中，庭审程序是诉讼程序的中心，庭审程序的合法对于公正解决民事争议，体现程序正义具有十分重要的意义。但现行的民事诉讼程序因缺失法定化的庭审笔录制度作为监督、制约庭审的有效手段，导致现实中庭审程序空洞化、虚无化，也导致诉讼当事人、利害关系人常常为程序合法与否的事实判断争执不休。为了防止这种结果，保障和提升我国民事诉讼的公正性，维护程序的安定性，笔者提出，应建立法定化的庭审笔录制度，使庭审笔录真正成为能够为当事人、诉讼参与人所阅览、使用，并能作为证明庭审程序合法与否的法律文书；笔录制作主体成为相对独立于庭审法官的公证官，从而实现具体行使司法权的内部制约。法定化的庭审笔录也将成为落实法官责任制，判断审判程序是否合法的根据。

思考题

1. 公文书与私文书划分的意义何在？
2. 文书提出义务制度的目的是什么？
3. 文书提出义务须具备哪些条件？
4. 不履行文书提出义务应承担什么法律后果？
5. 文书真伪确认之诉的意义何在？

真题链接

1. **(2014 年司法考试卷三第 48 题)** 张某驾车与李某发生碰撞，交警赶到现场后用数码相机拍摄了碰撞情况，后李某提起诉讼，要求张某赔偿损失，并向法院提交了一张光盘，内附交警拍摄的照片。该照片属于下列哪一种证据？(　　)[11]

   A. 书证　　B. 鉴定意见　　C. 勘验笔录　　D. 电子数据

2. **(2010 年司法考试卷三第 83 题)** 周某与某书店因十几本工具书损毁发生纠纷，书店向法院起诉，并向法院提交了被损毁图书以证明遭受的损失。关于本案被损毁图书，属于下列哪些类型的证据？(　　)[12]

---

〔11〕 D

〔12〕 AD

A. 直接证据　　B. 间接证据　　C. 书证　　D. 物证

3. **(2008年司法考试延期地区卷三第83题)** 关于证据的种类,下列哪些选项是正确的?(　　)[13]

A. 患者王某以误诊为由起诉某医院。王某提交的医院病历和X光片均属于鉴定结论

B. 李某在某杂志上发表了一篇披露黄某隐私的文章。黄某诉至法院并提交了该杂志,该杂志属于书证

C. 张某认为徐某伪造遗嘱侵犯其继承权,向法院起诉徐某。张某提供了该份遗嘱,该遗嘱属于书证

D. 周某驾车回家途中将行人吴某撞伤,交警冯某当时正处在事故现场,于是按照双方责任开具了事故认定书。吴某诉至法院要求周某赔偿,并提供了事故认定书,该事故认定书属于勘验笔录

4. **(2003年司法考试卷三第99题)** 患者甲与某医院发生医疗纠纷。甲认为由于该医院误诊,导致其疾病没有及时得到治疗,造成了财产和精神上的损害,故向法院提起诉讼,要求医院承担相应的民事责任。甲提出病历和X光片保存在医院,只要医院出示病历和X光片就可以证明医院对此负有责任。如果X光片在本案作为证据,则该证据属于民事诉讼法规定的何种证据?(　　)[14]

A. 物证　　B. 书证　　C. 视听资料　　D. 鉴定结论

参考文献

1. 张永泉:《书证制度的内在机理及外化规则研究》,载《中国法学》2008年第5期。
2. 洪冬英:《论书证复制件的证据效力》,载《政治与法律》2011年第6期。
3. 曹志勋:《书证搜集裁判:模式比较与本土改造》,载《现代法学》2011年第5期。

案例分析

请扫描二维码阅读案例,根据【路径与指引】尝试对该案件进行分析。

【路径与指引】

1.《宁夏审计厅关于宁夏博尔泰力药业股份有限公司股权投资等有关问题的审计调查报告》是否属于公文书?如何识别公文书?
2. 本案二审中,上诉人提供的两份行政判决书所载事实是主要事实、间接事实还是辅助事实?
3. 被其他判决书认定的证据,其证据能力与证明力是否在其他案件中依然适用?

[13] BC
[14] C

第四章 证人证言

第一节 证人证言概述

一、证人证言的概念

证人,是指了解案件情况并向法院或当事人提供证词的人。证言,是指证人将其了解的案件事实向法院所作的陈述或证词。在强调证言言词原则的国家,证人须以口头表达的方式予以作证。大陆法系国家均以口头方式接受询问。

二、证人与当事人

在大陆法系国家,当事人以及法定代理人不能作为证人。当事人及法定代理人对案件事实的陈述被归入当事人陈述这一类证据。在英美法系,当事人也是证人,无论是原告还是被告都可以作为证人出庭接受询问。

三、单位证人与单位证明

有一种流行的观点认为,在我国,证人包括两类:一类是非自然人的单位证人;另一类是作为自然人的证人。单位作为证人时,也要有人要出庭作证,民事诉讼法规定,此时应当由单位的法定代表人、负责人或经其授权的人代表单位作证。

单位证人的说法来自民事诉讼法的相关规定。最初规定在 1991 年的《民事诉讼法》中。2012 年最新的《民事诉讼法》也沿袭了这一规定。该法第 72 条规定:凡是知道案件情况的单位和个人,都有义务出庭作证。有关单位的负责人应当支持证人作证。单位证人这一概念的问题在于,从其内涵来看并不符合证人的基本特征。证人的基本特征是证人就亲身感知的外部事实向法庭作证。也就是说,证人只能是自然人,而不能是非自然人——如单位或其他法人。因为作为非自然人的单位是不可能有感知功能的。所谓单位证人并非作为自然人亲身感知,不过是以单位的名义就某一事实存在与否作出的证明。因此称为单位证人是不妥当的,称为"单位证明"是可以的。单位就某一事实出具的证明,其性质是一种书证,并非人证。按照公文书的定义,由国家机关或者其他依法具有社会管理职能的组织，在其职权范围内制作的文书就是公文书。(《民诉法司法解释》第114条)因此，我们可以将这类单位证明归入公文书。

对单位证人的认识与我国的所谓“单位文化”有直接联系。按照我国一些社会学者的认识，我国社会的一个特征是单位化，人们有强烈的单位意识。社会强调单位的主体性，弱化个体性，物质资源也被单位化。因此，人们对单位有一种强烈的依赖，也更相信单位(组织)。意识形态上也强调对单位的依赖。

四、证人证言的运用

证言与其他证据相比，具有一定的主观因素，证言真实性的程度易受证人主观意识的干扰。因此，出庭作证的证人应当客观陈述其亲身感知的事实，尽量排除证人作证的主观臆断、猜测或推断，在作证时也不得使用猜测、推断或者评论性的语言。证人为聋哑人的，可以其他表达方式作证。

五、证人资格

证人资格也称为证人能力，是指作为证人所具备的能力。这种能力是一种针对所有案件的一般能力。只有具备证人资格(能力)，才能作为证人。

以下几类人不能作为证人：(1)证人证言是证人对案件真实情况的陈述，因此不能正确表达意志的人，不能作为证人。待证事实与其年龄、智力状况或者精神健康状况相适应的无民事行为能力人和限制民事行为能力人，可以作为证人。(2)诉讼代理人与证人的地位是冲突的，因此诉讼代理人不能在一个案件中既作代理人又作证人。(3)审判员、陪审员、书记员、鉴定人、翻译人员和参与民事诉讼的检察人员如果在自己参与的案件中作为证人就可能影响审判的公正性，因此这些人不能在本案中作为证人。

在认识证人资格或证人能力时，应当注意区别证人资格或证人能力与证人证言证明力的关系。证人证言的证明力是指证人证言对证明案件事实的作用大小。证人证言的证明力是在该证人具有资格的前提下才涉及的问题。不同的证人，其证言的证明力是不一样的。例如，与当事人有亲属关系和其他密切关系的人虽然可以作为证人出庭作证，但由于上述关系的特殊性，一般而言，这些人作为证人所作的证言的证明力要小于其他证人的证言。

第二节 证人的义务

一、证人出庭作证的义务

(一)证人出庭作证的意义

如果证人不出庭作证,当事人就无法对其进行质询,不易判断证言的真实性。证人在人民法院组织双方当事人交换证据时出席陈述证言的,可视为出庭作证。根据《民事诉讼法》第73条的规定,经人民法院通知,证人应当出庭作证。有下列情形之一的,经人民法院许可,可以通过书面证言、视听传输技术或者视听资料等方式作证:因健康原因不能出庭的;因路途遥远,交通不便不能出庭的;因自然灾害等不可抗力不能出庭的;其他有正当理由不能出庭的。如果应当出庭的证人没有出庭作证,则向法院提供的书面证词将不能被采信。

(二)我国出庭率低的原因分析

在我国,无论是刑事诉讼,还是民事诉讼,都存在证人出庭率低的现实问题。证人出庭率低反映出证人证言这种证据方法还没有在我国诉讼中受到重视和重用的现实。尤其是在民事诉讼中,证人证言更是没有受到足够的重视。由于没有能够重视证人证言,运用证人证言,也导致许多案件的事实真相不能得以充分揭示,也因此影响了案件的公正裁判。

分析出庭率低的原因,大致可能有以下几个方面:(1)证人作证义务意识不强。没有意识到作证关涉到司法公正,属于公法上的义务,是每一个公民都应当承担的义务。(2)受传统观念的影响,在意识上存在事不关己、尽量回避的心理。实际上,国人有着很强的以家庭为中心的个人主义观念。(3)由于较普遍的非诚信状态,导致人们对证人证言的真实性持普遍怀疑,因而影响了对证人证言的重视程度。(4)对证人证言的询问缺乏相应的经验、技巧和规范,使得证人证言对案件证明的重要性大为降低。(5)缺乏相应的强制性规范,难以从法律制度上保证证人出庭。例如,民事诉讼法没有关于自然人证人无正当理由不出庭应当受到的处罚措施。强调证人出庭义务,强化出庭义务的法律后果,是必要的。对应当出庭且可以出庭的证人,如无正当理由的,给予相应的处罚是提高出庭率的一种有效措施。在这方面,民事诉讼法依然存在不足。

(三)对证人不出庭的法律对策

关于证人不出庭的正当事由。不出庭的正当事由,是指不具有免证特权的证人针对具体的案件,存在不能出庭或出庭困难的正当理由。例如,证人因患病或身体不适不能出庭;因交通原因不能出庭;重要事务出差或因其他重要事务不能出庭;基于社会一般观念妨碍出庭的其他情形,如家人丧礼、婚娶等;证人没有足够的费用满足出庭作证的交通、住宿、就餐。

关于对不履行出庭义务的法律措施。基于证人出庭作证的义务,一旦证人无正当理由拒不出庭的,就应当有相应的法律措施。国外的证据制度一般设置有相应的法律制裁措施。例如,日本民事诉讼法就规定,对于无正当理由不出庭的证人,将采取罚款、承担诉讼费用(这里的诉讼费用包括传唤证人以及当事人出庭所开支的交通费、餐费、住宿费等,参见日本《民事诉讼费用规则》第 2 条、第 11 条)、罚金、拘留或者强制到庭(拘传)的措施。罚金和拘留是日本法中的刑罚措施,罚金数额为 10 万日元以下。根据具体情形,罚金和拘留可以并用。因为是刑罚措施,因此需要按照通常的刑事诉讼程序作出,由传唤证人的法院向检察官提出制裁请求(日本《刑事诉讼法》第 239 条第 2 款)。在日本实务中,通常是在多次传唤依然不到庭的情形下才采取拘传措施。当然,被拘传的证人也同样享有住宿费、餐费请求权。[1]

关于我国制裁措施缺失的原因。在我国,民事诉讼法上还没有一般性的规定对不出庭的证人予以相应制裁。之所以没有相应的制裁措施,还是因为人们顾及制裁的正当性问题。一些人认为,对无正当理由不出庭的证人予以处罚恐怕社会上难以接受。显然这种认识还是没有将作证作为一种公法义务来看待,对案件事实真相的揭示而言,证人依然是旁观者。这就需要人们转变观念真正认识到证人作证的性质,才能发挥证人对于司法公正的意义。

二、证人的陈述义务

证人在法庭上具有就案件所知的事实进行真实陈述的义务。真实陈述自己所知案件事实是民事诉讼法诚实信用原则的要求。这里的真实陈述是一种主观真实,而非客观真实。因为证人感知的案件事实毕竟受主观因素的影响,要求证人的陈述做到客观真实也是不现实的。但如果证人违背诚实信用故意作虚假陈述,构成伪证行为的,就可能要承担相应的法律责任。

---

〔1〕 关于日本证人不出庭的制裁以及适用,详见[日]门口正人主编:《民事证据法大系》(第 3 卷各论 1 人证),青林书院 2003 年版,第 10 ~ 15 页。

三、证人宣誓义务与保证制度

在国外的证据法中，通常规定证人作证时有宣誓的义务。例如，在大陆法系国家，德国《民事诉讼法》第 391 条规定：“法院考虑证言的重要性，并且为了使证人作出真实的证言，认为有必要命证人宣誓时，在双方当事人都未舍弃宣誓的情形下，证人应该宣誓。誓词中应表明证人应按照自己的良心为真实的陈述，毫不隐瞒。”奥地利《民事诉讼法》第 337 条规定：“证人被询问之前，证人应当宣誓。”意大利《民事诉讼法》第 251 条规定，事实审法官应告知证人宣誓的宗教和道德的意义，以及作伪证将受到的刑事制裁，并朗读：“在神和人的面前发誓，自觉承担宣誓责任，陈述事实，不作非事实的任何陈述。”日本《民事诉讼法》第 285 条规定：“审判长应当使证人在讯问前进行宣誓。”

在英美法系国家，美国《联邦证据规则》第 603 条规定：“证人在作证之前一般都被要求以宣誓或者陈词确认的方式，宣布将履行诚实作证的义务。”第 601 条规定：“在作证前，应通过旨在唤醒证人的良知，使他想起应该这样做的责任。以宣誓或郑重声明的方式，要求每个证人宣布他将真实作证。”美国《加州证据法典》第 710 条规定：“在作证之前，每个证人都应宣誓或以法律规定的方式保证或郑重声明，除了对一个 10 岁以下的儿童，法庭依自由裁量权可以只要求他承诺真话。”英国《民事诉讼规则与诉讼指引》第 41 条规定：“当事人可以申请法院签发命令，要求证人在法官、证人询问官或者法院任命的其他人面前宣誓作证并接受询问。”加拿大《证据法》第 14 条规定：“我郑重陈述我的证言是真实的，是全部真相，除了真相别无其他。”

在有宣誓义务的国家，如果证人无正当理由拒绝宣誓作证的，将招致法律制裁。例如，奥地利《民事诉讼法》第 325 条规定：“证人没有说明理由而拒绝宣誓的，作为一种强制执行方法，法院可依职权对其处以罚金或拘禁，以强制证人作证。”法国《民事诉讼法》第 207 条规定，证人没有合理理由而拒绝宣誓的，可判处 100 法郎至 10000 法郎的民事罚款。意大利《民事诉讼法》第 256 条规定：“证人出庭，没有正当理由而拒绝宣誓，法官可以告知检察官，并移送调查笔录副本，法官也可以拘捕证人。”

证人宣誓的意义在于保障证人作证的真实性。通常认为，证人宣誓之所以能够起到证言真实性的作用是基于某种信仰的力量，例如宗教信仰。通过宣誓能够在心理上对证人产生约束作用。我国证据制度中一直没有规定证人宣誓制度。一种比较通行的说法是，在我国，宗教不是一种普遍信仰，因此，没有必要设定证人宣誓义务。即使设定宣誓义务也因为没有宗教信仰而无法发挥约束作用。也有学者对此提出了质疑，认为中国人并非没有宗教信仰。中国也有宗教信仰，只不过这种宗教信仰是一种普化的宗教信仰，即没有教会组织、经典、教义等显现为制度化的宗教信仰。中国人的信仰主要是以祖先崇拜为主，祖先崇拜之外有四时祭祀，有一般的神灵崇拜，甚至泛灵崇拜。我们有一套对宇宙的假定，产生了算命、卜卦、风水。这些都没有跟我们的生活分开，也没有成为一个教，但这是我们国人信仰的一部分，不能说它不是宗教。一个人只要有信仰，宣誓就对行为人的心理有约束力。约束力的强弱与信仰的坚守程度应该成正比。问题主要在于，如果人们普遍缺失信仰的说法成立，的确这种宣誓制度的实际意义就不大。但从实用主义角度来看，宣誓毕竟多少会对证人的心理产生一定的约束。就心理学而言，宣誓所具有的仪式化作用也会产生约束力。总之，有宣誓制度比没有宣誓制度好。

在我国台湾地区采取的是证人具结制度。所谓具结就是对自己行为的保证。证人具结制度也就要求证人保证诚信作证。在确认证人身份之后作证之前，除了不得具结的例外情形之外，法院要求每一个证人分别具结。具结之后，证人就必须按照结文内记载的事项诚实地作证，不得就自己所知事实进行虚假陈述，如故意隐匿、增删等。

我国大陆的民事证据制度中也设立了与台湾地区类似的证人保证制度。2015 年《民诉法司法解释》第 119 条规定，人民法院在证人出庭作证前应当告知其如实作证的义务以及作伪证的法律后果，并责令其签署保证书，但无民事行为能力人和限制民事行为能力人除外。无论是证人宣誓制度，还是证人保证制度，其法律作用主要有两点：其一，没有宣誓或予以承诺保证的，不能作证。《民诉法司法解释》第 120 条就规定，证人拒绝签署保证书的，不得作证，并自行承担相关费用。其二，有宣誓或签署保证书的，在虚假作证或伪证的情形下就可对该证人予以法律制裁。宣誓或保证就是实施法律制裁的前提条件。

证人保证的有效性主要取决于法律制裁是否能够真正得到实施。如果法律制裁不能得以实施，证人保证也就无法起到约束证人的作用。虽然《民事诉讼法》没有明确规定对证人伪证的法律制裁，但是《民诉法司法解释》第 189 条第 2 项规定，证人签署保证书后作虚假证言，妨碍人民法院审理案件的，可以适用《民事诉讼法》第 111 条相关法律制裁的规定。该法第 111 条规定，诉讼参与人或者其他人有下列行为之一的，人民法院可以根据情节轻重予以罚款、拘留；构成犯罪的，依法追究刑事责任。如果按照司法解释，对保证之后实施伪证行为的证人就可以根据具体情形处以罚款、拘留，构成犯罪的，将追究刑事责任。但问题在于，司法解释是否具有这样的解释效力。因为这涉及民事诉讼中伪证是否构成犯罪的重大问题。另外，即使可以对伪证行为处以民事强制措施如罚款、拘留等，但如何适用，如何根据情节轻重把握罚款数额，司法解释或司法实践都缺乏进一步推进的具体措施，因而导致对伪证的处罚依然停留在抽象层面。

第三节 证人的权利

证人作证虽然是一项公法上的义务，但证人亦享有若干权利。在证人的权利中，证人费用请求权是一项最重要的权利。证人出庭作证的费用作为诉讼费用应当由当事人承担。因此，证人在履行出庭作证义务之后，就享有要求当事人支付证人相关费用的权利。

关于证人出庭作证的费用及负担过去一直是诉讼实践中的一个突出的问题。针对这一问题，2012年《民事诉讼法》第74条对此作了专门规定。该条规定，证人出庭作证的费用包括交通、住宿、就餐等必要费用以及误工损失。其费用由败诉一方当事人负担。当事人申请证人作证的，由该当事人先行垫付；当事人没有申请，人民法院通知证人作证的，由人民法院先行垫付。在证人费用的种类方面，证人误工损失是一个有争议的问题。证人作证是一项公法上的义务，任何有证人能力的人都有义务作证。因此，证人之间应当是平等的，而如果依照误工损失的多少计算证人费用，则会因为证人的收入不同，其费用有所差异。按照误工损失进行补偿必然导致证人地位的不平等。依照证人平等的原理，应当统一证人补贴费用。例如，一天补贴证人一定数量的金钱。交通、住宿、就餐等也可以按照一定的标准确定费用。例如，关于交通费，可以按照里程统一确定，不需要根据实际乘坐的交通工具。具体标准可以根据调研和统计加以合理确定。住宿和就餐也是如此。

第四节　证人的申请与证人调查

一、证人的申请

证人证言一般是由一方当事人向法院提出。证人申请书应当写明证人基本情况，包括姓名、性别、年龄、精神健康状况、户籍所在地和经常居住地，证人与案件的关系，证人作证的概括事项等。法院应对证人资格以及与案件的关联性进行审查。根据《民诉法司法解释》第117条的规定，当事人申请证人出庭作证的，应当在举证期限届满前提出。符合本解释第96条第1款规定情形的，人民法院可以依职权通知证人出庭作证。未经人民法院通知，证人不得出庭作证，但双方当事人同意并经人民法院准许的除外。同时，根据《民诉法司法解释》第119条的规定，人民法院在证人出庭作证前应当告知其如实作证的义务以及作伪证的法律后果，并责令其签署保证书，但无民事行为能力人和限制民事行为能力人除外。证人签署保证书适用本解释关于当事人签署保证书的规定。第120条规定，证人拒绝签署保证书的，不得作证，并自行承担相关费用。

二、证人证言的调查与询问

证人询问是对证人证言进行调查的方式。通过证人询问判断证人证言的真实性。

在我国,证人询问采取的是所谓的职权询问制度。所谓职权询问,是指法官主导对证人的询问。与此不同的是英美国家实行的“交叉询问制”。交叉询问制的主要特点是由当事人的律师主导询问,法官一般不能对证人直接进行询问。(关于交叉询问制详见本章“知识扩展”)法官只是监督和对有关询问规则的争议进行裁决。大陆法系国家多数采取职权询问制。作为例外,日本采取的是混合模式即交叉询问与职权询问的结合,其特点是主要由当事人或当事人的律师对证人进行询问,法官只有在认为有必要的情形下才能直接对证人进行询问。虽然我国民事诉讼法也规定,当事人可以向证人询问,但当事人是否可以对证人询问是由法官决定的。我国民事诉讼中当事人或律师对证人的询问只是一种所谓民主司法的体现。因此,我国的证人询问制度与日本的混合模式有所区别。对于证人询问应当采取何种模式,与一国的司法传统、大众心理、司法体制、律师制度甚至法律教育等多种因素有关。交叉询问制与职权询问制两种模式可以说各有利弊。虽然日本试图将两种模式结合取其利,但实际效果并不理想,实践中还是倒向了职权询问。为了审理效率,法官会更愿意采取职权询问方式。

在法庭证人询问中,为了防止受法庭审理的干扰,证人不得旁听法庭审理。我国民事诉讼法规定,询问证人时,其他证人不得在场。

在证人询问中,法院认为有必要的,可以让证人进行对质。这里的对质,实质上就是一种对证人的质证方式。一般的证人询问通常都是一个证人出庭对某一事实进行作证,法官或当事人对该证人进行发问。对质则要求证言冲突的两位证人同时出庭,就证言的真伪进行质证。质证中,由法官发问并对证言的采信与否作出判断。

三、证人作证特免权

证人作证特免权,也称为证言特免权,是指具有特定身份或法律地位的人在符合法律规定的情形下所享有的就特定事项免于作证或阻止他人作证的权利。为了保护证人的人权、隐私权以及婚姻家庭关系的稳定性,维护社会成员之间的人身信任关系,加强对社会公共利益、国家利益的保护,法律在特定情况下免除证人作证的义务,以保护那些高于发现案件真实的特定社会价值目标。因此,证人作证特免权与证人强制作证义务是一对相互矛盾的理念和规则,只有在法律明确规定的情形下,证人享有的特免权才能够打破出庭作证的公法义务,否则违反作证义务的人会遭受藐视法庭罪等制裁。

根据豁免情形的不同,证人作证特免权可以划分为反对自我归罪的特免权、职业特免权、婚姻家庭特免权和政府特免权。

1. 反对自我归责的特免权是在宪法保障人权的理念指导下规定证人免于提供可以导致自身承担刑事责任的证言,但是控诉方允诺豁免证人的刑事责任的,证人不得再援引特免权规则拒绝作证。

2. 职业特免权是为了促进特定职业的发展而保护执业过程中获取的秘密交流信息

免于披露,例如律师与委托人之间、医生与患者之间、神职人员与忏悔者之间、记者与线人之间,原则上可以主张特免权以免于向法庭提供基于职业关系而获取的秘密交流信息。

3. 刑事案件中夫妻一方不能提供不利于对方的证言,但是婚姻关系结束、犯罪是针对夫妻另一方的、作证内容发生于婚前以及反人类罪行除外。同时,夫妻一方也不能就彼此之间的秘密交流信息提供证言,即使婚姻关系结束仍享有特免权,以维护夫妻之间的信任关系。

4. 在国家秘密、政府信息、线人的身份可能泄露时,政府及有关机构有权拒绝作证或阻止他人作证,但是不足以损害社会公共利益的,或者政府放弃特免权的,仍应当提供相关证据。[2]

由于法律皆考虑了人性因素,且具有相似的政策目标和法治理念,证人作证的特免权是英美法系和大陆法系共有的证据规则。但是,两大法系之间还是略有差异,例如:(1)法国刑事诉讼法仅赋予被告人反对自我归责的特免权,证人并不享有;(2)大陆法系诸国一般也赋予父母与子女之间互相不能作出不利证言的特免权,有的国家甚至扩展到其他近亲属;(3)意大利刑事诉讼法规定的政府特免权是不能放弃的。我国古代基于儒家"亲亲相隐"的法律传统,在历朝法典中也明确规定亲属间不得相互证罪,这可以说是特免权规则的雏形。但是,现行法律由于过分追求实体真实,诉讼尚不健全,因而没有建立完善的证人作证特免权规则,这导致了无罪推定原则落实不彻底,隐私权、亲情伦理、社会信任等公共政策无法实现。

知识扩展

一、交叉询问

(一)交叉询问制概述

交叉询问又称为交互询问、交叉寻问(cross examination),是英美法系诉讼中的一项重要制度,是指有关双方当事人对证人盘问时所需遵循的一整套规范。不管是刑事案件还是民事案件,通常的诉讼程序,只要有证人出庭,都将进行对证人的交叉询问。由于交叉询问是一种专业性很强的法庭技术,所以一般对证人交叉询问都是由双方律师进行。交叉询问首先由申请提出该证人(也称为"己方证人")的当事人(通常是该当事人的律师)对该证人进行询问,称为"主询问"(direct examination;examination in chief),然后由对方当事人的律师对该证人进行询问,称为"反询问"(cross—examination),最初询问证人的当事人或律师还可以对证人进行再询问,称为"再主询问"(redirect examination);再主询问之后,也允许实施反对询问的当事人或律师实施再反询问(recross—examination)。

---

〔2〕 参见易延友:《证据法的体系与精神——以英美法为特别参照》,北京大学出版社2010年版,第121~164页。

1. 主询问。主询问的目的主要是通过对证人的询问使该证人将有利于己方的有关案件事实反映出来，作出支持己方主张的证言，以取得事实审理者——陪审团或法官的理解。主询问应当遵循以下规则：(1)只能是与案件有关的事实。(2)一般情况下不得进行诱导性询问。在再主询问中，诱导性询问的限制比主询问要宽松一些。(3)主询问不得以导致答复的问题为依据。

2. 反询问。反询问主要有两个目的：其一，通过反对询问，发现证人证词的破绽，以达到证言无效或使陪审团或法官对该证言持有怀疑的目的，或通过询问以否定证人的作证资格。其二，从反对询问中发现或找出有利于自己的事实。反询问与主询问的不同之处在于，反询问中询问可以更多地提出诱导性询问，因为反询问具有更强的证伪性，诱导性询问就具有证伪的作用。

3. 交叉询问的对象。交叉询问中的盘问对象不仅包括一般的证人，也包括专家证人(expert witness)。专家证人是指那些精通某一领域知识和技术的专门人员。专家证人利用自己的专业知识和经验对专门问题陈述意见和观点。当事人聘用专家证人的目的是利用专家证人所具有的知识和经验在诉讼中就案件所涉及的专业问题提供有利于自己的证词。

4. 法官的地位。交叉询问制度最集中地体现了英美诉讼对抗制的特点。法官在法庭中处于中立的地位，法官不能直接询问证人。法官的作用主要在于两个方面：其一，控制当事人双方的询问，防止当事人滥用询问权。其二，当询问证人无正当理由拒绝回答时，法官将对证人给予制裁。当事人或律师在询问中有出格行为时，法官也将给予制裁。

（二）英美交叉询问的特点

第一，交叉询问制属于事实审理阶段的法庭审理的一项重要制度和过程，它以事前程序为前提、以陪审制和证据开示制度为基础的制度。

第二，在英美诉讼中，证人具有很强的附属性，即证人是“当事人的证人”。

第三，只有当事人或当事人的律师才能询问证人，法官不得询问证人。

第四，证人询问只能采取一问一答的方式。

第五，在交叉询问中适用严格的证据法则，禁止使用传闻证据。

第六，特定条件下可以实施诱导性询问。

（三）关于交叉询问制的移植

交叉询问的魅力在于它充分体现了英美诉讼的民主理念。交叉询问使当事人在诉讼中的主体性和主导性更加明显，当事人的主体性和主导性则是诉讼民主化的一个重要体现。因此，交叉询问制度在战后一直为一些大陆法系国家所关注。1948年日本模仿英美法中的交叉询问制建立了具有日本特色的交叉询问制。

在我国，民事审判方式改革和诉讼体制的转型过程中，交叉询问制度因其所具有的诉讼民主性、公开性特征也开始为诉讼法学界所关注,人们开始考虑引进交叉询问制度,以改进我国传统的审理方式。交叉询问制尽管有诸多优点,但在我国几乎没有移植的可能性。我国缺乏那样的制度环境:特有的司法制度与律师制度、裁判制度与裁判方式、美国式的证伪思维方式与传统。

二、英美法中的专家证人制度

英美法系的专家证人是与普通证人相对的概念,两者都适用证人的作证、询问、披露规则,主要的区别在于提供证言的形式不同。普通证人是以对案件事实的亲身感知发表描述性陈述,而专家证人则是在某一特定领域具有高于普通人的知识、技能、经验的人通过对案件专门技术问题的认识、预测、分析和研究以帮助事实审理者理解证据或确定案件争议的事实。不过,专家证人也可能是案件基本事实的目击证人,此时不因工作成果保护原则[3]特免信息披露,可以被要求接受质询,提供所获得的信息,但是有时也会被禁止聘为专家证人,例如就病人伤情及其复原提出意见的内科医生。[4] 专家证人的作证范围十分广泛,涵盖了事故调查、弹道分析、血液测试、脸部描绘、职业惯例、外国法、指纹和声音鉴定、精神疾病诊断、艺术品的真实性鉴定、公众意见的判断等。[5]

西方国家的专家证人制度起源于罗马法时代,彼时法官在遇到一些物理现象或规律方面的问题时就会请教"博学者"。12 世纪在英国逐步确立陪审团制度的过程中,具有专门知识的人会以法庭顾问的身份就医疗、商业票据、拉丁文等事项向法官提供帮助,或者应法官的召集组成特别陪审团负责事实的调查、证明和裁判,例如商业诉讼中酒商、金匠、鱼贩等常组成特别陪审团对当事人是否违反同业公会的商业规则进行调查和裁决,涉及外国人的刑事案件会至少有一半以上的成员来自被告所在的国家以帮助陪审团其他成员理解被告的语言和陈述,有关性侵犯、怀孕和分娩的案件常传唤女性组成陪审团。14 世纪在英国由知情陪审团向不知情陪审团转变后,特别陪审团消失,具有专门知识的人只能应法官的传唤以证人身份对案件事实中的专门性问题提供意见,由此也形成了专家证人制度的雏形,如 1532 年英国规定在因暴力致死的所有案件中均须传唤医学专家作证。15 世纪至 17 世纪,英国的证据规则体系确立并完善,18 世纪交叉询问规则产生,专家证据制度也随之获得迅速发展。16 世纪中期开始,英国法院才允许当事人自行聘请专家证人,至 18 世纪末,聘请专家证人的权利逐渐从法官转移到当事人处,此后法官仍可以但却很少聘请专家证人,法庭也鼓励当事人聘请多位专家证人以探寻事实真相。19 世纪以后科学证明方法迅猛发展,专家证人也日趋发挥显著的作用。[6]

---

〔3〕"工作成果保护原则"是美国证据开示程序的一项例外,具体是指在没有表明开示或披露的必要性时,当事人可以对自己的律师在准备诉讼过程中获得的信息拒绝向对方开示或披露。其目的是保护律师自主调查的权利和积极性。

〔4〕参见[美]杰克·H. 弗兰德泰尔、玛丽·凯·凯恩、阿瑟·R. 米勒:《民事诉讼法》,夏登峻、黄娟、唐前宏等译,中国政法大学出版社 2003 年版,第 381 页、第 382 页。

〔5〕参见齐树洁:《英国民事司法改革》,北京大学出版社 2004 年版,第 289 ~ 292 页。

〔6〕参见季美君:《专家证据制度比较研究》,北京大学出版社 2008 年版,第 7 ~ 11 页。

专家证人的特征及其适用规则主要有以下几个方面:(1)专家的主体来源较为广泛,专家证人的知识、技能和经验并不一定需要资格证明、学历认证、登记考核、职称威望,只要有助于解决与案件有关的、非普通知识可以化解的实际问题,都可以对案件专门问题提出专业性意见,如心理学家、警察、工程师、木匠、动物训练师等都可能成为专家证人。(2)在专家选任方面,一般由当事人聘请出庭专家证人和非出庭专家证人,后者仅为诉讼出谋划策而无需接受交叉询问。法庭也会综合考量职权指定的必要性来决定是否任命专家或指定哪位专家,法律或法官一般不会将鉴定权固定授予特定的人或机关。(3)在资格审查方面,通过双方当事人或律师的交叉询问初步确定该专家是否具有相关方面的科学技术或专门性知识,再由法官最终裁定专家是否具有资格。当事人可以对法官的裁定提出上诉,要求重新确认。只要没有充分的证据证明法官带有偏见或滥用自由裁量权,法官对是否可以作为专家证人的裁定都不容推翻。(4)在专家证据的可采性方面,要检视专家证言的可靠性、有效性和擅长领域与待证事实的相关性。首先,专家证言的主题必须是符合科学方法和程序的科学知识,如具有可证伪性、经历同行审议和发表、错误率低、存在控制标准、在特定领域的普遍接受等。其次,依据"普通知识规则"或"有用性规则",专家证据要有助于事实审理者作出断定,对于陪审员依据一般经验和知识即可作出判断的,就无需专家证人,如证言的可信度、当事人被激怒的可能性等。而依据"终局性问题规则",对于法官或陪审团应当决定的构成要件事实是否存在的最终问题,专家证人一般不能发表意见,以免对事实审理者造成不当干扰,如一个特定物品是否为淫秽物品、犯罪意图是谋杀还是故意伤害等。

英美法系专家证人制度与对抗制诉讼模式的联系发生在19世纪中期以后,在此之前无论是特别陪审团、法庭顾问,还是法官指定的专家证人、当事人传唤的中立专家证人,都只是作为"科学的代言人"向法庭提供不偏不倚的专家意见,法庭上两方专家针锋相对的情景并不多见。自19世纪中期以后,现代意义上的专家证人制度逐渐与对抗制诉讼模式相适应,旨在通过专家证人的激烈对抗来全面、彻底地揭示专门性问题的事实真相,同时有助于在鉴定活动中保障当事人双方的程序权利。但是,由于专家证人是由一方当事人选择雇佣、支付高额费用并传唤出庭,专家证人开始具有强烈的偏向性和对抗性,在对抗制的整体环境下竭力为己方当事人的利益服务,在法庭上激烈攻击对方专家证人的专业素养和职业道德。这不仅损害了专家职业群体的声望和权威,也给法官认定和裁断专业问题带来诸多麻烦和困惑。

专家证人制度的弊端是司法耗费巨大、诉讼时间拖延、倾向性明显,所以英美法系国家也在逐渐改革专家证人制度。例如,英国在沃尔夫勋爵"接近正义"的报告之后出台1998年《民事诉讼规则》和2001年《专家证据指引法》,增设"单一联合专家证人"制度,鼓励当事人就某一特定问题尽量使用同一专家证人;在小额诉讼中基本不使用专家证据,而在快速审理程序中最多只能传唤两名专家证人出庭作证,以限制专家证人的使用和数量;明确规定专家证人对法院而非受其聘请的一方当事人具有优先责任,专家证人出庭作证和专家证据的使用必须经法庭许可;专家证据一般采用书面形式且专家报告的内容必须符合法定要求,当事人也可以在庭审前以书面形式向专家证人提问并得到回复;法院可以在诉讼的任何阶段指令双方的专家进行讨论并尽可能就有关问题达成一致，以加强专家证人之间的协作。在专家证人的管理上，1999年由英国政府推动建立统一的鉴定人执业登记注册委员会，同时鼓励民间建立相关的行业协会或学会，以改变专家证人队伍的分散状态，通过强化管理、规范运作来实现专家证据的合理运用。而美国也允许法官在当事人选择的专家证人之外自行指定专家证人，法官有权对有不当行为的专家证人进行司法批评，以提高专家意见的客观性。同时，法官可以根据"利益衡量"原则从专家证据是否具有较强的说服力、是否有助于争议解决、费用与案件标的额的比例三个方面判断是否有必要使用专家证人。此外，美国还创立了一系列保证专家意见中立性的程序保障机制以及加强专家证人行业自律、资格认可、责任追究的内部审查性保障机制。专家证据开示制度即为其中重要的举措之一。开示的内容涉及专家的职业背景与受教育情况、收费标准、出版的著作、以前曾经提供过的专家证言、对本案的研究和准备情况、专家意见的依据和基础、推论及其解释、其他专家或权威的不同观点等。[7] 在审前证据开示环节，受聘出庭的专家应当披露对事实所作的陈述及其意见，但不出庭作证的专家可以免于披露信息。一方必须在开庭前的规定时限向对方披露专家的身份、书面报告，任何一方皆可以使用开示的专家报告作为证据，但是一般而言专家报告的草稿不属于开示的范围。交叉询问时，对方律师可以要求公开形成专家意见的事实、资料或意见。未经开示的专家证据在开庭审理时不得使用，也不得传唤专家证人以言词方式出庭作证，但法院允许的除外。

三、陪审团是怎样运作的

诉讼是美国社会的一个重要组成部分，也是美国影视小说的主题。在这一主题中，陪审团虽在绝大多数场合是作为配角出现的，但却是美国诉讼的重要组织和制度基础。那么，美国的陪审团是怎样运作的呢？在诉讼中，美国刑事案件的审理和部分民事案件（主要是民事侵权案件）都有可能使用陪审团。而在英国及英联邦国家，民事案件基本不再使用陪审团。众所周知，陪审团的基本作用是认定案件事实。在有陪审团的诉讼中，法官不认定事实，法官的基本作用是控制诉讼程序，根据陪审团认定的事实适用法律。

对于需要陪审团审理的案件，第一步就是挑选陪审员，组成陪审团。陪审员的产生往往十分复杂，陪审员的挑选是一项技术性很强的工作，要在审理法官的主持下进行。法官的助手从当地的选民登记手册中随机抽出候选人名单。法官根据案件的情况确定最初的陪审员候选人数，有时候选人数可多达两三百人。

陪审员的挑选是公开进行的。挑选时，法官和双方的律师都应在法庭现场。法官在开始筛选候选人时，要向候选人简单介绍案情。经法官同意，其他人可以在法庭内旁听。陪审的候选人通过抽签确定在法庭中的座位编号。陪审的候选人的编号是十分重要的。因为挑选陪审员时是按照编号顺序进行的。候选人按照确定的编号坐定后，就要按照法官助手的指示，在法官助手的帮助下填写调查表。具体案件不同，调查表所要调查的问题也有所不同。在关于环境诉讼的案件中，调查表上就可能有"你对环境保护与工业发展如何看"、"你是否

---

〔7〕 参见齐树洁：《英国证据法》，厦门大学出版社2014年版，第361页。

受到环境污染的侵害”？在关于烟草诉讼的案件中，调查表上也许会有“你吸烟吗”、“你的好友中有无患与吸烟有关的疾病?”等。在有关艾滋病的诉讼中，调查表上可能就有“你对同性恋如何看?”这样的问题。调查表还会涉及候选人与本案律师的关系问题，例如是否认识其中哪位律师，是否委托其中哪位律师等。候选人与证人的关系也是所要调查的重要问题。调查表将列出以后诉讼中将出庭的证人名单。法官和双方律师将根据这些调查内容对候选人进行筛选。法官可以直接询问候选人。例如，询问候选人是否有什么因素会影响他(她)作出公正的裁决等。

法官会将不符合法定条件的人从陪审员候选人中剔除。例如，非美国公民、有犯罪前科、没有选举权等。列入候选的人也可向法官提出不适合担任本案陪审员的理由，请求不担任陪审员。例如，身患疾病等。对这些理由都要求有相应的证据加以证明。经法官同意可以退出。由于担任陪审员是一项公民应尽的义务，所以法官不同意时，候选人不得擅自退出。根据调查，多数美国人是不愿意担任陪审员的。耽误时间，影响工作、生活是主要原因。尽管作为陪审员也有补贴，但数额很少，一般为 8 美元至 15 美元。

法官将不符合条件的候选人剔除后，接下来的程序就是由双方的律师对候选人进行筛选。一方律师可以对按编号提出的候选人根据自己的需要予以否决或保留。一般的案件，一方律师行使否决权的次数不能超过 4 次、5 次，但对于特殊的案件，也可能有 6 次、7 次，多的可达 10 次，否决权行使的多少由法官决定。陪审团的组成往往就决定了案件的胜败。在著名的罗德尼金诉洛杉矶警察一案中，初审时就由于组成了有利于被告的陪审团，而导致控诉方败诉。但筛选的原则很简单，即将不利于自己当事人一方的候选人剔除。对提出来的候选人，双方律师都要对该候选人的情况进行认真的分析。双方律师可以对候选人提出问题，根据候选人回答的内容来判断是否行使否决权。律师设计什么样的问题，是一门技术性相当强的学问。但律师不得直接提出“候选人如何看待本案”这样的问题。法官对律师提出的问题要把关，问题不妥时，可以加以否决。如果双方的否决权都使用完，仍没有达到陪审团的数量要求——12 名陪审员时，就只能按编号由法官确定。陪审团确定之后，为了防止意外，还需要有几名候补的陪审员。一旦陪审员因病或其他原因不能行使陪审权时，就可以由候补陪审员代替。陪审员将佩戴特制的陪审员徽章。各州的陪审员徽章各有不同，大多是圆形的，只是颜色有差异，有的州是黄色的，有的州是红白二色的。

在正式开庭审理之前，法官将注意事项详细地以书面形式告知陪审员。告知哪些事可以做，哪些事不能做。例如，不得与任何人讨论参加陪审的案件(包括其他陪审员)、未经批准不得擅自离开法庭、未经同意不得使用电话、其他人与陪审员非法接触的，要及时报告法官、不能阅读关于本案的报纸等。一般情况下，陪审员也不能单独与法官会面交谈。如果要与法官会谈，也必须有双方当事人的律师在场。法官要求陪审员注意的事项有时多达几十项。每个陪审员在阅读完这些文件后签上自己的名字，表示自己已经了解了这些注意事项。陪审团有一个协调和组织者，这人也可称为陪审团的“团长”。陪审团的团长由全体陪审员选举产生。

在某些重大的刑事案件和民事案件中的审理中，法官可以根据情况将陪审团与外界隔离开来，以避免陪审员受到外界的干扰。将陪审团隔离的情形是很少发生的。被隔离的陪审员通常住在指定酒店，有警卫看守，未经法官许可，陪审员不得擅自离开住处。在隔离期间，陪审员不能看报纸、电视等，以防受外界影响。著名的辛普森案件的审理，其陪审团就是与外界隔离的。国外开庭审理的案件一般都是连续审判，从开庭起一直到作出裁决，除法定休息以外，不得中断。

在开庭审理中，法官会不断地给陪审团发出各种指示。例如，指出哪些证据属于违法证据，不具有证据效力，指示陪审团在认定事实不能采用该证据。如果陪审团采纳了该证据，则该陪审团作出的裁决就是无效的。

为了使陪审团能公正地作出裁决，任何贿赂陪审员的行为都是违法行为，陪审员也必须遵守相应地法律规定，违反者也将受到刑事制裁。

美国的法庭审理实行交叉询问制，即法官和陪审团都不能直接询问案件的证人，只能由双方当事人的律师询问。律师对自己一方提出的证人的询问叫作主询问，对对方证人的询问称为反询问。陪审团是通过双方律师对证人的询问来了解案件的事实。法官则控制着双方律师的交叉询问。法官与律师讨论案件中的程序事项时，陪审员也不能参与。陪审团不能裁决程序事项。

当双方的证人都出庭作证后，法官就可以要求陪审团对案件进行讨论并作出裁决。陪审员根据原告的请求初步形成一项裁决意见，然后交陪审员们投票表决。一般的民事和刑事案件要求裁决的投票结果到达9票以上。指控谋杀成立的案件则要求一致通过，全票同意。投票时，要求12名陪审员都要投票。当然历史上也曾有过诉讼中1名陪审员缺席，11名陪审员投票仍然有效的情形。一般的案件如果不能就原告的请求是否成立达到9票以上时，就需要陪审团重新审议，直至形成多数裁决意见。陪审团是如何认定事实以及如何形成裁决的过程都是绝对保密的，即使在案件判决生效后，陪审员将案件的讨论过程透露出去也将受到法律的制裁。在民事赔偿案件的审理中，陪审团同样只能在原告所要求的数额范围内作出裁决，不能超出原告请求的数额。这一点与大陆法系中辩论原则的精神相同。在开庭前，法官将告知当事人及双方律师陪审团将在下次开庭时宣布裁决结果。开庭时，法官将询问陪审团团长是否形成裁决意见。如果形成裁决意见，团长将宣布裁决及投票结果。在陪审团团长宣读裁决结果后，法官还将一一询问各位陪审员的意见，是同意，还是反对。如果这时有陪审员反对，使反对票超过4票时，裁决就将无效，陪审团就要重新审议。

陪审制度是美国法治和美国诉讼制度的组成部分，反映了美国诉讼制度的特性。陪审制度的国民参与性是美国诉讼制度最具诱惑之处，充分体现了美国法治的民主化。陪审制的存在也就成了具有美国特色的其他制度赖以存在的基础和前提，如交叉询问制度、律师制度，甚至影响了美国的法学教育体制和方法。陪审制的魅力倾倒了许多大陆法国家，加之美国文化的强势，使一些大陆法国家试图移植引进，但最终都没有成功。在我国，同样有不少人钟情于陪审制度，为它的绚丽光彩所折腰。但我们应当注意到，陪审制度是美国特殊历史的产物，有着特殊的社会文化和法文化的背景，尤其是陪审制度是一种成本很高的制度，像我们这样的国家是很难承受的，仅挑选陪审员就要耗去几天的时间。在独特的法意识背景之下，陪审团的意志就是人民的意志，就是上帝，绝不能够质疑陪审团对事实认定的公正性，陪审团的裁决是不容置疑的。基于我国的法意识背景，在这一点上恐怕是很难为社会所接受的。实际上，因陪审员的知识背景、生活背景、认识方法、种族意识等方面的差异，不同的陪审团就会作出不同的裁决结果。陪审制度更体现了一种规则的游戏性。陪审制的存废改问题也一直是美国人所议论的话题。我们切不可为陪审制“羞花之貌”而障眼。正如美国人自己所言，至少陪审制的问题与它的好处一样多。尽管俄罗斯新宪法规定了在刑事诉讼中实行陪审制，并于2003年在俄联邦范围内实施，但在试行中已经面临着诸多问题。俄罗斯引进陪审制也有其特殊的政治历史背景。

思考题

1. 证人资格与证人证言的证明力这两个概念有何不同？
2. 对无正当理由不出庭的证人进行法律制裁的正当理由是什么？
3. 职权询问与交叉询问各自的利弊何在？
4. 我国可否引进交叉询问制？为什么？
5. 如何看待我国证人证言制度实施中的问题？
6. 以下判断是否正确？为什么？

“凡是知道案件情况的人，都有作证的义务。

生理上、精神上有缺陷或者年幼，不能辨别是非、不能正确表达意志的人，不能作证人。”

7. 有无必要建立宣誓制度？依据是什么？

真题链接

1. **(2015年司法考试卷三多选第79题)** 张志军与邻居王昌因琐事发生争吵并相互殴打，之后，张志军诉至法院要求王昌赔偿医药费等损失共计3000元。在举证期限届满前，张志军向法院申请事发时在场的方强（26岁）、路芳（30岁）、蒋勇（13岁）出庭作证，法院准其请求。开庭时，法院要求上列证人签署保证书，方强签署了保证书，路芳拒签保证书，蒋勇未签署保证书。法院因此允许方强、蒋勇出庭作证，未允许路芳出庭作证。张志军在开庭时向法院提供了路芳的书面证言，法院对该证言不同意组织质证。关于本案，法院的下列哪些做法是合法的？（　　）[8]

A. 批准张志军要求事发时在场人员出庭作证的申请

B. 允许蒋勇出庭作证

[8] ABCD

C. 不允许路芳出庭作证

D. 对路芳的证言不同意组织质证

2. **（2011 年司法考试卷三多选第 83 题）**根据证据理论和《民事诉讼法》以及相关司法解释，关于证人证言，下列哪些选项是正确的？（　　）[9]

A. 限制行为能力的未成年人可以附条件地作为证人

B. 证人因出庭作证而支出的合理费用，由提供证人的一方当事人承担

C. 证人在法院组织双方当事人交换证据时出席陈述证言的，可视为出庭作证

D. "未成年人所作的与其年龄和智力状况不相当的证言不能单独作为认定案件事实的依据"，是关于证人证言证明力的规定

3. **（2006 年司法考试卷三单选第 48 题）**下列关于证人及证人证言的表述，哪一项是错误的？（　　）[10]

A. 凡是了解案件情况的人都有义务出庭作证

B. 当事人申请证人出庭作证应当经人民法院许可

C. 与当事人一方有亲戚关系的人不能作为证人

D. 无诉讼行为能力的人在一定情况下可以作为证人

参考文献

1. 张永泉：《证人证言适格问题研究》，载《法律科学》2005 年第 3 期。

2. 齐树洁、张冬梅：《完善我国民事诉讼证人制度的思考》，载《华侨大学学报》2000 年第 4 期。

3. 卢君、肖瑶、吴克坤：《信任修复：现行民事证人出庭作证制度的完善——以某直辖市基层法院 716 件证人出庭作证案件为样本》，载《法律适用》2015 年第 6 期。

案例分析

请扫描二维码阅读案例，根据【路径与指引】尝试对该案件进行分析。

【路径与指引】

1. 指出该案件的主要事实有哪些？

2. 指出证人证言证明的客体。

3. 以本案为素材，分析证人证言的特点。

4. 结合本案，认识如何判断证人证言的证明力。

---

[9] ACD

[10] C

第五章　视听资料与电子数据

第一节　视 听 资 料

一、视听资料的概念

视听资料，是指利用录音、录像等技术手段反映的声音、图像以证明案件事实的证据。视听资料作为一种新的证据方法是现代科技发展的结果，随着电子产品日益普及化，人们在诉讼中越来越多地使用视听资料。

视听资料作为一种法定证据形式始于1982年《民事诉讼法（试行）》。该法第55条正式将视听资料作为一种法定证据形式。由于当时的视听资料主要是录音、录像，而且都是非数字化形式，所以最初的视听资料主要是从反映形式来加以界定的，而非以形成或储存的方式。常见的视听资料载体有录像带、录音带、胶卷等。随着科学技术手段的发展，影像资料储存的方式发生很大的改变，已经逐步转化为电子数字方式。在没有将电子数据作为法定的证据形式之前，视听资料的含义发生了扩展，将电子数据作为视听资料的一种类型。

视听资料利用了现代科技手段储存音像和数据具有易于保存的特点。一方面，视听资料中反映音像的资料具有生动逼真的特点，比较直观地再现了案件当时发生的过程；但另一方面，视听资料也容易被人利用技术手段加以篡改。

二、视听资料在诉讼中的运用

由于技术手段的普及化、生活化，通过录音、录像记录现实生活成为一件十分容易的事情，普通人也大量利用录音、录像记录生活事实。由此，在诉讼中，视听资料作为一种证据也广泛被使用，成为有效地证明案件事实的手段。

但随着技术的发展，视听资料也存在容易被篡改的可能。正是由于视听资料易于通过技术手段被篡改，因此，法院在审判中就不能将存有疑点的视听资料作为认定案件的依据。存有疑点的视听资料，例如有经过伪造、剪辑、拼接的迹象以及模糊难以辨认的音像资料等。但是，经过技术处理能够消除疑点的视听资料仍然可以作为认定案件事实的证据。

除了要求视听资料具有客观性或真实性之外，视听资料还必须具有合法性。一般情形下，只有合法取得的视听资料才具有证据效力。虽然证据都必须具有合法性，但由于视听资料的获得与其他形式的证据相比较，在其收集过程中常有侵害法律主体合法权利或违反法律的现象发生，因此更需要强调其合法性。《民事证据规定》也强调了视听资料的合法性。非法获得的视听资料包括使用法律、法规禁止的手段窃听、窃照所获得的，以侵害他人隐私权的方式取得的视听资料等。对于所谓“偷录、偷拍证据”的合法性问题，要根据具体情况加以判断，不能简单地认为一概合法或一概非法。

第二节　电子数据

一、电子数据的含义及特征

2012 年《民事诉讼法》修改后，电子数据成为一种独立的法定证据类型。

所谓电子数据，有的称为电子证据，是指基于电子技术生成，以数字化形式存在于磁盘、磁带等载体，其内容可与载体分离，并可多次复制到其他载体的，能够证明案件事实的数据。可以说，电子数据是一个极具衍生性与扩展性的概括性的统称，其表现形式纷繁复杂。[1]《民诉法司法解释》第 116 条第 2 款对电子数据作了具体列举，包括通过电子邮件、电子数据交换、网上聊天记录、博客、微博客、手机短信、电子签名、域名等形成或者存储在电子介质中的信息。2016 年最高人民法院、最高人民检察院和公安部发布的《关于办理刑事案件收集提取和审查判断电子数据若干问题的规定》（以下简称《电子数据若干规定》）专门为电子数据给出了定义：“电子数据是案件发生过程中形成的，以数字化形式存储、处理、传输的，能够证明案件事实的数据。”该规定还进一步明确了电子数据的四种基本类型：(1)网页、博客、微博客、朋友圈、贴吧、网盘等网络平台发布的信息；(2)手机短信、电子邮件、即时通信、通讯群组等网络应用服务的通信信息；(3)用户注册信息、身份认证信息、电子交易记录、通信记录、登录日志等信息；(4)文档、图片、音视频、数字证书、计算机程序等电子文件。

从电子数据自身的角度来看，其具有以下四种特征：[2]第一，生成手段的多样性。除了电子手段，电子数据的生成手段还包括数字、磁、无线、光学、模拟信号及其他。例如，

---

〔1〕 参见毕玉谦：《电子数据庭审证据调查模式识辨》，载《国家检察官学院学报》2016 年第 1 期。

〔2〕 参见谢勇：《论电子数据的审查和判断》，载《法律适用》2014 年第 1 期。

我国《电子签名法》第2条第2款规定,本法所称数据电文,是指以电子、光学、磁或者类似手段生成、发送、接收或者储存的信息。美国《统一电子交易法》第2条第5款对"电子形式"的规定指的是采用电子、数字、磁、无线、光学、电磁或类似的技术。第二,生成阶段的广泛性。电子数据可以在信息生成、发送、传输、接收、储存的各个阶段中产生。第三,识别的特殊性。电子数据属于机读数据,人们无法直接感知其内容,要通过特定设备的转换才能识别其中的信息内容。第四,概念的开放性。通过未来可能出现的技术手段而产生的信息也应当属于电子数据的范畴。

与传统的证据类型相比较,电子数据具有数字性、巨量性、隐蔽性、易变性、脆弱性和载体多样性等特点,但在特定的技术条件下又具有安全性和稳定性,因为对电子数据的任何删改都会留下一定的痕迹。[3]

二、电子数据与其他证据类型的区分

在对于电子数据的研究中,争论的最为激烈的是电子数据的定位问题,即电子数据属于现有证据类型中的哪一类,有没有必要将电子数据单独列为一种独立的证据类型。[4] 对此,主要的观点有"视听资料说""书证说""物证说""鉴定结论说""勘验说""混合证据说"和"独立证据说"等。我国三大诉讼法都采用了独立证据说,将电子数据作为独立的证据类型。这突出了电子数据的重要性,将有利于人们更好地使用、审查和判断电子数据。但是,我国法律对于法定证据类型的分类标准并不统一:书证和物证的分类标准是证据与载体之间的关系;当事人陈述、证人证言、鉴定意见和勘验笔录的分类标准是证据的取得方式;视听资料作为独立证据类型的标准是证据的感知方式的特殊性;而电子数据作为独立证据类型的标准则是证据的表现形式具有特殊性。不同的标准导致不同类型的证据之间可能存在重合,给电子数据与其他证据类型的区分带来挑战,[5] 所以,仍有必要对此进行简要的介绍。

(一)与视听资料的区分

电子数据属于视听资料几乎是早期的通说,且至今仍为多数说,这恐怕在很大程度上与视听资料的历史成因有关。1982年《民事诉讼法(试行)》将视听资料首次作为独立的证据类型予以规定时,除了录音、录像,也将计算机存储资料等划分为视听资料。[6]

支持电子数据属于视听资料的理由主要是电子数据和视听资料之间的相似性。电子数据与视听资料一样具有"可视"性;从存在形式的角度来看,电子数据与视听资料都

---

[3] 参见毕玉谦:《电子数据庭审证据调查模式识辨》,载《国家检察官学院学报》2016年第1期。

[4] 参见常怡、王勇:《论电子证据的独立性》,载《法学》2004年第3期。

[5] 参见谢勇:《论电子数据的审查和判断》,载《法律适用》2014年第1期。

[6] 参见常怡、王勇:《论电子证据的独立性》,载《法学》2004年第3期。

是以电磁而非文字符号的形式存储在非纸质的介质上；电子数据和视听资料都需要通过一定的工具或手段转化后，人们才能够直接感知其信息内容；电子数据和视听资料一样，其正本与复本不存在区别。[7]

但是电子数据与视听资料也存在较大区别，电子数据的“可视”性与视听资料的“可视”性并不能简单混同。视听资料的“可视”性强调的是以声音和图像而非文字内容来证明案件事实，而电子数据的“可视”性主要是指其记载的文字符号是“可读的”，将两者的“可视”性混同是值得商榷的，因为在我国的法定证据类型中，书证、鉴定意见、勘验笔录等都具有可读性，但这些证据显然不属于视听资料。[8]

为了将视听资料和电子数据加以区分，对于视听资料与电子数据交叉的情形，《民诉法司法解释》第116条第3款规定，存储在电子介质中的录音资料和影像资料，适用电子数据的规定。

（二）与书证的区分

电子数据是以其表达的思想内容来证明案件事实，这与书证相同，基于此，有学者提出了电子数据属于书证的观点。[9]

除了具有相同的运用功能，且能够记录完全相同的内容外，电子数据和书证还具有以下相似性：(1)制作书证的目的在于直接表达人的主观意识、思想和意思表示，电子数据同样具有保存与传达思想的机能，实际上人的主观意识、思想和意思表示也是一种信息资料；(2)书证和电子数据一样，都具有可阅读性；(3)书证和电子数据的存在同样离不开一定的物质材料作为其载体，只是电子数据和书证所依据的物质材料因科学技术的发展而不同，在某种程度上，电子数据和书证的区别只不过是人们的阅读方式发生了转变，但这种转变并不能改变人们制作书证的目的。[10]

从国外的立法实践来看，为满足要式合同对书面形式的要求，在电子商务中将使用的数据电文视为书面形式，在诉讼中也作为书证予以采信，这一做法的根据是功能等同原则。[11] 例如，联合国国际贸易法委员会《电子商务示范法》第6条第1款规定，当法律要求提供书面文件时，数字化文件只要是可访问的，以便日后调阅即满足了书面文件要求。英美法系国家将电子数据归类于文书证据的范畴，但是相较于书证，对电子数据在最佳证据规则和传闻证据规则的适用上进行了特殊处理；大陆法系国家一般将电子数据作为书证或者准书证来对待，例如，法国《民法典》第1316条第1款规定满足一定条件的

---

〔7〕 参见李学军：《电子数据与证据》，载《证据学论坛》（第2卷），中国检察出版社2001年版，第444~445页。

〔8〕 同上注。

〔9〕 参见常怡、王勇：《论电子证据的独立性》，载《法学》2004年第3期。

〔10〕 参见毕玉谦：《电子数据庭审证据调查模式识辨》，载《国家检察官学院学报》2016年第1期。

〔11〕 参见谢勇：《论电子数据的审查和判断》，载《法律适用》2014年第1期。

以电子形式做成的文书与书面载体的文书一样被视为证据，而日本和我国台湾地区都将电子数据归类于准书证。[12]

反对电子数据属于书证的观点认为：虽然电子数据可以输出为一定的书面形式，但是某一证据为书面形式并不能简单等同于其属于书证，否则勘验笔录、鉴定意见、当事人陈述、证人证言、视听资料等本身为书面形式或是可表现为书面形式的证据就都可以纳入书证的范畴了；“书证说”无法圆满解决计算机声像资料、网络电子聊天资料的证明机制问题；我国对于电子数据的定位不能当然地与域外对于电子数据的立法实践进行简单类比；功能等同原则并不是形式等同，功能等同是指电子数据的功能和书证的功能具有同等的法律效力，而不是指电子数据在形式上等同于书证并按照书证方式赋予其法律效力。[13]

（三）与物证的区分

“物证说”是一种少数说，主张这一观点的学者并不多。支持电子数据是物证的原因主要是因为电子数据有时也需要被鉴别真伪。[14] 但是，电子数据的收集分析虽然需要借助特定工具和技术，且电子数据也涉及证据扣押的问题，可这些特点并不是物证独有的特征，视听资料等其他类型的证据也有这样的特征。[15]

（四）与鉴定意见的区分

有个别学者将电子数据归属于鉴定意见，因为在庭审证据调查中，若一方当事人或法庭质疑某一电子数据的形式证据力，那么必须通过鉴定的方式对电子数据形式上的真实性作出判断。[16]

“鉴定说”的观点并不妥当，因为这一观点主要是从电子数据的可信度角度得出的结论。但是，只有在电子数据已被认可成为可采用的证据之后，才涉及通过鉴定来判断其真伪的问题，才需要法院依据鉴定意见确定电子证据是否能作为认定案件事实的依据。[17] 所以说，对电子数据的鉴定，涉及的是对电子数据的审查、判断问题，鉴定并不能改变电子数据自身的属性，它只是对电子数据证明力的一种补强手段。

---

〔12〕 参见沈德咏主编：《最高人民法院民事诉讼法司法解释理解与适用（上）》，人民法院出版社 2015 年版，第 381 页。

〔13〕 参见刘品新：《论电子证据的定位——基于中国现行证据法律的思辨》，载《法商研究》2002 年第 4 期；沈木珠：《论电子证据的法律效力》，载《河北法学》2002 年第 2 期。

〔14〕 参见徐立根主编：《物证技术学》（第二版），中国人民大学出版社 1999 年版，第 759 页。

〔15〕 参见邵军：《论电子证据在我国的适用》，载《政治与法律》2005 年第 2 期。

〔16〕 参见毕玉谦：《电子数据庭审证据调查模式识辨》，载《国家检察官学院学报》2016 年第 1 期。

〔17〕 参见李学军：《电子数据与证据》，载《证据学论坛》（第 2 卷），中国检察出版社 2001 年版，第 446 页。

(五)与勘验笔录的区分

"勘验说"认为,法庭或当事人在进行庭审证据调查时,对电子数据的信息内容无法直接感知,所以必须采用勘验的方式进行调查。[18] 但是勘验只是认识事物的存在、形状、形态的证据调查方法,是作为认识电子数据内容的手段,越过电子数据本身而将认识其内容的手段作为证据并不适当。

三、电子数据与证人证言的关系

电子数据与证人证言显然是不同的证据方法或证据形式。但实际中遭遇的问题是,通过数字化的方法记录证人对案件事实的证词,究竟是电子数据,还是证人证言?由于是两种不同性质的证据,证据调查或质证的方式有所不同。如果认为是电子数据,则无须证人出庭接受证据调查或质证,因而难以保障证人证言的真实性。对此,应当看到,虽然以数字化的方式记录了证人证言,但依然是证人就案件事实作出的陈述,因此,不应当归入电子数据。为此,《电子数据若干规定》(该规定第1条第3款)特别指出:"以数字化形式记载的证人证言、被害人陈述以及犯罪嫌疑人、被告人供述和辩解等证据,不属于电子数据。"

四、电子数据的运用

(一)电子数据的收集

电子数据的收集,通常有以下几种方法:(1)备份与案件有关的电子数据,并且要在备份的电子数据上进行数字签名。(2)对与电子数据相关的设备和系统的资料进行收集,搜查和扣押相关设备。(3)通过技术手段鉴定相关电子数据。例如,通过对电子数据形成过程的鉴定来确认电子数据是否存在被解密、删改的情形。又如,对电子数据传递过程的鉴定和对相关设备运行状况的鉴定等。(4)进行现场勘验,包括勘验单机现场、勘验网络现场等。[19]

收集电子数据还要注意对电子数据进行保全。实践中,电子数据或其复制件要想获得法院的认可,通常需要经过公证。[20] 例如,北京市高级人民法院《关于办理各类案件有关证据问题的规定(试行)》第5条第2款规定:"用有形载体固定或者表现的电子数据交换、电子邮件、电子数据等电脑贮存资料的复制件,其制作应经公证或者经对方当事人确认后,才具有与原件同等的证明力。"

---

〔18〕 参见毕玉谦:《电子数据庭审证据调查模式识辨》,载《国家检察官学院学报》2016年第1期。

〔19〕 参见何家弘主编:《电子证据法研究》,法律出版社2002年版,第57~56页。

〔20〕 参见谢勇:《论电子数据的审查和判断》,载《法律适用》2014年第1期。

（二）电子数据的审查、判断

通说认为，证据具有客观性（真实性）、关联性和合法性三个属性。电子数据的审查、判断的特殊性在于对其真实性的审查与判断，与传统的证据类型相比，对电子数据真实性的审查判断需要注意对电子数据原件的识别和对电子数据的完整性的认定。对于关联性和合法性的审查与判断，电子数据也具有一定的特点。

i 对电子数据真实性的审查、判断

其一，对电子数据原件的识别。

《民事证据规定》第10条规定，当事人向人民法院提供证据，应当提供原件或者原物。同时，《民事证据规定》第22条规定，调查人员调查收集计算机数据应当要求被调查人提供有关资料的原始载体，提供原始载体确有困难的，才可以提供复制件。规定当事人向法庭提交的证据应当是原件或原物主要是为了确保证据的客观真实性，因客观原因不能提交原件或原物的，可以提交与原件或原物核对一致的复印件或复制品。电子数据是存储于电子介质中的电子数据信息，在证明案件事实时必须转化为人们可以直接感知的形式，这与传统的证据类型的原件一般能够直接证明案件事实不同，由此引发如何识别电子数据原件的问题。[21]

与书证和物证等证据类型不同，对电子数据真实性的判断并不能适用形式主义的要求，这是因为载体是否为原件并不是判断电子数据真实性的主要因素，原因有以下四点：（1）在物理特性上，由于电子数据易于精确复制，其原件与复制件并无本质区别；（2）由于电子数据在生成、发送、传输、接收、储存、复制的每个阶段都会发生形式和载体的变化，因此很难判断电子数据的“原始出处”；（3）由于电子数据的载体有其寿命限制，载体上的电子数据必然会被周期性地复制到其他载体上，电子数据的“原件”必然会消失；（4）很多电子数据的载体移动不便，无法向法庭提交，且由于电子数据必须通过一定的设备来显示或转化，人们才能直接认识其中的信息内容，因此法庭质证的电子数据通常是其打印件等复制件。[22] 但是，电子数据原件与复制件的区别并非完全没有意义，电子数据的易修改性决定了数据的复制会增加数据失真的风险，但这一区别与书证和物证的原件与复制件的区别并不能等量齐观。[23] 所以，在诉讼过程中的举证、质证和认证环节，用来证明案件事实的电子数据是其转换形成的可识别形式。固守传统的原始证据或原件的概念，将会使电子数据的转换形式被视为复制件，继而使相当数量的电子数据无法作为认定案件事实的依据，这必然会削弱电子数据应有的功能。[24]

---

〔21〕 参见《中华人民共和国民事诉讼法修改条文理解与适用》，人民法院出版社2012年版，第132页。

〔22〕 参见谢勇：《论电子数据的审查和判断》，载《法律适用》2014年第1期。

〔23〕 同上注。

〔24〕 参见《中华人民共和国民事诉讼法修改条文理解与适用》，人民法院出版社2012年版，第132页。

在这一问题上，联合国国际贸易法委员会在《电子商务示范法》中依照“功能等同原则”，规定具有最终完整性和可用性等功能的电子复本为原件，只要是确实起到了在“功能上等同或基本等同”于书面原件效果的数据电文，便可被视为合法有效的原件，即可满足证据法对原件的要求。[25] 我国《电子签名法》也依照了“功能同等原则”，[26] 该法第5条规定：“符合下列条件的数据电文，视为满足法律、法规规定的原件形式要求：（一）能够有效地表现所载内容并可供随时调取查用；（二）能够可靠地保证自最终形成时起，内容保持完整、未被更改。但是，在数据电文上增加背书以及数据交换、储存和显示过程中发生的形式变化不影响数据电文的完整性。”我国有学者提出，电子数据原件是指“最初生成的电子数据及其首先固定所在的各种存储介质，也包括如下电子复本：准确反映原始数据内容的输出物或显示物；具有最终完整性和可供随时调取查用的电子复本；双方当事人均未提出原始性异议的电子复本；经过公证机关有效公证、不利方当事人提供不出反证推翻的电子复本；附加了可靠电子签名或其他安全程序保障的电子复本；满足法律另行规定或当事人专门约定的其他标准的电子复本。”[27]

其二，对电子数据完整性的认定。

不同于传统的证据类型，对电子数据的证明力的审查、判断要考量完整性这一特殊指标。[28] 电子数据的完整性是指电子数据本身的完整性和电子数据所依赖的系统的完整性。[29]

电子数据本身的完整性是构成电子数据原件的一个要素，包括形式上的完整性和内容上的完整性两部分：形式上的完整性是指电子数据必须保持形成时的原始状态；内容上的完整性是指自形成之时起，电子数据的内容保持完整，不存在非必要的添改或删除。[30] 但是，在电子数据生成、传播、复制、保管的过程中添加的必要的附属信息并不会损害电子数据的完整性，反而能够证明电子数据的真实性和完整性。[31]

系统的完整性有三层含义：“第一，记录电子数据的系统必须处于正常的运行状态，如果系统曾处于不正常状态，则对数据的完整性构成了影响；第二，数据记录必须在业务活动的当时或即后制作，而专为某项目的如诉讼而制作的电子记录无法确保其完整性；第三，在正常运行状态下，系统对业务活动必须有完整的记录，完整的记录是指数据电文信息、附属信息和系统环境信息要统一。”[32] 最高人民法院、最高人民检察院、公安部发

---

〔25〕 参见《中华人民共和国民事诉讼法修改条文理解与适用》，人民法院出版社2012年版，第133页。

〔26〕 参见刘品新：《论电子证据的原件理论》，载《法律科学》2009年第5期。

〔27〕 刘品新：《论电子证据的原件理论》，载《法律科学》2009年第5期。

〔28〕 参见《中华人民共和国民事诉讼法修改条文理解与适用》，人民法院出版社2012年版，第133页。

〔29〕 参见何家弘主编：《电子证据法研究》，法律出版社2002年版，第151页。

〔30〕 参见聂烁：《电子证据在民事诉讼中的运用》，载《武汉大学学报》（哲学社会科学版）2006年第4期。

〔31〕 参见谢勇：《论电子数据的审查和判断》，载《法律适用》2014年第1期。

〔32〕 何家弘主编：《电子证据法研究》，法律出版社2002年版，第152页。

布的《电子数据若干规定》第5条明确规定了保护电子数据完整性的几种主要方法：(1)扣押、封存电子数据原始存储介质；(2)计算电子数据完整性校验值；(3)制作、封存电子数据备份；(4)冻结电子数据；(5)对收集、提取电子数据的相关活动进行录像。

ii 对电子数据关联性和合法性的审查、判断

关联性是指证据应当与待证案件事实存在内在联系。在某些情况下，电子数据必须与系统环境相结合才能与案件事实发生实质性关联，除此之外，电子数据在关联性上与其他类型的证据基本相同。[33]

合法性是指证据资料运用的合法性，包括证据主体合法、证据形式合法、证据取得方法合法和证据程序合法。电子数据具有较强的技术性，在生成、发送、传输、接收、储存的过程中容易出现侵害法律主体合法权益或违反法律的现象。因此，电子数据的合法性主要是指证据取得方法的合法性。因为电子数据所依赖的信息系统具有复杂性和多样性，法律无法正面规定在信息系统环境下的取证程序和取证方法，一般只要不属于法律所规定的非法取证的情形就推定取证合法。[34] 我国的《电子商务法(示范法)》列举了几项不具有合法性的电子数据，包括非通过核证程序得来的电子数据、通过非法窃录、搜查、扣押等方式获得的电子数据。[35]《民诉法司法解释》第106条规定，以严重侵害他人合法权益、违反法律禁止性规定或者严重违背公序良俗的方法形成或者获取的证据，不得作为认定案件事实的根据。根据这一规定，通过非法窃录、搜查、扣押等方式获得的，且情节严重的电子数据都不具有合法性。

思考题

1. 视听资料与电子数据的主要区别是什么？
2. 电子数据作为一种新证据的社会背景是什么？
3. 电子数据与书证有何不同？
4. 如何认定电子数据的完整性？

---

〔33〕 参见谢勇：《论电子数据的审查和判断》，载《法律适用》2014年第1期。

〔34〕 参见聂烁：《电子证据在民事诉讼中的运用》，载《武汉大学学报》(哲学社会科学版)2006年第4期。

〔35〕 参见中华人民共和国电子商务法(示范法)课题组：《中华人民共和国电子商务法(示范法)》，载《法学评论》2004年第4期。

真题链接

1. **(2016年司法考试卷三单选第39题)** 战某打电话向牟某借款5万元,并发短信提供账号,牟某当日即转款。之后,因战某拒不还款,牟某起诉要求战某偿还借款。在诉讼中,战某否认向牟某借款的事实,主张牟某转的款是为偿还之前向自己借的款,并向法院提交了证据;牟某也向法院提供了一些证据,以证明战某向其借款5万元的事实。关于这些证据的种类和类别的确定,下列哪一选项是正确的?(　　)[36]

A. 牟某提供的银行转账凭证属于书证,该证据对借款事实而言是直接证据

B. 牟某提供的记载战某表示要向其借款5万元的手机短信属于电子数据,该证据对借款事实而言是间接证据

C. 牟某提供的记载战某表示要向其借款5万元的手机通话录音属于电子数据,该证据对借款事实而言是直接证据

D. 战某提供一份牟某书写的向其借款10万元的借条复印件,该证据对牟某主张战某借款的事实而言属于反证

2. **(2014年司法考试卷三单选第48题)** 张某驾车与李某发生碰撞,交警赶到现场后用数码相机拍摄了碰撞情况,后李某提起诉讼,要求张某赔偿损失,并向法院提交了一张光盘,内附交警拍摄的照片。该照片属于下列哪一种证据?(　　)[37]

A. 书证

B. 鉴定意见

C. 勘验笔录

D. 电子数据

3. **(2013年司法考试卷三多选第85题)** 高某诉张某合同纠纷案,终审高某败诉。高某向检察院反映,其在一审中提交了偷录双方谈判过程的录音带,其中有张某承认货物存在严重质量问题的陈述,足以推翻原判,但法院从未组织质证。对此,检察院提起抗诉。关于再审程序中证据的表述,下列哪些选项是正确的?(　　)[38]

A. 再审质证应当由高某、张某和检察院共同进行

B. 该录音带属于电子数据,高某应当提交证据原件进行质证

C. 虽然该录音带系高某偷录,但仍可作为质证对象

D. 如再审法院认定该录音带涉及商业秘密,应当依职权决定不公开质证

---

〔36〕 B

〔37〕 D

〔38〕 CD

参考文献

1. 谢勇:《论电子数据的审查和判断》,载《法律适用》2014 年第 1 期。
2. 毕玉谦:《电子数据庭审证据调查模式识辨》,载《国家检察官学院学报》2016 年第 1 期。
3. 刘品新:《论电子证据的原件理论》,载《法律科学》2009 年第 5 期。
4. 聂烁:《电子证据在民事诉讼中的运用》,载《武汉大学学报》(哲学社会科学版)2006 年第 4 期。

案例分析

请扫描二维码阅读案例,根据【路径与指引】尝试对该案件进行分析。

案例(一)

请将上述案件材料,加以提炼、整理为 500 字至 800 字以内的案情简介,要求包括案件最基本情况和核心观点。

【路径与指引】

1. 原告提交储蓄所监控录像所要证明的事实是什么?这一事实是直接事实还是间接事实,抑或是辅助事实?为什么?
2. 原告提交的储蓄所监控录像属于直接证据还是间接证据?为什么?
3. 视听资料作为认定案件事实的依据需要满足什么条件?本案中原告提交的储蓄所监控录像能否成为认定案件事实的依据?为什么?

案例(二)

【路径与指引】

1. 如何识别电子数据的原件?公证机关提取 QQ 聊天内容和 15796 注预测结果后出具的公证书是否是电子数据的原件?为什么?
2. 公证机关提取的 QQ 聊天内容和 15796 注预测结果是直接证据还是间接证据?
3. 本案涉及了哪些收集电子数据的手段?收集电子数据的过程中存在哪些问题?

第六章　鉴 定 意 见

第一节　概　　述

一、鉴定及鉴定意见的含义

裁判应当以事实为根据。法院作出裁判前必须对案件争议的主要事实进行认定。通常而言，对于一般生活事实，法院的审判人员通过自己的生活常识即可判断认定。在涉及一些需要专门知识的情形下，审判人员就难以正确判断，需要借助专业知识。

对于民事诉讼中需要借助专门知识予以判断的问题，大陆法系国家和英美法系国家采取了不同的应对方法。大陆法系国家采用鉴定的方法，即由具有专门知识的人或机构对诉讼中涉及的专门问题提出自己的意见，法院将该意见作为认定相应问题的根据。具有专门知识的人或机构对专门问题的认定称为鉴定，作出认定的专家或专业机构为鉴定人，其就案件涉及的专门问题发表的意见为鉴定意见（鉴定结论）。

英美法系国家采用的是专家证人制度，虽然也是由具有专业知识的人就诉讼中的专门问题提出自己的意见，但需要双方专家证人通过交叉询问的方式予以确定。在大陆法系，提出鉴定意见的专家即鉴定人在性质上被认为是法官认识手段的延长，鉴定人是法官的助手。在英美法系，在事实的确认方面同样采取竞争机制。双方各自有自己的专家证人，各自就案件事实的真相发表不同的意见。通过交叉询问之后，由法官或陪审团决定采信何方专家意见，被采用一方胜出。英美法系的做法典型地体现了英美法系诉讼全面对抗竞争的基本特点。

在案件专门问题的确认方面，我国采用的是大陆法系国家的鉴定制度。鉴定人就案件专门问题的意见称为“鉴定意见”。鉴定意见是我国民事诉讼法专门规定的一种证据形式。2012 年《民事诉讼法》修改之前称为“鉴定结论”。修改意见试图说明鉴定人发表的观点并非一种最终的结论，而只是一种供法院确认的意见，隐约中折射出对过去鉴定人为法官认识手段延长这一观点的质疑。

随着社会的发展，纠纷涉及的范围越来越宽，纠纷越来越复杂，需要借助专门知识的案件也越来越多，例如，医疗纠纷案件、交通事故纠纷案件、工伤纠纷案件、产品质量纠纷案件、环境污染纠纷案件、房地产纠纷案件等。在民事诉讼中，由于实行证明责任制度，负有证明责任的一方当事人如果没有证据对自己的主张加以证明，就可能因此承担相应的不利后果，因此，鉴定意见就成为证明事实的一种十分重要的证明方法和手段，鉴定意见越来越受到人们的重视。

二、鉴定的对象

鉴定的对象是诉讼中需要通过专门知识予以认定的客体，既包括作为裁判基础的具体案件事实问题，也包括作为裁判大前提的法律解释和适用的专门问题，即所谓法律问题。在我国，人们通常将鉴定的对象理解为仅仅是案件的生活事实。例如，医疗纠纷诉讼中关于加害行为与损害事实之间的因果关系、具体损害结果等。显然，这样的理解过于狭窄。案件事实不仅包括生活事实，也包括法律规范存在与构成方面的知识，尤其是域外的法律规范。即使是法律解释和适用，也同样涉及相应的专门知识。虽然在理论上法官是法律解释和适用的专家，但基于法律的复杂性，法律解释和适用同样面临需要专家予以认定的问题。我国实践中存在的所谓专家意见就是专家针对法律问题发表的意见。这些专家意见对法律解释和适用问题的解决具有重要作用，但目前我国尚未将法律意见的适用纳入民事诉讼法的规范之中。

第二节 鉴定的类型

根据不同的方法可以将鉴定分为若干类型。类型的划分有助于人们更好地理解、适用鉴定。

一、诉讼内鉴定和诉讼外鉴定

诉讼内鉴定是指在诉讼过程中，经当事人申请，由法院直接指定或委托专门的鉴定机构或具有专门知识的人对诉讼中争议的专门性问题进行的鉴定；反之，诉讼外鉴定，则是未经法院委托和指定所进行的鉴定。在国外，非经法院委托的鉴定也称为“私鉴定”。

诉讼外鉴定，既可能在诉讼发生前，也可能是在诉讼过程中，是由当事人自行委托有关机构所进行的鉴定，多数情况下是在诉讼发生前所获得，例如，关于工伤事故的鉴定。诉讼外的鉴定是否可以作为证据使用，需要得到法院认可。在诉讼发生以后，当事人需要获得鉴定意见的，通常是向法院申请鉴定，由法院委托鉴定机构对专门事项进行鉴定。自行委托有关部门作出鉴定意见的，往往容易被对方当事人质疑并根据诉讼内的鉴定意见予以否定。

二、类型化鉴定和非类型化鉴定

所谓类型化鉴定,是指经常使用的,具有类型化特征的鉴定。例如,医疗鉴定、工程质量鉴定、文书鉴定、产品质量鉴定、会计鉴定等。类型化鉴定通常要求鉴定人具有鉴定资质。诉讼中更多的是类型化鉴定,如医疗事故的鉴定、产品质量的鉴定等。对于专门问题的鉴定,如果法律规定必须要由鉴定机构进行鉴定的,则须依照法律的规定,否则,其鉴定意见不具有法律效力。

所谓非类型化鉴定,是指类型化鉴定之外的,针对特定专业知识问题的鉴定。由于涉及的内容非常广泛,因此,通常对鉴定人没有专门的资质要求,只要具有相应的专门知识就可以作为鉴定人进行鉴定。例如,对字画的鉴定、特定物品特征的鉴定等。

三、司法鉴定与非司法鉴定

鉴定还可以按照鉴定机构、鉴定人、鉴定活动是否法定化,划分为司法鉴定和非司法鉴定。

与非司法鉴定相比,司法鉴定的主要特点是鉴定机构、鉴定人的资质、鉴定程序及管理的法定化。2015 年 12 月司法部修订通过《司法鉴定程序通则》,并于 2016 年实施。在该通则中明确将司法鉴定定义为:"司法鉴定是指在诉讼活动中鉴定人运用科学技术或者专门知识对诉讼涉及的专门性问题进行鉴别和判断并提供鉴定意见的活动。"该通则还规定,司法鉴定程序是指司法鉴定机构和司法鉴定人进行司法鉴定活动的方式、步骤以及相关规则的总称。通则所指的司法鉴定机构和司法鉴定人就是按照有关法律法规和规章所规定的鉴定机构和鉴定人。《司法鉴定程序通则》是司法鉴定行为的主要规范,目的在于规范司法鉴定行为,对司法鉴定活动进行有效管理。非司法鉴定不属于《司法鉴定程序通则》以及有关司法鉴定的规范范围。民事诉讼法关于鉴定的相关规定主要规范了诉讼活动中法院、当事人、鉴定机构或鉴定人三者之间的关系,关于司法鉴定的规范则主要是对司法鉴定机构、程序及鉴定行为进行了规范。如果司法鉴定行为违反司法鉴定规范,司法鉴定是违法的,在诉讼上就不具有鉴定的法律效力。

非司法鉴定对鉴定机构、鉴定人以及鉴定程序虽然没有法律规范的相应要求,但非司法鉴定也同样要满足鉴定规则的要求,按照民事诉讼诚实信用原则诚实地完成法院委托的鉴定活动。

第三节 诉讼外鉴定(私鉴定)、专家辅助人及专家意见等

一、诉讼外鉴定(私鉴定)

在我国的诉讼实践中,所谓鉴定意见通常都是指诉讼内鉴定所产生的鉴定意见。对于没有通过法院委托程序所产生的专门意见一般不认为是鉴定意见。由此也就出现了《民事诉讼法》第79条和《民诉法司法解释》第122条的规定,即具有专门知识的人可以对案件事实所涉及的专业问题提出意见。《民事诉讼法》第79条规定,当事人可以申请人民法院通知有专门知识的人出庭,就鉴定人作出的鉴定意见或者专业问题提出意见。《民诉法司法解释》第122条规定,"当事人可以依照《民事诉讼法》第79条的规定,在举证期限届满前申请一至二名具有专门知识的人出庭,代表当事人对鉴定意见进行质证,或者对案件事实所涉及的专业问题提出意见"。实际上《民事诉讼法》和《民诉法司法解释》所提到这类意见也应该属于鉴定意见,只不过不属于诉讼内鉴定意见,而属于国外所谓私鉴定意见。没有将这类意见纳入鉴定意见容易导致认识上的混乱。

诉讼外的鉴定意见多数情形下是在纠纷发生之后,诉讼之前形成的。例如,在因汽车产品质量问题所发生的损害赔偿纠纷中,纠纷发生之后,汽车厂家对该汽车是否存在质量问题所进行的鉴定。又如,在医疗纠纷发生之后,患者对医疗损害原因所做的鉴定等。对于诉讼外的鉴定意见或私鉴定意见的证据适格及效力,民事诉讼法没有规定,因而学界对此有不同的认识。在证据适格方面,有观点认为诉讼外的鉴定意见不属于民事诉讼法规定的鉴定意见,也不属于书证,而是当事人陈述的一种特殊情形。[1]《民诉法司法解释》第122条第2款规定,具有专门知识的人在法庭上就专业问题提出的意见,视为当事人的陈述。笔者认为,具有专门知识的人在法庭上就专业问题提出的意见不能视为当事人陈述,同样是鉴定意见,属于鉴定意见中的诉讼外鉴定意见。只不过这种诉讼外的鉴定意见作为证据,其证据的证明力不及诉讼内鉴定意见。是否具有证明力应当由法院自由裁量,如果法律有明确规定予以排除时,该鉴定意见不具有证据能力。如果属于诉讼外鉴定意见,则其鉴定人的专家身份必须得到认可,相反,作为当事人陈述则无须对其是否相应的专门知识予以确认。在证据调查的程序和方法上,鉴定意见与当事人陈述也有所不同。如果是当事人陈述,则当事人对提出专门意见的人的陈述可以补充、修正,如果是鉴定意见,则鉴定人的地位是独立的,当事人不得进行干预。

---

〔1〕[日]中野贞一郎:《科学鉴定的评价》,载中野贞一郎编:《科学鉴定与裁判》1988年版,第53页。

关于诉讼外鉴定或私鉴定的法律地位问题，我国民事诉讼法没有明确的规定，如上所述，尽管规定当事人可以在诉讼中聘请具有专门知识的人就专门问题提出意见。问题主要在于诉讼外鉴定的中立性难以保证，无法从中获利的一方当事人不会认同该专家意见，因此双方必然在诉讼中对案件所涉专门问题争议不断。为了防止双方当事人就专门问题的纠缠，比较好的方法还是尽可能将专门问题的认定纳入诉讼内鉴定程序之中。当事人没有申请鉴定的，法院应当在取得当事人同意的情形下按照程序委托进行鉴定。如果当事人双方不同意，则应告知当事人将按照证明责任进行裁判。实践中的主要问题是，负有证明责任的一方当事人往往不愿意就需要认定的专门事实问题申请鉴定，因为这涉及鉴定的申请程序和鉴定费用的垫付等一系列问题。所以当事人通常更希望通过自己委托具有专业知识的人就专门问题提出专家意见，即所谓诉讼外鉴定或私鉴定，但诉讼外鉴定或私鉴定的中立性容易在诉讼中发生争议。而如果将所有的专门问题的认定全部纳入鉴定程序，就需要合理地设计鉴定程序。例如，对于需要临时鉴定的专门问题，可以按照有别于当事人申请鉴定的程序而由法院委托鉴定人或鉴定机构尽快作出鉴定意见。

如果按照现行民事诉讼法的规定，实际可能存在鉴定制度和专家证人制度双轨制的问题。即类型化专门问题采用鉴定制度，非类型化专门问题采用专家证人制度。但问题是我国难以真正实行交叉询问制，而没有交叉询问制，专家证人无法正常运转。双轨制必然导致就鉴定意见提出质询的专家辅助人与专家证人之间关系的混乱。现在学界关于专家辅助人与对专门问题提出专家意见的议论就存在诸多分歧。

二、专家辅助人

一旦我们将《民事诉讼法》第 79 条规定的就专门问题提出的意见也纳入鉴定意见的范畴，我们就容易对第 79 条规定的就鉴定意见进行质询的专家的地位加以明确了。就鉴定意见提出质询意见的人应当是专家辅助人，准确地讲应当是当事人的专家辅助人。由于是受当事人的委托对鉴定意见提出了质询，因此，专家辅助人意见可以相当于或者视为当事人陈述，不同于一般具有中立地位的证人和鉴定人（包括诉讼外鉴定人）。由于案件事实的认定涉及专业知识，法官对此也难以判断，因此，法院需要借助专家辅助人的质询，判断该鉴定意见是否应当予以采纳。对于质询，除了鉴定人予以回答外，对方当事人也可以进行辅助性回答。是否可以委托专家进行反质询，也是一个值得研究的问题，因为专家辅助人是针对鉴定意见，所以一般不应允许另一方当事人委托专家辅助人参加诉讼。

三、专家意见

在我国民事诉讼中，专家意见还不是一个专门法律术语。关于专家意见也有多种含义。一种含义是泛指所有情形下对诉讼专门问题提出的意见,甚至包括鉴定人的意见也称为专家证人;另一种含义是专指英美法系中专家证人所发表的意见;除此之外,在我国还特指在诉讼过程中法律方面的专家就法律问题提供的专门意见,常见的是关于某某案件法律问题的专家意见。法律专家就法律问题提出的专家意见分为两种:一种是一方当事人委托法律专家就涉案法律问题所提出的意见;另一种是法院就某案法律问题委托法律专家所提出的意见。前者通常会提交给法院,以供参考,但通常不会在法庭审理中公开出示;后者也是用于法院裁判时参考,也不会在法庭审理中公开出示。无论是当事人委托的法律专家所作的专家意见,还是法院委托作出的专家意见,对法院的裁判都没有法律上的约束力。实践中法院委托作出的专家意见相比而言更有证明力。专家意见无论是一审、二审,还是再审都有可能被提出,多数情形下是在二审或再审中被提出。

专家意见是否应被纳入诉讼法规范的范围是一个存有争议的问题。如果将专家意见纳入诉讼法规范的范围,就会涉及专家意见的公开以及判断的问题。有人认为,专家意见涉及的是法律问题,属于法官适用法律的范畴,没有必要公开。笔者认为,对于案件涉及的法律问题,当事人也有权在诉讼中进行辩论,法官可以结合当事人对法律问题的辩论更好地适用法律。专家意见实际就是当事人对法律问题认识手段的延长。法官在法律问题的认识上也不是万能的,专家意见以及对专家意见的辩论无疑有助于提高法官适用法律的水平,有助于法律适用公开化。在英美法系国家,只要当事人认为涉及法律适用或理解的专门问题,就可以向法院提交有关专家意见。通常情况下,由律师向当事人提出建议,然后,当事人委托律师,律师委托专家就相关法律问题提出意见。在法官认为有必要时,也可要求出具专家意见的专家作为专家证人出庭就专家意见进行陈述。

四、专门问题的征询函

在我国民事诉讼的实践中,法院常常采取征询函的方式向有关机关或机构询问案件所涉及的专门问题,尤其是在行政管理领域。例如,法院向国家资产管理机构询问某一特定主体是否适用相关行政规章。实践中,这些征询函通常不会在诉讼中公开,也不会在判决中作为裁判的根据,只是能在法院审理案件时帮助法院更好地断定法律行为的性质,从而更好地适用法律。但由于这类征询函是不公开的,因此,依据该征询函作出的判决的正当性就存在问题。为了提高正当性,应当考虑将这类征询函转换为法院对有关机关或机构关于专门问题所进行的证据调查。

第四节　鉴定申请与鉴定人

一、鉴定申请

按照最高人民法院《民事证据规定》的要求，当事人申请鉴定，应当在举证期限内提出。申请鉴定的人一般应当是对鉴定事项负有证明责任的当事人，如果该当事人对该事项不负有证明责任，也就不会申请鉴定。《民事证据规定》还指出，在法院指定的期限内无正当理由不提出鉴定申请或者不预交鉴定费用或者拒不提供相关材料，致使对案件争议的事实无法通过鉴定意见予以认定的，应当对该事实承担举证不能的法律后果。这意味着如果在指定的期限内没有进行鉴定的，以后将不可能再进行鉴定。

根据《民事诉讼法》第76条的规定，当事人可以就查明事实的专门性问题向人民法院申请鉴定。当事人申请鉴定的，由双方当事人协商确定具备资格的鉴定人；协商不成的，由人民法院指定。当事人未申请鉴定，人民法院对专门性问题认为需要鉴定的，应当委托具备资格的鉴定人进行鉴定。法院主动依职权开启的鉴定，称为“职权鉴定”。实践中，法院依职权启动鉴定的情形较少，主要原因是涉及鉴定费用的承担问题。根据《民诉法司法解释》第121条第3款的规定，符合依职权调查收集证据条件的，人民法院应当依职权委托鉴定，在询问当事人的意见后，指定具备相应资格的鉴定人。

应当注意的是，在诉讼进程中如果出现了需要鉴定的事项，就不应受举证期限的限制。例如，在诉讼中，需要通过鉴定证明反驳主张成立或将鉴定意见作为反证时，不应受举证期限的限制，因为这时的鉴定往往是根据诉讼进程而适时提出的。

二、鉴定人

（一）鉴定人的含义

因为鉴定意见是由具有专门知识的人所作出的，因此，鉴定应当具有与鉴定事项相应的专业知识。是否具有相应的知识与鉴定的事项有关，与鉴定人是否具有学历或职称无关。只要具备相应的知识就可以成为鉴定人。鉴定人是否具有专业知识由法院依据有关事实裁量判断。

在我国，一般认为鉴定人是指作出鉴定意见的机构或自然人。鉴定人在理解上有两种含义：一种是指鉴定机构中具体进行鉴定的工作人员；另一种是指作为自然人的鉴定人。笔者认为，鉴定人只能是自然人，因为知识的运用只能是由作为个体的人加以运用，当然，作为自然人的鉴定人可以属于鉴定机构。从实践来看，我国的鉴定机构可以作为鉴定人,但相比较而言,以鉴定机构作为鉴定人弊端较多。按照最高人民法院的《民事证据规定》,鉴定机构和鉴定人员,可以由当事人双方协商确定,协商不成的,由法院指定。双方协商的鉴定机构、鉴定人员必须具有鉴定资格。这里的鉴定资格是指法律、法规等规定的鉴定资质。

(二)鉴定人与证人、鉴定证人的区别

鉴定人与证人的区别在于:鉴定人是以自己的专业知识在案件争议发生后对案件相关事实进行认定;证人则是基于自己亲历过程陈述自己所感知的案件事实。简言之,证人是案件事实发生过程的亲历者,而鉴定人不是案件事实发生过程的亲历者。

在国外的证据法理论上,还有鉴定证人的概念。这一概念主要用于说明具有专业知识的人以自己的专业经验就自己亲历的案件事实在法院所作陈述的情形。鉴定证人在性质上不是鉴定人而是证人,因此,在询问时应当适用证人的相应规则。鉴定人具有可替代性,而鉴定证人强调的是亲历性,所以具有不可替代性。鉴定证人如果没有正当理由,在国外可以适用拘传,而鉴定人不能适用拘传。

三、鉴定人的义务

(一)鉴定人义务的性质

鉴定人对专门问题的鉴定是以自己的专业知识服务于国家司法权或审判权,是一种对国家的义务。因此,在没有正当理由的情形下,具有相应专业知识的人不能拒绝法院的鉴定委托。正当理由包括没有鉴定的能力和条件,例如,已经无法对某物进行质量鉴定或鉴定人不具备作出鉴定的物质条件等。

(二)鉴定人诚实鉴定的义务

鉴定人应当尽职尽责、诚实信用地完成法院委托的鉴定事项。

虚假鉴定是鉴定实践中实际存在的问题。为了防止虚假鉴定,可以考虑实施与防止证人作伪证相同的措施——要求鉴定人对鉴定的真实性进行保证以及对作出虚假鉴定的鉴定人进行处罚。在程序上,可以在鉴定开始之前,要求鉴定人向本案诉讼的人民法院签署保证书。保证书中应当载明鉴定人保证公正、诚实地进行鉴定,如作虚假鉴定愿意接收处罚等内容。

鉴定人作虚假鉴定的,人民法院应当责令其退回鉴定费用,并应当根据情节,依照《民事诉讼法》第111条第1款第1项、第115条的规定处理。

(三)鉴定人出庭陈述的义务

虽然鉴定人通常对鉴定事项作出了书面意见,但因为鉴定意见作为一种证据也需要

进行质证，所以，鉴定人亦有出庭陈述的义务。如果无正当理由不出庭，虽然不能强制拘传出庭，但因为鉴定人具有可替代性，根据民诉法司法解释，此时鉴定人意见将不能成为认定案件相关的证据。

第五节　鉴定意见的质证

一、鉴定意见的陈述方法

证人就证言的陈述方法原则上是口头陈述，例外为书面形成。而鉴定人对鉴定意见的陈述既可以是口头形式，也可以是书面形式。即使有书面鉴定意见，法院也可以根据具体情形让鉴定人就鉴定意见作口头陈述。

二、鉴定意见的质证

在我国，质证相当于域外诉讼中的证据调查。通过质证程序以确定证据的效力。《民事诉讼法》第68条前段规定，证据应当在法庭上出示，并由当事人互相质证。《民诉法司法解释》第103条规定，证据应当在法庭上出示，由当事人互相质证。未经当事人质证的证据，不得作为认定案件事实的根据。鉴定意见作为证据自然也应当予以质证。由于鉴定意见涉及专门知识，因此民事诉讼法规定，在举证期限届满前申请一至二名具有专门知识的人出庭，代表当事人对鉴定意见进行质证。具有专门知识的人即所谓专家辅助人。双方当事人都可以申请专家辅助人就鉴定意见进行质证。通常情形下，鉴定意见对其不利的一方当事人会申请专家辅助人在质证中质疑鉴定意见，鉴定意见对其有利的一方当事人一般不会申请专家辅助人参与质证。当然，有的情形下，该当事人为了对对方当事人的专家辅助人的质证进行更为有效的防御，也可能申请专家辅助人对鉴定人提供专业上的帮助。

第六节　鉴定费用、标准及负担

一、鉴定费用

鉴定费用是指用于鉴定所开支的必要费用，其包括设备使用费、鉴定人员的劳务费等其他进行鉴定所开支的必要费用。

二、鉴定费用收取的标准

目前,民事诉讼法和相关司法解释还没有对鉴定费用收取的标准作出明确规定。实践中,申请鉴定的一方当事人需要事先垫付鉴定费用,通常都需要按照一定的标准大致计算出鉴定费用的数额。如果属于司法鉴定,则按照有关司法鉴定的收费标准支付鉴定费用。如果是非司法鉴定,则按照行业收费标准来支付。没有行业收费标准的,法院与受委托的鉴定人或机构进行协商确定费用。关于司法鉴定收费的行政性规范文件主要有《司法鉴定收费项目和收费标准基准价(试行)》、《司法鉴定收费管理办法》等。

三、鉴定费用的负担

由于鉴定费属于诉讼费用的一部分,因此,一般鉴定费用由败诉人负担。双方达成调解或和解的,由双方协商负担。鉴定人出庭的有关费用按照证人出庭作证的标准由申请鉴定的一方当事人垫付,诉讼结束后,该费用也纳入诉讼费用并按照诉讼费用承担原则负担。

由于鉴定费用需要当事人一方事先垫付,尽管鉴定费用最终是由败诉人负担,但诉讼毕竟需要相当长的时间,因此,实践中,鉴定应当由谁申请这一问题常常会发生争议。当事人总是希望法院能够依职权进行鉴定,但法院也同样因为鉴定费用的垫付问题而不愿意依职权进行。一般情况下,在没有当事人主动申请鉴定,法院通常告知对该事实负有证明责任的一方当事人申请鉴定,否则将承担该事实不清的相应不利后果。

第七节　关于重复鉴定

鉴定涉及诉讼当事人双方的利益。因此,在诉讼中,虽然对案件所涉及的专门问题有了鉴定意见,但当事人依然有可能要求重新鉴定,这就产生重复鉴定问题。关于重复鉴定,最高人民法院2001年的《民事证据规定》专门作了相应的规定。该解释第27条第1款规定:当事人对人民法院委托的鉴定部门作出的鉴定结论有异议申请重新鉴定,提出证据证明存在下列情形之一的,人民法院应予准许:(1)鉴定机构或者鉴定人员不具备相关的鉴定资格的;(2)鉴定程序严重违法的;(3)鉴定结论明显依据不足的;(4)经过质证认定不能作为证据使用的其他情形。该条第2款规定:对有缺陷的鉴定结论,可以通过补充鉴定、重新质证或者补充质证等方法解决的,不予重新鉴定。

《民事证据规定》关于申请重新鉴定的限制主要是针对民事诉讼实践中经常发生的多次申请鉴定的情形。重复鉴定的消极后果主要是:(1)迟延或拖延诉讼。(2)增加司法裁判的成本。虽然鉴定费用作为诉讼费用由败诉者承担,但诉讼的迟延和程序的反复也将提高司法裁判的成本。(3)重复鉴定有时不仅不能使案件事实更加清楚反而可能变得更为复杂。因为鉴定的方法、鉴定的条件、环境不同,有可能导致鉴定意见不统一。而作为最初鉴定的不利的一方总是试图通过重新鉴定改变对己不利的鉴定意见。正是基于这些原因,最高人民法院出台的《民事证据规定》对重新鉴定进行了限制。限制的出发点是从程序上加以限制,而不考虑实体问题,因为在实体上,针对具体问题的鉴定是否科学、正确、妥当,从法官的角度很难把握,而程序性事项则比较容易判断。鉴定没有满足程序上的正义,实体结果也就不能得以承认。

不过,2015 年出台的《民诉法司法解释》并没有吸收《民事证据规定》,没有对申请重新鉴定作出限定。分析其原因,可能是考虑到在某些特殊情形下重新鉴定具有必要性。但这样的考量有可能动摇程序正义的基本价值,而程序正义是整个诉讼法的价值基础。因此,笔者建议应当考虑保留《民事证据规定》对申请重新鉴定的程序性限制的规定。当然,这里也涉及如何理解《民诉法司法解释》与《民事证据规定》两个司法解释的关系问题。《民诉法司法解释》中明确规定,最高人民法院以往的司法解释与《民诉法司法解释》冲突的自动作废。从这一表述来看,以往司法解释与《民诉法司法解释》没有冲突的应当依然有效。但问题是,原来的司法解释有规定,而现在的《民诉法司法解释》没有规定是否也属于冲突?如果不属于冲突,则《民事证据规定》关于重新鉴定的限制性规定就是有效的。但《民诉法司法解释》既然没有吸收是否也意味着不予认可,这是一个模糊的问题。

思考题

1. 鉴定人与审理案件的法官应当是什么关系?
2. 专家辅助人的地位和作用是什么?
3. 专家意见的性质是什么?
4. 是否应当在程序上限制重新鉴定?

真题链接

1. **(2008 年四川司法考试卷三多选第 89 题)**关于证人与鉴定人的区别,下列哪些选项是正确的?(　　)[2]

[2] ABCD

A. 证人只能就其所见所闻如实陈述，不能发表对案件的意见；而鉴定人则要对其所鉴定的事项发表意见

B. 证人无须具备专业知识；而鉴定人要具备一定的专业知识

C. 证人是不可替代的；而鉴定人是可以替代的

D. 证人不属于回避的对象；而鉴定人属于回避的对象

2. **（2013 年司法考试卷三单选第 50 题）**甲公司诉乙公司专利侵权，乙公司是否侵权成为焦点。经法院委托，丙鉴定中心出具了鉴定意见书，认定侵权。乙公司提出异议，并申请某大学燕教授出庭说明专业意见。关于鉴定的说法，下列哪一选项是正确的？（　　）[3]

A. 丙鉴定中心在鉴定过程中可以询问当事人

B. 丙鉴定中心应当派员出庭，但有正当理由不能出庭的除外

C. 如果燕教授出庭，其诉讼地位是鉴定人

D. 燕教授出庭费用由乙公司垫付，最终由败诉方承担

参考文献

1. 张永泉：《论民事鉴定制度》，载《法学研究》2000 年第 5 期。
2. 占善刚：《论我国民事诉讼中鉴定人不出庭作证之应有后果——〈民事诉讼法〉第 78 条评析》，载《法学家》2014 年第 2 期。
3. 邹明理：《新〈民事诉讼法〉司法鉴定立法的进步与不足——对新民诉法涉及修改鉴定规定的几点认识》，载《中国司法鉴定》2012 年第 6 期。

案例分析

请扫描二维码阅读案例，根据【路径与指引】尝试对该案件进行分析。

【路径与指引】

一、请将上述案件材料，加以提炼、整理为 600 字以内的案情简介，要求包括案件的主要事实争议。

二、请问答以下问题：

1. 证明本案主要事实的主要证据有哪些？
2. 请结合本案说明鉴定意见有何特征。
3. 结合本案，分析鉴定意见对纠纷解决有何作用。

---

[3] A

第七章　当事人陈述、物证与勘验笔录

第一节　当事人陈述

一、当事人陈述的含义

当事人陈述，是指案件的当事人向人民法院提出的关于案件事实和证明这些事实情况的陈述。[1] 当事人陈述是《民事诉讼法》第63条规定的法定证据类型之一，在民事诉讼中具有重要的作用。从认识论和民事诉讼过程中一般情形的角度来看，法官在很大程度上是根据当事人双方陈述的内容和表现来推知判断案件事实的。[2]

二、当事人陈述的特征

作为证据的当事人陈述具有以下特征：

第一，外观上的模糊性。在具体的诉讼程序运作中，当事人陈述与其他证据种类相比，往往不能从内容和外观上明确识别，当事人的陈述完全分散或交融在他们于不同的场景下所作的口头主张、辩论或提交的书面材料之中。[3]

第二，属性上的双重性。把当事人陈述作为证据意味着对同一事实的陈述同时具有了事实主张和证明这一主张的证据这双重属性。[4]

第三，证明上的直接性。当事人陈述一般能够直接证明案件事实。这是因为，当事人作为争讼权利义务的直接承担者，对争议发生的过程有着其他人无法比拟的感知。[5]

第四，证明上的补充性。孤立的当事人陈述不能发挥证明案件事实的作用，必须与其他证据相结合，才能确定其是否能够作为认定案件事实的依据。

---

〔1〕 全国人大常委会法制工作委员会民法室编：《中华人民共和国民事诉讼法条文说明、立法理由及相关规定》，北京大学出版社2012年版，第97页。

〔2〕 王亚新、陈杭平：《论作为证据的当事人陈述》，载《政法论坛》2006年第6期。

〔3〕 同上注。

〔4〕 李浩：《当事人陈述：比较、借鉴与重构》，载《现代法学》2005年第3期。

〔5〕 王福华：《当事人陈述的制度化处理》，载《当代法学》2004年第2期。

三、当事人陈述与证人证言的区别

当事人陈述和证人证言都是从证据的取得方式对证据种类所做的划分，在诉讼实践中，当事人陈述和证人证言在运用上具有一定的相似性。从本质上来说，因为两者都是一定主体对于其了解的案件事实所作的陈述，都是主观对客观的反映，即将其所记忆的曾经感知到的案件事实通过言词的方式再现。但是当事人陈述和证人证言毕竟是两种不同的证据类型，两者在运用上具有诸多的不同之处。从根本上来讲，造成这些不同点的主要原因是当事人和证人的诉讼地位不同，当事人同时具有诉讼主体和证据来源的地位，[6]而证人只具有证据来源的地位。具体来说，当事人陈述和证人证言的不同点主要有：

1. 在证明作用方面，当事人陈述具有补充性。当事人具有诉讼主体的地位，这使其所作的陈述更容易受到主观因素的影响，可靠性较低，因此当事人陈述不能单独作为认定案件事实的依据。而证人证言是诉讼中广泛应用的一种证据，除了与一方当事人或者其代理人有利害关系的证人出具的证言和无正当理由未出庭作证的证人证言以外，其他的证人证言可以作为单独认定案件事实的依据。

2. 在外在形式方面，当事人陈述具有广泛性。虽然为了保证证据的真实性，证人证言和当事人陈述原则上都应当通过口头形式作出，但是当事人的诉讼主体地位使得当事人陈述具有了事实主张的性质，将当事人陈述限制在口头形式上既不现实也不可取，当事人在起诉状、答辩状中陈述的事实都可以作为当事人陈述。而证人证言仅在特殊情况下才可以通过书面的形式作出。

3. 在诉讼费用方面，当事人陈述不具有补偿性。证人因出庭作证所支出的交通、住宿、就餐等必要费用和误工损失应当得到补偿，由败诉的一方负担。而当事人是诉讼主体，其作出陈述是为了自己的利益，所支出的费用属于进行诉讼的必要费用，由自己承担。

四、当事人陈述的分类

（一）分类的实际意义

当事人陈述所包含的内容复杂繁多，并不是所有的当事人陈述都可以作为认定案件事实的证据，而《民事诉讼法》仅笼统规定了当事人陈述是独立的证据类型，没有明确哪些当事人陈述可以作为证据使用。从不同层次上对当事人陈述进行分类，明确哪些当事人陈述可以用来证明案件事实，有助于更好地理解当事人陈述。

---

[6] 齐树洁、王晖晖：《当事人陈述制度若干问题新探》，载《河南省政法干部管理学院学报》2002 年第 2 期。

（二）具体的分类

1. 诉讼前的当事人陈述和诉讼中的当事人陈述。从时间的角度来讲，当事人陈述分为诉讼前的当事人陈述和诉讼中的当事人陈述。实践中，诉讼前的当事人陈述通常会转化为其他证据种类。所以，对当事人陈述的分类针对的是诉讼中的当事人陈述。

2. 广义的当事人陈述和狭义的当事人陈述。广义的当事人陈述至少包括当事人对案件事实、诉讼请求和诉讼标的的主张或陈述，狭义的当事人陈述只是指当事人对案件事实的主张和陈述。从民事诉讼证明要求真实地认定案件事实，为法院作出判决提供事实方面的根据的直接目的来看，作为证据的当事人陈述应当是狭义的。[7] 实际上，狭义上的当事人陈述也并不是都可以作为证明案件事实的证据。

3. 事实性陈述和非事实性陈述。从“请求”层面和“事实”层面的角度来看，当事人陈述分为事实性陈述和非事实性陈述。当事人在诉讼中的陈述涉及多方面内容，有关于诉讼请求或反驳诉讼请求的陈述，关于请求或抗辩事实依据和法律依据的陈述，有关于自己对行为或事件法律性质认识的陈述，有要求法院适用某个条文及对法律条文进行理解的陈述，有关于某项物证和书证的说明的陈述，也有仅仅是表达自己的惊讶、愤怒等情绪的陈述。[8] 能够作为证明案件事实的证据的当事人陈述首先必须是当事人关于案件事实所作的事实性陈述。

4. 主要事实陈述和间接事实、辅助事实陈述。从事实对案件证明的作用的角度来看，当事人陈述又可以分为两个层次。一个层次是当事人对能够左右权利存在与否的“要件事实”或“主要事实”所作出的陈述，另一个层次则是对所谓“间接事实”和“辅助事实”所作出的陈述，其中双方当事人关于任何“间接事实”或“辅助事实”的陈述都只是法官自由心证的对象，而不能直接具有法律上的意义或效果。[9] 所以，具有证明意义的当事人陈述应当是当事人对“要件事实”或者“主要事实”所作的陈述。

5. 利于己的陈述和不利于己的陈述。从当事人的事实陈述是否符合本人的诉讼利益的角度来看，可以将当事人陈述区分为利于己的陈述和不利于己的陈述。在诉讼中，当事人主张不利于己的事实，构成诉讼上的自认，该事实应当作为免证事实而无需证据来证明，将当事人对不利于己的事实的陈述作为证据处理显然是不合理的。[10] 既然不利于己的当事人陈述构成诉讼上的自认，那么能够作为证据的当事人陈述只能是当事人对于利于己的事实所作的陈述。然而，困难恰恰在于如何才能使这类利于己的当事人陈述

---

〔7〕 邵明：《我国民事诉讼当事人陈述制度之“治”》，载《中外法学》2009年第2期。

〔8〕 李浩：《当事人陈述：比较、借鉴与重构》，载《现代法学》2005年第3期。

〔9〕 王亚新、陈杭平：《论作为证据的当事人陈述》，载《政法论坛》2006年第6期。

〔10〕 邵明：《我国民事诉讼当事人陈述制度之“治”》，载《中外法学》2009年第2期。

获得使它们成为证据的正当性。[11] 即使是利于己的事实，当事人的陈述也是具有不同的动机。当事人对事实的陈述，主要有以下几种目的：(1)履行其主张责任，向法院说明请求或抗辩的事实依据；(2)否认对方当事人主张的事实，向法院表明事实的真实情况与对方陈述的完全不同；(3)通过自己的陈述来证明自己主张的事实为真实；(4)应法院的要求对原先的陈述进行补充，以消除原先陈述中相矛盾之处或者使先前陈述中不完整、不明确部分变得完整、明确。在上述陈述中，只有被法院用来判断事实真伪、认定案件事实的，才是证据性的当事人陈述。[12]

6. 听取当事人意见时的陈述和询问当事人时的陈述。从域外经验的角度来看，可以将当事人陈述区分为听取当事人意见时的陈述和询问当事人时的陈述。这对应了大陆法系国家民事诉讼程序中对当事人陈述的两种程序运作形态，即当事人听取制度和当事人询问制度。当事人听取制度的基础在于当事人的诉讼主体地位，当事人作为诉讼主体，在向法院提出诉讼请求的同时，必须提供支持其请求的理由，[13] 而且这种理由的提供必须是完整、明确的。当事人听取的目的就在于，通过听取当事人本人对案件事实的陈述，了解或进一步明确当事人关于案件事实的主张，补充事实陈述中不完整的部分，除去不明确的部分，将有争议的事实与无争议的事实区分开来，确定案件的审理范围。[14] 当事人在听取时所作的陈述并不具有证据意义，法院不得以此种陈述作为认定事实的依据。当事人询问制度是指法院为了利用当事人本人的陈述(包括拒绝陈述)对争议事实作出判断，决定询问当事人的制度，当事人在询问时所作的陈述，则是证据方法的一种，具有证据作用。[15]

五、当事人陈述作为证据在运用中应当注意的问题

(一)当事人陈述是一种补充性的证据

如前所述，当事人陈述在诉讼证明中具有补充性，仅有当事人陈述，不能认定案件事实，这是大陆法系民事诉讼法的通例。在大陆法系国家的民事诉讼中，作为证据使用的当事人陈述一般是通过法官询问当事人的方式获得的。只有在没有其他证据或其他证据不足以证明待证事实，或者言词辩论的结果或已经进行的证据调查的结果仍不能使法官形成确信的心证的情况下，才可以根据当事人一方申请或者法院依职权询问当事人。[16] 当事人陈述之所以具有补充性，主要有当事人陈述的属性、识别和证明力这三方

---

〔11〕 李浩：《当事人陈述：比较、借鉴与重构》，载《现代法学》2005年第3期。

〔12〕 同上注。

〔13〕 齐树洁、王晖晖：《当事人陈述制度若干问题新探》，载《河南省政法干部管理学院学报》2002年第2期。

〔14〕 李浩：《当事人陈述：比较、借鉴与重构》，载《现代法学》2005年第3期。

〔15〕 同上注。

〔16〕 邵明：《我国民事诉讼当事人陈述制度之“治”》，载《中外法学》2009年第2期。

面原因：

1. 当事人陈述的属性。如前所述，当事人陈述同时具有事实主张和证明这一主张的证据这两重属性，当事人同时具有诉讼主体和证据来源的两重地位，两种属性、两种地位之间存在着显而易见的冲突和矛盾。[17] 为了平衡和解决这种冲突与矛盾，在诉讼过程中应当尽量避免把当事人陈述作为证据使用。这是因为，在民事诉讼过程中，当事人的诉讼主体地位优先于证据来源地位。与此相对，当事人陈述作为事实主张的属性也应当优先于作为证据的属性。根据证明理论，当事人对自己提出的事实主张负有行为意义上的证明责任，当事人应当积极提供各种证据以证明自己提出的事实主张。只有其他证据不能证明或不足以证明自己的事实主张时，当事人陈述才可以从事实主张变为证明这一主张的证据，当事人作为证据来源的地位才可以凸显。

2. 当事人陈述的识别。如前所述，当事人陈述与其他法定的证据形式相比，往往不能从内容和外观上加以明确识别，这无疑大大减弱了在诉讼实践中将当事人陈述作为认定案件事实的证据的可操作性。当事人陈述的不易识别性，不仅是立法上对当事人陈述粗疏、含糊的规定造成的，也有当事人陈述自身特点的原因：[18]（1）就证据提交或呈示的方式而言，除非刻意区分，否则当事人就案件事实所作的陈述是不可能从一般的辩论过程中“剥离”出来成为独立的证据的，大多数情况下的当事人陈述总是与主张或反驳、意见立场以及情绪性的表达纠缠混合在一起。（2）法官从当事人的一般辩论中区分识别作为证据的陈述需要一套精心并获得法律支持的特殊程序及操作方法，但是为了保证当事人的充分辩论，这种不可缺少的技术性操作往往不宜多加使用。（3）从认识论或者证据审查的角度来看，法官对案件事实的把握，既依赖于对单一证据的审查，又依赖于对双方当事人全部辩论过程及其反映出来的信息所做的某种综合的、整体的认识判断，如果刻意区分作为独立证据种类的当事人陈述，有的时候甚至会妨碍法官对案情的综合性认识判断。

3. 当事人陈述的证明力。相较于其他类型的证据，当事人陈述对案件事实的证明力较弱。这是因为当事人与案件有着法律上的直接利害关系，基于趋利避害的原因，当事人为了追求胜诉，在陈述时易夹带虚假的成分，向法院作出不真实的陈述。

（二）当事人陈述的证明力

鉴于当事人陈述在证明力上区别于其他证据种类的特点，我国对于当事人陈述的认定作出了特别的规定：

1. 要结合其他证据确认当事人陈述的真实性。《民事诉讼法》第75条规定，“人民法

---

〔17〕 李浩：《当事人陈述：比较、借鉴与重构》，载《现代法学》2005年第3期。

〔18〕 参见王亚新、陈杭平：《论作为证据的当事人陈述》，载《政法论坛》2006年第6期。

院对当事人的陈述，应当结合本案的其他证据，审查确定能否作为认定事实的根据。当事人拒绝陈述的，不影响人民法院根据证据认定案件事实”。

2. 仅有当事人陈述不能认定案件事实。《民事证据规定》第76条规定，“当事人对自己的主张，只有本人陈述而不能提出其他相关证据的，其主张不予支持。但对方当事人认可的除外”。

3. 法院在询问当事人时，可以要求当事人签署保证书。《民诉法司法解释》第110条规定，人民法院认为有必要的，可以要求当事人本人到庭，就案件有关事实接受询问。在询问当事人之前，可以要求其签署保证书。保证书应当载明据实陈述、如有虚假陈述愿意接受处罚等内容。当事人应当在保证书上签名或者捺印。负有举证证明责任的当事人拒绝到庭、拒绝接受询问或者拒绝签署保证书，待证事实又欠缺其他证据证明的，人民法院对其主张的事实不予认定。

第二节　物　　证

一、物证的含义

物证的概念有广义和狭义之分。广义的物证就是所谓的“实物证据”。实物证据是指那些以物品、痕迹、书面文件、录音、录像等为物质载体的证据形式。[19] 广义的物证不是我国民诉法明确规定的独立的证据，作为法定证据类型的物证仅指狭义上的物证。

对于狭义的物证，通说认为是能够证明案件事实的物品和痕迹。但是这种定义并不周延。作为概念，必须同时满足表达该事物的本质属性和包含该事物的全部处延这两个条件，但是“物品和痕迹”作为概念既没有指出物证作为独立证据形式的证据属性，又无法囊括物证的各种表现形式，因为司法实践中能够作为物证的除痕迹、物品外，还有动物、植物、人体等，这些都不是痕迹，归之于物品也过于牵强。[20] 而且伴随科技的高度发展，不能包括在“物品和痕迹”中的物证越来越多，大量的微量物质和无形体物质都可能成为物证。[21]

还有学者将物证定义为与案件或待证事实有联系的物。[22] 这种定义方法也不够准

---

〔19〕 陈瑞华：《实物证据的鉴真问题》，载《法学研究》2011年第5期。

〔20〕 陈维卫：《试论物证的概念和特征》，载《法学与实践》1986年第1期。转引自刘万奇：《物证新论》，载《法学研究》1993年第2期。

〔21〕 裴苍龄：《论物证》，载《法律科学》1994年第2期。

〔22〕 参见陈维卫：《试论物证的概念和特征》，载《法学与实践》1986年第1期。转引自刘万奇：《物证新论》，载《法学研究》1993年第2期；裴苍龄：《论物证》，载《法律科学》1994年第2期。

确,与案件或待证事实有关的物或者说客观实在物,不仅包括物证,书证、视听资料的载体都是实在物。这种定义更接近于广义的物证。

比较合理的方式是从物证的证明功能角度来定义物证。物证是以物品的自身属性、外部特征和存在状况等证明案件事实的证据资料。[23] 物证的证明功能就是通过其自身属性、外部特征和存在状况实现的:所谓自身属性,也称内在属性特征,是指物证的物理属性、化学成分、内部结构、质量功能等特征;所谓外部特征,也称外部形态特征,是指物证的大小形状、颜色、光泽、图纹等特征;所谓存在状况,也称空间方位特征,是指物证所处的位置环境、状态、与其他物体的相互关系等特征。[24] 这种定义方式的合理性在于"以其自身属性、外部特征和存在状况证明案件事实"概括了物证区别于其他法定证据类型的特殊本质,突破了"物品和痕迹"的限制,符合我国证据方法的立法精神,也适应未来形势发展的需要。[25]

物证是司法活动中的一种常见的证据,人类在司法活动中运用物证已经有了悠久的历史。在民事诉讼中,宋代就出现了运用物证的史料记载,实物证据是宋代官府判断是非曲直进而解决民事纠纷的重要依据。[26] 相比较而言,在刑事诉讼中,物证具有更重要的意义。而在民事诉讼活动中,因为民事行为大都有文字记载,因此书证相比于物证具有更为重要的意义。

二、物证的特征

物证的特征与物证的概念一样,都是有关物证的研究中的基础问题。对于物证的特征,有的学者概括为客观性、不可替代性、关联性、间接性和依赖性,[27] 有的学者概括为客观性、特定性和间接性,[28] 还有的学者概括为绝对的真实性、相对的稳定性和整体的被动性。[29] 笔者认为,物证的特征主要有以下几点:

第一,相对的独立性和稳定性。客观性是大部分学者公认的物证的特征。物证是客观存在的物体和痕迹,是以物质的存在形式证明案件事实的,与其他证据相比较,特别是与各种人证相比较,具有较强的客观性。[30] 但是笔者认为,客观性这一说法容易与证据属性中的客观性混淆,而且物证的客观性是从物证与其他证据相比较的角度来概括物证的特征,是指物证比较不易受到其他因素的影响,不易被篡改和毁灭。所以,将物证的特

---

〔23〕《中华人民共和国民事诉讼法修改条文理解与适用》,人民法院出版社2012年版,第128页。

〔24〕参见何家弘:《物证也说谎》,载《证据学论坛》(第5卷),中国检察出版社2002年版,第4页。

〔25〕参见刘万奇:《物证新论》,载《法学研究》1993年第2期。

〔26〕张嘉军:《历史流变中的民事诉讼证据种类》,载《现代法学》2005年第2期。

〔27〕参见何家弘:《物证也说谎》,载《证据学论坛》(第5卷),中国检察出版社2002年版,第4~5页。

〔28〕刘万奇:《物证新论》,载《法学研究》1993年第2期。

〔29〕裴苍龄:《论物证》,载《法律科学》1994年第2期。

〔30〕何家弘:《物证也说谎》,载《证据学论坛》(第5卷),中国检察出版社2002年版,第4~5页。

征概括为相对的独立性和稳定性更为合理。

第二,不可替代性。物证的证明价值一般都通过特定的物体和痕迹来实现,因此物证通常都具有不可替代性。[31]

第三,双重关联性。关联性是证据的基本属性之一,但是物证的关联性比较特殊,应当是一种双重关联性。这种双重关联性,是指作为物证之物,一方面必须和案件中任一人、事、物、时、空存在联系,另一方面又必须和受审查的人、事、物、时、空存在联系。[32]

第四,证明上的依赖性。也可以称为证明上的被动性,因为物证是无法自明其意的。物证证明价值的实现往往要借助一定的科学技术手段才能实现,一方面,许多物证的发现和提取都需要专门的科学技术手段;另一方面,很多物证中储存的与案件事实有关的信息也需要一定的科学技术检验来解读。[33] 所以,物证在司法活动中的应用和推广总是伴随着一定科学技术的产生和发展。[34] 而且,对物证的收集和解读往往会成为一种独立的证据类型,比如勘验笔录和鉴定意见。

第五,证明上的间接性。物证必须与其他证明手段相结合才能完成对待证事实的证明,单独的物证无法直接证明案件事实。[35]

三、物证与书证的区别

物证与书证都是诉讼中的重要证据类型,两者同属于实物证据,这是因为书证在形式上也必须依赖一定的物质载体而存在,在外在形式上,物证和书证具有一定的相似性。但是物证与书证还是存在重要的区别。

1. 两者虽然都是依托一定的物质载体而存在,但是物证是通过其物质载体的自身属性、外部特征和存在状况实现其证明作用,而书证是通过其物质载体上的文字、符号或图案所表达出的思想内容来证明案件事实。这是书证和物证最本质的区别。

2. 在独立性和稳定性上,物证强于书证。这是因为书证是通过思想内容来实现其证明作用,所以书证的内容带有主观性,易受到其他因素的影响,易被篡改和毁灭。

3. 在证明上的依赖性上,物证同样强于书证。与物证无法自明其意不同,书证所表达的思想内容一般较为明确,能够直接被人理解和感知,无需像物证一样通过中间环节,例如借助一定的科学技术手段,才能分析和解读。

4. 与物证在证明上具有间接性不同,书证往往能够直接证明案件事实。

---

〔31〕 何家弘:《物证也说谎》,载《证据学论坛》(第5卷),中国检察出版社2002年版,第4~5页。

〔32〕 徐立根:《论物证的双联性》,载《法学家》1997年第2期。

〔33〕 何家弘:《物证也说谎》,载《证据学论坛》(第5卷),中国检察出版社2002年版,第4~5页。

〔34〕 何家弘:《神证·人证·物证——试论司法证明方法的进化》,载《中国刑事法杂志》1999年第4期。

〔35〕 何家弘:《物证也说谎》,载《证据学论坛》(第5卷),中国检察出版社2002年版,第4~5页。

四、物证的审查判断

对物证的审查判断就是针对物证是否具有真实性、关联性和合法性进行审查判断。

物证作为实物证据，对其审查判断的对象主要是物证的真实性，即物证的鉴真。这是因为实物证据的收集提取与法庭审理会有时间距离，这段距离可能会使实物证据的真实性发生变化，从而会引起对实物证据的同一性的合理怀疑。[36] 对物证鉴真强调对其真实来源以及整个保管链条的证明，具体包括以下内容：(1)审查物证的真实来源，这可以通过审查被收集提取的物证是否为原物，物证的照片、录像或复制品的制作过程以及原物存放于何处等方式来加以检验；(2)全面审查物证的收集提取过程，审查物证在收集、保管、鉴定等各个环节是否被破坏或者改变。[37]

对于第一个部分，在当事人提交物证的情况下，《民事诉讼法》第 70 条规定，提交物证应当提交原物，只有在提交原物确有困难的情况下，才可以提交复制品、照片。在法院调查、收集的情况下，《民事证据规定》第 21 条规定，调查人员调查收集的物证应当是原物，只有在被调查人提供原物确有困难的情况下，可以收集复制品或者照片，这种情况下还应当在调查笔录中说明取证情况。在对物证的质证过程中，《民事证据规定》第 49 条规定除出示原物确有困难并经人民法院准许出示复制品，或者原物已不存在但有证据证明复制品与原物一致的情况外，当事人都有权要求出示原物。对于物证原物或者与物证原物核对无误的复制件、照片、录像资料和一方当事人申请人民法院依照法定程序制作的对物证的勘验笔录，《民事证据规定》第 70 条规定，在对方当事人提出异议但没有足以反驳的相反证据的情况下，人民法院应当确认其证明力。

对于第二个部分的鉴真，主要是通过对各种笔录类证据的出示、宣读和质证来完成，[38] 例如勘验收集物证时的勘验笔录，法院调查收集物证时的调查笔录。《民事诉讼法》第 138 条规定了法庭调查时应当宣读勘验笔录。《民事证据规定》第 51 条第 3 款规定了，人民法院依照职权调查收集的证据应当在庭审时出示，听取当事人意见。但是需要注意的是，这类笔录证据虽然是对物证的收集，但是其形成过程更符合言词证据的特点，对笔录证据的审查应当适用言词证据的规则，勘验人、调查人应当出庭接受双方当事人、法官的询问。我国的法律、司法解释并没有对勘验人、调查人的出庭义务作出强制规定，只是规定了经允许当事人可以向勘验人提问，法院调查收集证据的，法庭调查时可以就调查收集该证据的情况予以说明。

物证的关联性前文已述，是一种双重关联性。物证必须同时关联已知的案件事实和

---

〔36〕 陈瑞华：《实物证据的鉴真问题》，载《法学研究》2011 年第 5 期。

〔37〕 参见陈瑞华：《实物证据的鉴真问题》，载《法学研究》2011 年第 5 期。

〔38〕 同上注。

嫌疑客体才满足关联性的要求,忽略任何一个方面都会导致证据链条出现断裂,就有可能导致错误的证明结果。[39] 对于物证的关联性的审查判断也可以通过鉴真来完成。尽管鉴真的本意在于鉴别实物证据的真实性,但是鉴真同时要对两个方面的同一性作出认定:一是法庭上出现的物证与举证方所声称的物证的同一性鉴别;二是法庭上提交的物证所包含的证据信息与曾经发生过的事实信息的同一性判断,因此鉴真同时从一种特殊的角度保证了物证的相关性。[40]

物证的合法性是指物证运用的合法性,包括物证的形成主体合法、物证的形式合法、物证的取得方法合法和物证的证明程序合法。对于物证来说,最重要的就是物证的取得方法要合法。可以说,物证的合法性实质上就是物证收集的合法性。[41] 我国民事诉讼法对于非法证据排除并没有过多的规定,仅《民诉法司法解释》第106条予以规定,以严重侵害他人合法权益、违反法律禁止性规定或者严重违背公序良俗的方法形成或者获取的证据,不得作为认定案件事实的根据。

经法院审查确认的物证一般具有较强的证明力。《民事证据规定》第77条规定了,在对同一事实存在数个证据时,物证的证明力一般大于其他书证、视听资料、证人证言。

第三节 勘验笔录

一、勘验笔录的概念与特征

勘验笔录是诉讼中法院为查明案件事实的需要,对与案件事实有关的物证和现场进行勘验检验所做的记录。[42] 勘验笔录不仅包括文字材料,还包括绘图、照相、模型、录像等形式的材料。[43] 在诉讼中,勘验笔录具有重要的价值,它既是收集、固定、保全证据的重要手段,本身又是一种重要证据,同时也可用来验证其他证据的真伪。[44]

勘验笔录主要有以下几方面特征:

第一,勘验笔录的制作具有法定性。勘验笔录是《民事诉讼法》明确规定的一种证据类型,勘验笔录的制作必须符合法律的规定。

第二,勘验笔录的主体和客体具有特定性。勘验笔录的制作必须由法定的主体依照

---

〔39〕 参见何家弘:《物证也说谎》,载《证据学论坛》(第5卷),中国检察出版社2002年版,第5页。
〔40〕 参见陈瑞华:《实物证据的鉴真问题》,载《法学研究》2011年第5期。
〔41〕 李学军:《物证收集的合法性问题》,载《国家检察官学院学报》2006年第6期。
〔42〕 《中华人民共和国民事诉讼法修改条文理解与适用》,人民法院出版社2012年版,第135页。
〔43〕 蒋丽华:《论勘验、检查笔录》,载《证据学论坛》(第6卷),中国检察出版社2003年版,第365页。
〔44〕 高兆伦:《独特的证据属性重要的证据文书——论勘验、检查笔录》,载《中国刑警学院学报》2000年第4期。

法定程序进行勘验并制作笔录，民事勘验笔录的制作主体是人民法院的工作人员。勘验笔录的客体一般限于与案件事实有关的现场和不便拿到法院的物证。

第三，勘验笔录的内容具有较强的客观性。勘验笔录是对勘验的客观情况的记载，不包括询问当事人的记录以及司法人员的个人意见，它既记载了勘验的过程，又记载了勘验的结果，能反映各种痕迹、物品存在或形成的环境及相互关系，是具有综合证明作用的一种证据。[45]

第四，勘验笔录对案件事实的证明具有间接性。勘验笔录是对勘验情况的客观、如实的记载，并不能单独证明案件的主要事实，必须联系其他证据，通过合理的推论，才能证明案件中的主要事实。[46]

二、勘验笔录的独立性

在对于勘验笔录的研究中，争议最大的就是勘验笔录是否应该作为一种独立的证据类型。有学者从证据的派生性角度出发，认为勘验笔录是由物证派生的，只是对物证的反映，不能作为独立的证据类型。[47] 这一主张的原因在于：(1)勘验笔录作为独立的证据类型模糊了勘验、勘验人的性质。因为勘验笔录是勘验人通过勘验活动制作出来的，所以如果勘验笔录是独立的证据类型就意味着勘验人是制造证据的人，勘验活动成了制造证据的活动，这与勘验活动是调查证据的活动和勘验人是调查证据的人员的性质相矛盾。(2)勘验笔录作为独立的证据类型抹杀了勘验对于客体的依赖。勘验是对物证的调查，勘验笔录是物证的反映，所以勘验笔录不能同物证并列成为独立的证据类型。勘验笔录只是反映了物证，并不是证据本身。[48]

还有学者从直接言词原则的角度出发，认为勘验笔录不能作为独立的证据类型，我国现行民事诉讼法将对物的证据调查区分为物证与勘验两种不同的证据方法予以规范，不仅不具有立法技术上的意义，反而徒增繁杂，易滋弊病，主张应当将勘验作为真正的独立证据调查方式，将勘验对象扩大适用于所有的物证（不再限于不便提交到法院的物证），勘验笔录仅为勘验结果的固定与保存方式。[49] 这一主张的主要原因在于：(1)勘验和物证在本质上属于同一证据。在我国，勘验的对象是不便提交法院的物证或现场，能够提交法院的物是作为独立证据形式予以规范的物证。而在大陆法系国家，勘验的对象是除以文义或思想作为内容的证据方法以外，一切可由法官基于五官作用感知的以人或

---

〔45〕 张月满：《运用勘验笔录和现场笔录应注意的问题》，载《政法论丛》1994 年第 2 期。

〔46〕 陈刚：《关于刑事勘验、检查笔录的法律属性研究》，载《辽宁警专学报》2007 年第 3 期。

〔47〕 参见裴苍龄：《论证据资料》，载《中外法学》1997 年第 6 期。

〔48〕 参见裴苍龄：《论证据的种类》，载《法学研究》2003 年第 5 期；裴苍龄：《论证据资料》，载《中外法学》1997 年第 6 期。

〔49〕 参见占善刚：《证据法定与法定证据——兼对我国〈民事诉讼法〉第 63 条之检讨》，载《法律科学》2010 年第 1 期。

物的形式存在的证据方法。所以在大陆法系国家,物证和勘验实际上是同一证据的一体两面,勘验是在证据调查方式这一层面上使用的术语,物证则是在证据调查对象这一层面上使用的术语,是指勘验标的物本身。(2)勘验是指勘验人依自己之五官作用感知事物之物理上的性质或状态并在此基础上进行事实判断的一种认知活动,作为直接感知证据方法的一种证据调查方式,勘验应当由庭审法院直接(或经由勘验辅助人之协助)实施,否则违反证据调查中的直接原则。在大陆法系民事诉讼中,勘验作为证据调查方式由法官亲自实施,仅在不能或不便接近勘验标的物时才使用勘验辅助人具体实施勘验活动并听取勘验辅助人关于事实判断的报告。而在我国民事诉讼中,勘验的主体是作为法院工作人员的勘验人,由没有参与该需要勘验的案件审理的审判人员担任。我国如此安排的结果将导致庭审法官不能直接形成关于勘验标的物的认识和对事实的判断,而仅能经由阅览勘验人制作的勘验笔录进行证据调查,影响了心证的形成。[50]

对于否定勘验笔录作为独立证据类型的观点,有学者提出了反对的观点:(1)勘验笔录作为证明材料符合“证据”这一概念的内在规定性,因此有资格称为证据。在诉讼中,证据是证明案件事实的根据,勘验笔录能够作为证明案件事实的材料,只要勘验笔录符合逻辑与经验的法则及科学的标准,而且是依法取得并具有合法形式,那就应当有资格作为证据。(2)根据证据类型划分的逻辑标准,勘验笔录能够合乎逻辑地被界定为证据,勘验笔录即能够成为证据资料意义上的证据,也能够成为证据方法意义上的证据。(3)勘验笔录有独立的证明价值,因此具备作为独立诉讼证据的内在根据。勘验笔录在证明意义上具有双重性,既能够作为发掘物证、书证信息并具有固定证据作用的派生性证据,又能在诉讼证明中发挥独立的证明价值,从而呈现出作为证据形式的独立性品格。[51]

此外,勘验笔录也与物证存在诸多区别。(1)从客观性的角度来看,物证的客观性更强,物证是用来证明案件情况的客观实在物,而勘验笔录虽然是对勘验情况的客观记载,但是这种客观记载是通过勘验人的五官知觉作出的,仍然夹杂着勘验人的主观因素。(2)从形成时间的角度来看,物证是在纠纷发生和发展过程中形成的,而勘验笔录是在纠纷解决的诉讼过程中形成的。(3)从证据规则的适用的角度来看,物证属于实物证据,应当适用实物证据的证据规则。而勘验笔录虽然在证据学的通说上属于广义的实物证据,但是勘验笔录的制作更符合言词证据的特征。[52] 从形成机理上看,勘验笔录的制作过程与证人证言等言词证据的形成过程一样,同样会存在错误的可能,并不具备绝对的客观

---

〔50〕 参见占善刚:《证据法定与法定证据——兼对我国〈民事诉讼法〉第63条之检讨》,载《法律科学》2010年第1期。

〔51〕 参见龙宗智:《证据分类制度及其改革》,载《法学研究》2005年第5期。

〔52〕 参见蒋丽华:《论勘验、检查笔录》,载《证据学论坛》(第6卷),中国检察出版社2003年版,第367~368页。

性。[53] 这就需要勘验人员在法庭审判过程中出庭作证,并接受双方当事人的询问,[54] 从这个意义上讲,勘验笔录应当属于言词证据,并且适用言词证据的证据规则。

三、勘验笔录与其他法定证据类型的区分

1. 勘验笔录与书证。勘验笔录是以文字、图表、图像、模型等形式来描述物证或现场的客观情况,进而证明案件事实,这与以文字、符号、图形等形式所记载的内容或表达的思想来证明案件事实的书证具有一定的相似性。但是勘验笔录和书证在本质上存在诸多的区别,主要有:(1)形成时间不同。书证一般形成于纠纷发生前或纠纷发生的过程中,即当事人进行诉讼之前。但是勘验笔录一般形成于诉讼进行中,由当事人申请或者法院依职权决定进行勘验,并制作勘验笔录。(2)制作主体不同。勘验笔录必须是由作为法院工作人员的勘验人依法定程序制作的。书证虽然也包括由国家公务人员在职权范围内制作的公文书,但是一般是由公民、法人或其他组织制作的私文书。(3)制作的形式要求不同。勘验笔录的制作必须按照法律规定的形式和程序。书证虽然也有必须按照法律规定的形式和程序制作的特别文书,但是一般是在制作方式和程序方面没有特殊要求的普通文书。(4)表达内容的客观性不同。书证表达的内容一般是制作人的主观意愿,但是勘验笔录表达的内容是对勘验标的物的客观描述,不能掺杂制作人的主观意志。

2. 勘验笔录与鉴定意见的区别。从对客体的依赖性的角度来讲,勘验笔录和鉴定意见具有一定的相似性,两者都依赖于勘验、鉴定的标的物,是对勘验、鉴定的标的物的反映,两者都是既能够作为发掘证据信息并具有固定证据作用的派生性证据,又能够作为在诉讼证明中发挥独立的证明价值的证据。两者的区别在于:(1)制作主体不同。勘验笔录必须是由作为法院工作人员的勘验人制作的;而鉴定意见是由当事人共同选择或者法院指定的具有专门知识的鉴定人出具的。(2)针对客体不同。勘验笔录针对的客体是不便提交法院的物证或现场;而鉴定意见针对的则是案件涉及的专业性问题,其客体并不限于物证。(3)制作方法不同。勘验笔录是勘验人凭五官知觉作用,对感知到的标的物的客观情况进行记载,是对标的物的一种感性反映;鉴定意见则是借助专业知识或技术手段,对案件涉及的专门性问题作出的判断,是对标的物的一种理性反映。(4)表现形式不同。勘验笔录既可以表现为文字形式,也可以表现为图表、模型、图像等形式;但是鉴定意见只能表现为书面文字形式。

四、勘验笔录的制作与审查

1. 勘验的启动主体。勘验是查明争议事实的有效途径,审理案件的法官最清楚是否

---

〔53〕 袁志:《检查笔录研究》,西南财经政法大学出版社 2007 年版,第 41 页。

〔54〕 宋维彬:《论刑事诉讼中勘验、检查笔录的证据能力》,载《现代法学》2016 年第 2 期。

需要勘验,也只有法官才能决定是否有必要进行勘验。因此,虽然当事人也可以申请法院进行勘验,但法官在认为有必要勘验时,即使没有当事人的申请,也可以依职权作出勘验决定,这可以说是大陆法系国家民事诉讼的通行做法。[55]《民诉法司法解释》第124条第1款规定,人民法院认为有必要的,可以根据当事人的申请或者依职权对物证或者现场进行勘验。

2. 勘验过程的要求。人民法院依申请或依职权勘验物证或者现场的,勘验人必须出示人民法院的证件,并邀请当地基层组织或者当事人所在单位派人参加。当事人或者当事人的成年家属应当到场,拒不到场的,不影响勘验的进行。有关单位和个人根据人民法院的通知,有义务保护现场,协助勘验工作。人民法院可以要求鉴定人参与勘验。必要时,可以要求鉴定人在勘验中进行鉴定。勘验时应当保护他人的隐私和尊严。

3. 勘验笔录的制作。勘验人应当将勘验情况和结果制作笔录,由勘验人、当事人和被邀参加人签名或者盖章。《民事证据规定》第30条规定,人民法院勘验物证或者现场,应当制作笔录记录勘验的时间、地点、勘验人、在场人、勘验的经过、结果并由勘验人、在场人签名或者盖章。绘制的现场图应当注明绘制的时间、方位、测绘人姓名、身份等内容。

4. 勘验笔录的审查。对勘验笔录的审查判断一般从以下几方面入手:[56](1)审查勘验笔录的制作是否符合法律要求,包括勘验人是否有权进行勘验,进行勘验时是否邀请了有关单位和人员到场,被邀请参加人员、见证人、当事人等是否在笔录上签名或者盖章。(2)审查现场情况是否被伪造和破坏。(3)审查勘验笔录的内容是否全面、准确。在司法实践中,对于勘验笔录的审查,一般都是通过勘验笔录的出示、宣读和质证来完成。《民事诉讼法》第138条规定,法庭调查时应当宣读勘验笔录。如前所述,勘验笔录的形成具有言词证据的特征,所以勘验人也应当出庭接受当事人的询问。但是我国并没有规定勘验人的出庭义务,《民事诉讼法》只是规定了当事人经法庭许可,可以向勘验人发问,当事人在必要时,可以要求重新进行勘验。依照法定程序进行调查后,法院对于确认了其证据资格的勘验笔录,可以作为认定案件事实的依据。根据《民事证据规定》第70条的规定,一方当事人申请人民法院依照法定程序制作的对物证或者现场的勘验笔录,对方当事人提出异议但没有足以反驳的相反证据的,人民法院应当确认其证明力。

思考题

1. 当事人陈述与证人证言相比有何特征?

---

〔55〕 李浩:《回归民事诉讼法——法院依职权调查取证的再改革》,载《法学家》2011年第3期。

〔56〕 张月满:《运用勘验笔录和现场笔录应注意的问题》,载《政法论丛》1994年第2期。

2. 当事人陈述的类型划分及其意义如何?
3. 物证与书证的区别何在?
4. 勘验笔录与鉴定意见有何区别?

真题链接

(2005 年司法考试卷三多选第 70 题)下列关于民事诉讼自认及其法律后果的说法,哪些是错误的?(　　)[57]

A. 老张诉小张的赡养纠纷案件中,小张对老张陈述的收养事实明确表示承认,老张对形成收养关系的事实无需举证

B. 对原告甲陈述的事实,被告乙不置可否,法官充分说明并询问后,乙仍不予回答,视为对该项事实的承认

C. 经当事人特别授权的代理律师在诉讼中对案件事实的承认,视为当事人的承认,但因此而导致承认对方诉讼请求的除外

D. 被告只要在法庭辩论终结前声明撤回承认,其在庭审过程中的承认即无效

参考文献

1. 李浩:《当事人陈述:比较、借鉴与重构》,载《现代法学》2005 年第 3 期。
2. 陈瑞华:《实物证据的鉴真问题》,载《法学研究》2011 年第 5 期。
3. 张月满:《运用勘验笔录和现场笔录应注意的问题》,载《政法论丛》1994 年第 2 期。

案例分析

请扫描二维码阅读案例,根据【路径与指引】尝试对该案件进行分析。

【路径与指引】

1. 从本案出发,正确理解当事人陈述作为一种证据方法的作用。
2. 根据本案提供的资料,如何对当事人陈述的证明力作出正确判断?

[57]　AD

第八章 自　认

第一节 引　论

在20世纪90年代,我国民事诉讼理论一直将一方当事人对对方当事人主张的案件事实(事实主张)和诉讼请求(权利主张)的认可或认诺称为当事人的承认。[1] 这一认识与1992年的最高人民法院关于民诉法适用的司法解释有关。该司法解释在一定程度上受域外民事诉讼法中关于自认制度规定的影响。在1992年制定的最高人民法院《民诉法适用意见》中第一次对自认作出了初步规定。该司法解释第75条规定,一方当事人对另一方当事人陈述的案件事实和提出的诉讼请求,明确表示承认的,当事人无须举证。当时人们还没有区分事实主张的承认与诉讼请求的承认。实际上,对一方诉讼请求的承认应当属于请求认诺,与当事人举证没有关系。只有事实主张才和举证有关。该司法解释也没有对事实承认的细节问题作出规定。

在20世纪90年代民事审判改革的大背景之下,2001年最高人民法院又进一步制定了《民事证据规定》这一司法解释。该司法解释在《民诉法适用意见》的基础上将事实主张的承认与请求的承认明确分离,并予以了制度上的细化。这一规定与强化当事人提出证据的责任和降低证明成本,减轻法院审判压力有直接的关系。该司法解释第8条规定,诉讼过程中,一方当事人对另一方当事人陈述的案件事实明确表示承认的,另一方当事人无需举证,但涉及身份关系的案件除外。对一方当事人陈述的事实,另一方当事人既未表示承认也未否认,经审判人员充分说明并询问后,其仍不明确表示肯定或者否定的,视为对该项事实的承认。当事人委托代理人参加诉讼的,代理人的承认视为当事人的承认。但未经特别授权的代理人对事实的承认直接导致承认对方诉讼请求的除外;当事人在场但对其代理人的承认不作否认表示的,视为当事人的承认。当事人在法庭辩论终结前撤回承认并经对方当事人同意,或者有充分证据证明其承认行为是在受胁迫或者重大误解情况下作出且与事实不符的,不能免除对方当事人的举证责任。

---

〔1〕 参见常怡主编:《民事诉讼法学》,中国政法大学出版社1994年版,第157页。该书的定义是,"对案件事实和诉讼请求的承认,即是指被告表示接受原告提出的事实的(用'的'字疑为印刷错误,当为'和'字)诉讼请求"。

2015 年最高人民法院又制定了《民诉法司法解释》,该解释第 92 条规定,一方当事人在法庭审理中,或者在起诉状、答辩状、代理词等书面材料中,对于己不利的事实明确表示承认的,另一方当事人无需举证证明。对于涉及身份关系、国家利益、社会公共利益等应当由人民法院依职权调查的事实,不适用前款自认的规定。但该解释又规定,自认的事实与查明的事实不符的,人民法院不予确认。由此可以看出,人们在自认问题上依然存在较大的认识分歧。

在国外或域外,主要是在以当事人主导为诉讼模式的国家,形式上相似于我国"承认"这一概念的是所谓的"自认"。在德国民事诉讼中,德国人使用"Geständnis"一词来表示诉讼法上的自认。日本人则在法律和学理上使用了当用汉字"自白"。由于该词的中文含义有自述和自供的意思,具有贬义性,所以,中国内地的一些学者将其译为"自认"。在日本法学理论中,当用汉字"自认"一般只用于刑事诉讼制度中被告人对被指控犯罪的承认。考虑到现在我国诉讼法学界中,"承认"一词还未特定为专指对事实认可的概念,因此,可以将"承认"作为描述非特定诉讼主体对非特定事项予以承认的行为过程。另外,我国台湾地区学者已明确将当事人对对方事实主张的承认特定为"自认"。自认不仅是一个民事诉讼法上的概念,也是外国民事诉讼法中一项十分重要的制度。关于自认制度的实践和理论问题也是民事诉讼法学家最为关注的基本问题之一。但在我国传统的民事诉讼法认识中,自认制度的理念基础一直是存有异议的。

自认制度是当事人主义诉讼模式的必然要求和自然产物。对国外制度及理论的研究,对于了解自认制度与特定诉讼体制的内在联系有很重要的意义。而且通过对自认制度这一侧面进行研究,也能更深刻地理解当事人为主导的诉讼模式。

自认制度在当事人主义诉讼模式的国度里是一项必不可少的制度。在欧洲大陆国家的民事诉讼法和英美法系的一些国家的证据法中都有关于自认制度的规定。意大利《民事诉讼法》第 228 条规定:"诉讼上的自认可以以任意自认或正式寻问的方式进行。"第 229 条又规定:"任意的自认,除第 117 条的规定外,可以在当事人签名的所有诉讼文书中予以表示。"〔2〕以色列《证据法》第 67 条规定:"法院不接受证据以证明当事人自认之事项,或法院认为无可置疑及不能为善意争执之事项。"〔3〕德国《民事诉讼法》第 288 条(裁判上的自认)规定:"(一)当事人一方所主张的事实,在诉讼进行中经对方当事人于言词辩论中自认,或者在受命法官或受托法官面前自认而作成记录时,无须加以证明。(二)裁判上的自认的效力,不以(对方当事人的)许诺为必要。"

---

〔2〕《意大利民事诉讼法典》,[日]安井光雄、饭冢重男译,《上智法学》1971 年第 14 卷第 2 号至 1975 年第 18 卷第 2 号。

〔3〕李学灯:《以色列证据法》,载李学灯主编:《比较证据法研究》,五南图书出版有限公司 1992 年版,第 1022 页。

第二节 自认的含义、功能

一、自认的概念

在国外民事诉讼理论中,关于自认的通说定义为:当事人在其诉讼的口头辩论或准备程序中所作出的与对方当事人主张一致,而对自己不利的事实的陈述。[4] 也有学者主张,"在作为辩论的陈述中,表明对对方所主张的,于己不利的事实认可(没有争议)的意思"。这一定义与主流的定义稍有差异,重点在于强调意思表示这一要素。[5] 与此相比,通说定义的重点在于对方主张的事实与己方主张事实的一致性。新堂幸司定义的意思要素在于当事人对事实没有争议性的表白。从事实的一致性上去把握,将自认作为一种观念上表示的认识在日本处于通说地位。[6] 两种定义之间在表述上的微妙差异将在自认的成立与否、自认的撤回问题上被放大,因此,在定义上去细敲二者差异并非文字游戏。

二、权利的认诺与自认

在诉讼中,事实主张与权利主张是两个不同的概念,从理论上讲对事实的自认和对对方当事人权利主张是可以分开的。由于自认的机能在于免除对方当事人的证明责任,因此,自认总是以事实为对象的。但诉讼上的事实并不完全是社会学意义上事实。诉讼上的事实通常是涉及实体法构成要件所引证的事实。在对方当事人的主张中既包含事实的内容,也包含法律的内容。

涉及法律层面的当事人陈述从内容上可以分为以下几个方面:(1)关于法律、法规、行政规章、经验法则是否存在,以及具体内容和如何解释的陈述;(2)关于特定的事实是否符合特定法律规范的构成要件的陈述;(3)是否存在法律效果的陈述。在上述三方面有关法律内容的陈述中,第一方面和第二方面一般对认同没有拘束力。关于法律、法规等的适用是法官的事,当事人之间即使对其有一致的认识也对法院没有约束力。在某种情况下应满足何种法律要件也是法官的事,当事人的承认也没有约束力。如果从司法裁判的三段论形式来看,权利关系和法律效果应当是法律适用的小前提。当事人对对方主

---

[4] [日]兼子一:《民事诉讼法体系》,酒井书店1954年版,第245页。三月章教授的定义为:"在言词辩论或准备程序中形成的,与对方主张的事实一致且对己不利的事实的陈述,即裁判上的自认。从诉讼行为的角度来看,属于事实主张的一种。"[日]三月章:《民事诉讼法》,弘文堂1985年版,第429页。

[5] [日]新堂幸司:《民事诉讼法》(第二版),弘文堂1990年版,第358页。

[6] [日]高桥宏志:《重点讲义民事诉讼法(上)》,有斐阁2005年版,第419页。

张的权利关系和法律效果的承认是否具有约束力就成为值得研究的问题点。例如,原告基于对其所有权的侵害,提出损害赔偿请求。被告则承认了原告的所有权。显然,在这个案件中,原告的所有权是原告要求赔偿,被告承担赔偿责任的前提。一方当事人承认对方当事人的主张时,如果承认人是提出诉讼请求的人就会产生放弃诉讼请求的后果;如果承认人是被请求人则将产生认诺的后果。这种对对方权利主张的认诺也称为"权利认诺"。关于权利认诺的法律效力问题学术界存在多种观点,一般来讲总有否定和肯定两种对立的观点。〔7〕

极端的否定论者,是从自认制度的自认对象这一基本概念上来认识权利认诺的,认为自认只是对事实的承认,当然不应当把对权利的认诺纳入自认制度的效力范围从而成为权利自认。〔8〕 日本的兼子一教授的观点属于"中"偏"右"的那种,与上述观点相比较而言要温和一些,没有简单地从自认的对象预设来排除权利承认的自认性质,而是从权利认诺与法院对事实的认定的矛盾性,来论证自认对权利认诺的排他性。兼子一认为,权利认诺也和权利自认一样,一旦当事人承认,也具有免除对方当事人证明责任的作用。但这种承认还不能完全排除法院对案件的判断。只要作为裁判基础的事实在当事人辩论中出现或存在,法院就有可能依据这些事实作出裁判,而这种裁判的内容完全有可能与当事人的权利认诺不一致,也就出现了当事人之间的权利认诺不能约束法院的结果。〔9〕 这种观点在论证权利认诺的排斥性时,坚持了这样一条原则,即适用法律是法院一项专用权。法院在行使该权力时不能受当事人的限制。在辩论主义的原则下,法院只受当事人提出事实的约束,因此,对事实的自认才具有拘束力。权利认诺不仅对法院没有约束力,对当事人也没有约束力,当事人作出权利认诺后可以自由地撤回权利认诺。但在排除权利认诺的同时,兼子一的观点有多少有"变节"的嫌疑。兼子一认为,当在当事人陈述中某些法律用语属于人们日常使用的一种法律观念时,例如"买卖"、"租借"等,当事人实际上表达了一种具体的事实关系,既然是对事实关系的承认也就应当视为一种事实自认。这种认识的中间性在于将权利认诺具体细化为事实部分和法律认识部分,对事实部分承认其自认效力。

在日本,肯定论的代表人物是三月章教授,他对权利认诺持肯定态度(在术语表述上以下将直接使用了"权利自认"的说法,表明权利认诺的约束力)。他认为,当事人在诉讼中承认了作为小前提的法律关系,也就不需要通过证据对法律关系加以证明,该法律关系的承认就可以作为法律上推论的基础。但三月章教授又认为不能将权利自认的约束力绝对化。因为自认人能否正确地理解自认的内容本身是一个问题,要能正确理解自认的内容就要求人们对相关的法律概念有一定程度的理解,因此,当自认人提出由于对法

〔7〕 日本学者在论述这一问题时使用的是"权利自白"。考虑到存在肯定与否定两种观点,因此本书使用了"权利认诺"的表述,以求中性。如果使用完全对译的说法"权利自认",实际上就站在肯定论的立场上了。

〔8〕 [日]菊井维大:《民事诉讼法(下)》(补正版),弘文堂 1968 年版,第 290 页。

〔9〕 [日]兼子一:《民事诉讼法体系》,酒井书店 1954 年版,第 246 页。

律概念的理解有偏差,导致法律上推论有错误时,是可以撤回权利自认的。具体地说,允许撤回的只是法律上推论的那部分。作为法律推论基础的事实部分的自认,其撤回应当满足事实自认撤回的要件。这也就是认为应当将法律上推论部分的自认和作为基础的事实部分的自认加以区分,分别判断各自拘束力的有无。[10] 而日本另一位泰斗级的学者新堂幸司教授则从他关于自认的基本概念出发,在自认人已经理解该自认的法律关系的基础上,自认人表明对此无争议时,应当承认其自认的效力。自认人的权利自认与自己主张的事实相矛盾时,即使自认没有表示对权利主张有争议,该权利自认也不能成立。另外,一些法律用语在使用当中,也常常用来反映或表现一些具体事实,例如,"买卖"等日常性法律用语。"买卖"一词既说明一定的法律关系即买卖双方的权利义务,也说明一定的事实即买卖行为的发生。在这种情形中,权利自认应当具有很强的拘束力。[11] 日本法院的判例对此的态度是,如果当事人之间仅就法律效果陈述一致时,一方当事人对该陈述的承认具有自认的法律的法律效力。对此,有学者在评论该判例时指出,当作为法律适用的基本素材在诉讼中出现时,即使双方当事人关于法律效果的陈述一致,一方当事人对该陈述的承认也不能作为自认成立。[12] 这里指出的素材就是案件事实,也就是说,如果没有对作为法律适用的基础事实自认的话,对法律效果的自认也就没有拘束力。

人们在思考权利自认的合理性时不能脱离整个民事诉讼的基本架构,需要从纠纷的诉讼解决和当事人在诉讼中的基本机能来加以考虑。这一宏观思考的出发点是,当事人在纠纷的诉讼解决中究竟应该扮演什么样的角色。相反,法院又该在这一空间和过程中起什么样的作用?法院是否应当在当事人对法律适用产生错误判断时纠正当事人的错误,如果法院应当予以纠正,就必然使法院介入当事人双方之间,而这种介入是否合适是个问题。同时也还要顾及当事人双方的利益,即对自认当事人利益的保护和对对方当事人信赖的保护这两方面需要做到衡平。在当事人就具有预决性的法律关系提起中间确认诉讼后(基于所有权的请求返还财产的诉讼中,关于所有人是否拥有所有权的确认之诉就是具有预决性的中间确认之诉),如果对方当事人就这一法律关系予以承认(例如,被告承认了原告的所有权),由于法院不可能否定这种承认,这样就相应地也要承认当事人在中间确认之诉之外的法律适用这一层面的决定作用。因此,完全否认当事人权利自认的效力过于消极。在当事人之间对法律效果没有争议的情况下,必须要求对其当事人提出事实,承认事实自认的效力实际上过于勉强。是否承认权利自认不在于承认权利自认后它的作用如何,而是如果不给予它拘束力会带来什么样的结果。关键在于应不应当

---

〔10〕 [日]三月章:《民事诉讼法(法律学全集)》,有斐阁 1959 年版,第 273 页、第 378 页。

〔11〕 [日]新堂幸司:《民事诉讼法》,弘文堂 1990 年版,第 359 页。[日]谷口安平:《口述民事诉讼法》,成文堂 1987 年版,第 221 页。小林秀之教授的观点也与新堂和谷口的观点相近。具体内容参见[日]小林秀之:《证据法》,弘文堂 1988 年版,第 205 页。

〔12〕 [日]竹下守夫:《裁判上的自认》,载《民商法杂志》1961 年第 44 卷第 3 号。

使当事人对权利或法律关系的承认产生对当事人和法院的拘束力。应当看到，如果不承认权利自认的拘束力，就很难防止诉讼上的突然袭击。权利自认与事实自认一样具有免除当事人证明责任的功能，同时，因为权利自认的对象是法律关系和法律适用，自认人自认后对方当事人也就不需要为权利的存在和法律效果的问题而耗费精力、财力和时间，也简化或减少了法院在审理中有关法律适用方面的工作量。但如果不承认其自认的拘束力，自认人随意撤消自认，必然给当事人在权利主张方面造成困难，使法院不得不重新对法律适用等问题进行审理，形成诉讼上的突然袭击。可见权利自认的拘束力具有保证诉讼安全性的作用。

承认权利自认的合理性所要面临的一个问题是，当权利自认承认了对方关于法律适用的法律结果，与对方当事人在法律的适用方面形成了一致，但却与法院对该问题所涉及的法律适用不一致时，该自认的效力如何的问题。当事人之间关于法律适用的认识与法院的认识一致时不会发生问题。当然，发生上述不一致情形时，法院固然可以行使阐明权，向当事人阐明法律效果和法律适用的问题，引导当事人改变其认识。但在不能改变这种认识时，该自认是否有效呢？从纠纷毕竟是当事人之间的纠纷，应该给予当事人自主解决的权利这个角度来看，应该依照当事人的意志。如果从判决的客观正当性角度看又是不合适的。关于这一点，比较容易理解的例子是在诉讼中，当事人主张高额利息。依照法律的规定，高额利息部分不应予以保护，但被请求人对原告的这一权利主张予以自认。如承认其自认的效力无疑会伤害裁判的客观性和正当性。在这种情况下，其解决路径是通过行使阐明权，把事实部分与法律适用部分剥离开来，使权利自认转变为事实自认，但这样做的结果实际上还是在一定范围否定了权利自认，将权利自认保留在与法院认识的一致性范围内。

对于权利自认肯定论者来讲，权利自认撤回的场合与事实自认的前提条件相同，即在对方同意时和因对方及第三人实施应受刑事处罚行为所为的自认时都可以撤回。对于权利自认违反真实和认识有错误时是否可撤回，在肯定论者中存有争议。一般认为，只要证明了权利自认中的事实部分不真实就足以满足撤回的条件。要直接证明权利自认中法律适用的不真实性是比较困难的，这实际上等于必须彻底否定权利主张者关于法律问题的主张。[13]

目前，虽然还没有迹象表明学术界已经出现了终结这场争论的学者，不过可以看出权利肯定论已经较明显在这场长期的论战中占据了优势。

三、诉讼上的自认与诉讼外的自认

在理论上，自认可以分为诉讼上的自认（又称“裁判上的自认”）和诉讼外的自认（又

---

〔13〕［日］高桥宏志：《论自认》，载《法学教室》1992年第137期。

称“裁判外的自认”)。这里所指的“诉讼上”或“裁判上”并不是一个时间概念,不是指诉讼或审判开始以后至诉讼结束或审判结束前这一段期间,而是指在法律规定的一定程序中,即是一个空间概念。例如,在准备程序中、言词辩论程序中。没有在法律规定的程序中进行的自认就不是诉讼上或裁判上的自认。由于诉讼外的自认在大陆法系国家的民事诉讼法中一般没有法律规定加以规范,所以诉讼外的自认没有约束力。理论上多将诉讼外的自认视为一种证据资料。据我国台湾地区学者李学灯先生的研究,英美国家理论书著或判例中所涉及的自认多指诉讼外的自认。英美法中的自认规则主要在证据法中予以规定,自认种类的划分也比较复杂。从其自认的性质来看,诉讼外所为的自认与大陆法系国家的理论一样,一般具有证据上的作用和效力。[14]

四、自认的价值

自认的基本功能在于通过当事人对对方主张事实的承认,免除了当事人对主张事实的证明责任(证明责任在对方时,免除了对方的证明责任,证明责任在自己一方,同样也因为自认免除了提出证据的责任和证明责任。其基本原理是双方没有争议的事实不管该事实的证明在哪一方,都不需要加以证明),简化了诉讼程序(省略了法院的证据调查程序,当事人双方对证据的质辩等),从而降低了诉讼成本,提高诉讼效率。自认的这一价值与自认的约束力有着内在的关联性,如果自认对当事人和法院没有约束力,当事人可以任意反悔,法院可以进行调查否定自认,自认的价值也就不复存在了。一旦当事人和法院不受自认的约束力,还将导致突袭裁判。例如,在诉讼开始阶段,当事人一方对对方当事人的事实主张予以承认后,主张一方当事人基于约束力,不必在收集和调查证据,也没有必要再保留相关证据,也不需要申请证据保全。但如果后来或第二审甚至再审中,对方当事人反悔否认对当事人事实主张的承认,则必将使主张一方当事人陷于不利境地,严重违反诚实信用原则。

第三节　自认的机理与法律效果

一、自认的机理

自认对法院的约束力并非来源于该事实的真实性,即不因为双方对该事实的认可或

〔14〕 李学灯:《自认之比较研究——参考法例之论述》,载杨建华主编:《民事诉讼法论文选辑》(下),五南图书出版有限公司1984年版,第590页。

认识的一致性而具有一般真实或盖然真实性。而是源于民事诉讼法中辩论主义(约束性辩论原则)这一基本原则。根据辩论主义的基本原理,当事人所主张的事实对法院有约束力,法院不得以当事人没有主张的主要事实作为裁判的依据。一方当事人对对方当事人主张的主要事实的承认,就使该当事人主张的事实已经成立,法院当然应当受到该事实的约束。因此,大陆法系国家民事诉讼法中的辩论主义是自认制度的基石。

相反,如果实行职权主义的诉讼模式,由于法院对作为裁判依据的所有事实,包括主要事实实行职权探知,自认制度便不能成立,自认的事实也无法约束法院。有的人认为,即使法院拥有对事实的职权探知权,也并不排斥当事人的自认。例如,在我国,就允许当事人对案件事实进行承认。这里应当注意的是,法院对一方当事人对对方当事人主张事实的承认的认可,不意味着法院受到该事实的约束。即法院可以在当事人自认的场合推翻自认的事实,而以职权调查的事实作为裁判的依据,也可以以自己的判断(实际上的心证)来否定当事人自认的事实。所谓职权探知的本质意义就在于法院对于该事实真实性有调查认定的权力。而自认制度就是要排斥法院对当事人自认事实的认定权,在裁判时只能以该自认的事实为依据,别无其他选择。由于我国民事诉讼法并未完全确立有约束力的辩论原则,允许法院在自己需要的场合以职权收集证据,就使自认制度目前在我国缺乏完善的制度保障,使自认难以发挥其功效。

二、自认的法律效果

在理论上,自认不仅对法院有拘束力,对作出自认的当事人也有拘束力。该拘束力表现为一旦当事人作出自认,当事人便不得再撤回自认。自认在一审发生拘束力,在上诉审也同样有拘束力。不能因为在上诉审中声明一审所自认的事实不真实而推翻自认。自认对法院的约束力源于辩论原则,但对当事人的约束力则不源于辩论原则。正如笔者在《转换与选择:民事诉讼基本模式研究》一文中指出的,辩论原则规范的主体对象是法院,而不是当事人。[15] 自认对当事人的约束来源于禁反言原则或诚实信用原则,即当事人在实施一定诉讼行为之后,如没有正当理由不得实施否定或与前一行为相矛盾的诉讼行为,法律有规定的除外。也有的学者认为,尽管辩论原则不会直接对当事人的自认产生约束力,但仍然会通过反射,对当事人产生间接的约束力。自认成立后,由于对法院具有拘束力,法院必须以自认的事实作为裁判的基础,由此,作为其相对人的当事人也就没有必要(或者没有尽全力或相当的注意)收集或继续保存与自认事实有关的证据,与此相适应,就要求自认的当事人不得撤回自认,一旦撤回,就会给当事人的证据收集和法院的调查造成困难,给提出事实主张的对方当事人造成不利。约束当事人的效力也就从辩论

---

〔15〕 张卫平:《转换与选择:民事诉讼基本模式研究》,载《现代法学》1996 年第 6 期。

原则对法院的直接拘束力转化对当事人的间接效力。[16]

根据自认制度,一方当事人自认对方主张的事实后,便对法院发生约束力,法院不得对自认的事实判断认定其真假,而是将其作为判案的事实依据。由于法院对自认的事实不再实施证据调查,一般而言,其事实的真伪性也往往难以知晓。但有时该自认的事实明显与众所周知的事实矛盾,对该事实的自认是否还对法院具有拘束力?对此日本民事诉讼法学界有两种不同的观点。赞成仍然具有拘束力的学者认为,从信守辩论主义原则的角度来看,法院解决纠纷应当在尊重当事人意愿的前提下进行,既然当事人双方对该事实存在与否持有一致的认识,不希望法院在此基础上作出裁判,那么,即使该事实与众所周知的事实相抵触,也应当认为自认的事实对法院具有拘束力。[17] 与此观点相反,有学者认为:"当事人一方主张的事实违反众所周知的事实时,即使对方承认,原则上也不发生自认的效果。因为如果以违反众所周知的事实作为裁判的基础,必然损害裁判的权威性,丧失裁判的普遍信用。"[18] 当然,这种观点也没有完全否定违反周知事实的自认效力,但也同时指出须考虑周知事实的周知程度,即使是周知的事实,也不一定是真实的,自认的事实与有争议的周知事实冲突时,就不应当否定自认的效力。自认的机能在于免除当事人对案件事实的证明,法院也不会在已经存在自认的情况下以职权进行调查。因此,法院不可能在自认的事实与周知事实不一致时就启动证据调查程序,调查其真伪。这一点对在职权探知的制度环境中的人们而言也许不太容易理解。上述两种观点分歧主要源于对民事诉讼制度的一些基本问题理解和侧重的差异。前一种观点侧重于对当事人的尊重,包括对当事人权利处分自由的尊重,出于对民事诉讼所解决的纠纷具有的私域性的理解。而后一种观点侧重于司法裁判对真实性的追求。对这一问题认识的差异也从一个方面折射出不同的政治哲学色彩。

第四节 自认成立与撤回

一、自认成立的法律要件

法律要件的设置是为了保证该制度的正确适用。尽管有许多国家都规定了自认制度,但由于对自认的把握不同,设置的要件也有所差异。这里所涉有关自认要件探讨的法律制度主要以日本民事诉讼法为例。在日本,一般认为自认成立的法律要件有以下

〔16〕 参见[日]伊东乾:《辩论主义》,学阳书房1975年版,第134页。

〔17〕 参见[日]兼子一:《民事诉讼法体系》,酒井书店1956年版,第248页。

〔18〕 [日]新堂幸司:《民事诉讼法》,弘文堂1990年版,第363页。

四个：

1. 自认必须是当事人对事实的陈述。这一要件将自认与当事人对作为法律上的主张、法律适用所生的法律效果的陈述区别开来。当事人关于法律效果的承认性陈述只是一种纯粹的承认，而不是诉讼上自认。例如，一方当事人对对方当事人主张赔偿的承认，这种承认可以称为"权利自认"（关于权利自认还将在后面详述）。

2. 自认必须是在口头辩论或准备程序中作为当事人辩论的陈述。这一要件强调的是，既然是诉讼上或裁判上的自认，那么就必须是在一定的诉讼程序（口头辩论或准备程序）中进行，如果是在这些程序以外当事人对对方当事人的主张作出了自认也只能是诉讼外或裁判外的自认，不具有诉讼上自认的法律效力。意大利民事诉讼法虽然规定当事人可以任意自认，但也要求任意自认时将其自认的内容在诉讼文书中明确加以记录。如果法院在证据调查中知道在规定的程序之外当事人承认了对方当事人所主张的于己不利的事实，当事人的诉讼外自认只能作为一种证据资料成为法官自由心证的对象，而对法官不发生诉讼中自认的约束力。另外，在其他案件的诉讼程序中所发生的诉讼上的自认对本案来讲仍然属于诉讼外的自认，对本案仍不发生自认的效力。[19] 我国《民诉法司法解释》对于当事人的自认，并不限于开庭审理中当事人一方对对方当事人事实主张的承认，也包括在起诉状、答辩状、代理词等书面材料中，对于己不利的事实明确表示的承认。这样规定的结果必然放宽自认的条件，因为即使没有法庭上当面承认也将构成自认。

3. 必须与对方当事人的事实主张一致。所谓事实的一致性，是指自认人所承认的事实与对方当事人所主张的事实没有矛盾，通常是自认人对对方主张的事实的简单认可或承认，因此，只要自认人认可即能保证一致性。一般情况下总是自认的对方当事人先提出事实主张，然后自认人对该事实主张作出承认的陈述。但也有的情形是自认人先在程序中陈述了对自己不利的事实，而后对方当事人在程序引用该承认，这种情形的自认也予以承认。因此，自认中事实主张的一致性不问先后顺序。自认的当事人先行承认对自己不利事实的称为"先行自认"。先行自认与后行自认有所不同，如果自认当事人在先行自认后，对方当事人没有引用或引用前，自认当事人可以自由撤回该先行自认，一旦对方引用先行自认，则自认人就必须受到自认的约束，不得撤回。

4. 自认是一种于己不利的陈述。正确认识自认，讲究的是自认人所自认的事实属于"不利事实"。从通说（败诉可能性说）的观点来看，是否系不利的事实，应当从是否导致败诉（全部败诉或部分败诉）的可能性来考察。这种认识对"于己不利"这一要件的把握显然是比较宽泛的。但这种认识也可能导致通过对有无争执意思的确认而否定自认的成立，其结果是表面是比较宽松，而实际上更加严格。与此不同，证明责任说将不利与证

---

〔19〕［日］高桥宏志：《重点讲义民事诉讼法》，有斐阁 1997 年版，第 310 页。

明的负担联系起来。所谓“不利的陈述”，就是关于应由对方加以证明的事实的陈述。更具体地讲，自己自认的事实，原本应当由对方举证加以证明，由于自己的自认，对方就无须再加以证明，这种结果自然是对自己的不利。那么，反过来也可以理解为，如果该事实原本由自己举证，则对该事实的陈述就不构成自认。这两种观点差异的关键点在于，当事人对自己应承担证明责任的事实作否定性陈述时，该陈述是否成为自认。例如，自认人作为被告承认了没有返还借款的事实，该陈述是否构成自认呢？按照“证明责任说”的观点，由于这种陈述可以以误解为由通过解释而加以更正，因此不具有自认的拘束力。而根据“败诉可能性说”的观点，这种陈述就是为了免去对该事实的证明，因此，此种情形自认应当成立。从两者差异的诉讼政策导向结果来看，后者将放宽自认成立的限制，相反，前者会严格把握自认成立的条件。将于己不利作为自认成立的要件，就意味着尽管一方当事人就对方当事人主张的某一事实的予以承认，具有一致性，但因为该事实对作出承认行为的当事人不存在不利后果或影响，该承认也就不能成为自认行为。自认对法院和实施自认行为的当事人都有约束力，一旦自认便不得撤回。如果只是一般的承认行为，当事人愿意撤消关于承认的陈述，则可根据“自由撤回主张的原则”撤消该承认。由于存在这样的区别，因此，当事人在诉讼当中就自然要慎重考虑对方主张事实的有利与不利。对有利事实的承认可以随时撤消，而不利事实的承认则不能随意变更或撤消，似乎有点不近情理。从国外复杂的诉讼规范和诉讼法理中不难理解诉讼技术或诉讼技巧为什么会对诉讼结果产生如此大的影响。也还有学者主张将“于己不利”从要件中予以排除。例如，日本的松本博之教授就认为，自认制度的目的在于减少证据调查，简化诉讼，尽快结束诉讼，因此，应当放宽自认成立的要件。[20]

为了更方便理解上述观点，试设例说明。

例一，原告于 1983 年 5 月 1 日提起诉讼，请求被告返还借款本金及利息。原告在诉讼请求中主张，原告与被告之间所签订的借款合同中规定的返还日期是 1973 年 4 月 30 日。被告对此予以认可（在利息这点上对被告是不利的，因为时间越长，利息越多）。但原告的陈述也就等于对已过 10 年消灭时效的事实予以承认。在这种情况下，原告的陈述是否构成自认呢？原告又能否将自己的陈述加以变更呢？例如，变更为 1973 年 5 月 10 日，以免超过 10 年的消灭时效期间。

例二，原告提出要求被告返还 10 万元的诉讼请求。在诉讼中，原告自己承认被告已返还 1 万元（对原告不利的事实）。被告在原告作此陈述后引用了该陈述。但原告在诉讼中又主张因被告返还了 1 万元，因此，剩下的 9 万元也就因此而中断时效。在这种情况下被告的自认成立吗？由于被告承认了原告关于被告已经还钱的事实，如果与 9 万元是否中断时效的问题联系起来考虑，原告所陈述的事实就是对被告不利的事实。

---

〔20〕［日］松本博之：《裁判上自认法理的再探讨》，载《民事诉讼法杂志》，法律文化社 1974 年第 20 号。

依照有的学者的观点，上述两个设例中当事人的自认都能够成立。但如果按照败诉可能性说的观点，上述例子中的先行自认就难说能够成立。而根据证明责任说的观点，设例一中，就要看看关于返还期限的证明责任由谁承担，然后才能确定自认是否成立。如果依据证明责任分配理论中的"抗辩说"，证明责任应在被告一方。如果依照"否认说"，则证明责任在原告一方。另外，还要根据是属于"消费借贷型"，还是属于"买卖型"来确定证明责任的分配。属于前者，证明责任在原告；属于后者，证明责任在被告。假设依照后一种证明责任的分配方法，则上述自认就不能成立。这样一来，证明责任的分配理论就成了左右自认成立的前提条件。而证明责任分配理论的复杂化必然使人们难以把握自认的成立要件。

按照新堂教授的理论，自认的要件应当考虑是否有争议的问题。在设例一中，如果对先行自认确无争议的意思表示允许再确认的话，那么，就应当允许原告变更赔偿期限。一旦变更成立，后来原告陈述的事实（1973 年 5 月 10 日）便与原自认的事实（1973 年 4 月 30 日）不一致，而使自认不能成立或者被撤消。在设例二中，被告也就可以对原告消灭时效中断的事实予以举证，也就是说例二中的自认不能成立。

二、自认的撤回

当事人的自认从成立之时起便对作出自认的当事人发生拘束力，原则上该当事人不能撤回（在议论该问题时，有时也使用撤消这一概念，两者常常互换）自认。当然，在不构成自认的有利于己的事实承认和先行自认后，对方当事人没有引用的或引用前，自认人可以撤回承认或自认不在此限。但禁止撤回不是绝对的，在一定的情况下允许自认人撤回或撤消自认。

1. 经对方当事人同意，自认人可撤回自认。自认对自认人自身的约束力在于维护对方当事人对自认的信赖。当自认人作出自认后，对方当事人的证明责任便被免除，对方也就不会基于证明责任的压力而全力收集和注意保存已有的证据资料。允许当事人任意撤回将对对方当事人造成损害。但如果对方当事人同意自认人撤回，就应该解除这种拘束。

2. 在国外的法理上，自认人作出自认是对方当事人或第三人实施违法行为所致，且对方当事人或第三人实施违法的行为属于在刑法上应当受到惩罚的行为时，自认人可撤消自认。例如，对自认人实施暴力犯罪行为。在自认人作出自认以后，只要对方当事人或第三人对自认人实施了应受惩罚的行为，不管自认的事实是否是真实的，自认人都可以撤消自认。

3. 能够证明自认不真实且系因自认人错误所致时，可以撤消自认。在此种情形，允许自认撤消自认的基本条件实际上包括包含两层意思。（1）自认人在自认后，发现自认的事实不真实，与实际情况不符；（2）对不真实事实的自认是由于自认人对自认事实的错误认识,即自认人对自认事实产生误解。日本最高裁判所的判例认为,不管自认人的错误是否系过失所致,只要认定有错误就允许自认人撤消自认。[21]

对于是否应有过失,在国外学界有不同的认识。有学者认为,仅以当事人的错误为要件,而不要求在导致错误发生的主观过错上加以限制是不妥当的。至少在自认人有重大过失时是不应允许自认人撤回自认的。最典型的例子是,按照自认当事人的预想,如果能证明彼事实的存在,他就可以在诉讼中取胜,因此,承认了对方当事人主张的此事实(也可以说在这种情况下,当事人的自认带有圈套的意义),但自认后,却没能证明彼事实的存在。在这种情况下,自认人就要求撤回自认。此种情形显然是不能允许撤回自认的。另外,从误解的对象来看,除了自认人在事实上的误解外,还应包括法律认识上的误解。即自认人之所以对对方当事人陈述的事实没有争议,是由于对该事实本身产生误解或对该事实产生法律上的误解。在日本的判例中,一般都不仅要求自认的事实不真实,而且还要求是因错误所致。但在学术界,有不同的认识。其中一种观点就认为,只要自认能够证明自认的事实是不真实的就可以撤消自认,不必要求自认人有错误存在。支持这种观点的论证又可以分为两种不同的方法。一种方法是从禁反言的角度来论证的。依照禁反言的法理,实施一定行为和表示的主体在该行为或表示对他人的权利义务产生影响时,如果不能证明该表示不是真实表示,就不能被免除所要承担的相应义务。反之,如果能证明,他就不会承担其表示所引发的义务或责任。在自认的场合,只要证明自认的事实是不真实的,自然就可以撤消自认,免除对自认人的约束力。另外,从自认的约束力的必要性来看,约束力的存在主要是避免因任意撤消自认而给对方当事人的证明制造困难。但如果证明责任本身就在自认人一方,即使撤消自认,也不会给对方在证明上制造麻烦。另一种方法不是基于禁反言,而是从司法裁判的宗旨来思考的。司法裁判是以真实的事实为基础的,对于违反案件真实的自认,法院就应当允许自认人撤消,这才符合司法裁判的理想与宗旨。如果在撤回或撤消的条件上硬要加上错误这一限制,必然出现以不真实事实作出判决的情况,与司法裁判的宗旨相悖。相反,也有的学者对"不真实说"持不同观点,认为自认原本只是当事人主张这一层面的问题,而对不真实的证明即禁反言的理由是另一个层面的问题,且为次一层面的问题。将不同层面的问题放在同一个层面来考虑是不正确的。如果从禁反言的法理来思考,对方当事人的陈述是否违反真实不能成为问题,因为在自认人认为后行陈述不符合真实情况时其当然可以撤消自认。关键还在于自认人当时是否是客观地对对方陈述的事实予以正确判断,如果没有正确判断,发生了认识上的错误就应当允许其撤消。因此,从大的方面来把握,当事人的错误更符合撤消自认的要件。有的学者虽然也是持"不真实"和"错误"的二元论,但更重视"错误"要件。

---

〔21〕 日本最高裁判所 1966 年 12 月 6 日判例,载《判例时报》第 468 号,第 40 页。

将错误作为撤回自认的要件并无不妥,但实际上自认人要证明有错误并不是件容易的事情。基于这一难点,从实际出发,自认人对错误的证明就将转换为对不真实的证明,因为对自认事实与否的证明与之相比容易一些。这样一来,即使坚持"不真实"和"错误"的二元论,在实践当中最终还是化为"不真实"的一元论。自认人会从事实的不真实反过来说明其存在错误。其逻辑是,没有错误怎么导致自认不真实的事实呢?从诉讼政策上考虑,如果力图提高诉讼的效率,促进诉讼在时间上的经济性,保护对方当事人的程序利益,则应严格限制自认的撤回。把当事人的错误作为要件来要求,就有利于达到这种诉讼政策的目的。如果考虑自认人的这种自认具有对自己的不利性以及裁判的真实性,就应放宽对自认撤回的限制。

《民事证据规定》第8条第4款规定,当事人在法庭辩论终结前撤回承认并经对方当事人同意,或者有充分证据证明其承认行为是在受胁迫或者重大误解情况下作出且与事实不符的,不能免除对方当事人的举证责任。根据该规定,在受胁迫或者重大误解的情形下自认无效。2015年的《民诉法司法解释》也同样作了类似的规定。

第五节　对间接事实的自认

大陆法系民事诉讼理论中有将事实分为主要事实、间接事实和补助事实三类。所谓主要事实,又称为直接事实,是指对于权利发生、变更或消灭法律效果有直接作用的,并且是必要的事实。换言之,即构成适用该法律规范内容的要件事实,或者说法律条文中规定的要件事实[22]。例如,在外国民法中有关于消费借贷的规定,要使消费借贷成立,就必须有满足该法律规范的要件事实,而关于返还的约定、借贷物的转让等事实就是消费借贷契约发生的主要事实。所谓间接事实,是指借助经验规则、理论原理能够推定主要事实存在与否的事实。例如,通过对当事人一方多次催促对方返还金钱的事实,可以推定对方接受过另一方当事人金钱这一主要事实。补助事实是指能够明确其证据能力和证明力的事实。例如,能明确该证人是否一贯撒谎或者证明证人是当事人的朋友、配偶等这样的事实。

对当事人主张的主要事实的自认一经成立,法院就将以该自认的主要事实作为裁判的依据,不再对该主要事实进行证据调查。自认的约束力也使自认人不得撤回自认。那么,对间接事实的承认是否也能成为自认?在理论上,因辩论主义只适用于主要事实,所以一般认为对间接事实的承认不发生自认的法律效果。日本法院的判例也对间接事实

〔22〕［日］《法律学小辞典》,有斐阁1974年版,第446页。

的自认持否定态度。[23]

当然，当事人对间接事实的承认也不是完全没有法律上效果。如果该间接事实属于对承认人不利的事实且在当事人之间具有一致性，那么，这样的陈述也同样可以免除法院对该事实的证据调查。不过，这种承认毕竟不同于对主要事实的自认，因此，对法院和当事人都没有拘束力。对法院而言，如果法院通过其他的证据调查不能对该事实的存在形成心证，就会妨碍将该事实作为裁判的依据。对当事人来讲，对间接事实的承认可以自由撤回。

在学理上，之所以认为当事人对间接事实的承认不具有等同主要事实自认那样的效力，其主要理由是，如果承认对间接事实自认的拘束效力将违背自由心证原则。根据自由心证原则，法官对案件的主要事实存在争议或不明时，可以在不受强制的情况下依据自己的良心对该主要事实存在与否进行判断。如果承认间接事实的自认拘束力，就会因为间接事实的当然存在（当事人对间接事实自认后，就免除了法院对该事实的认定权），迫使法官不得不相应地认定相关的主要事实的存在与否，这实际上也就剥夺了法官对主要事实的自由心证权。法官的证据调查是基于对间接事实的真实性持怀疑态度，为了打消这种怀疑就要对间接事实进行调查，最终形成对主要事实存在与否的心证。也有的学者对此有不同的观点，认为承认间接事实的自认效力并不违反自由心证原则。"即使主要事实存在争议，对作为表征的间接事实的自认，就免除了对其间接事实的证明。这并不妨碍法院根据其他间接事实通过自由心证来认定该主要事实存在与否。""只要没有其他的间接事实足以否定作为前提的自认事实，就可以通过自认的事实推论主要事实，这并非没有道理。"[24]

承认间接事实自认的效力对于促进当事人的自主性诉讼活动，简化对事实的认定，提高诉讼效率无疑是有意义的。从上述关于间接事实自认能够成立的论述来看，虽也能自圆其说，但毕竟由于主要事实与间接事实在诉讼中具有不同的地位，因此，将间接事实的自认与主要事实的自认完全等同仍然是不妥当的。在认识间接事实自认时，至少还有几点值得注意：(1)当足以否定被自认的间接事实的其他间接事实被认定时，（其他的间接事实作为一种证据或实际起着证据的作用，证明自认的间接事实不存在）该间接事实的自认将不会成立，间接事实的自认对法院没有拘束力。与此不同的是，当被自认的主要事实被其他间接事实否定时，主要事实自认的拘束力仍然存在（只有当主要事实有争议时，法官才有可能通过对间接事实的调查，判断主要事实存在与否，自认成立表明主要事实已无争议）。(2)与推定的情况相同，对其他的间接事实的认定就必然妨碍通过自认的间接事实推论出主要事实。(3)案件的主要事实一旦被当事人自认，作为职业法官也

---

〔23〕 日本最高裁判所1966年9月22日判例，载《民事判例集》第20卷第7号，第92页。

〔24〕 [日]新堂幸司：《民事诉讼法》，弘文堂1990年版，第360页。

就结束了他对案件事实的认定工作，剩下的事情就是如何适用法律的问题，而且在适用法律时，也不存在对该主要事实存在与否的假设问题，心理上没有抵触感。但如果承认间接事实的自认，法官对事实的认定工作就还没有结束，还需要进一步认定该自认的间接事实能否推认案件的主要事实存在，这种情况下，就有可能违背自己的心证作出事实认定，从而在心理上形成一种抵触感。[25]

第六节　自认制度与我国的适用环境

任何有利于提高诉讼效率和经济性的措施和制度对法院和当事人都具有难以抗拒的诱惑力。而自认制度通过对对方当事人主张的承认，免除了主张者的证明责任，减少了当事人收集、保存证据、相互质证之累，也减少了法院调查核对证据之苦，不失为一种提高诉讼效率和经济性的措施和制度。正是自认制度在这方面的诱惑，使我们自然地想到移植自认制度。正是基于这一主要原因，最高人民法院才对自认的效力予以承认。但自认效力制度化要求的制度环境是法院对案件事实（主要事实）的非职权探知，即主要事实由当事人提出，法院作出裁判的依据限于当事人所主张的事实。相反，当事人没有主张的事实法院不能依职权收集和调查。这也是辩论主义（约束性辩论原则）的基本要求。自认制度的免除功能就在于，一旦一方当事人主张的事实被对方承认后，该事实成为没有争议的事实，对法院发生拘束效力。如果允许法院在自认后对该主张的事实进行调查和心证，那么实际上这种拘束力就不存在了，自认制度对诉讼的效率性和经济性价值也就随之丧失。从诉讼模式的角度来看，自认制度的模式环境应当是当事人主导的诉讼模式，即当事人主义的诉讼模式，不管是英美型的，还是大陆型的。显然，我国目前的诉讼体制环境还不是自认制度所要求的制度环境。我国民事诉讼法虽然规定当事人对自己提出的主张有责任提出证据加以证明，法院有职责全面调查核实证据，但由于并没有排除法院独立收集证据的权力，所以，法院裁判所依据的事实就并不局限于当事人主张的范围。《民事诉讼法》第 13 条也规定，当事人有权在法律规定的范围内处分自己的民事权利和诉讼权利。该条被认为是我国民事诉讼原则的法律根据。学者对当事人处分权内容的一般解释是，当事人可以放弃自己的民事权利和诉讼权利，也可以通过承认对方的主张处分自己的权利。但这种处分权由于没有相应的制度实在化，使我国民事诉讼法的处分原则像辩论原则一样呈现空洞化。在职权主义的诉讼体制下，自认制度就没有了充分的生存空间。或者说，它的生存是随意的，只有在强化诉讼效率时，自认才能够生

---

〔25〕［日］高桥宏志：《重点讲义民事诉讼法（上）》，有斐阁 1997 年版，第 326 页。

存。也许有的人会以为,当一方当事人承认对方的事实主张时,法院予以认可,自认的一切功效不都存在了吗?问题在于经法院的认可,当事人的自认虽然成立,但作为一项对法院有约束力的制度仍然没有确立,只要在自认中介入了法院的职权,即法院对自认事实真实性的认可,就表明当事人的意志对法院没有任何约束力。自认制度的核心是自认对法院有约束力,没有约束力自认就不能作为一项诉讼制度。我国民事诉讼中的辩论原则因没有制度约束力,故在我国民事诉讼辩论原则下不可能派生出充分的或完全的自认制度。如果我国要适用自认制度,就应当要求我国目前的辩论原则具有真正的约束性,而不是对当事人辩论权利的抽象肯定。

自认制度存在的观念环境是当事人之间私权纠纷的解决应当尊重当事人的意志,关于案件事实的认识也要尊重当事人的意志。法院的裁判虽以追求真实为理想,但也要受制于当事人。自认制度的设计就表达了这样一种理念,对当事人已经自认的事实,不管其真实性如何法院都将排除对自认事实真实性的怀疑。但在我国的诉讼观念不能容忍当事人对事实进行左右,只允许法院对事实进行自由裁量(客观地认定事实这一要求,只要通过"认定",其客观性就仍免不了主观化)。在司法者的一般观念中,由于当事人受利益的制约,往往忽视事实的客观性,由此法院才会拥有独立收集证据的权力。在职权主义的诉讼模式下,追求"真实"是这种模式存在的最基本的理由(大陆法系的诉讼理念虽然也有此追求,但同时也承认对这种追求的各种限制)。在这种观念环境下,当事人试图通过自认左右事实的做法自然不会被允许,法院不可能受制于当事人。对此,试举一实例加以说明。1998 年,某公司向一信托投资公司提起诉讼,要求被告返还借款 3000 万元。诉讼中被告对所欠借款的数额没有争议,只是在还款期限和还款方式上存在争议。但法院认为其中有一笔数额为 95 万元的借款没有汇单(直接证据),只有当事人双方认可的债务清单表明该项借款的存在。因而,在法庭辩论中,尽管被告对对方主张的借款事实没有异议,尤其是对法院提到的那笔 95 万元的借款事实也再次表示承认,但该合议庭仍然以没有直接证据,证据不足否定了该笔债权债务。从本案的实例可以看出,法院没有认可对方当事人对原告主张事实的自认,也没有免除原告对这笔 95 万元债权的证明责任,当法院认为原告未能提出证据加以证明或证明不能成立时(这里抛开双方当事人在诉讼前对该债权债务的确认清单的证明力的问题),原告主张的事实便不能成立。

在职权探知的民事诉讼体制下,法院对真实事实的追求实际上被自然化,具有某种图腾的意义。实际上,因为法院在司法中对真实性诉求是受到各种主客观条件的限制,所以,我们常说"追求真实性"。但由于这种观念具有一定的理性基础,而且是一种长期的传统观念,要转变这种观念是比较困难的,因此,规范的自认制度在这种观念环境中显然不能存活。当然,变种的自认制度除外。以上,是我们从自认制度的移植环境来思考能否移植的想法。思考的站位点是我国诉讼体制和观念环境的不变状态,即在我国诉讼体制和观念环境不变的稳定状态下,自认制度的移植问题。如果换一个角度来思考会怎样呢？我们的思考不是削足适履，而是我们能否从自认制度的功能和理念角度来思考一下我国现存的民事诉讼体制、诉讼模式和诉讼观念的合理性问题。

2015年的《民诉法司法解释》虽然对自认作了制度规定，肯定了自认的约束力，但同时又规定，自认的事实与查明的事实不符的，人民法院不予确认，从而又否定了自认的约束力。自认的事实与查明的事实不符，前提是需要法院对该事实进行调查，之所以进行调查不外乎因为作出自认的当事人想否定其自认，但又不具有否定自认的条件，例如因强迫、欺诈等导致非自愿承认的事实，因此向法院主张该自认的事实与客观事实不符。在这种情况下，如果对该事实进行调查也就意味着自认对法院没有约束力，自认也就失去了意义。自认关键就在于对承认的一方当事人具有约束力。如果不能超越职权主义的观念，克服"客观实质正义观"，自认制度很难确立。

思考题

1. 自认的机理是什么？
2. 自认适用的案件是什么？
3. 撤销自认需要什么条件？
4. 自认具有何种约束力？

真题链接

1. **(2015年司法考试卷三单选第40题)** 下列哪一情形可以产生自认的法律后果？（　　）[26]

   A. 被告在答辩状中对原告主张的事实予以承认

   B. 被告在诉讼调解过程中对原告主张的事实予以承认，但该调解最终未能成功

   C. 被告认可其与原告存在收养关系

   D. 被告承认原告主张的事实，但该事实与法院查明的事实不符

2. **(2010年司法考试卷三单选第48题)** 郭某诉张某财产损害一案，法院进行了庭前调解，张某承认对郭某财产造成损害，但在赔偿数额上双方无法达成协议。关于本案，下列哪一选项是正确的？（　　）[27]

   A. 张某承认对郭某财产造成损害，已构成自认

   B. 张某承认对郭某财产造成损害，可作为对张某不利的证据使用

   C. 郭某仍需对张某造成财产损害的事实举证证明

---

〔26〕 A

〔27〕 C

D. 法院无需开庭审理，本案事实清楚可直接作出判决

3. (**2009年司法考试卷三单选第42题**)关于自认的说法，下列哪一选项是错误的？(　　)[28]

A. 自认的事实允许用相反的证据加以推翻

B. 身份关系诉讼中不涉及身份关系的案件事实可以适用自认

C. 调解中的让步不构成诉讼上的自认

D. 当事人一般授权的委托代理人一律不得进行自认

参考文献

1. 张卫平：《自认制度及结构分析》，载《清华法学评论》1999年第1期。

2. 陈界融：《论自认的效力》，载《政治与法律》2003年第4期。

案例分析

扫描二维码阅读案例及作者对该案例的精彩分析。

[28] D

第九章　经验法则

第一节　经验法则概述

一、经验法则的含义

经验法则是一个法学术语，在国外，尤其是大陆法系国家，经验法则是诉讼法和证据法中经常使用的概念。简要地讲，所谓经验法则，是指人们从生活经验中归纳获得的关于事物因果关系或属性状态的法则或知识。经验法则既包括一般人日常生活所归纳的常识，也包括某些专门性的知识，如科学、技术、艺术、商贸等方面的知识等。[1]

经验法则是人们对事实状态的一种认识，而非事实本身。这种认识存在于人们的意识之中，是人们对事物状态、性质的归纳。但这种认识只是人们对事物状态、性质存在、运动规则的经验性认识，是归纳的结果，因此，并不一定全都真实或完全、充分反映事物存在的客观规律或事物的性质。但由于经验法则是人们所归纳出来的知识，因而这种知识在很大程度上或基本反映了事物的性质和状态，是一种事物的常态。正因如此，将经验法则作为推定和认定事实的根据就具有正当性。

经验法则虽是人们各个个体的经验所得，但又不是个体经验，而是由各个个体经验抽象的结果，即存在于个体经验之中，又超越其个体经验。通过单个个体的反复体验，最终上升为超越个体的对事物规律的普遍认识，上升为一种社会常识，为一般人所能够理解和知晓。从这一角度来讲，所谓“常理”也属于经验法则。

因为经验法则是人们对事物的普遍认识，因此经验法则通常情况下是无需证明的（某些专业领域内的经验法则除外），反而是人们判断未知事物存在与否的前提。可以说，人们对任何未知事物的判断都必须依赖于一定的经验法则，离开经验法则，人们便无法进行推理和判断。事实上，我们在审理案件，对案件事实进行认定时，都会自觉或不自觉地运用经验法则。在一般情形下，因为常识性经验法则是人们的普遍认识，因此经验法则的运用不会引起人们的争议，只有在法官对事实认定中的推论根据与当事人的认知

---

〔1〕 参见［日］新堂幸司：《民事诉讼法》，林剑锋译，法律出版社2008年版，第375页。

发生争议时,经验法则本身是否成立才会成为问题。这里似乎存在悖论,即经验法则既然是人们的普遍认识,那么无论是当事人还是法官都应该接受和理解,发生争议便说明该经验法则不具有认识的普遍性,从而丧失经验法则存在的根据。但实际上,无论当事人还是法官都有自己的认识视角,作为个体的认识又并非等同于人们的普遍认识,也就是个体所感觉的经验法则未必就是实际上为社会多数人所认可的对事物的归纳认识,因此对特定的经验法则的认同存在一定的差异。

二、经验法则的特性

经验法则的所谓"法则"就是指一种通过人们的经验所归纳的一种规律或定理,表示某种或某类事物的运动规则。即当一定条件得到满足时,人们可以期待发生或不发生某种结果的规律。在这个意义上讲,可以说人们关于一切事物运动规律的认识都属于经验法则。也正是因为经验法则的这种规律性,使得经验法则能够作为认定事实的前提。从规律约束的领域来看,这些经验法则既包括了自然法则,还包括了支配人们思维活动方式的思维推理法则,如我们常说的思维逻辑,还包括了数学原理、道德伦理法则以及商业交易习惯等。可以说,人们关于人类行为的经验性规律(经验法则)比得上物理学中的规律。就像著名经济学家张五常所言,100元的钞票掉在繁忙的街道上会很快消失(尽管纸片不会消失)。[2]

在不同的行业或生活领域中,存在相应的经验法则——学术、艺术、技术、商业、工业、农业等,这些相应领域中,有的经验法则只有具有相应专业知识的人才能知晓其经验法则的存在,因此,经验法则作为一种普遍的认识,其普遍性是相对而言的。从证明对象的角度来看,当特定的经验法则系某个专业领域的知识时,该经验法则的存在与否也就成为证明对象,虽然经验法则并不是案件事实,在这一点上,与某些法规(不为审理法官所知晓的规范)的存在是否也会成为证明对象是同样的道理。[3] 因为法官往往并不具有相应专业领域的知识,所以,在这种场合,作为证据调查的手段,只有通过鉴定手段才能获得对专业领域中经验法则的认知,实际上,此时对证据的评价或者事实认定也就不能再凭借法官的自由裁量进行,只能依据作为证据的鉴定意见进行判断。

关于经验法则,人们更注重的是经验法则的规律性,即事物之间联系的盖然性程度,而不仅仅是人们对事物规律的认识,因此许多关于经验法则的表述使用了"知识或法则"的说法,并没有局限于某种关于事物运动规律的知识。因为经验法则最核心的内容是它的规律性。例如,道德伦理法则和商业交易习惯是人们在行为中一般所应遵循的规范,因此,这些法则和习惯也就成为常理,为人们所理解,人们可以根据这些道德伦理法则和

---

〔2〕 张五常:《经济解释——张五常经济论文选》,商务印书馆2001年版,第17页。

〔3〕 [日]高桥宏志:《重点讲义民事诉讼法》,张卫平、许可译,法律出版社2007年版,第29页。

商业交易习惯预测他人的行为。以这些法则和习惯推断和认定未知的事实也就具有了正当性。

著名的彭宇案中,法官所说的社会情理,从抽象的意义上也同样包含经验法则的内容,社会情理中的"情理"实际上是指称道德伦理法则。不过,在彭宇案中,法官在判决书中所说的:"在原告的家人到达后,其完全可以在言明事实经过并让原告的家人将原告送往医院,然后自行离开。"这一认识是否属于普遍的道德伦理法则就值得探讨了。因为被告不离开也并不违反当下一般人的道德伦理法则。

三、经验法则的基本内容

虽然就总体而言,经验法则必须具有高度盖然性,但由于经验法则所包含的内容十分广泛,人们对各个领域的经验进行取得和归纳的方法也有所不同,因此,不同经验法则之间盖然性的程度也是有差异的,有的盖然性程度更高,甚至可以达到必然性的程度,而有的盖然性程度相对较低。不同盖然性程度的经验法则对于法官认定事实的确定性和用于推定未知事实的"推定力"方面也就有所不同。自然法则、数学定理等是通过人们反复研究、验证而得到的科学认识,其盖然性程度自然最高,当然从证伪的角度来讲,这些规律和定理依然是人们的认识,从认识论角度讲依然是人们的经验,同样不等于客观规律本身,因此仍然在绝对意义上讲具有盖然性。自然法则和数学定理不同于人们日常生活经验法则。日常生活经验法则更注重的是人们在日常生活中的经验归纳,而不是利用科学技术手段所进行的严格验证。

2015 年最高人民法院《民诉法司法解释》中,很明显是将自然规律、定理和定律、逻辑推理与日常生活经验法则加以了区分。也就是说,至少将经验法则分为了四类:自然规律、定理和定律、逻辑推理和日常生活经验法则。《民诉法司法解释》第 93 条规定了无需举证加以证明的几种情形,其中第 1 款第 1 项规定了对于"自然规律以及定理、定律";第 3 项规定"根据法律规定推定的事实"和第 4 项规定"根据已知的事实和日常生活经验法则推定出的另一事实",均无需举证加以证明。但在该条第 2 款但书中明确规定,当"前款第二项至第四项规定的事实,当事人有相反证据足以反驳的除外;第五项至第七项规定的事实,当事人有相反证据足以推翻的除外",而将"自然规律"、"定理"和"定律"排除在外。该款规定表明,制定者认为,自然规律以及定理、定律是不可能被推翻的,因为其为自然规律以及定理、定律,如果能够被推翻就不能称其为自然规律以及定理、定律。而其他所谓众所周知的事实、生效判决所确定的事实、生效仲裁裁决认定的事实、有效公证文书所证明的事实以及根据法律规定推定的事实、根据已知的事实和日常生活经验法则推定出的另一事实都是有可能通过证明予以反驳或推翻的。2015 年最高人民法院《民诉法司法解释》第 105 条规定:"人民法院应当按照法定程序,全面、客观地审核证据,依照法律规定,运用逻辑推理和日常生活经验法则,对证据有无证明力和证明力大小进行判断，并公开判断的理由和结果。”在该条中，规则制定者就是将逻辑推理（逻辑法则）与日常生活经验（法则）并列。

笔者认为，大体上可以将法则分为五大类：第一类，自然法则或自然规律；第二类，逻辑（推理）法则；第三类，道德法则、商业交易习惯；第四类，日常生活经验法则；第五类，专门科学领域中的法则。第一类经验法则因为是以科学方法和手段反复验证所得到的规律性认识，这些法则反映事物客观规律。第二类主要是关于人们思维的法则，如形式逻辑中的排中律、矛盾律、充足理由律等。逻辑法则与其他日常生活经验法则相比具有绝对意义上的可靠性和妥当性。第三类主要是历史形成的，在某个领域内人们所普遍遵守的行为规范。其特点并非反映人们对某类事物知识性的认识，而是一种通过积淀形成的习惯。第四类是日常生活经验法则。即人们在日常生活中通过个体经验所形成的一种为一般人所认识或理解的关于某种事物和现象的认识，但这些认识并未通过科学的方法和手段进行严格的验证。第五类是专门领域中的经验法则。这些经验法则的存在往往需要当事人加以主张和证明。区分这四类经验法则的意义在于便于人们在民事诉讼中正确地把握不同经验法则在认定事实和证据方面的不同作用。从常识性和非常识的角度来看，我们还可以将经验法则分为常识性经验法则和非常识性经验法则。作为常识性经验法则，因为其常识性，因而不需要加以证明；相反，非常识性经验法则在使用时则应当加以证明。专门领域中经验法则就属于非常识性的经验法则。

在日本诉讼理论文献中，常常将经验法则与论理法则并用，尤其是在论述自由心证原则或事实认定等问题时，会提到法官或法院在评价证据和认定事实的过程中，虽然是自由评价，但仍然要受到经验法则和论理法则的约束。有的学者认为经验法则（论理法则以外的）是针对判断的实质理由的，论理法则是相对于判断的形式理由的。[4] “论理法则”是一种日语表达方式，其含义通常是指为正确推理所应遵循的思维或思考法则。主要指的是逻辑法则，如同一律、矛盾律、排中律以及充足理由律。不过在定义经验法则的概念时，人们还是将逻辑法则纳入经验法则之中，从而构成了广义的经验法则。无论是事物存在的规律，还是思维规律，都是人们的经验所得，因此将其纳入经验法则也是成立的。而生活经验法则这一概念则不包括逻辑法则或思维法则，成为狭义的经验法则。

第二节　经验法则的作用

经验法则在诉讼中的作用主要涉及其如何与特定的诉讼制度环境有关，具体地讲与

---

〔4〕［日］近藤完尔：《心理形成过程的说示》，判例タイムズ社1985年版。转引自［日］门口正人主编：《民事证据法大系・第一卷总论（1）》，青林书院2007年版，第251页。

特定的证据制度、审级救济制度有关。当然，人们也往往从实然和应然的角度去认识经验法则的作用。从国外的理论和实务的探讨来看，经验法则主要对以下几个方面具有作用。

一、经验法则与事实推定

关于何为事实推定或事实上的推定，人们有着不同的认识，笔者认为推定的本质是人们通过一种逻辑关系寻求对未知事实的认定。因此，所谓事实推定，应当是指以已知某一或某些事实为前提，通过经验法则推论未知事实的存在与否。事实推定的一个特点是，以已知事实推定未知事实的中介或桥梁是经验法则。与此不同，法律推定〔5〕则无需以经验法则为推定的中介或桥梁，而是在法律明确规定的条件下直接确定未知事实的存在与否（当然，法律在作如此规定时也会考虑经验法则，但这是立法者的事情，与法官没有关系）。例如，关于死亡的法律推定，我国《民法通则》第23条规定，公民下落不明满四年的，利害关系人可以向人民法院申请宣告死亡。也就是说，当公民下落不明满四年，并经合法程序，法院就可以宣告死亡，这实际上就是推定死亡。除此之外，关于过错的推定、关于婚生子女的推定、关于时效的推定等都涉及法律推定。

事实推定就证明的角度而言，是间接证明的一种。如果从事实推定只有通过经验法则作为中介进行推定证明而言，事实推定则是狭义上的间接证明。间接事实的推定力是由经验法则的盖然性程度决定的，因此，间接事实推定力大小与间接事实及经验法则的数量有一定联系。在事实推定中，有时只需一个间接事实和一个盖然性程度很高的经验法则便可以实现事实推定；而有的情形则需要若干间接事实和相应的若干经验法则才能具有很强（或盖然性程度高）的推定力，实现事实推定。例如，在火灾保险金案件中，关于火灾的发生是否系保险人故意放火而骗取保险金的事实认定上，虽然没有直接证据予以认定，但可以通过以下事实和经验法则予以推认：（1）火灾的发生是人为的；（2）发生火灾当时，门或窗都是锁上的，而门锁的钥匙在保险者手中；（3）保险者当时已经负债累累，濒临破产；（4）缔结保险合同在火灾发生之前不久等。

在我国民事诉讼的证据论述中，通常是从直接证据和间接证据的关系视角来认识的，即在没有直接证据证明待证事实的情况下，也可以通过若干间接证据，在若干间接证据形成完整的证据链条或证据环时也同样可以证明。但没有意识到利用间接事实或证据进行证明同样也离不开经验法则。只有利用经验法则才能使这些间接证据彼此联系起来成为完整的证明链条。利用强度很大或盖然性程度很高的经验法则，则仅用一个间接事实便可以实现推定的场合，在国外的理论上就称为表见证明（表见证明，是指按照经

---

〔5〕 法律推定，是指法律明确规定当存在事实A（根据事实）时，即推定待证事实B（推定事实）也当然存在，而无需加以证明。法律推定又分为法律上的事实推定和法律上的权利推定。

验法则,如果存在某一事实A,则通常就存在事实B,即通过高度盖然性可以推定出B的发生或存在。表见证明是德国民事诉讼实务和理论上所使用的概念,通常运用于不法行为诉讼中对过错责任的认定)或一应推定(也有译为“大致推定”,是指基于高度盖然性的经验法则所进行的事实推定)。

德国学者普维庭教授在论述表见证明与经验法则的关系时,按照盖然性程度的高低对经验法则进行了分类:第一类,生活规律即自然、思维和检验法则。这些法则是在数学上被证明的,或者符合逻辑的,或者不可能有例外,例如关于人的指纹唯一性、人不可能同时在两地等。第二类,原则性经验法则(经验法则基本原则)。这些原则虽然具有高度盖然性,但尚不能完全排除例外的情形。可以表述为“如果……则大多数是如此”。这些经验法则源于日常生活经验,没有通过科学数据的验证。如果一方当事人没有提出相反证据加以推翻时,法官可以据此形成全面的心证。第三类,简单的经验法则。这类经验法则的盖然性比较低。可以表述为“如果……则有时是如此”。虽然简单的经验法则的盖然性比较低,但对于事实认定并非完全没有意义,一个简单的经验法则可以与其他证明手段共同对事实认定或证明发生作用。第四类,纯粹的偏见,即完全不具备盖然性的个人见解和认识。这类认识在判决中没有意义。既然没有盖然性,不能证明已知事实与未知事实之间的联系,也就不具备作为经验法则的基本条件,也就没有必要纳入经验法则的范畴进行分类。

总体而言,经验法则在本质上是具有盖然性的认识,因此,在诉讼中就应当允许当事人针对通过经验法则进行事实推定所得出的结论提出相反的证明,如果相反的证明成立,则该事实推定不能成立。例如,在借贷关系上,通常总是有钱或钱多的人借钱给无钱或钱少的人。可以认为这就是经验法则,但如果对方提出证据证明尽管欠钱的人平时都很有钱,但此时由于当时没有带钱,也没有带信用卡,而钱少的人,此时有钱,或者尽管没有钱,但当时可利用自己的人际关系借到了钱,并将自己借的钱又借给了对方。又如,当金钱数额巨大(如几百万元人民币)时,通常人们不会携带现金进行交易,我们可以说这违背交易习惯。但在有的地方购买房产时,当地人却常常是携带数额巨大的现金进行房产交易。如果不携带巨额现金进行交易构成经验法则的话,那么根据这一经验法则的事实推定,就可能因受不利事实推定的当事人提出证据证明确实携带巨额现金进行交易,从而推翻这一事实推定。或者提出相反的经验法则,即在当地携带巨额现金交易也是一种交易习惯,即以另一经验法则予以对抗。

二、经验法则与证据评价

经验法则在证据评价方面的作用在大陆法系国家和地区尤为突出,这主要与这些国家在证据评价方面实行自由心证原则有关,谈到经验法则也总是离不开自由心证原则,相反也是如此。虽然学者们对自由心证内涵的理解有着不同的观点,但就通说而言,自由心证是指法官对于证据方法的种类、证据资料以及事实推认(从间接事实推认直接事实)等事项不受法定的约束,自由予以判断。中心内容虽然是法官对证据的评价,即关于证据的关联性、信用性和证明力的判断是自由的(相对法定)。但自由心证原则是相对于法定证据原则而存在的,其核心是拒绝法定证据原则,而不是强调法官判断的自由。法律对证据资料的评价作出了具体的规定,并且约束法官的,就是法定证据原则或法定证据主义,简单而言就是必须根据证据法则对事实进行认定。大陆法系国家和地区的司法制度之所以肯定自由心证原则,是因为立法者和司法者相信,该原则相比法定证据原则更有利于发现真实,作出正确的事实认定。

自由心证原则尽管称为"自由心证",但在内容方面实际上包含了自由和不自由两个方面。在自由方面,体现为:其一,原则上对证据方法没有法定限制,所有的人和物都可以成为证据方法(在奉行自由心证的国家和地区,在民事诉讼法中都有对证据方法的限制性规定,也就是自由心证原则的例外情形,例如在日本,代理权的证据方法必须为书证;票据诉讼中的证据也必须为书证;在小额诉讼中证据方法也要受到限制,即仅限于能即时调查的证据。)陈述书、私鉴定等以及没有经过交叉询问的传闻证据,也具有证据能力。其二,原则上对证据力或证据价值或证明力的判断没有法定约束。通常认为法律上关于从文书的形式推定其真实性的规定(日本《民事诉讼法》第228条第4项规定,私文书,有本人或其代理人的签名或盖章时,推定为其制作是真实的)以及对方当事人实施妨害举证行为时将作出对其不利的事实认定的规定,虽然没有完全否定自由心证,但也属于自由心证原则的例外。根据自由心证原则对证据力或证明力自由评价的结果产生了"证据共通原则",即法官或法院证据调查的结果对证据提出的人有可能有利,也可能不利。同样,在普通共同诉讼中,共同诉讼人中其中一人或数人提出的证据方法对其他共同诉讼人在共同争点上也可以利用,即所谓"共同诉讼证据共通原则"。

自由心证原则在规定自由的同时,也规定了非自由的一面,从这个意义上讲,自由心证原则是限制法官对证据判断的原则,而不是相反。这种限制就在于法官对证据的判断并不是随心所欲,而是必须根据经验法则。这是自由心证原则的核心,从这个意义上讲,自由心证并非是关于法官自由的原则,而是限制法官的原则。经验法则在法官心证形成中的这种制约作用就是经验法则的基本作用之一。经验法则在法官心证形成中的主要作用是对证据内容信用度的判断。最能体现其作用的是对证人证言的信用度的判断。对证人证言可信度的判断主要有两个方面:一方面,是通过对证人本身的考察加以判断,如证人的各种记忆能力、认识能力、表现能力等,以及证人的立场、证人陈述的态度等;另一方面,是从证言的内容加以判断,无论哪一方面的判断,都离不开经验法则,符合经验法则的证言就具有可信度,是可采信的。例如,在无特别的情形(如经受了特别的刺激),证人对一起很久以前发生的事情却能够对其细节记得非常清楚,这就有悖经验法则,值得怀疑,也就难以形成心证。证据之间是否存在矛盾也是通过经验法则来加以判断的。

经验法则对自由心证的限制被称为对自由心证的内在制约,对法官自由心证的内在限制除了经验法则以外,还包括逻辑法则(日本学者称为“论理法则”);作为自由心证基础的证据原因必须是从诉讼程序中合法取得的证据调查结果;自由心证必须根据辩论中的全部内容进行综合判断。

三、经验法则与法律概念的解释

经验法则在具体事实的推定方面的作用是十分明显的,同时对一些法律上抽象概念内容的确定和具体化也具有十分重要的作用。法律上的用语和概念应当是十分确定的,但是法律上的概念又往往是抽象和概括的,否则无法涵盖各种具体的社会现象。因此,在法律的具体适用过程中就存在如何将作为三段论大前提中的概念具体化以便能够进行三段论判断的问题。最典型的是,作为实体法上的抽象概念或权利义务发生的要件——过失、故意、善良管理义务、恶意、违反诚信等。这些抽象法律概念的具体化的方法就是解释,要使这些解释符合正当性,就只有通过经验法则,将经验法则作为解释的基础。经验法则的运用是抽象概念与具体情形进行对应的桥梁。例如,关于侵权诉讼中行为人的行为是否构成过失的问题。虽然过失的概念可以表述为当事人违法一定注意义务,但在判断具体何种事实的存在或不存在才构成其过失时需要通过经验法则加以认定,一定的注意义务应当是符合一般人的认识常理;在特定领域里的过失认定则需要根据相应领域的经验法则予以认定,否则难以具有正当性。当然,如果将过失、故意、违反管理义务、恶意、违反诚信等统统视为一种事实状态,一种抽象的事实状态,则也可以将经验法则看成是对这种状态进行事实认定的大前提。

四、经验法则与法律行为的解释

经验法则对于当事人特定的法律行为也具有解释作用,法官可以通过经验法则明确相应的法律行为。在民事活动中相应的法律行为会产生相应的法律后果,因此,在发生民事争议时,认定或确定当事人的法律行为对于公正裁判具有重要意义。例如,对于合同纠纷中当事人的行为是否是其合理的意思表示发生争议时,就需要依照普通人的社会常识、交易习惯从签订合同的目的等其他因素来进行分析。在这种场合下,经验法则作为解释基准无疑起到重要作用。

五、经验法则与证明标准

所谓证明标准一般来讲是指法院判断提出证据的当事人对待证事实是否已经达到证明要求的标准。如果证明标准与客观证明责任联系起来,则当事人对要件事实的证明没有达到证明标准时,应对该事实加以证明的当事人就要承担相应的不利后果。“高度盖然性”被认为是大陆法系国家民事诉讼中普遍采用的证明标准。大陆法系明确规定证据判断的原则是自由心证原则，按照自由心证原则，法官对证明的接纳应当是当事人的证明使心证达到内心确信。因此，证明度或证明标准与法官内心确信的形成或固定有直接关系。当事人的本证证明达到能使法官对其待证事实的认定形成“内心确信”时，证明就是成功的。也只有在这种情形下，反证证明才被认为是必要的。在自由心证的原则下，法官可以对事实认定形成心证的程度就是证明度。证明度应当如何确定才能实现相对的公正性以及平衡当事人双方的利益是一个十分复杂的问题。在民事诉讼中，对于待证事实的证明无法做到自然科学式的证明，但其证明又必须高于证据优越的程度，使普通人对其证明没有疑义，尽管不能绝对排除例外，即可表述为一般是如此，但非绝对如此，这就是所谓的高度盖然性标准。那么，如何判断当事人的证明达到了高度盖然性？依据依然是经验法则。法律不可能对各种具体案件中的具体事实设定证明标准，虽然可以通过审判实践的积累，对类型化的待证事实逐渐形成统一认识，但这种认识统一的基础仍然是经验法则。经验法则的运用满足了普通人对证明的可信度，因为经验法则就是高度盖然性“一般是如此”的认识基础。在无法实现科学证明的情形下，只有凭借经验法则才最接近案件的相对真实，达到裁判的相对公正性。

六、经验法则与裁判理由的说明

司法裁判应当说明理由，尤其是在判决书中说明如此判决的理由是现代司法和程序正义的基本要求。在许多国家的法律中明确写明，判决书必须附有理由。在判决理由中引用证据进行事实认定和引用法律、法规等的规定时，都离不开经验法则，需要通过引用经验法则中的自然法则、定理、逻辑法则和生活经验法则予以推认与说明。没有这些经验法则的运用，便不能充分说明案件事实与法律适用的联系。“彭宇案”在运用经验法则方面尽管引起了争议，但此案在运用经验法则说明判决理由方面是值得肯定的。

第三节　违反或错误适用经验法则的法律后果

从以上论述可以看出，在民事诉讼中，经验法则对事实认定具有一种规范和前提的意义。但如何保证经验法则在民事诉讼中的作用却是一个值得认真研究的问题。违反或错误适用经验法则时，可以通过上诉予以救济在大陆法系的学界和实务界均已得到认可和实施。在控诉审（大陆法系国家民事诉讼实行三审终审制，第二审称为控诉审，也是事实审；第三审称为上告审，即属于法律审，仅审理涉及法律适用的争议问题。但如果事实认定违法时，也构成上告的理由，上告审法院也要对此进行审理，如果认定违法的，原则上撤销原判发回重审）中，违反或错误适用经验法则涉及事实认定的问题，因此控诉审法院在查明确有违反或错误适用经验法则的，可以废弃原判决。对于通过控诉审予以救济，学界和实务界争论不多。有争论或讨论比较多的主要是，在上告审即法律审程序中当原审裁判违反或错误适用经验法则的法律救济问题。

一、域外的情形

在大陆法系国家与地区，如日本、德国、韩国和我国台湾地区，对于违反经验法则的直接法律后果是可以将其作为上告的理由。在日本旧民事诉讼法的实施中，并没有直接规定当违反或错误适用经验法则可提起上告，而是理解为属于违反《民事诉讼法》第394条中规定，即违背法令或者第395条规定的不具备理由或理由不成立。违反经验法则或错误适用经验法则即为违反自由心证原则，因此违反或错误适用经验法则也就被视为违反法令。[6] 即使在现行民事诉讼法中也没有将违反或错误适用经验法则直接作为上告的理由。在实务中将违反或错误适用经验法则的情形理解为属于新民事诉讼法关于上告受理申请的理由中"认为其中含有有关其他的法令解释的重要事项"，虽然从法令解释适用的统一性观点来看，违反经验法则未必属于法令解释的重要事项。但如果违反经验法则明显对判决有影响时，将其理解为与法令解释相关的重要事项也是妥当的。

关于违反或错误适用经验法则可作为上告理由，学界存在三种不同观点：第一种观点是，违反或错误适用经验法则一般可以作为上告的理由，特殊情形下不得作为上告理由；第二种观点是，事实认定违背常识的，构成上告理由，而违反或错误适用专门性经验法则的，不构成上告理由。因为非常识性经验法则的判断不是法官的义务；第三种观点是，无论是常识性经验法则，还是非常识性经验法则，只要违反或错误适用都构成上告理由。

在德国，违反（忽视或者明显错误地评判）经验法则时，也被认为属于违反自由心证原则，即违反德国《民事诉讼法》第286条，成为上告的理由。我国台湾地区的"民事诉讼法"虽然没有明确规定违反或错误适用经验法则可以作为控诉和上告的理由，但实务中和通说上均认为可以将此作为具体理由。[7]

尽管在大陆法系国家和地区，经验法则的重要性一直为人们所重视，也认可违背经验法则所带来的法律后果，但在实务中，直接以违反或错误适用经验法则作为理由废弃原判决发回重审或直接改判的很少见到。在废弃原判决的理由中多数依然是以判决没有具备理由、遗漏判断、未行使释明权、没有写明心证理由为直接的理由。分析其原因还在于经验法则的多样性、认识的主观性以及非法定性，尽管生活中存在无以

[6] [日]伊藤真：《民事诉讼法》，有斐阁2004年版，第660页。

[7] 曹鸿兰等：《违背经验法则之研究》，载民事诉讼法研究基金会编：《民事诉讼法之研讨（四）》，三民书局1995年版，第115～126页。

数计的经验法则，但正因如此，人们才很难予以准确加以概括和描述，且由于经验法则的认定与个体的认识差异有关，因此法官在裁判时就会尽量避免适用经验法则这一概念。

二、中国的情形

在我国（大陆地区），随着20世纪90年代末民事诉讼学术界对证据制度研究的深入，有学者开始注意到经验法则这一概念，并进行了初步的研究，[8]尤其是在最高人民法院制定的《民事证据规定》出台后，学界和实务界更加关注这一概念。虽然，在实务中法官、当事人及代理人都会自觉或不自觉地运用经验法则，也必须运用经验法则，但在法律文书中人们依然很少使用经验法则或日常生活经验这样的概念，通常使用的类似概念是常理或逻辑，例如，当事人在证明或反驳时会指出对方的指控或抗辩违反常理或逻辑。在裁判或上诉中也几乎不使用经验法则或生活经验的话语，毕竟经验法则或生活经验这样的概念作为一个法学概念还是外来语。当然，不使用经验法则或生活经验这样的概念，并不意味着在实践中不使用经验法则。例如，在一起关于股票纠纷的民事案件中，二审法院就认定，该证券公司的行为属证券交易中的操作失误，但不构成证券欺诈。股票交易投资风险大，涨跌波动快，具体交易的诸多因素难以预测，因此造成损失是难以避免的。该判决中关于股市风险的认识就属于经验法则，法院在此案中适用经验法则对案件的事实作出了妥当的认定。[9] 从笔者所查阅的资料来看，在上诉案件中，尚未见到直接将原审法院违反或错误适用经验法则作为上诉理由的，通常是以原审法院认定事实错误或认定事实没有理由或理由不充分为由提起上诉。审判实务中也没有直接以违反或错误适用经验法则撤销原判发挥重审的案例。虽然在最高人民法院的《民事证据规定》中规定了有关根据日常生活经验可以推定待证事实，但法院的裁判文书中也很少涉及此种情形下推定是否成立的问题。在法院关于事实认定部分的说明中通常表述为对当事人主张的事实缺乏证据证明，而否定当事人的事实主张。在当下的司法环境中，法官在认定事实时更愿意通过直接证据加以认定，即使实际上是通过间接证据和经验法则推认的情形，也不太愿意在裁判文书中直接或公开阐明，“彭宇案”应当属于比较特殊的情形。当然，由于实践中判例公开十分有限，特别是由于法院的判决书中说理部分主要侧重于实体部分，因此也难以发现和分析法院在事实认定中对经验法则的认识与运用。

---

[8] 毕玉谦：《试论民事诉讼中的经验法则》，载《中国法学》2000年第6期。

[9] 关于本案件，参见《最高人民法院公报》1997年第1期。

第四节 经验法则的运用

一、经验法则运用的正当化

虽然在无数个民事案件中人们都会遭遇如何运用经验法则的问题，但由于各种原因没有引起社会的关注，而本书在前面提到的“彭宇案”却非常偶然地将这样一件涉及经验法则的案件公之于众，并引起了人们极大的关注。据笔者观察，在这个案件的一审判决书中能够较详细地阐明法官对常理、生活经验和逻辑法则的运用，完全是基于充分说理的裁判动机，就这一点而言是非常值得肯定的。也许该案件的社会影响使得许多法官会“引以为鉴”，不愿意在判决书中如此详细地阐明对证据的评价和事实的认定理由，会导致进一步封闭，但这样做对于强化裁判理由公开化的趋势而言无疑是一种倒退，是必须避免的，司法应当进一步开放，而不是相反。

经验法则具有作为三段论裁判的大前提的作用，但经验法则却不像法律、法规那样十分明确，社会生活中存在无以数计的生活经验，那么哪些生活经验可以构成用于正确推理的经验法则呢？这是一个难题。经验法则是人们在生活中对社会现象或事物性质认识的归纳，是一种规律性的认识，一种法则和知识，具有其普遍性，从这个意义上讲，经验法则不是个体的经验。但问题在于经验法则的运用总是法官的个体行为，是法官的认识，虽然法官也是普通的人，作为普遍存在的经验法则，法官也能感受和体会到，但是应当承认个体的认识差异总是存在的，法官的心证和裁量也必然包含法官的主观性。法官毕竟也是一凡人，有自己的好恶情感和价值判断。在经验法则的运用上存在一个无法回避的矛盾——经验法则的运用必须委任给法官自由裁量，不可能将无以数计的经验法则法定化，另外这种自由裁量的存在和必要也就无法避免法官的主观化。如何保证法官能够正确运用经验法则也是大陆法系国家和地区所面临的普遍课题，更是自由心证原则的主要课题。经验法则作为自由心证原则的内在制约，其本身的运用也有一个如何制约的问题。要超越法定证据，使得案件的事实认定更加公正、适当，就必须承认法官在事实认定中的心证，这也是必然存在的矛盾。人们所要做的就是如何在运用经验法则的过程中尽可能地客观化，使法官认识和运用的经验法则尽量逼近客观存在的经验法则。

正确或合理地运用经验法则实际上包含两个方面：一是如何保证对经验法则的判断符合人们的普遍认识法则；二是如何防止法官任意擅断。这两个方面又是相互联系的。防止法官任意擅断与法官道德素质有关，要求法官必须要有司法职业诚信，如果不能做到这一点，那么从根本上就谈不上正确、合理地运用经验法则。在保证法官的职业道德素质的基本前提下，要解决的是如何使得法官对经验法则的认识符合作为经验法则所具备的基本要求，保证法官能够正确、合理地运用经验法则。对于这一点，域外学者主要有以下设想和应对方案：

其一，加强法官业务素质的培养，提升法官在运用经验法则方面的素质。通过对实务中运用经验法则判例的研讨和积累，不断增进法官对经验法则的正确认识；[10] 并通过判例的指引使得法官对经验法则形成相对统一的认识，以保证经验法则的合理性和防止其主观随意性。学者们还提出在大学（如美国）或法官研修（如日本）和继续教育中应当设置事实认定的实践性课程，强化这方面的职业教育。

其二，将经验法则类型化。经验法则虽然无以数计，但案件之间毕竟存在共性和相似性，在事实认定方面也会涉及相同的经验法则，如果能够将反复应用的、相同的经验法则类型化，并要求法官予以适用，也可以减少运用经验法则的主观随意性，对事实认定的客观化具有一定的意义。[11] 这种做法实际上有点接近法定证据原则的理念，只不过这种类型化没有通过法令予以固化，但同样具有一定约束性。类型化的意义更重要的是程序正当化，即在相同情形下的事实认定也是相同的。但应当承认这种类型化的作用依然是非常有限的，将经验法则类型化的做法与经验法则的多样性和差异性的特性是背离的。

其三，按照日本学者伊藤滋夫的观点，要做到正确、合理的运用经验法则，将经验法则体系化是一个必要的方法。在伊藤的体系化作业中，将经验法则分为三类：（1）在自然现象中所共通的因果法则；（2）一般人的行为法则；（3）个别人的行为法则。然后根据不同案件分别适用这三类经验法则。这种体系化的做法与将经验法则类型化有类似之处，目的都在于保障经验法则适用的规范化。只不过，前者是一种实证研究的结果，而后者更注重于理论研究的结果。

其四，要求法官对案件全面考察，从社会一般人的角度来思考和判断经验法则，尽可能超脱个体认识的局限。

在将经验法则类型化方面，虽然我国没有通过判例，甚至法官专业教育予以固化，但我国在将经验法则类型化方面也做出了努力，例如在司法解释中最高人民法院就试图将经验法则类型化，并通过司法解释上升为一种司法规范。最高人民法院《民事证据规定》第 77 条就规定，人民法院就数个证据对同一事实的证明力，可以依照下列原则认定：（1）国家机关、社会团体依职权制作的公文书证的证明力一般大于其他书证；（2）物证、档案、鉴定结论、勘验笔录或者经过公证、登记的书证，其证明力一般大于其他书证、视听资料和证人证言；（3）原始证据的证明力一般大于传来证据；（4）直接证据的证明力一般大

---

〔10〕 曹鸿兰等：《违背经验法则之研究》，载民事诉讼法研究基金会编：《民事诉讼法之研讨（四）》，三民书局（台湾）1995 年版，第 125 页。

〔11〕 ［日］门口正人主编：《民事证据法大系 · 第一卷总论（1）》，青林书院 2007 年版，第 253 页。

于间接证据;(5)证人提供的对与其有亲属或者其他密切关系的当事人有利的证言,其证明力一般小于其他证人证言。该条规定情形中的“一般情形”实际上就是经验法则,是一种对经验的盖然性归纳。

另外,为了保证正确适用经验法则,最高人民法院也提出了相应的要求,例如,最高人民法院《民诉法司法解释》第105条就规定:“人民法院应当依照法定程序,全面、客观地审核证据,依照法律规定,运用逻辑推理和日常生活经验法则,对证据有无证明力和证明力大小进行判断,并公开判断的理由和结果。”尤其是规定应当“公开判断的理由和结果”这一点上进一步提升了程序正义,在一定程度上弥补了民事诉讼法在这方面的缺陷。不过,从司法实践来看,这一规定往往被视为一种指导性建议,并没有相应的制度措施加以保障(例如,在裁判文书中没有公开判断的理由和结果构成上诉的理由),所以,实践效果并不是太明显。

二、经验法则运用的正当程序

笔者认为,除了上述措施之外,寻求程序上的保障措施也是非常必要的。

其一,对于双方有争议的经验法则,应当通过辩论程序加以明确,通过辩论由双方充分陈述是否应作为经验法则加以运用,防止经验法则适用的突袭性。在实践中的问题是,在法庭上尽管进行了质证,但并非都能够进行当庭认证,法官往往不会在法庭审理中作出事实认定的判断,而是在最终的判决书中写明,因此对于经验法则的运用是否错误难以发现,并提出异议。因此要保障经验法则运用的正确性,当庭或判决前对事实认定或证据价值等作出判断是十分重要的,虽然不能绝对化,但总比没有要求要好。

其二,法官在对事实认定适用经验法则的,应当尽量公开和透明,充分予以说明。给予当事人对该经验法则的适用提出异议的机会,对当事人提出异议的,应当予以说明。

其三,对于专业领域中的经验法则尽量通过鉴定制度加以解决,而不是由法官直接适用经验法则,因为法官毕竟不是相应专业领域的专门人才。鉴定作为一种证据方法,主要解决诉讼中某些涉及专门问题的事实认定。从本质上看,鉴定也是利用经验法则即人们所掌握的专业知识来实现对专门问题的事实认定,只不过这种经验法则的运用不是直接由法官进行,而是由具有相应专门知识的专业人员进行,以保证其可靠性。

由于经验法则主要是日常生活经验法则的特性即多样性和相对性,以及应用和判断的主观性,因此,试图将生活经验法则规范化以及判断完全客观化是很难做到的,几乎是不可能完成的任务。当然,我们应当承认经验法则存在的客观性,不承认经验法则的客观性将完全无法约束人们的主观判断,人们应当尽可能地接近客观存在的经验法则,越接近客观存在的经验法则,则我们对案件事实的认定就越接近真实,也就越具有实质或内在的正当性。如果不是从这个意义上讲,所谓要实现法官对经验法则判断或心证的“客观化”就只能是一个伪命题。因此,人们为了实现客观化的各种措施只能在一定程度上缓和这种矛盾，而无法消除这种矛盾。这种困境与证明标准所面临的困境是同样的。虽然，有些措施看起来不错，例如将经验法则规范化或法定化，但这些措施实际上是走向了法定证据原则（当然这种回归是否是积极的则另当别论），而疏远了自由心证原则。将经验法则类型化虽然不等于法定证据，而是介乎两者之间，但这种类型化一旦被规范化以后，同样容易导致教条主义的后果，有可能导致经验法则适用的错误。有些措施虽然没有背离自由心证，但由于过于抽象难以具体落实。在对待证据方面英美法系国家与大陆法系国家和地区是两种态度，由于历史的原因，英美法系十分注重证据的可采性，为此在立法上设置了庞杂的可采性规则，对证据的可采性加以诸多限制，其目的在于限制法官自由心证的范围，对于自由心证采取外在抑制的做法。以大量证据规则来限制法官的心证，其意义并非在于事实认定的合理性，主要在于获得当事人和社会对事实认定结果的程序正当性的认同。但这种限制也必然影响证据认定在事实上的合理性，而不是相反。

三、经验法则运用与司法制度的完善

经验法则的作用在于利用经验法则的法则性使法官对事实的认定更接近真实，也因经验法则的必然性和高度盖然性使得法官对事实认定更具有正当性，但是，法官利用经验法则对案件事实的认定的正当性需要得到社会大众的认同，尤其是经验法则的运用方面具有一定的主观性，特别是日常生活经验法则的判断，因此，法官的权威性和大众对法官的信赖程度对于这种正当性的获得就非常重要。法官的权威性和大众对法官的信赖与法官的职业道德水平、法官的职业素质、法官的职业环境有密切的关系。应当承认，我国目前的法官职业环境并不理想，这为法官更多地运用经验法则造成了障碍，使得法官更愿意使用直接证据，而不愿意使用经验法则进行推认，也更多地导致待证事实真伪不明的状态，从而不得不适用证明责任规范进行裁判。由于证明责任适用的前提实质是一种假定，即假定应当对该事实负有证明责任的当事人没有能够证明时，该当事人的事实主张不能成立。〔12〕 相比较而言，虽然没有直接证据证明，却可以通过经验法则尤其是那些具有高度盖然性（具有相当必然性的经验法则自不必说）的经验法则推认待证事实，显然比直接适用证明责任规范进行裁判更为合理，证明责任作为一种处理应对事实真伪不明的法律技术和对策，实为一种无奈之举。

在法官没有自信灵活地运用经验法则，以及为了消解对法官滥用经验法则的疑虑的情况下，必然出台更多的法定证据规定，例如，将经验法则类型化后的规范化措施，如本书前述提到的最高人民法院《民事证据规定》第 77 条。尽管该条强调了每一种情形的一

---

〔12〕 ［日］高桥宏志：《民事诉讼法——制度与理论的深层分析》，林剑锋译，法律出版社 2003 年版，第 420 页。张卫平：《民事诉讼：关键词展开》，中国人民大学出版社 2005 年版，第 212 页。

般性,不排除特殊性,但法官为了规避责任风险很容易按照该条规定的一般情形予以适用,而不愿意冒险自由裁量确定适用例外情形,而例外情形相对该条的一般规定,恰恰又是需要通过经验法则来加以确定的。例如,在该条中有这样的规定:"证人提供的对与其有亲属或者其他密切关系的当事人有利的证言,其证明力一般小于其他证人证言。"该规定关于证明力大小的判断显然是运用经验法则,即有亲属关系或密切关系的人的行为一般总是对其关系人是有利的,而这种利害关系会影响证言的真实性。但问题在于,这需要根据案件的具体情况来判断,也同样离不开经验法则,尤其是当双方都存在一定利害关系时,判断证据的证明力也需要借助经验法则。例如,一方的证人虽也是亲属关系,但其身份、职业和其他评价信息表明其证言可信度高于对方证人的可信度时,就应当作为该规定的例外来处理,但由于将此类经验法则规范化以后,也就导致了经验法则运用的法定化,同样会导致证据法定化的后果。

思考题

1. 经验法则有何特点?
2. 经验法则在事实认定中起什么作用?
3. 在运用经验法则进行事实认定时应当注意哪些问题?

真题链接

(2014年司法考试卷三单选第45题)下列关于证明的哪一表述是正确的?(　　)[13]

A. 经过公证的书证,其证明力一般大于传来证据和间接证据

B. 经验法则可验证的事实都不需要当事人证明

C. 在法国居住的雷诺委托赵律师代理在我国的民事诉讼,其授权委托书需要经法国公证机关证明,并经我国驻法国使领馆认证后,方发生效力

D. 证明责任是一种不利的后果,会随着诉讼的进行,在当事人之间来回移转

参考文献

1. 毕玉谦:《试论民事诉讼中的经验法则》,载《中国法学》2000年第6期。
2. 米歇尔:《关于经验法则的思考》,载《证据科学》2009年第2期。
3. 张卫平:《认识经验法则》,载《清华法学》2008年第6期。

〔13〕 C

案例分析

请扫描二维码阅读案例，根据【路径与指引】尝试对该案件进行分析。

案例（一）

【路径与指引】

1. 经验法则的基本特征是什么？
2. 经验法则适用的基本条件什么？
3. 人是自私的这一命题是否构成经验法则？
4. 如何才能做到经验法则判断的客观性？
5. 此案为什么会成为社会热点？

案例（二）

【路径与指引】

1. 注意经验法则在本案中的应用。
2. 本案中涉及哪些主要的经验法则？
3. 经验法则与事实认定的关系。

第十章　免 证 事 实

第一节　概　　述

一、证明与免证

法院的裁判应当建立在案件事实的基础之上，只有建立在案件事实基础上的裁判才具有正当性。当然，如果案件事实不清楚时应当如何裁判，则是另一个法律裁判的技术问题。证明责任就是解决这一问题的法律技术和方法。法院对案件事实的认定主要依赖于当事人提供的证据对此的证明。法院裁判的对象是有争议的权利或权利义务法律关系，因此，当事人要证明的案件事实就是那些关于权利义务争议的主要事实。法院正是依据这些事实作出裁判。

按照约束性辩论原则的要求，只有当事人主张的主要事实才能作为裁判的依据，当事人没有主张的主要事实不能作为裁判依据。除了当事人双方没有争议的事实之外，这些主要事实就构成证明的对象。没有争议的事实包括自认的事实，因此，自认的事实无须加以证明。如果不是主要事实，而是间接事实或辅助事实，按照约束性辩论原则，无须当事人主张，法院可以职权探知。而在没有规定约束性辩论原则的诉讼体制中，即使当事人没有主张的主要事实，法院也可以职权探知。

二、免证事实与免证的原因

虽然当事人主张的主要事实为证明的对象，但基于某种原因，法律（包括具有实际规范作用的司法解释）也规定有些特定的事实无须加以证明。如上所述，按照约束性辩论原则的要求，自认的事实无须提出证据加以证明。我国尽管没有规定约束性辩论原则，但《民诉法司法解释》已规定自认的事实无须证明，尽管没有完全承认自认。除此之外，《民诉法司法解释》还从节约证明成本的角度规定了自然规律、定理、定律、众所周知的事实、法律推定的事实、通过事实或日常生活经验法则所推定的事实、生效仲裁裁决所确认的事实、生效裁判确认的事实、有效公证文书证明的事实等（关于公证文书证明的事实与免证事实的关系，本书将在第十五章“公证证明效力”一节有专门阐述，本章不详述）。

《民诉法司法解释》所谓的"无须证明"是指无须在本案中提出证据加以证明。因为实际上这些事实(除了众所周知的事实之外)在某种程度上是已经被证明了的事实。从节约证明成本的角度考虑也就没有必要在本案中再加以证明。因此在这个意义上还不能说这些事实是无须证明的事实,只有自认的事实是恒定的无须证明的事实。

需要注意的是,《民诉法司法解释》规定某些该司法解释中规定为无须证明的事实虽然为免证事实,但这种免证是有条件的。按照《民诉法司法解释》第 93 条第 2 款的规定,众所周知的事实、根据法律规定推定的事实以及根据已知的事实和日常生活经验法则推定出的另一事实,这三类事实在当事人"有相反证据足以反驳的"情形下,主张该事实的当事人不能免除证明的责任。对于下列三类事实,已为人民法院发生法律效力的裁判所确认的事实、已为仲裁机构生效裁决所确认的事实以及已为有效公证文书所证明的事实,"当事人有相反证据足以推翻的",当事人不能免证。比较上述两大类免证条件,可以发现在表述上有微妙的差异——前者为"足以反驳",后者为"足以推翻"。从语义分析,"足以反驳"较之"足以推翻"在否定程度上存在差异。"足以推翻"显然比"足以反驳"要求要高。推翻意味着彻底否定,如果能够彻底否定这些事实,那么当事人就必须在本案中提出证据重新加以证明。如果"足以推翻"是在有新的证据的情形下,相信一般情形下,主张该事实的当事人即使重新证明大概也没什么希望。虽然从语义上,"足以反驳"与"足以推翻"在否定程度上有所不同,但在实际操作当中很难加以区别,原本反驳不一定需要证据即可完成,例如通过逻辑方法。因此,两者的区别更多的是一种司法政策导向而已。

另外,还需要注意的是,《民诉法司法解释》并没有将自认的事实放在无须证明的事实之中。这是基于自认是一类更特殊的事实,是基于辩论原则或广义的处分原则的要求而无须证明的事实。但在我国现有的民事诉讼规则体系和理念之下,自认主要是基于诉讼效率的原因。在国外的法律当中,自认事实是当然的无须证明的事实。

在大陆法系国家,民事诉讼法上具有免证效力的事实一般仅包括所谓"显著的事实"和"职务上应知的事实"。例如,日本《民事诉讼法》第 179 条规定,对于这两类事实,无须提出证据加以证明。显著的事实,是指无须通过证据证明,法官也能够知晓的事实,相当于我国民事诉讼法司法解释中的众所周知(公知)的事实。职务上应知的事实,是指法官在行使职务中应予知晓的事实以及法院能够担保其确实性的事实(例如,通过保全诉讼已经知晓其确实性的事实)。即使这些事实与法官审理的本案没有直接关联,但通过职务关系也应知晓的事实,也属于职务上应知的事实。例如,诉讼中对法律文书的送达以及法官在执行职务过程中发生过的其他事项。包括该法官先前审理的案件中的事实与本案的事实同一(例如,同一交通事故所致的损害赔偿的原因事实),对本案的事实也视为法官职务上应知的事实。当事人对该事实无须提出证据加以证明。对于某一事实是否为公知事实存有争议时，通说认为主张者应当对其公知性予以证明。[1]

比较我国的《民诉法司法解释》，我国民事诉讼中的免证事项范围似乎过宽。这里可能存在一个如何理解提出证据加以证明的问题。如果将生效裁判文书、生效仲裁裁决书和公证文书也视为证明依据的话，这几类事实依然属于广义上需要证明的事实。

三、司法认知与免证事实

在学界，有些学者往往使用"司法认知"这一概念来统括无须证明的事实（无论是规范中的还是学理上的），以取代免证事实这一概念。怎样处理这一问题，涉及我们在制度建构、解释当中，使用什么概念更能够准确地反映事物的基本内涵和特征的问题。虽然人们之间在使用某一概念时，对其内容的理解有一定的模糊性和漂移性，但作为法理概念我们在使用或运用时应当尽量以其本身应有的含义为前提，只有这样才不至于导致概念使用的混乱，才能保证法律推理的正当性。

对待司法认知这一概念，我们同样应该持这样的态度。必须注意的是，司法认知这一概念不是我们对司法实践活动中法律规范或现实的概括和归纳。司法认知来自英美证据法，是英美证据法上的一个法律概念和法理概念。也就是说，作为外来的法律概念，司法认知有其自身特定的含义，尽管对这一概念具体内容的理解和认识也并非完全统一，但其基本含义大体上是确定的。据此，我们在认识司法认知时就应当充分尊重他人的认识，不可以任意确定这一概念的内涵或任意填充其内容。我们一旦按照自己的意图改变了这一概念的内涵，也必然导致这一概念的混乱。一方面，导致英美法国家的人们不能理解；另一方面，国内的研究者也会因为这一概念的误用对英美法发生与此相关的误识。在立法、司法实践和学术研究中，我们当然可以引进或引用域外的概念，但必须注意这些概念的基本含义，注意这些概念与我们的规范调整具体内容的涵摄性和必要性，注意这些概念的前提和背景。

关于英美法上的司法认知，我们可从以下几点加以认识：

1. 司法认知是英美法系证据法中的重要概念，起源于法谚"显著之事，无需证明"，最早可追溯到罗马法或教会法时代。[2] 其含义是指法官在审理过程中对某些特定事实和法律前提作出认定，而当事人无需再提出证据证明该事实。司法认知不仅免除了当事人就特定事实进行证明的义务，而且构成了"陪审团审理事实问题，法官负责法律适用"的例外情形之一，陪审团审理的事实问题必须是有争议的，而没有争议的事实问题被当作法律问题，改由法官取得对特定事实依职权认定的权限。司法认知的制度初衷也与英美

---

〔1〕 关于日本显著事实和职务上应知事实的免证制度和理论，参见［日］门口正人主编：《民事证据法大系·第一卷 总论（1）》，青林书院2007年版，171～188页。

〔2〕 参见李学灯：《证据法比较研究》，五南图书出版有限公司1992年版，第9～10页。

法系的对抗制存在紧密联系，对抗制诉讼模式使得事实的发现和认定在很大程度上取决于当事人及其律师的努力和素质，因此就有必要通过司法认知防止双方就没有争议的事实过度争辩，甚至影响或扰乱法庭的正常审理。

2. 在美国，根据认知内容的不同，司法认知包括裁判性事实的司法认知和作为司法裁决一部分的司法认知（或非正式的司法认知）两类。美国《联邦证据规则》第201条规定了裁判性事实的司法认知，即法官可以将应由陪审团决定的无争议的实体法要件事实及其相关的证据事实认定为结论性事实（何人在什么时间、什么地点、什么精神状态下以何种方式从事何种行为或不行为等），要求陪审团直接接受作为事实裁决的基础。实体上，能够获得认知的裁判性事实必须是没有合理的争议，包括审判法院辖区内众所周知的事实和法官借助准确性不容置疑的来源能够准确且易于认定的事实，例如商业惯例、日期、当前事件、历史、地理、气象、科学事实、经济信息等。法官可以依职权决定是否对相关事实进行司法认知，但如果当事人在开庭前的准备阶段、法院对陪审团发出指示之前或者法官单独审判的任何阶段，能够提出证据证明待证事实满足前述实体法要求的，法院必须进行司法认知。就司法认知的内容及其适当性，当事人有权请求听证，但听证旨在保障当事人向法庭陈述意见的公平性，并不等于正式听审，对方当事人不能提出证据反驳司法认知的事实。

3. 法官通过司法认知直接认定那些显而易见的事实，使得该事实免于在陪审团面前呈示、证明和反证，从而有利于提高审判效率，节约司法资源，减轻当事人的证明负担。民事审判中，基于司法认知事实的显著性和不可反驳性，当事人的程序保障利益并未受到侵害。但是，美国刑事诉讼更加注重保护当事人获得陪审团审判的宪法性权利，刑事陪审团被视为反对专制统治、维护美国民主传统的保护措施，因此法院在刑事审判中应指示陪审团可以但不是必须遵守司法认知的事实，陪审团依然享有对经过司法认知的事实进行事实裁决的权利，基于刑事诉讼司法认知的非结论性和软约束性，这也被称为司法评论，以区别于民事诉讼中具有强制约束性效力的司法认知。

4. 除第二点所述裁判性事实之外，裁判者在审理案件时往往需要动用自身的经验、知识或者通过自身调查、当事人提供的信息，对预备性事实、动议、禁令、陪审团和法官的经验及知识、立法事实（法官造法时的政策判断和事实依据）以及实体法进行司法认知。由于这些事实一般源自裁判主体的经验、知识和调查，无法满足来源不容置疑的确定性程度，因此不受美国《联邦证据规则》第201条的规制，属于标准较为宽松的司法认知类型。但是，裁判主体的经验和知识仍然要具备一般性与普遍性，对于裁判主体了解到的个别性知识和经验，需要作为证人接受交叉询问，以避免个别性经验知识未经检验直接进入审判。不过，当事人可以通过上诉程序就司法认知的事实提出异议，例如法官从其他案件了解到与本案相关的事实，若该事实的司法认知不具有妥当性，上诉法院也可以推翻该项司法认定。[3]

5. 相比于美国成文法和判例法中的司法认知制度，英国司法认知的制度历史更加久远，为英国律师所熟识已逾650年，不过成文法尚未出现关于司法认知的明文规定，而是更多体现在判例中。基于法律移植和历史传承的缘故，英国法上的司法认知与其继承者美国法并未有多少不同，法官享有是否进行司法认知的自由裁量权，司法认知在效力上一般具有终局性，法官或陪审团不能采纳与此相反的证据。不同之处主要在于：(1)司法认知的对象上，英国证据法上的司法认知可以分为四类，即无需调查而进行司法认知的事实（众所周知的事实），调查后进行司法认知的事实，英国法、欧洲共同体法、英国国会的立法程序，成文法的规定。[4] 司法认知前的调查至少适用于三种类型的案件，即当前的政治与外交事务（含主权问题、君主的领地范围、有无外交豁免权、是否存在战争状态），具有公共性的古代、当代或近乎当代的历史事实，关于习俗的信息的案件（包括职业惯例）。(2)在司法认知的范围上，学理上还提出了广义的司法认知概念，认为法官在事实认定和适用法律之时无时无刻不在进行司法认知，每个案件都涉及相关的事实假定，尤其是在证据评价时法官总是默示地以案卷之外关于英语词语的含义理解证据信息，如"the"的含义、煤的用处、汽车和飞机的区别等。(3)在个人知识的使用上，法官进行司法认知时必须使用当地每个人共有的知识，只有在对本案证据进行解释时才可以使用法官个人的、专门的知识。[5]

从以上司法认知的基本内涵，我们可以发现与我国的民事证据制度中的免证事实规范相比既有相同之处，也有明显的差异。免证事实作为对免于证明事实的概括，是从当事人证明的角度来认识的。司法认知是从法官或陪审团对案件的认定的角度来认识的。某一个事实免于提出证据加以证明，该事实有可能就是法官或陪审团能够认定的事实。从这个意义上讲，司法认知与免证事实有共同之处。但司法认知的具体要求和内容远比免证规范要复杂得多。相比较而言，免证事实是非常明确的，只有法律规范明确规定的才能享有免证的权利。从我国的免证事实规范的内容来看，其中，众所周知的事实和按照经验法则推定的事实大体上与司法认知的范围有一定的契合度，而免证事实范围中的法院生效裁判、生效仲裁裁决和公证证明则完全无法纳入司法认知的范围。因此，司法认知这一概念无法统括免证事实的含义。在我国民事证据制度的相关解释方面，使用免证事实这一概念是最为准确、简洁、明了的，没有必要使用外来的司法认知概念。当然，在学术研究方面，我们需要了解司法认知制度及其运作条件和背景。

---

[3] 参见[美]罗纳德·J.艾伦、理查德·B.库恩斯、艾莉诺·斯威夫特：《证据法：文本、问题和案例》（第三版），张保生、王进喜、赵滢译，高等教育出版社2006年版，第879～904页。

[4] 参见沈达明编著：《英美证据法》，中信出版社1996年版，第61页。

[5] 参见[英]克里斯托弗·艾伦：《英国证据法实务指南》（第四版），王进喜译，中国法制出版社2012年版，第60～73页。

第二节　免证的各类事实

一、自然规律以及定理、定律

《民诉法司法解释》中首先将自然规律以及定理、定律作为无需证明的事实。所谓自然规律乃是指“存在于自然界的客观事物内部的规律”，即物质运动固有的、本质的、稳定的联系。其具有不以人的意志为转移的客观性，不能被人改变、创造或消灭，可能利用。所谓定理，是指从真命题（公理或其他已被证明的定理）出发，经过受逻辑限制的演绎推导，证明为正确结论的命题或公式，例如“平行四边形的对边相等”就是平面几何中的一个定理。定律实际上与自然规律具有相同含义，同样是指客观规律。无论是自然规律，还是定理或定律都属于无需主张者加以证明的事实，是人们已经认可的存在。如果还需要证明则表明还没有为人们所认识和承认，也就不能被认为是规律、定理。

二、众所周知的事实

对于众所周知的事实之所以无需证明，是因为该事实既然属于众所周知，当然审理案件的法官也应该知道。不过，在具体的案件中，也可能存在某些情形下社会上的一般民众知晓的事实，而审理案件的法官却有所不知，此时也同样需要证明，不过这种证明也相对容易。判断是否为众所周知的事实，交由法官心证裁量。

三、推定的事实

推定包括两类：法律上的推定和事实上的推定。

（一）法律上的推定

法律推定（Gesetyliche Vermutung）又可分为两种：法律上的事实推定（Vermutujg Ven Tatsachen）和法律上的权利推定（Rechts Vermutung）。法律上的事实推定区别于事实推定。事实推定是在证明存在推定的基础事实的基础上，按照经验推定某种未知事实的存在。而法律上的推定与事实推定最关键的区别在于，它不是依据经验法则进行推定，而是通过适用法律的规定，推定未知的事实。例如，日本《破产法》第53条第2款规定：“破产人在破产宣告之日所实施的法律行为，推定为在破产宣告后所实施的行为。”第58条规定：“适用前三条规定者，如在破产宣告的公告前，推定为不知其事实，如在公告后，推定为知其事实。"[6]在适用法律上的事实推定时，当事人应证明作为推定的基础事实(前提事实)，只要前提事实能够成立，被推定的事实的真伪就直接明确了。法律上的事实推定所产生的法律效果与当事人直接证明被推定的事实的法律效果完全相同，在这个意义上讲，法律上的事实推定减轻了当事人证明责任的负担。但如果对方当事人对前提事实提出质疑，欲动摇其推定基础时，对方当事人必然要承担提出反证的行为责任，同样，这种情况也不能理解为证明责任从主张推定基础事实的当事人一方转换到另一方。

由于法律上的事实推定与当事人直接对推定事实的证明具有相同效果，因此，法律上的事实推定在前提被证明时，当事人亦不能对被推定的事实存在与否提出反证，即使提起反证也不可能推翻推定，要推翻推定就意味着否定法律的规定。事实推定与之不同，作为推定基础的事实即使被证明，对方当事人仍然可能提出反证推翻按照经验法则进行的推定。经验法则本身的盖然性决定了其适用结果不能与反证的直接证明等量齐观。

法律上的权利推定是对权利或法律关系的直接推定，该推定是否成立与前提要件是否存在没有关系。但本质上，法律上的权利推定与法律上的事实推定并没有什么不同。外国民事法律中有不少关于法律上的权利推定的规定。例如，民法中有对占有物行使权利的人，推定为合法行使权利的人的规定。再如，对土地边界所设置的隔离物推定为共有物的规定。当然，对这种推定仍允许对方提出反证推翻推定，但由于只有事实才能作为推定的对象，权利不能作为推定的对象，[7]因此，不能采取直接证明权利是否存在的方法。要想推翻推定，只能对前提条件的不确定提出反证，一旦前提被证明是确定时，便不允许被反证推翻，与法律上的事实推定相同，对方不可能对权利推定的结果直接予以证明。

(二)事实上的推定

事实推定是指以某一事实的存在或不存在推论另一事实的存在或不存在。事实推定属于逻辑上的推论，在诉讼中表现为法院依已明了的事实推定待证事实的真伪。事实推定又称为事实推定法则。[8] 人们对社会某种现象经反复认识之后，逐渐掌握了社会现象的内在规律，即形成对该现象运动规律的经验法则。由于经验法则是对社会现象内在

---

〔6〕 除《破产法》外，日本《民法》第186条、第619条、第629条、第772条，《商法》第20条，《票据法》第20条也都有关于法律上事实推定的规定。

〔7〕 日本法学家兼子一曾提出这样的疑问，即为什么在采取了不承认权利可以直接证明这种罗马法传统的法制体制下，会采用与其体系不相容的权利推定。参见[日]兼子一:《民事诉讼研究》(第1卷)，有斐阁1958年版，231页。

〔8〕 "res ipsa loquituv"是拉丁语，本意是"事物即是自身的描述"，以后英国从这句法律格言中引出了事实推定的原则。参见伯克:《英格兰法制史概论》，第404页。转引自张卫平:《程序公正实现中的冲突与衡平》，成都出版社1992年版，第238～239页。

规律的认识,因而具有高度的盖然性,因此,经验法则就常常被用于代替对某种事实的直接证明,而按照经验法则来推论某事实的存在与否。运用经验法则进行推论要求有推定的基础事实存在,作为推定的基础事实是否是真实的、典型的,对于推定至关重要。如果作为推定基础的事实处于不确定状态时,推定便不能成立,即表明当事人一方通过推定来取代对主张事实的证明也就失败了。另外,事实上的推定属于法官的自由心证范围内心证的事项,如果法官以此推定不能形成确信时,当事人的推定证明同样是失败的。在诉讼中,动摇推定的最初办法是提出反证。只要反证成立,推定便不能成立,两者不能两立。当然,即使作为推定基础的事实确定存在,也不一定就能适用经验法则。在有些情况下,法律规定了阻止适用经验法则的特别事由,即有这种特别事由,便不能适用经验法则来免除或减轻证明责任。当事人不能证明存在特别事由的,对方仍然可以以经验法则的适用替代证明责任。

在过去的判例中,一般认为,事实上的推定一旦成立,证明责任(举证责任)便转移到对方,对方当事人对该推定持反对意见时,就必须对该推定不能成立的事实举证。而现在国外判例已经抛弃了这种观点,在涉及事实推定的场合,不再使用证明责任(举证责任)和证明责任转移的说法,判例认为,为推翻事实推定而提出证据,不过是对方的证据提出责任(即只是一种主观证明责任),不是证明责任(客观证明责任的转移)。[9]

四、生效裁决所确认的事实

根据《民诉法司法解释》第93条的规定,当事人在诉讼中免证的事实也包括人民法院生效判决和仲裁机关生效的仲裁裁决所确认的事实。应当如何认识和理解生效裁决认定的事实对后诉法院的影响是一个实践中常常遭遇的问题。

(一)人民法院生效裁判所确认的事实

按照《民诉法司法解释》第93条的规定,已为人民法院发生法律效力的裁判所确认的事实,当事人无须举证证明,即所谓免证事项。关于这一规定,在认识和理解中需要注意以下几点:

i 生效判决的事实认定与免证理由

为什么已为人民法院发生法律效力的裁判即生效裁判所确认的事实就当然具有免证的作用?笔者的理解是,之所以具有免证的作用或效力,是因为该事实在前诉中由法院进行了认定,当事人的事实主张与该认定一致。为了节约举证证明的成本,因此规定后诉的当事人对前诉法院已经认定的事实就没有必要举证证明。

---

〔9〕 日本最高法院判例,1957年1月22日民事判例集11卷第1号第34页。日本最高法院判例,1959年1月8日民事判例集13卷第1号第1页。

《民诉法司法解释》之所以强调已为人民法院生效裁判所确认的事实，是基于生效裁判对事实的认定在一般情形下不会再发生改变。如果没有生效（确定），法院对该事实的认定就可能发生改变。

在认识和理解生效判决的免证作用时，应当特别注意生效判决的免证作用与既判力的关系。生效判决的免证作用或效力并非基于生效判决的既判力，既判力与生效判决的免证作用没有关系。在判决理论上，判决的确定力又分为形式上的确定力和实质上的确定力。法院作出的判决如果属于可以通过上诉途径加以撤销或变更的，就是不确定的判决。在当事人放弃上诉，判决已经生效时，判决成为确定的判决，除非通过特别途径，如提起审判监督程序，否则是不能撤销或变更的。这种确定判决的不可撤销性就称为形式上的确定力或外部确定力。判决实质上的确定力即既判力，是指法院作出的终局判决一旦生效，当事人和法院都应当受该判决内容的拘束，当事人不得在以后的诉讼中主张与该判决相反的内容，法院也不得在以后的诉讼中作出与该判决冲突的判断。既判力的这种拘束作用主要是针对以后的诉讼，对后诉的作用包括两个方面：（1）当事人不得在后诉中提出与前诉有既判力的判断相反的主张，后诉法院也不得作出与前诉有既判力的判断相反的判决。[10]（2）后诉法院的裁判必须以前诉法院判决的内容作为前提。前者为既判力的消极作用，即禁止作为的消极性；后者为既判力的积极作用，即要求积极作为。

ⅱ如何理解生效裁判的免证作用

实际上免证作用具有两个方面的意义：（1）从举证行为（举证责任）角度而言就是当事人对前诉法院生效裁判已经确认的事实，在提出该事实主张之后不需要再对该事实主张提出证据加以证明。（2）从证明责任（后果责任）的角度可以理解为当该事实处于真伪不明时，主张该事实的当事人不会因此承担不利的后果，而应由对方承担相应的不利后果。

ⅲ前诉生效裁判确认的事实是否对后诉法院关于事实的认定具有约束力

对这一问题如何认识，在实践中很容易产生分歧。这一问题的实质是，前诉法院生效裁判对案件事实的认定对后诉法院同一事实认定是否具有约束力的问题。

首先必须明确的是，前诉法院的事实认定对后诉法院事实认定的约束力与当事人对该事实主张的免证作用并非同一个问题。免证可以从举证责任和证明责任这两个层面来认识。如果从举证责任即行为意义上的角度而言，就是不需要主张该事实的人提出证据加以证明。就节约证明成本而言，前诉判决对事实的认定已经为此提供了证明。如果从结果意义上的证明责任角度来理解，则意味着不利后果的免除，意即在该事实处于真伪不明的状态时，负有证明责任的一方当事人不会因此承担不利后果。结果意义上的证明责任的免除，其前提是该事实处于真伪不明的状态。

---

〔10〕 参见江伟主编：《中国民事诉讼法专论》，中国政法大学出版社1998年版，第173页。

与此不同，前诉法院对特定事实的认定如果对后诉法院的事实认定具有拘束力，不存在真伪不明这一前提，后诉法院在该事实的认定就只能按照前诉对该事实的认定。例如，在前诉的借贷纠纷中，法院认定出借人A借给借款人B的现金是从C和D处借来的。那么，在后诉中，C作为后诉的原告主张A与其之间存在借贷关系，A负有返还义务时，A与C之间存在借贷关系的事实对后诉法院是否具有约束力呢？如果具有约束力，后诉不需要再对该事实进行审理，应当直接依据该事实作出裁判。法院如果没有依据该事实作出裁判，则法院的裁判是违法的。相反，如果前诉生效裁判关于A从C处借款的事实认定对后诉法院没有约束力，则后诉法院依然可以对该事实存在进行审理，虽然A无须提出证据加以证明，但对于法院可以接受对方当事人C提出的反证，法院也需要对反证进行调查，如果反证成立的，A的事实主张就不能成立，法院可以依据该事实认定作出裁判。

应当注意的是，《民诉法司法解释》所规定的，当事人有相反证据足以推翻生效裁判确认的事实的，当事人不能免除证明责任，即如果没有证明时，依然要承担相应的不利后果。这是从证明责任的角度来认识的。如果前诉法院生效裁判对事实的认定对后诉法院没有约束力，则后诉法院可以根据自己在后诉中的审理和证据调查重新认定事实。

笔者主张前诉法院生效判决所确认的事实对后诉法院没有法律上的约束力，仅有事实上的影响，因为前诉法院对该事实的认定总是在其特定的诉讼环境中的结果，这种特定的诉讼环境包括，当事人、证人不同的陈述方式、律师不同的诉讼技巧、证据适用的不同方式或时机、逻辑方法的运用、提出的证据、法官的认知心理等。特定的诉讼环境自然会形成不同的心证结果，法院对事实的认定也就会有不同的结果，强求前诉判决对后诉法院事实认定的约束力不符合案件事实认定的客观实际与事实认定的相对性。至少，当提出的证据不同时，对主张的事实就会有所不同，这是很容易理解的。《民诉法司法解释》所谓“有相反证据足以推翻”当然是指有了新的证据。也许人们可能会担心，如果后诉的事实认定与前诉事实认定不一致时，是否导致对前诉判决的否定。但如果我们正确认识了事实认定的相对性，这种担心就不存在。判决总是在特定的诉讼环境下的结果，其正当性在于是否依据该案件所主张和证实的事实作为基础，并正确的适用法律，如此就是公正的。

ⅳ 前诉生效裁判对事实的认定与判决的事实效力、争点效

其一，判决的证明效力或事实上的效力。

在国外的判决理论中，前诉确定的判决对事实的认定具有事实上效力，即所谓证明效力。这种效力不同于确定判决本身的拘束力。虽然前诉法院对事实的认定不具有法律上的拘束力，但这种认定会对后诉法院的事实认定产生事实上或实际上的影响，因而称为事实上的效力。也就是说，如果后诉法院审理案件的法官认同这种事实认定，则会将前诉判决的事实认定视为一种有力的证明。相反，后诉法官也可能对前诉判决的事实

认定不予认同，而是依靠本案的证据调查确认案件事实，并以此为依据作出判决。

其二，争点效。

在国外的诉讼理论中，针对确定判决的事实认定问题，也有一种争点效的认识或理论。按照国外（大陆法系国家）的既判力理论，前诉判决理由中的判断没有既判力，当事人可以就该判断事项另行提起诉讼，所以就可能发生后诉法院在诉讼判决的结果与前诉判决理由相矛盾。以前述为例，在前诉中法院判决某争议的房屋所有权归属于原告。判决生效后，前诉的被告或其他人针对所有权取得的原因——赠与关系提出争议，要求后诉法院确认赠与关系不成立。后诉法院审理后作出判决，确认该赠与关系不成立，这样就导致可能推翻前诉判决。在我国民事诉讼中，这样的情形似乎不会发生，因为在我国民事诉讼法没有规定判决的拘束力仅限于判决主文，人们也没有意识到既判力客观范围的问题。因此，从我国的诉讼实践来看，不仅法院判决的主文有拘束力，而且判决理由也有拘束力。或者说，人们在是否有拘束力的问题上是模糊的。如果判决理由也有拘束力，自然就不允许当事人在后诉中就判决理由中的判断事项另行诉讼。即使已经提起诉讼，后诉被告也会以前诉判决中的理由进行抗辩，要求法院驳回后诉原告的诉讼请求。法院也往往以前诉判决的理由为根据驳回原告的诉讼请求。而在大陆法系，由于判决的理由部分没有既判力，这样就会因为后诉法院的判断与前诉法院判断的不一致，使前诉法院的判决有可能处于一种不稳定的状态，当事人的另行诉讼也将耗费诉讼资源。当然不能因此认为后诉法院的判决对前诉法院判决理由的否定就得出前诉法院的判决是违法的，因为前诉法院的判决理由的产生可能有多方面的原因。

因为这种矛盾系既判力制度所致，所以适用既判力制度国家的学者为了解决这一问题提出了既判力范围扩张的思路。德国学者认为，应当将既判力的客观范围加以扩张，当判决理由中所涉及的法律关系是作为判决诉讼标的前提的法律关系时，该判决的既判力就应当及于作为前提的法律关系。也就是前诉判决理由中对该法律关系的判断，当事人也不得置疑或提起诉讼，后诉法院的裁判也要受该判断的拘束。〔11〕 19 世纪末德国起草民事诉讼法典时，著名德国学者萨维尼就主张前诉判决的理由都应当对后诉裁判具有既判力。“二战”以后又有德国学者认为并不是在所有情形下前诉判决中的理由对后诉都有既判力，只有当如果后诉的判决不受前诉判决理由的拘束，前诉判决将实际推翻或否定时，前诉判决的理由才有既判力。〔12〕 20 世纪 70 年代，德国学者亨克尔则提出“经济价值之标准”，主张前诉与后诉具有相同的经济价值时，前诉判决的理由对后诉具有既判力。如果前诉的经济价值与后诉的经济价值不同时，前诉判决的理由对后诉就没有既

---

〔11〕 主张该观点的德国学者有亨克尔（Henckel）等。参见陈荣宗：《民事诉讼法》，三民书局 1996 年版，第 658 页。

〔12〕 参见骆永家：《既判力之研究》，台湾大学法律系法律丛书编辑委员会 1991 年版，第 65 ~ 72 页。

判力。[13]

既判力客观范围的扩张其实质就是突破关于既判力客观范围仅限于诉讼标的的原则,虽然能够解决前诉判决与后诉判决的矛盾,使纠纷能够一次性解决,避免造成诉讼资源的浪费,但既判力扩张的最大问题是,实际上将原告与被告之间的诉讼标的也强制性地加以扩张,超出了当事人双方的意思范围,将当事人没有纳入诉讼标的加以裁判的事项也受到既判力的拘束,致使当事人丧失对这些事项进行诉讼的可能。

为了使争议一次性得到解决,防止前诉与后诉的矛盾,日本学者新堂幸司提出了另一种思路。这种思路不是考虑既判力的扩张,而是在既判力之外,提出一种效力。这种效力不同于既判力,既判力的范围仍然按照过去的原则只及于判决的主文,而这种新的效力及于判决的理由。确切地说,应当是判决理由中各争点的判断在后诉中不得加以争论,这种效力就称为"争点效力"或"争点效"。这样判决对后诉的拘束力就包含了既判力和争点效力两种。争点效力理论主要是吸取了美国法中的既判力理论和德国既判力扩张以及日本学者有关参加诉讼效力扩张的思想营养。争点效力的理论基础是诚实信用原则和公平原则。前诉判决理由中的各争点因为前诉中当事人已经进行了争辩,法院也对这些争点问题进行了实质上的审理,并作出了判断,因此就不应当允许后诉的当事人在诉讼中再行争议。如果再争议既违反了诚实信用原则,又不符合公平原则。例如,在原告基于所有权要求被告返还土地的诉讼中,原被告双方都对所有权归属的争点问题进行了证明和辩论,法院审理后判决被告应当返还土地给原告,该判决的理由中确定原告对该土地享有所有权。判决生效后,原告提起要求撤销前诉被告所有权登记的诉讼。在这一诉讼中,受前诉争点效力的拘束,被告不得主张及证明自己拥有对土地的所有权。法院也要受该争点效力的拘束,不得将该土地的所有权裁决给被告。前诉中所有权的归属是争点,前诉法院对该争点的判断对后诉具有拘束力,尽管该争点在前诉中不过是判决的理由。虽然,在法院的判决主文之外的争点判断也具有对后诉的约束力,但这种约束力即争点效的发生是有条件的。这就是争点作为诉讼当中的争议经过法院实质上审理,并作出了判断。

关于争点效产生的具体要件,可从以下几个方面把握:(1)对后诉法院有约束力的争点判断,其争点是前诉的主要争点,而非前诉中的所有争点。(2)当事人双方对该争点穷尽了所有的主张、举证和证明。(3)法院对于该争点已经进行了实质性的判断。(4)前诉与后诉的系争利益大小相同或者前诉系争利益大于后诉的系争利益。如果说后诉的利益大于前诉的利益,则前诉的争点对后诉没有争点效力。例如,前诉的诉讼标的只是利息,而不涉及本权,而后诉涉及的是本权,那么前诉中关于利息的争点判断就不能对本权的判断产生争点效。

---

〔13〕 参见陈荣宗:《民事诉讼法》,三民书局1996年版,第659页。

主张争点效力理论的学者认为,争点效最大的优点就在于可以保持既判力客观范围限于诉讼标的的原则,又能够避免重复诉讼和矛盾裁判,也能解释新诉讼标的理论的缺陷。当然,也有学者明确地反对争点效以及相应的观点,认为这会导致当事人诉讼中的守备范围扩大,诉讼的范围也会由此扩大,使诉讼变得更加复杂化。

争点效与前诉法院事实认定对后诉法院事实认定的约束,有些方面是共同的,但似乎也存在不同之处。前诉争点是否能够等同于事实的争议,对有争议的事实的判断似乎就是对争点的判断还不是太清晰。从争点效理论来看,强调了前诉与后诉的系争利益的比较,而事实认定不存在利益的比较问题,涉及的是同一事实是否为法院所认定的问题。因此,不能用争点效理论解决前诉法院事实认定对后诉法院的约束力问题。

(二)生效仲裁裁决确认的事实

按照《民诉法司法解释》的规定,生效仲裁裁决确认的事实与生效民事裁判同样,在民事诉讼中也具有免证作用。就规则制定者的意图而言,赋予生效仲裁裁决确认的事实具有免证作用或效力,同样是因为该事实经过了仲裁机构的审查认定,基于举证证明的成本考虑免除民事诉讼当事人对该主张的事实举证证明的责任。这种考量实际上将仲裁裁决视为是一种间接证明。虽然按照《民诉法司法解释》,生效仲裁裁决确认的事实具有免证效力,但同样面临着该事实是否具有法律上的约束力的问题。关于这一问题,可参见上述的相关论述。笔者同样认为,生效仲裁裁决所确认的事实对后诉法院也没有法律上的约束力,而仅有事实上的影响。理由也与上述论述相同。

五、免证的否定情形

虽然依照《民诉法司法解释》的规定当事人对有些事实是可以免证的,但是这些免证作用也是有条件的。除了自然规律、定理、定律属于绝对免证之外,其他如:(1)众所周知的事实;(2)根据法律规定推定的事实;(3)根据已知的事实和日常生活经验法则推定出的另一事实;(4)已为人民法院发生法律效力的裁判所确认的事实;(5)已为仲裁机构生效裁决所确认的事实;(6)已为有效公证文书所证明的事实。这六项也都属于可能被否定的免证。自然规律、定理、定律如果能够被否定,那么也就不能称其为自然规律、定理和定律。

一旦免证的事实在诉讼中因为当事人提出的相反证据遭否定时,主张该事实的对方当事人就必须就该主张的事实再行提出证据加以证明。这些免证事项包括两大类:一类是已经在先前的诉讼或仲裁中主张过的事实;另一类是本案诉讼中新主张的事实。虽然前诉或仲裁中主张的事实获得确认,在一方当事人提出相反的证据时就可能被否定。前诉或仲裁中主张的事实在后诉中被否定,显然是因为诉讼场景的不同。不同的诉讼场景包括不同的证据、证据运用的方法、时机、不同法官对证据证明力认识的差异等。

《民诉法司法解释》对于当事人提出证据对免证的否定,设置了不同的情形。对于众所周知的事实、根据法律规定推定的事实、根据已知的事实和日常生活经验法则推定出的另一事实,当事人有相反证据足以反驳的,不享有免证的权利;对于已为人民法院发生法律效力的裁判所确认的事实、已为仲裁机构生效裁决所确认的事实、已为有效公证文书所证明的事实,当事人有相反证据足以推翻的,不享有免证的权利。也就是说,前三类事实与后三类事实被否定的要求不同。前三类事实否定的要求是有相反证据"足以反驳",后三类要求有相反的证据"足以推翻"。

从规则制定者的意图来看,认为对后三类事实的免证否定应该更高一些。这样的规定是一种指示性的,提示法官在审理中应当更加谨慎。具体如何把握什么是足以反驳,什么是足以推翻,则需要根据案件的具体情形加以对待。

思考题

1. 设定免证事实的理由是什么?
2. 免证事实与司法认知有何不同?
3. 如何理解前诉生效裁决确认的事实对后诉的影响?

参考文献

1. [美]罗纳德·J. 艾伦、理查德·B. 库恩斯、艾莉诺·斯威夫特:《证据法:文本、问题和案例》(第三版),张保生、王进喜、赵滢译,高等教育出版社 2006 年版,第 12 章"司法认知",第 879 ~904 页。
2. 段文波:《预决力批判与事实性证明效展开:已决事实效力论》,载《法律科学》2015 年第 5 期。
3. 郭翔:《美国判决效力理论及其制度化借鉴——基于争点效力理论的分析》,载《民事程序法研究》(第十四辑),第 169 ~203 页。

案例分析

扫描二维码阅读案例及作者对该案例的精彩分析。

第十一章　证 据 收 集

第一节　证据收集概述

一、证据收集的含义

根据民事诉讼法的规定,法院审理和裁判案件应当以事实为根据,所谓以事实为根据集中体现为以证据为根据对案件事实作出认定。因此,在民事诉讼中,当事人为了证明自己的事实主张或反驳对方的事实主张都将全力以赴收集对己有利的各种证据。《民事诉讼法》第 64 条规定,当事人对自己提出的主张,有责任提供证据。在当事人自己不便收集证据时也会委托律师收集证据。在当事人因客观原因难以收集证据时也可以申请法院收集相关证据。当事人对自己提出的事实主张原则上应当由当事人自己收集证据加以证明,但在某些特殊情形下,法院也可以依职权收集证据,以便查明案件事实。根据我国民事诉讼法的规定,检察机关有权对民事诉讼和民事执行进行检察监督,因此为了实现检察监督,作为诉讼参与人、监管者的检察机关也有权收集证据。另外,检察机关作为国家法律监督机关也可以提起公益诉讼,为了提起和实施公益诉讼,检察机关在公益诉讼中也有权收集证据。

民事诉讼法赋予了诉讼主体在合法的前提下广泛收集相关证据的权利。收集证据也是当事人的一项重要的诉讼权利。《民事诉讼法》第 49 条规定,当事人不仅可以自行收集证据,也可以委托代理人收集证据。《民事诉讼法》第 61 条规定,代理人的律师或其他诉讼代理人可以收集证据。《民事诉讼法》第 64 条第 2 款规定,当事人及其诉讼代理人因客观原因不能自行收集的证据,或者人民法院认为审理案件需要的证据,人民法院应当调查收集。《民事诉讼法》第 67 条规定,人民法院有权向有关单位和个人调查取证,有关单位和个人不得拒绝。

随着我国民事诉讼证据制度的发展,证据收集制度在不断完善,但在证据收集的制度规范方面尚有需要进一步完善之处。例如,关于职权收集证据的问题,律师收集证据的权利保障,书证或文书提出义务制度,对方当事人的证据开示、当事人照会等制度都还需要建立或完善。

二、证据收集与"证据的调查收集"

在法条表述和实践中，也使用"调查取证"或"调查收集证据"的说法。《民事诉讼法》第 67 条中就有"人民法院有权向有关单位和个人调查取证"这样的表述。《民事诉讼法》第 61 条也有规定，代理诉讼的律师和其他诉讼代理人有权调查收集证据。人们在使用调查取证或调查收集这样的表述时，将"调查"作为"取证"或证据收集的手段或前提。"调查"在这里的含义是了解获取有关证据所在及状态的手段、方法。应当注意的是，在国外或域外，"证据调查"或"调查证据"有特定的含义，是指法院在诉讼中对证据资格、证据的证明力进行查证和判断的过程。例如，证人询问就是对证人这种证据方法的调查，相当于我国《民事诉讼法》第 64 条第 3 款后段规定的法院应当"审查核实证据"或民事诉讼法所规定的质证、认证过程。

笔者认为，在民事诉讼法上应当将"调查"与"收集"加以区别使用。混同或联接会导致人们不仅误读这两个概念的自身含义，也导致对国外或域外证据调查制度的错误理解，从而导致将两种不同性质的行为混淆起来。在民事诉讼中收集证据的行为多数情形下就是当事人的诉讼行为，即私权行为，而证据调查则应是法院对当事人收集和提出的证据在特定的程序中，进行甄别、核查、质证，以确定真伪的行为，是一种公权力行为，是法院独享的一种权力，当事人以及其他非审判主体不存在证据调查的权力。作为法院证据调查权的行使，法律上都有相关的规定和程序。原则上证据调查是必须公开的，即使法官在庭外进行的证据调查也应当将过程和结果予以公开。当事人及律师为了查明案件事实真相对案件情况的了解以及对相关信息的收集不是证据法上的证据调查。对证据收集和证据调查的界别，有利于我们更好认识和规范不同的行为，尤其是对证据调查的规范和相关制度的建构。因此，将证据调查与证据收集加以区分有其积极意义。建议今后法律修改时在表述上不再使用调查取证的概念。人们在认识国外或域外证据制度或理论时也要特别注意其证据调查的含义，以免误用。

三、民事诉讼证据收集的特点

与刑事诉讼证据收集相比较，民事诉讼证据收集是一种私权行为，刑事诉讼的证据收集主要是一种公权行为。这是民事诉讼与刑事诉讼在证据收集方面最大的不同。

民事诉讼的证据收集原则上是一种私权行为，公权力原则上不能介入。民事诉讼是为了解决平等当事人之间的民事权利义务争议，因此，双方当事人对自己提出的事实主张有责任提供证据加以证明，这也是民事诉讼当事人自我责任的体现。因此，民事诉讼的证据收集主要依赖于当事人通过私权利的行使在合法前提下收集证据。只有在特殊情形下才可以向法院申请，由法院收集证据。虽然根据我国民事诉讼法，法院也可以依职权主动收集证据，但这种职权收集证据的行为受到严格的限制。理论上也不主张在当事人没有申请的情形下享有主动收集证据的权力，因为这种职权收集证据的行为容易影响法院审理和裁判的中立。

在刑事诉讼中，证据的收集主体既包括公安机关、检察机关、行政执法机关，也包括一般公民、法人和组织，但在诉讼中指控被告嫌疑人犯罪事实的证据是由公安机关、检察机关所收集的，指控犯罪的证据是通过这些机关行使公权力来实现的。正是由于这一特征，使得民事诉讼法和刑事诉讼法各自对证据收集以及证据的运用都有了不同的规范要求。最为突出的就是，对传闻证据以及非法取得证据的排除方面有所不同。刑事诉讼绝对排除传闻证据以及非法取得的证据。而在民事诉讼中传闻证据和某些非法取得的证据也可能具有可利用性。

第二节 证据收集的原则

无论是当事人自行收集证据、当事人的律师收集证据，还是法院根据当事人申请收集证据或依职权收集证据以及检察机关收集证据，都应当坚持证据收集的合法性和客观性两大原则。

一、合法性原则

根据合法性原则，当事人及其他机构收集证据都不得违反法律的规定收集证据。收集证据中行为人的行为触犯法律的，将承担相应的法律责任。

在民事诉讼中，需要讨论的是获取证据的手段违法是否导致证据的合法性问题。如果根据刑事诉讼的“毒树之果”的观点，手段的违法将导致所获得的证据也不具有合法性，不能在诉讼中利用，不能作为证明案件事实的证据。“毒树之果”的观点在于通过否定违法获得证据的合法性，可以防止鼓励人们为了获得证据而采取违法行为，相反，如果承认手段违法与证据本身合法性的分离就可能鼓励人们违法。因此，在刑事诉讼中为了防止公权力机关以违法手段获取证据，刑事诉讼实行非法证据排除规则。在民事诉讼中是否实行“毒树之果”的原则，涉及违法获取证据与发现真实、权利维护之间的衡平关系问题。在违法程度不高，没有其他方法可以获取证据以证明被侵权的事实，基于维护自己的合法权益的目的可以适当考虑获取手段违法的法律责任与证据合法性的分离，或者轻微的违法不影响该证据的有效性，承认其证据资格或能力。

二、客观性原则

客观性原则是指当事人以及其他机构在收集证据时，应当客观地、实事求是地收集证据,不得伪造(包括编造、变造证据等行为)。在现实中,由于对胜诉利益的追求,当事人在收集证据时为达到自己的目的,常常可能在证据收集中伪造各种证据。毫无疑问,伪造证据行为严重地妨害了司法公正,是性质恶劣的违法行为。具体到民事诉讼法上,伪造证据的行为构成了妨害民事诉讼秩序的行为。根据《民事诉讼法》第 111 条的规定,伪造证据、指使、贿买、胁迫他人作伪证的,人民法院可以根据情节轻重予以罚款、拘留;构成犯罪的,依法追究刑事责任。

在理解客观性原则时,人们可能面临如何理解证据的客观性与证据收集的处分性的关系问题。所谓证据收集的处分性,是指虽然客观存在对当事人不利的证据,当事人是否有权不予理睬,或者说没有收集客观存在的对己不利的证据是否构成违反客观性原则。当事人不收集对己不利的证据是人之常情,不可能以客观性要求当事人的行为违背这一常情。因此,即使客观存在对当事人不利的证据也不存在法律上违反证据收集的客观性原则。而且实际中也无法对于这一要求予以规范,即不具有现实性。

第三节 当事人证据收集

一、当事人自行收集证据

《民事诉讼法》第 64 条规定,当事人对自己提出的主张,有责任提供证据。该条即为当事人举证责任或证据提出责任。民事诉讼法通过对当事人举证责任的设置,促使当事人尽可能提出能够证明自己的事实主张的证据。由于当事人双方利益和诉讼地位的对立,在许多情形下,有助于解明案件事实的证据就会被双方提出来,法院可以通过对双方提出的证据判明原告的诉讼请求是否成立,被告的反驳主张是否成立,并由此作出裁判。由于存在举证责任,民事诉讼法就必须赋予当事人自行收集的权利。在符合法律规定的情形下,当事人有权利获得自己所需要的所有证据。只有如此,法院的裁判也才能尽可能建立在案件事实的基础之上,以达到实质公正的目的。

二、当事人委托收集证据

除了当事人自己收集证据之外,当事人也可以委托自己的代理人或其他人收集证据。其中也包括委托专业的调查公司收集证据。基于现代纠纷的复杂性、诉讼的专业化,获取信息的手段也呈现出专业化、职业化的趋势。人们对委托证据收集的需要也越来越高。

当事人委托他人包括专业调查公司或机构收集证据在实践中的法律问题是,当受委托人或专业调查公司或机构在收集证据中构成侵权时，委托人的法律责任问题。由于是委托关系，委托人就受委托人的侵权行为不会承担法律责任。但如果委托事项和内容与侵权后果有关，委托人与受委托人构成连带侵权关系，须承担连带责任。

三、律师的证据收集与民事证据收集令或“调查令”

一般而言，律师收集证据是指虽然作为当事人的代理人其收集证据也是为了当事人的利益，只是利用律师的专业法律知识和技能能够收集更多有利于当事人的证据，是当事人收集证据手段的延长。此处所要讨论的是，律师作为法律共同体的成员、具有特定执业要求的法律专业人士，是否应当具有不同于当事人的证据收集特权。这一特权集中体现为民事证据收集令制度，人们往往习惯将证据收集令称为“调查令”。（关于所谓“调查令”的概念和制度的起源，因缺乏详细的资料，无从考据。现有的多数论文是在比较法研究的基础上予以论述的。大致认为我国民事证据调查令系参考英美法系的证据开示程序和大陆法系的文书提出命令创设，也有的认为与苏俄《民事诉讼法典》中的“取证权证明书”相近。但是“调查令”这一表述为国内所使用。这种表述可能与习惯的“收集调查”有关，在习惯上收集和调查往往是同义的。英美法系有“ad inquirendum”和“writ of inquiry”的说法，在语义上与此相似，但是前者是指中世纪法律中要求对与未决案件有关的任何情况进行调查的令状，后者是指签发给郡长命令其在12人陪审团的协助下对原告的诉讼请求进行调查并对其损害进行评估的普通法令状，在英美法系目前适用的令状体系中并不存在“调查令”这一表述。）但因为该令状的内容实际上与调查无关，就是收集证据，所以，将其称为“证据收集令”更为妥当。

在20世纪末，基于审判方式改革，强化当事人的举证责任的司法导向，同时又为了解决当事人收集证据难，以及法院证据收集有碍中立（例如，在对法院收集的证据的质证就可能存在对证据合法性和正当性的预设问题，使得质证本身难以中立的进行）和证据收集成本的问题，一些人主张借鉴国外的相关制度，设立民事证据调查令制度。[1] 在一些地方法院，例如上海的一些基层法院，也开始尝试民事证据调查令制度。证据调查令主要是想依赖具有专业知识、技能和执行资质的律师群体，使证据的收集可以在一定职业操守的制约之下，能够规范地实施，同时又可以避免法院直接介入证据收集。虽然，我国《律师法》规定，律师有权调查收集证据。（第35条）《民事诉讼法》第61条也规定，代理律师有权调查收集证据。但是由于证据收集权利缺乏有力的制度支持，因此在证据收集方面与一般当事人并没有区别。

---

〔1〕 最早提出民事证据调查令设想的论文是，周赞华、章克勤、曹洁：《对民事诉讼中适用调查令的法律思考》，载《人民司法》1997年第5期。该文在1996年上海市第一中级人民法院开始试行证据调查令制度之际写就，文中对调查令的内容、实行的必要性和可行性、操作的限制条件及注意事项进行了详细阐述。

实践中,民事证据调查令制度的具体运作程序是,案件当事人的律师向管辖案件的法院申请证据调查令,法院审查后,认为有必要进行证据收集时,发给申请律师证据调查令,证据调查令中写明所要收集的特定证据。然后由律师持法院证据调查令实施证据收集行为。在性质上,调查令因为是法院签发的,具有权力属性,源于国家的公权力,因此,如果持有或保管证据的机关单位、团体、组织、国有企业无正当理由拒不提出的,就可能承担相应的法律后果。例如,拒绝提出相关证据资料的行为可以构成妨害民事诉讼的行为,适用民事诉讼法所规定的强制措施。调查令的适用范围之所以限于民事案件,是因为刑事案件涉及诸多敏感问题,例如,被告嫌疑人的辩护律师与公安机关、检察机关的关系问题。

虽然一些地方法院已经试行民事证据调查令,但由于民事诉讼法并没有相关规定,在民事诉讼法的两次修改当中也没有接纳民事证据调查令,因此导致民事调查令缺乏合法性,民事证据调查令制度难以有效实施。该制度的关键在于拒不履行民事调查令的义务时,义务人应当承担什么后果的问题。人们担心的是如果赋予了民事调查令法律效力,是否可能导致民事证据调查令的滥用问题。民事证据调查令滥用的顾虑与我国律师队伍的素质有联系。在人们对律师职业操守还有所保留的情形下,人们必然顾虑民事证据调查令的滥用问题。

要想防止滥用证据调查令,需要在程序上有相应的制度设置。例如,调查令申请的形式(书面形式)、条件(证据的相关性、必要性、证据对象的特定化);法院对申请理由的审查及期限;对驳回申请的异议权及程序;对方当事人对证据调查令申请可否提出异议及异议期限;证据调查令的裁决方式及格式要求;证据调查令的撤回;证据调查令的实施;妨碍证据调查令实施的法律后果或法律责任等。可以说,证据调查令制度的构建并非是一个简单的问题。证据调查令制度所解决的问题实质上是当事人获取证据的问题。解决这一问题并非只有证据调查令一种路径。文书提出义务制度也是解决这一问题的一条路径。文书提出义务作为一项解决这一问题的方法在大陆法系国家已经是一项比较成熟且行之有效的制度。文书提出义务制度不仅可以解决对方持有文书的提出问题,也可以解决文书证据为第三人持有的问题。属于国家机关持有或保管的文书证据的获取或提出可以通过政府信息公开制度予以实现。如此,就涉及在证据收集的国家介入方面,证据调查(收集)令制度与其他制度的选择问题。证据调查令制度需要有发达的律师制度作为支撑,没有成熟的律师制度作为保障,证据调查令制度的滥用恐怕难以正当、有效地实施。这也许就是立法者最终在该制度已经实践后依然没有在法律上予以认同的原因。当然,由于民事诉讼法立法的滞后,其他制度如文书提出义务等也没有在《民事诉讼法》中得以规定,只是在《民诉法司法解释》中有原则性规定(《民诉法司法解释》第112条,书证提出义务)。一旦民事诉讼法司法解释将文书提出命令制度具体化,具有可操作性时,调查(收集)令制度的设置是否还有必要就是一个值得讨论的问题。至少存在两种制度适用的范围问题。如果收集令也涉及文书,则与文书提出命令重合。如果收集令限于文书之外证据的收集,则如何协调物证与物权的关系问题值得探讨和慎重对待。

第四节 法院的证据收集

一、根据当事人申请的证据收集

基于真实发现的绝对化以及职权主义理念,我国在民事诉讼体制方面反映出比较强烈的职权主义取向。在证据收集方面,就体现为法院可以依据职权进行证据收集。在1982制定的《民事诉讼法(试行)》第56条第2款就规定:"人民法院应当按照法定程序,全面地、客观地收集和调查证据。"按照这一规定,法院收集证据既然要做到"全面"、"客观",就自然不可能受当事人对证据事实主张的限制。也就是说,即使没有当事人关于要求法院收集证据的申请,法院也可以根据自己的需要主动收集和调查证据。其职权主义的特征主要体现在,法院可以以自己收集、调查的证据作为裁判的依据。1991年的《民事诉讼法》受诉讼理念转变的影响,对法院职权收集证据的规定进行了修改,将"人民法院应当按照法定程序,全面地、客观地收集和调查证据",改为"当事人及其诉讼代理人因客观原因不能自行收集的证据,或者人民法院认为审理案件需要的证据,人民法院应当调查收集。人民法院应当按照法定程序,全面地、客观地审查核实证据"。根据该条也就保留了法院收集证据的两种类型——根据当事人申请收集证据和法院依职权收集证据。这也使得我国民事诉讼体制依然维系了一定的职权主义特征。

民事诉讼法之所以规定,当事人及其诉讼代理人因客观原因不能自行收集证据时,可以申请法院收集证据,与我国特有的法制环境有关。这里所说的客观原因主要是基于相关资料管理制度上的原因。由于政府信息公开制度尚未建立或完善,一些由政府机构保管的资料,当事人很难阅览和收集。另外,还有一些由商业机构和组织所管理的资料也因为当事人的社会地位难以获取。因此,作为国家司法机关的法院可以利用其权力更方便地从政府机构、商业机构和有关组织那里获得资料,提供给当事人。这与传统的组织信任或单位信任心理习惯有关。这种根据当事人的申请收集证据的行为实际上是一种广义的法律援助行为。

根据当事人的申请收集证据的做法,在一定程度上的确有助于解决当事人证据收集难的问题,有利于发现真实。但法院根据当事人申请收集证据也会导致当事人过分依赖法院,使得法院负担增加,同时可能偏离裁判中立,成为当事人诉讼的工具。因此,为了避免这两点,在制度设计上必须对其范围和条件予以限定。真实发现目的的实现也要受制于其他价值的制约。

2001 年最高人民法院制定的《民事证据规定》试图对当事人申请法院收集证据的范围和条件作出规定。该规定第 17 条规定，符合下列条件之一的，当事人及其诉讼代理人可以申请人民法院调查收集证据：(1)申请调查收集的证据属于国家有关部门保存并须人民法院依职权调取的档案材料；(2)涉及国家秘密、商业秘密、个人隐私的材料；(3)当事人及其诉讼代理人确因客观原因不能自行收集的其他材料。2015 年最高人民法院颁布的《民诉法司法解释》对其范围在表述上予以了修正。该司法解释(第 94 条)对《民事诉讼法》第 64 条第 2 款规定的当事人及其诉讼代理人因客观原因不能自行收集的证据界定为：(1)证据由国家有关部门保存，当事人及其诉讼代理人无权查阅调取的；(2)涉及国家秘密、商业秘密或者个人隐私的；(3)当事人及其诉讼代理人因客观原因不能自行收集的其他证据。

该解释中存有异议的是，既然涉及国家秘密、商业秘密或者个人隐私，当事人还能申请法院收集？法院即使有权收集涉及国家秘密、商业秘密、个人隐私的证据资料，但法院也无权交给申请的当事人，因为一旦让当事人接触涉及国家秘密、商业秘密或个人隐私的证据资料，就可能涉嫌泄露国家秘密、商业秘密，侵犯个人隐私。

在诉讼中，如何判断因为"客观原因"当事人不能自行收集证据，需要向法院申请并由法院收集证据，应由法官根据具体情形予以判断。总体而言，因为顾忌法院负担以及诉讼中立的问题，其解释应当是限制性的。

二、法院依职权的证据收集与职权探知事项

根据现行《民事诉讼法》第 64 条第 2 款后段的规定，人民法院认为审理案件需要的证据，人民法院应当调查收集。这一规定即为法院的职权收集。从民事诉讼体制理论的角度来看，这也是我国民事诉讼体制职权主义的例证。由于这一规定有偏离裁判中立的质疑，因此，《民诉法司法解释》对民事诉讼法规定的法院职权收集进行了限定。《民诉法司法解释》第 96 条规定，《民事诉讼法》第 64 条第 2 款规定的人民法院认为审理案件需要的证据包括：(1)涉及可能损害国家利益、社会公共利益的；(2)涉及身份关系的；(3)涉及《民事诉讼法》第 55 条规定诉讼的；(4)当事人有恶意串通损害他人合法权益可能的；(5)涉及依职权追加当事人、中止诉讼、终结诉讼、回避等程序性事项的。

这里需要说明的是，按照当事人主义体制和约束性辩论原则的要求，法院也并非完全不能对案件事实进行职权探知，所谓职权探知事项就包括法院依职权收集证据。关键在于需要区分法院职权探知事项的应有范围，如果超出应有范围自然也就构成职权干预。《民诉法司法解释》关于法院职权收集证据的规定比较明确地划定了法院应当依职权收集证据的范围，这些事项基本都属于法院应有的职权探知事项。例如，涉及社会公共利益、涉及身份关系、涉及《民事诉讼法》第 55 条规定的公益诉讼、当事人恶意串通损

害他人合法权益的、涉及依职权追加当事人、中止诉讼、终结诉讼、回避等程序性事项的。这些事项主要可分为两大类：一类是涉及当事人之外的利益，包括公共利益和第三人利益；另一类是程序性事项。这些事项都属于法院可以依职权进行探知的事项。当事人主义的诉讼体制和约束性辩论原则坚持的是将当事人可处分的事项与非当事人处分的事项加以区分，以便处理民事诉讼中当事人与法院的基本关系。因此，我们在界定法院依职权收集证据的合理范围时需要正确区分职权探知事项与非职权探知事项，否则会导致法院的职权干预，冲击约束性辩论原则。按照辩论原则的基本要求，法院不得将当事人没有提出的证据作为判决的依据。这主要是针对非程序性事项以及不涉及公共利益和身份关系的诉讼。

三、法院收集证据的程序要求与实施

即使是人民法院收集证据，为了保证证据收集的正当性，也应当对其证据收集规定程序性要求。为了实现这一目的，《民诉法司法解释》第 97 条规定，人民法院调查收集证据，应当由两人以上共同进行。调查材料要由调查人、被调查人、记录人签名、捺印或者盖章。关于证据收集的程序规定，最初规定在 1992 年最高人民法院制定的《民诉法适用意见》中。2015 年的《民诉法司法解释》就文字表述做了修订，没有其他实质性修改。

法院收集证据的具体实施既可以是法官，也可以是书记员或其他司法辅助人员。从合理性角度考量，证据收集的实施及结果应尽快告知双方当事人。

第五节　检察机关的证据收集

一、检察机关在实施检察监督中的证据收集

我国《民事诉讼法》规定了检察机关在民事诉讼（包括民事执行）中的检察监督职能。《民事诉讼法》第 14 条规定，人民检察院有权对民事诉讼实行法律监督。《民事诉讼法》第 235 条还规定，人民检察院有权对民事执行活动实行法律监督。要实现检察机关对民事诉讼的检察监督职能就必须赋予检察机关实现检察监督的权力（权利）。这些权利中基本的一项权利就是收集证据权利。在这逻辑应该没有问题。人们争论或异议的问题在于，在一般的民事诉讼（除身份关系的诉讼）中，检察机关是否可以以公权力手段获取证据。这一问题与以往讨论的，在民事诉讼中检察机关是否有必要实施监督的这一基本问题联系起来。

按照一般民事诉讼的特点，纠纷当事人双方是平等的民事主体，围绕着民事权利（私

权)义务之间的争议,对于这种争议的解决,法院作为裁判的中立者只能消极地在当事人自己主张的范围内,根据事实主张以及相应的证据作出裁判,国家不能进行干预。据此,作为国家机关的检察机关也就没有必要进行干预。如果没有必要干预,检察机关也就没有必要享有证据收集的权力(利)。相反,一旦检察机关介入平等当事人之间的民事诉讼,则不可能否定检察机关拥有收集证据的权力,如果检察机关作为公权力机关动用公权力收集证据,势必要打破一般民事诉讼当事人双方的诉讼平等,也就形成另一种国家干预。当然,根据我国《宪法》和《民事诉讼法》的规定,检察机关有权对民事诉讼进行监督。这就是涉及对检察机关对民事诉讼进行监督的理解问题,是一种广泛的监督,还是针对特殊诉讼类型的监督。如果是针对特殊诉讼类型,例如关于身份关系诉讼、关于涉及国家利益、公共利益诉讼的监督,那么检察机关收集证据的权限也就只能限于这些诉讼之中。

二、检察机关在公益诉讼中的证据收集

根据《民事诉讼法》第55条的规定,对污染环境、侵害众多消费者合法权益等损害社会公共利益的行为,法律规定的机关和有关组织可以向人民法院提起诉讼。

检察机关作为宪法和法律所规定的法律监督机关,就其监督职能而言应当具有提起环境公益诉讼的权利,这也是学术界较普遍主张的认识。[2] 2000年,最高人民检察院发出了《关于强化检察职能、依法保护国有资产的通知》,明确提出检察机关应充分发挥检察职能,对侵害国家利益、社会公共利益的民事违法行为提起诉讼。在2012年《民事诉讼法》修改之前,地方检察机关也有提起环境公益诉讼的实践尝试。例如,浙江省平湖市检察院诉嘉兴海宁蒙努集团等5家公司环境污染侵权案。[3] 如果将《民事诉讼法》第55条中的"法律规定"理解为,须具体法律对于检察机关的公益诉权权能明确加以规定,则目前检察机关尚不能就任何公益诉讼享有提起诉讼的权利,因为目前尚未有法律对此明确加以规定。在这一点上有一个解释论的问题,如果在政策上我们希望检察机关更多地介入公益诉讼,则可以将《民事诉讼法》此条中的"法律规定的有关机关"理解为法律对其基本监督职能予以规定的那些机关,也就是说,只要宪法上对检察机关的法律监督职能

---

〔2〕 齐树洁:《环境公益诉讼原告资格的扩张》,载《法学论坛》2007年第3期;吕忠梅:《环境公益诉讼辨析》,载《法商研究》2008年第6期。

〔3〕 嘉兴市绿谊环保服务有限公司受嘉兴海宁蒙努集团、浙江宏昌制革有限公司、浙江大众皮业有限公司、海宁瑞星皮革有限公司4家公司委托处理制革过程中产生的五千余吨污泥(铬浓度为1.09%),将污泥倾倒在平湖市的池塘内,对饮用水源造成了严重污染。环保局对绿谊公司做出《行政处罚决定书》,责令限期清除污泥,并处以最高罚款5万元。但是,行政处罚不能弥补环境污染造成的直接经济损失和处理污染所需费用。2011年11月,平湖市检察院以原告身份对5家企业提起了诉讼,要求判令被告赔偿直接经济损失54.1万元,包括污泥场地边河堤加固费5.94万元、污泥场地后续处理费约23.35万元等。12月,经法院调解达成和解协议,绿谊公司支付因环境污染造成的直接经济损失541373元,诉讼费4607元。

做了规定,也就没有必要在其他相关的法律法规中一一加以规定。是否需要检察机关更多的介入,也涉及检察机关的检察监督的范围和实际应对能力的问题。在应对能力方面,一旦开放检察机关的公益诉权,检察机关是否能够有效应对是一个必须面对的现实问题,尤其是环境公益纠纷不断增加的情形下。有学者认为,在现有法律制度框架内,检察院以直接起诉的方式维护公共利益缺乏明确、直接的法律依据。也很难通过法律解释的方法使这种"司法实验"具有合法性。如果要推行检察院提起公益诉讼,需要修改《民事诉讼法》中的检察监督条款、案件受理条件条款,也需要修改《人民检察院组织法》中的检察院职责条款。因此主张检察院通过督促起诉、支持起诉的方式来推动公益诉讼程序的启动,在推动无效的情形下才直接起诉,即所谓"间接型"。[4] 也有学者直接反对检察机关具有公益诉讼原告资格,认为对于社会公共利益已经有其他国家机关行使职权加以维护,检察机关的介入没有必要。[5] 这一问题涉及检察监督职能的深层问题。不过,根据党的十八届四中全会的决定,检察机关提起公益诉讼已得到政策支持,检察机关也在积极推进检察机关提起公益诉讼的制度建构和实践活动。2015 年 7 月,第十二届全国人大常委会第十五次会议通过了《关于授权最高人民检察院在部分地区开展公益诉讼试点的决定》,2015 年 12 月根据该规定,最高人民检察院通过《人民检察院提起公益诉讼试点工作实施办法》,2016 年 2 月最高人民法院发布《人民法院审理检察院提起公益诉讼案件试点工作实施办法》。相信最终在法律上对于检察机关提起公益诉讼将明确加以规定。

在检察机关提起的公益诉讼中,检察机关当然享有证据收集的权利(权力)。需要的讨论的是检察机关收集证据权利的范围问题。这一问题与检察机关提起公益诉讼的地位有关。在检察机关提起的公益诉讼中,检察机关是公益诉讼的适格原告——公益诉讼的当事人,因此,检察机关在其提起的公益诉讼中就享有广泛的证据收集的权利。可以广泛收集关于加害人侵害社会公共利益的所有证据,正是由于作为公权力的国家机关的特殊地位才使得检察机关提起公益诉讼具有了特殊的优势,就这一角度而言,检察机关参加公益诉讼,更有利于对社会公共利益的维护。当然,在检察机关提起的公益诉讼中,检察机关的诉讼监督人地位就可能不复存在了。不可能在公益诉讼中将当事人与诉讼监督人的双重身份集于一身。

第六节　我国证据收集制度的完善

从我国民事诉讼法的规定来看,证据收集方法还限于当事人自行收集、法院根据当

---

〔4〕 韩波:《公益诉讼制度的力量组合》,载《当代法学》2013 年第 1 期。

〔5〕 章礼明:《检察机关不宜作为环境公益诉讼的原告》,载《法学》2011 年第 6 期。

事人的申请收集以及法院依职权收集三种。《民诉法司法解释》增加了书证(文书)提出义务,进一步丰富了当事人获取证据的路径。但这一规定还缺乏具体的制度规定和操作程序,需要进一步细化,法律上也要加以明确规定。例如,关于书证提出的申请及方式、书证提出义务的条件、书证的范围、书证提出义务的主体范围、法院的审查程序和裁判、不提出的法律后果以及救济方式等。从证据收集制度的完善角度,日本的当事人照会和律师照会制度也有必要予以借鉴,在民事诉讼法和律师法中增加当事人照会制度和律师照会制度。律师证据收集令也并非没有建构的余地,为了有效调动律师收集证据的资源,可以考虑申请条件较为严格的律师证据收集令制度,尤其是对涉及身份关系的诉讼和公益诉讼。另外,美国证据开示制度中的某些做法也有可借鉴之处。例如,证据开示中的证言录取制度等。在制度建构方面,要有更多的方法和路径方便当事人获得更多的证据,以便实现发现真实的价值追求,同时,也要注意防止证据收集中的权利滥用。防止滥用证据收集权利对于制度设计者是很大的挑战。

知识扩展

一、证据开示制度

证据开示制度(Discovery)是美国民事诉讼法或证据法上的一种重要的、也是特有的制度。证据开示制度虽始于1938年之前,但真实广泛适用,还是要归于1938年的《美国联邦民事诉讼规则》。

通常认为证据开示的目的在于四个方面:(1)可以大大减少突袭裁判(ambush)的可能,从而实现了程序正义;(2)有助于保存证据;(3)有利于促进当事人之间的和解;(4)可以减少法院在诉讼中司法资源的消耗。因为证据开示有利于缩小当事人争议的范围,也就缩小了审判调查的范围。

证据开示制度是美国民事诉讼中的一项特色。其特点在于根据证据开示制度,一方当事人可以广泛地要求对方开示自己的事实主张和证据。所谓广泛就是说,只要(1)与诉讼标的有关;(2)是合理的,非重复的,不过多增加开示人负担的;(3)不属于特权范围,都是可以开示的证据。如此广泛的证据开示在大陆法系国家,例如德国、日本等都是不被完全认可和理解的。特别是"与诉讼标的有关",就是一个可以广泛拓展的概念。

证据开示主要有以下几种方式:

1. 录取证言。录取证言是一方律师为了获得潜在证人(美国证据法中,证人也包括当事人在内)的证言所采取的一种形式。这也是证据开示中运用最多的一种方式。证言录取采取口头记录并转换为文本的方式记载被录取人的证言。所谓潜在的证人,是指被录取证言的证人也可能成为以后在诉讼中被询问的证人。关于证人询问,美国民事诉讼中有非常细致的规制,包括诉讼规则和判例。

2. 书面质询。所谓书面质询或质问,是指一方当事人的律师可以向对方当事人发出要求该当事人就案件相关的事实问题(地址、日期、雇主、相关历史、数额、清单等)予以回答的文书。被质询的当事人的回答必须是在宣誓之后的回答。也就是说,回答应当是诚实信用的。质询书可以在审判中使用,当事人对质询书内容的回答就是当事人的陈述。质询书的制作和运用与证言录取一样是一项非常讲究策略和技巧的诉讼技术。

3. 提供文件和物品。根据《美国联邦民事诉讼规则》的规定,任何当事人都可以要求对方当事人提供与案件相关的文件和物品,并可以在返还给对方当事人之前进行检查和复制。这里的文件的范围非常广泛,包括文本文件,也包括数字化的信息物品。过去,文件和物品仅限于当事人所持有的文件和物品,现在已经有条件的扩张到当事人之外。对于提供文件和物品这一证据开示的主要限制是,要求开示的一方必须提出具体的请求。没有明确的请求,就可能遭到拒绝。

4. 身体和精神(心理)检查。身体和精神检查通常运用于有关人身伤害案件的诉讼中。出于公平起见,检查专家由被告方提供,但查验包括的副本应当交给对方当事人。被告一方当事人也可以要求原告一方提供被查验人之前的医疗历史资料。

5. 要求承认(自认)。在证据开示中,一方当事人可以提出案件中的某些事实要求对方予以承认。一旦承认,该承认对该当事人有约束力。当然,该当事人也可以拒绝对提出的事实主张予以否认。拒绝的法律后果在于被拒绝承认的事实如果在审理中被证实是存在的,那么所有关于这一事实主张的证明费用由拒绝承认的一方承担。

证据开示是以律师为主体,在证据开示中发生的各种争议,主要通过双方律师协商解决,如果不能协商解决将交给法院裁决。因此,与大陆法系民事诉讼不同,案件事实的揭示主要依赖于双方律师。

证据开示在有利于大量揭示案件事实的优越性之外,也存在容易被滥用的弊端。造成诉讼拖延、增加对方当事人的诉讼成本和负担、给当事人造成心理压迫、侵害隐私权、泄露商业秘密、强化规避技巧等都是人们对证据开示制度弊端的指责。[6]

二、日本的当事人照会制度

根据日本《民事诉讼法》第163条的规定,当事人可以就主张举证的必要事项,有权要求对方予以书面回答。这一制度也就是所谓的"当事人照会"制度。当事人照会制度原来规定只能在诉讼系属以后,为了便于当事人收集证据信息,2003年修订后的《民事诉讼法》规定当事人也可以在起诉前行使这一权利。

1. 当事人照会的根据。关于当事人照会的根据,在日本学术界有不同的观点:(1)礼节说。当事人照会是基于当事人之间一种沟通的礼节。(2)证据平等方法说。当事人照会是基于证据不均匀分布(证据偏在)时,为了确保当事人诉讼武器平等的一种方法。(3)诚实信用原则说。有人认为,这是基于当事人之间的诚实信用原则(参照日本《民事诉讼法》第2条)。(4)需要说。当事人照会是基于充实诉讼争点和证据的需要。(5)真实裁判说。还有人认为

---

〔6〕 关于证据开示,参见[美]斯蒂文·苏本等:《民事诉讼法——原理、实务与运作环境》,傅郁林译,中国政法大学出版社2001年版。

这是真实裁判的需要等。(6)综合说。这种观点认为,立法者是将上述各种根据论综合衡量(特别是以诚实信用原则和真实裁判的要求为杠杆)来考虑当事人照会制度的根据的。也就是说,以1996年《民事诉讼法》修订为契机,立法者的思想发生了转变。现在的观念是,当事人借对方信息匮乏之机竟然可以赢得诉讼是不妥当(不公正和不公平)的。从这一思路出发,我们就可以把文书提出义务的一般化(第220条第4项)、禁止单纯的否认而要求积极的否认(《民事证据规定》第79条第3款)等制度规定结合起来,全面理解1996年《民事诉讼法》修订后的信息(证据)开示制度的精神。传统的民事裁判实务中,人们的潜意识是,当事人因为对方信息匮乏而获得胜诉没有什么违法或不当之处,于是也就没有必要让对方知道对其有利的信息。但是当事人照会制度让人们的这一思想观念发生了转变——不管该信息有利还是不利,当事人都必须提供给对方。这样一来,是不是说保障当事人(不向法院提出事实和证据的)自由的辩论主义发生了变化了呢?这可能涉及如何理解日本民事诉讼法中的辩论主义的问题。如果说辩论主义的基本命题是不能将当事人没有主张的事实(主要事实和重要的间接事实)作为判决的基础,不允许法院以职权调查证据等,总之是禁止法院的过度介入。如果这样理解,应该说辩论主义原则的本质并未因当事人照会制度而发生了任何改变。上述命题即使在现行的民事诉讼法中也同样是妥当的。主张责任、证明责任的概念和证明责任的分配也没有发生变化。但是,由于当事人之间要进行信息开示活动,对方当事人现在可能会得到以前根本无法得到的事实和证据,而该当事人又会主动地将通过信息开示得来的某一事实和证据呈现在诉讼中。这样一来,诉讼中出现的事实和证据无论是在质的方面还是在量的方面都和以往不同。因此,和以前的诉讼形态相比现在的诉讼形态应该说是异质的。在这个意义上,也可以认为辩论主义原则的内在由于其外表的改变也发生了某种程度的变化。

2. 当事人照会的要件。当事人照会的内容限于主张立证所需的必要事项,而且禁止当事人发出如下照会:(1)不具体的或非个别的照会;(2)侮辱对方或令对方感到困惑的照会;(3)重复照会;(4)要求对方陈述意见的照会;(5)须花费对方金钱或时间且不存在正当理由的照会;(6)涉及拒绝作证权的照会。由于不得发出要求对方陈述意见的照会,因此照会的事项仅限于事实(新堂第503页)。涉及对方对案件意见、案件评价甚至是关于诉讼策略的照会也是被禁止的。这是充实诉讼所需的当然之举。因为对于客观事实,应该推动双方做到信息共享,但是对如何评价和使用该信息,则需要对立的双方当事人智慧的较量,从而不断的充实诉讼。如果暴露了诉讼策略,那么当事人之间就不会形成竞赛关系。也正是基于这一理由,1996年《民事诉讼法》修订的时候依然维持了当事人的调查义务(《民事证据规定》第85条)。如果一方当事人的诉讼策略是无原则的依赖对方所掌握的信息,那么这一诉讼策略亦为法所不容。因此,如果发出照会的一方通过简单的调查即可查明该照会的内容,这样的照会也是被第163条(或者涉及第2项所指侮辱对方或令对方感到困惑的照会)所禁止的。美国法中有所谓 work product 理论(诉讼准备活动成果保密法理),这一法理也通行于日本,因此对于已经超出了单纯的事实和信息的范围而涉及案件评价和诉讼策略的照会,原则上应予禁止。其次,关于照会事实的界定问题主要涉及以下几点:(1)对主要事实的承认与否(否认或自认)应该在辩论中予以明确,因此将之在当事人照会中提出是否合法?比如,原告以被告不贞为由起诉离婚,那么原告是否可以向被告发出照会,要求对方说明其是否在某日某时与某异性在宾馆同宿的事实呢?(2)在被告还没有于辩论中明确该事实存否的时候,原告能否发出照会?如果被告答复说,是否承认该事实将在辩论中予以明确,这样的答复是允许的。因为当事人有权选择承认还是不承认该事实的具体日期(只要在口头辩论期日之前做出相关决定即可)。学说在这一点上没有什么争议,问题是,如果允许对方做出如此形式的答复,是否就意味着照会本身也是不合法的呢?或者说,由于这种形式的答复并非答复,因此在照会初始只能期待得到如此答复的照会在本质上并不是当事人照会,该照会本身是不合法的呢?(3)对于被告在辩论中已经否认的事实能否再次发出照会?按理说,既然已经在辩论中加以否认,那么即使再次发出照会也还会得到否定的答复,因此照会的行为是没有意义的。但能因此而得出该类照会不合法的结论吗?甚至原告并不是直接在照会中询问是否与该异性同宿,而是问当天在什么地方过夜。对于这种照会,已经不是单纯的否定就可以答复的了(当然,这不是主要事实而是间接事实)。另外,在辩论中否认,而在照会中直率承认的情况也并非完全不存在。以主要事实为内容的照会涉及的第二个问题是,对于己方负担主张责任的主要事实,能否向对方发出照会?一般人都认为,就辩论中应该由己方主张的事项反而企图从对方当事人处获得相关信息是很滑稽的,己方负担主张责任的事实应该由己方去调查和主张。但这正是信息(证据)观念已经发生了转变的地方。现在的观念是,自己负担主张责任而且又打算在辩论中予以主张的主要事实,越是欠缺与该事实相关的信息才越能体现照会制度的必要性。综上,当事人照会的内容即使与主要事实相关,也应该认为是合法的。对于还没有主张的主要事实(抗辩中有可能出现),允许发出照会是理所当然的。否认也不仅仅限于主要事实,亦可涉及间接事实。这样看来,就没有必要对主要事实采取特殊的处理方式。当事人照会须于诉讼系属中为之。这意味着在诉讼系属之前是不能利用该制度的(不过,在发出预告通知的前提下也可以在诉前发出照会)。原告能够发出当事人照会的时间应该是诉状送达被告以后。另外,当事人照会是对当事人而言的,辅助参加人也属于当事人,因此也涵盖在该制度范围之内,但共同诉讼人内部不是对立的当事人关系,因此不能利用该制度。照会应采用书面照会而不是记载于准备书面的方式。如果对方当事人有诉讼代理人(律师)的,可以对该诉讼代理人为送达。因为普通百姓有可能因不知道除外事由的存在而因此遭受不利益。当事人照会中的事项一般会涉及:产品责任诉讼中,产品设计图和制造工程表的有无、零配件的来源地、以前的事故例;交通事故诉讼中,同车人的姓名、速度、事故发生前的行驶路线;契约关系诉讼中,契约书制作人的姓名;医疗过失诉讼中,责任医师的姓名;借款返还请求诉讼中,还债资金的筹措方法等。

3. 效果。日本《民事诉讼法》第163条当中的用语是"得"发出照会,这意味着立法者课以对方当事人答复的义务。只要不存在除外事由都必须予以答复。不过,法律并没有规定违反这一义务的制裁措施。也就是说,立法者创设了一个即使不予答复也不会受到直接制裁的当事人照会制度。正因为这一立法属于随着思想观念转变的革命性立法,因此没有规定制裁措施也可以说是一种稳妥的立法选择。而且,当事人照会制度是在当事人之间自发进行的,法院并不参与其中。对于个案是否符合第163条第1项以下所列的除外规定,法院也没有判断的权力。围绕该制度产生的争执属于裁判范围之外的当事人之间的争执,而且虽说是为准备主张和立证活动所必要,但毕竟不是主张和立证活动本身,法院应该避免卷入其中。但从法制的发展来看,这一规定是令人遗憾的。没有规定制裁措施,也不允许法院的参与(判断),这可能不利于要件规范的法制发展,造成恶性循环。当然,拒绝答复也并不是全然没有意义。拒绝答复这一事实如果在口头辩论中得到明确的话,至少说明该当事人的态度不友善。如果在实体法问题(本案的审理)上违反了说明义务的话,这一态度就有可能带来较严重的后果。不过,拒绝答复毕竟是发生在辩论程序之外的事实,因此在概念上并不构成辩论的全趣旨。

总之,希望在将来的立法中规定法院有权参与照会,而且也可从中派生出制裁的方法。否则(在新的立法出台之前)只能寄希望于律师界的行业规范了。[7]

三、日本的律师照会制度

日本《律师法》第23条第2款规定,律师可以就受托案件要求所属律师协会向公务所以及公私团体发出照会,调查必要事项。律师通过律师协会可以进行信息收集的工作。这一制度也被称为"律师协会照会"制度,略称"律师照会"。

律师协会照会和当事人照会在功能上有相似的地方,但在制度层面则存在若干差异。其主要差异在于:(1)律师协会照会和律师受托的案件相关,因此不以诉讼为前提。当然也可以在起诉前发出照会。实务中经常利用律师协会照会调查一些起诉的必要信息(比如确认建筑物、外国人登记等)。(2)律师协会照会是由律师而不是诉讼当事人提出申请。因此在本人诉讼中,当事人本人是不能要求律师协会照会的。这是基于律师职务以及律师活动的公共性质而做出的规定。(3)律师协会照会的对象仅限于公务所或公私团体。其理由在于,公务所或公私团体的报告信用程度较高,在资料保管以及答复程序方面也较为完备,因此法律课以该类团体报告的义务也是合理的。(4)照会的对象不包括受托案件的对方当事人(新堂第505页)。从对方当事人处收集信息应该由民诉法加以规定,律师协会照会的对象仅限于案外的第三人。(5)律师协会照会可以要求对方发表意见。要求行政机关对某一情况进行解释说明。(6)照会主体不是律师而是律师所属的律师协会,由律师协会对照会内容是否适当进行审查。如果律师协会认为内容不合适,将拒绝律师的申请。而当事人照会制度则没有相应的审查程序。

日本《律师法》第23条第2款的规定采用了"可以要求"这样的用语,这就可以理解为由此产生了被照会一方报告(答复)的义务。但是,与当事人照会制度一样,法律同样并没有规定对违反义务的制裁措施(即使拒绝答复,拒绝一方也不会向提出申请的律师承担损害赔偿责任,法院也不会命令对方予以答复。因此,律师照会制度在获取证据方面有何实效是一个问题。[8]

---

〔7〕 关于日本当事人照会制度,参见[日]高桥宏志:《重点讲义民事诉讼法》,张卫平、许可译,法律出版社2007年版,第57~69页。

〔8〕 关于日本律师照会制度,参见[日]高桥宏志:《重点讲义民事诉讼法》,张卫平、许可译,法律出版社2007年版,第57~69页。

思考题

1. 国家介入证据收集的正当性是什么？
2. 法院职权收集应注意什么问题？
3. 检察机关职权收集有何特点？
4. 试将证据调查(收集)令与文书提出命令制度相比较。
5. 如何评价证据开示制度？
6. 什么是照会制度？如何借鉴照会制度？

真题链接

1. **(2012 年司法考试卷三多选第 83 题)** 关于法院依职权调查事项的范围，下列哪些选项是正确的？（　　）[9]

   A. 本院是否享有对起诉至本院案件的管辖权

   B. 委托诉讼代理人的代理权限范围

   C. 当事人是否具有诉讼权利能力

   D. 合议庭成员是否存在回避的法定事由

2. **(2008 年司法考试卷三多选第 90 题)** 关于民事诉讼中的证据收集，下列哪些选项是正确的？（　　）[10]

   A. 在王某诉齐某合同纠纷一案中，该合同可能存在损害第三人利益的事实，在此情况下法院可以主动收集证据

   B. 在胡某诉黄某侵权一案中，因客观原因胡某未能提供一项关键证据，在此情况下胡某可以申请法院收集证据

   C. 在周某诉贺某借款纠纷一案中，周某因自己没有时间收集证据，于是申请法院调查收集证据，在此情况下法院应当进行调查收集

   D. 在武某诉赵某一案中，武某申请法院调查收集证据，但未获法院准许，武某可以向受案法院申请复议一次

参考文献

1. 李浩：《回归民事诉讼法——法院依职权调查取证的再改革》，载《法学家》2011 年第 3 期。
2. 唐力：《日本民事诉讼证据收集制度及其法理》，载《环球法律评论》2007 年第 2 期。
3. 熊跃敏：《大陆法系民事诉讼中的证据收集制度论析》，载《甘肃政法学院学报》2004 年第 4 期。

---

[9] ABCD

[10] ABD

案例分析

请扫描二维码阅读案例，根据【路径与指引】尝试对该案件进行分析。

【路径与指引】

1. 正确认识自行收集与法院职权收集证据的关系。
2. 法院职权收集证据的范围。

第十二章 证 据 保 全

第一节 证据保全概述

一、证据保全的含义

在传统认识上，证据保全，是指为了防止在法院对证据质证、认证之前，证据灭失或者以后难以取得，根据利害关系人或当事人的申请，法院对特定的证据资料采取保存或封存等措施的一种制度。

证据保全的目的是通过对证据的保全实现当事人对案件事实证明的需要，使得当事人的诉讼请求或反驳能够建立在相应证据之上，也使得法院对案件事实的认定能够尽量接近真实。

证据保全的目的与证据效力的确认程序设置有关。证据要具有实际证明效力就必须要有相应的确认程序。就我国的制度设计而言，作为认定案件事实的证据都要经过质证和认证。但当事人收集的证据在进入诉讼的质证和认证阶段前，一些能够证明案件事实的证据若已经灭失或腐坏，则无法作为证据使用，起到应有的证明作用。在这种情形下，就有必要在诉讼的质证和认证之前，甚至诉讼开始之前根据利害关系人的申请，对证据采取相应的保全措施。这也是人们对证据保全功能的传统认识，即证据保全就是保全证据。

但随着人们对证据保全功能的进一步认识，关于证据保全不仅限于对证据的保全，进一步扩大为对案件事实状态的确定。这样一来，有助于确定案件事实状态的措施也就可能纳入证据保全的范畴。例如，传统上证据保全主要是对作为证据信息载体的物质形态的保存和固定，包括通过拍照、录音、摄像等保存、固定方式，侧重于对证据本身的保存和固定。证据保全功能的扩大则将证据保全措施扩展为人身损害、对物的损害、物体瑕疵状态及原因的记录，包括通过申请鉴定方式确认案件事实状态。一旦案件事实状态得以确定，则使得证据保全又具有了预防诉讼发生的功能。因为诉讼的产生往往是基于事实问题的争议，如果案件事实状态被确定，当事人也就可以根据已经确定的事实状态实现诉讼前和解或调解。也就是说，从证据保全功能的扩展来看，证据保全不仅具有保全证据的功能，还具有预防诉讼、促进和解或调解的功能。赋予证据保全预防诉讼、促进和解或调解的功能正是各国证据保全制度发展的新趋势。

从我国目前的证据保全制度来看，似乎还停留在关于证据保全的传统认识上，因此有必要在制度上予以改进，扩展证据保全的功能，增强证据保全的功用。

二、证据保全与诉讼保全的关系

诉讼保全包括了财产保全和行为保全。财产保全，是指人民法院根据利害关系人或者当事人的申请，或者由人民法院依职权对当事人的财产所采取的限制处分或者转移的强制性措施。行为保全，是指当事人为维护其合法权益，保证生效裁判的执行、阻断侵害行为继续、避免损失的扩大，向人民法院申请依法要求当事人为一定行为或不为一定行为的民事诉讼制度。

传统意义上的证据保全的对象或客体是对案件事实有证明价值的证据。基于此，证据保全与诉讼中的财产保全就有了根本的区别。诉讼保全的对象或客体为财产或行为，而非证据。

在目的上，诉讼保全与证据保全不同。诉讼保全的目的，一是防止将来法院的裁判难以实现，二是防止损害的进一步扩大。证据保全为了固化证据，防止因为在证据效力确认之前发生灭失或以后难以取得而采取的保全措施。

三、证据保全行为的性质

在学界，存在关于证据保全行为性质的争议。争论的焦点是证据保全行为属于诉讼行为，还是非讼行为。认为证据保全行为属于诉讼行为的，其理由为证据保全规定在诉讼法中，属于证据调查的特别规定，其程序开始是基于法定原因，保全的证据当事人均可以利用，有关费用也属于诉讼费用的组成部分。即使是诉前证据保全，也是针对将来的诉讼，可以产生诉讼上的效果。主张非讼行为者认为，诉前证据保全是在诉讼系属之前发生的，因此，为非诉讼行为。[1]

将证据保全归为诉讼行为还是非诉讼行为过于简单化。这涉及如何定义诉讼行为与非诉讼行为的问题，也涉及证据保全中具体行为的指向，是当事人的申请行为，还是法院审查判断的行为，以及保全措施的实施行为。所谓诉讼行为一般的定义为当事人、法院或其他主体所实施的能够产生诉讼法上效果的行为。从这一定义出发，当事人申请证据保全的行为、当事人审查判断的行为以及实施证据保全措施的行为都是诉讼行为，因为这些行为都将产生民事诉讼法上的效果，而无论是诉前证据保全的行为还是诉中证据保全的行为。在上述主张中，认为诉前证据保全的行为属于非诉讼行为是以诉讼是否系

〔1〕 沈德咏主编：《最高人民法院民事诉讼法司法解释理解与适用（上）》，人民法院出版社 2015 年版，第 331 页。

属划界的,自然也就会发生认识上的不同。

四、证据保全与证据调查

我国现行的证据保全制度以及关于证据保全的认识,着重于如何对作为物质形态的证据采取物质性的固定措施,而没有注意到证据保全实际上也包括提前对证据进行调查,进而审查证据是否具有证据资格,将证据的证明力予以固定。实际上,证据保全也应当包含通过提前进行证据调查将特定证据对特定待证事实的证明予以确定的情形。也就是开庭质证所要解决的问题之一。例如,对证人的询问,也就是对证人证言的证据调查,而非简单对证人证言的录音或录像。因为只有证人询问才能获得更为客观的证明。这里的证据调查不是指通常所说的收集证据中的调查,而是对证据的证据资格、证明力予以判断、确认的司法过程。在大陆法系国家的民事证据规范中,证据保全是证据调查(相当于我国的质证程序)的前置。证据保全包括证据保全的裁判和实施两部分。一般认为证据保全的裁判是司法行为,因此只能由法官实施。证据保全的实施因为不是司法行为,则可以由法官以外的司法辅助人员实施。

五、证据保全制度的历史

近现代的证据保全制度发端于西方寺院法(有少数说认为证据保全肇端于古代罗马法)。以后的德国普通法吸收了寺院法的部分内容,包括借鉴证据保全制度。[2] 继受了德国普通法的德国《民事诉讼法》、奥地利《民事诉讼法》、匈牙利《民事诉讼法》等,均规定了证据保全制度。[3] 1890 年,日本在借鉴德国《民事诉讼法》的基础上制定了第一部民事诉讼法,证据保全制度也被移植到了日本。继受德国、日本等国法律的我国台湾地区的“民事诉讼法”同样规定了证据保全制度。与德国等国家不同,虽同为大陆法系的法国却于 1667 年曾敕令禁止证据保全。在这之后的法国民事诉讼法也没有关于证据保全制度的特别规定,但是法国判例以民事诉讼法没有特别规定为理由,准许采取证据保全,[4]并且在学理上一般也都承认证据保全制度。[5] 在英美法系国家,由于其特有的审判模式和举证规则所限,并没有产生完整意义上的证据保全制度的前提。[6] 但是有学者认为,这一缺陷在一定程度上可以由“执达员笔录”或者由紧急审理法官命令进行验证的做法予以弥补。[7] 因此可以说,英美法系国家虽然没有证据保全的概念,却有发挥证据

〔2〕 参见松冈义正:《民事证据论》,张知本译,洪冬英勘校,中国政法大学出版社 2004 年版,第 330 页。
〔3〕 沈德咏主编:《最高人民法院民事诉讼法司法解释理解与适用(上)》,人民法院出版社 2015 年版,第 331 页。
〔4〕 同上注。
〔5〕 参见王锡三:《民事诉讼法研究》,重庆大学出版社 1996 年版,第 259 页。
〔6〕 参见毕玉谦:《证据保全程序问题研究》,载《北京科技大学学报》(社会科学版)2001 年第 2 期。
〔7〕 李双元、谢石松:《国际民事诉讼法概论》,武汉大学出版社 1990 年版,第 413 页。

保全功能的制度。

在我国古代的诉讼中,已有了证据保全的雏形,但还远远谈不上制度化。到了近代,沈家本等人参照了日本和奥地利的民事诉讼法,制定了《大清民事诉讼律(草案)》,并在诉讼程序篇中,按照大陆法系国家的模式规定了证据保全制度。之后,民国政府颁布《民事诉讼法》,在该法典中规定了证据保全制度。1949 年中华人民共和国成立后,中华民国"六法"随之予以废除。改革开放之后,法制得以恢复。1949 年后的首部《民事诉讼法》——1982 年的《中华人民共和国民事诉讼法(试行)》第一次明确规定了证据保全制度,确定了证据保全的概念和主体。1992 年的《民事诉讼法》进一步对证据保全制度进行完善。虽经之后两次修改,证据保全制度尚有进一步改进的空间。

第二节 证据保全的种类与实施证据保全的条件

一、证据保全的种类

(一)诉前证据保全与诉中证据保全

证据保全根据保全申请的阶段不同,有诉前证据保全和诉中证据保全两类。

1. 诉前证据保全。诉前证据保全,按照现在的观点,通常认为是指在起诉前利害关系人基于保全证据的需要提出申请,请求法院对特定证据采取相应证据保全措施的行为。2012 年之前的《民事诉讼法》尚未对诉前保全作出明确规定。1999 年的《海事诉讼特别程序法》设置了诉前证据保全制度。该法第 63 条规定,当事人在起诉前申请海事证据保全,应当向被保全的证据所在地海事法院提出。2001 年修订的《著作权法》、《商标法》也都规定了诉前保全制度。在最高人民法院《关于对诉前停止侵犯专利权行为适用法律问题的若干规定》对于诉前证据保全作出了规定。2012 年《民事诉讼法》再次修订,在该次修订中增加了关于诉前证据保全的规定。就此,证据保全制度进一步得以完善。

2. 诉中证据保全(诉讼证据保全)。诉中证据保全则是在起诉后申请法院对特定证据采取相应证据保全措施的行为。

3. 关于诉前证据保全与诉中证据保全的划分根据问题。两类证据保全的界分标准在于申请提出的时段,即是起诉前,还是起诉后,与法院何时受理、何时采取证据保全措施没有关系。关于诉前保全与诉中保全的界分,存在两个问题:(1)在实践中,有的证据保全申请是在起诉时同时提出。此种情形应当属于诉前保全还是诉中保全存有争议。如果按照上述标准,笔者认为可以归为诉中保全。不过,基于我国特殊的"起诉——受理"的程序构造,应当说案件受理前申请的证据保全为诉前保全较为妥当。(2)关于两类证据保全的界分标准的问题。以起诉时为标准是否妥当？实际上，由于起诉并非同时立案，有的情形下，起诉与受理之间还有一段时间差。这样就可能存在起诉后，法院根据当事人的证据保全申请实施证据保全，但尚未立案，诉讼没有系属。以后起诉有可能被驳回。证据保全也会随之予以撤销。所以，关于诉前证据保全的“诉前”，如何界定需要讨论。诉前证据保全来源于国外，但国外并不存在起诉与立案的时间差问题。起诉之时即受理立案。因此，以起诉前后为标准没有问题。不过，我国的情形就所不同了。尽管说实施了所谓“立案登记制”，但并没有实际改变起诉与立案受理时间差的现状。[8] 由于受理条件并没有改变，在起诉之时，依然要对法院主管、管辖、当事人适格、是否重复诉讼等属于诉讼要件的事项进行审查。因此，有的案件起诉之时即刻受理，有的案件则需要等待一定的时间才能受理。在我国这一特殊情形下，以受理为标准更为准确和妥当。因为只有自此时起，诉讼才系属于法院，处于诉讼中，因此，以此为标准也才有意义。也就是说，案件受理前进行的证据保全为诉前保全，受理之后提出的证据保全为诉中保全。诉前证据保全与诉中证据保全的界分意义主要在于认识两类证据保全的不同特点以及适用条件，以便更好地运用两种证据保全制度。

（二）申请证据保全与职权证据保全

根据证据保全是依据当事人的申请，还是法院根据审判需要依职权采取证据保全，可分为申请证据保全与职权证据保全。

因为当事人有对自己的事实主张提出证据加以证明的责任。因此，一般情形下，当事人会基于证明的需要收集和提供证据。正是基于此，对于证据可能灭失或以后难以取得的情形，当事人也会主动向法院提出申请要求法院对特定的证据采取保全措施。通常情形下，由于当事人最了解案件事实的证据状态，所以不需要法院依职权主动采取证据保全措施。但基于传统的职权心理以及对案件特殊性的考虑，制度设计上给予了法院职权证据保全的余地。实际上，法院不会比当事人对证据更有兴趣。

二、实施证据保全的条件

证据保全条件的设定是为了防止证据保全制度的滥用。根据民事诉讼法关于证据保全制度的规定，实施诉中证据保全与诉前保全的条件稍有不同。

（一）诉中证据保全的条件

实施诉中证据保全须具备以下条件：

1. 证明的必要性。证明的必要性，是指被保全的证据对本案案件事实具有实际证明

---

〔8〕 关于民事诉讼起诉与受理制度，详见张卫平：《民事诉讼法》（第四版），法律出版社 2016 年版，第 299～303 页。

的必要。如果没有必要,该证据与案件事实没有关联性,也就不能申请证据保全。

2. 证据可能灭失、被改变或今后难以取得。证据可能灭失,是指证据为物证的情形下,基于证据载体的物质或化学等属性可能因为某些客观原因,导致证据发生变形、腐坏、消失等;所谓证据被改变,是指因为证据可能对持有人不利时,证据持有人改变证据的情形,例如篡改手术记录、公司账簿记载等行为。以往关于证据保全必要性的论述没有注意到改变证据的情形。实际上,这是证据保全的一个主要原因。证据今后难以获得,是指因为客观原因使得证据将难以及时获得或大幅度增加获取的成本。例如,在人证的情形下,因为特定证人病重、出国等原因,证言今后难以获得等。

3. 证据保全的申请人为当事人。诉中证据保全的申请人为当事人,当事人以外的其他人不能申请证据保全。这是因为证据保全就是为了证明当事人的事实主张,当事人也最清楚哪些证据需要采取保全措施。如果赋予非当事人申请证据保全的权利,必然对当事人的权利处分造成干扰。这里的当事人包括原告、被告、有独立请求权的第三人以及被法院通知参加诉讼有可能承担民事责任的无独立请求权的第三人。在《海事诉讼特别程序法》关于证据保全的条件中明确规定证据保全的申请人包括证据保全请求人以及被请求人。证据保全请求人是海事请求的当事人,被请求人是与请求保全的证据有关的人。从《海事诉讼特别程序法》的这一规定来看,当事人的证据保全请求被认为是一种有相对当事人的请求,被请求人具有相对的程序上的义务。从《民事诉讼法》的规定来看,证据保全只是向法院提出的请求,与证据持有人似乎没有关系。法院对证据采取保全措施时,相关证据持有人具有协助义务,该义务并不是针对证据保全请求权人的。

(二)诉前证据保全的条件

实施诉前证据保全,除了上述诉中证据保全的条件之外,还要加上"情况紧急"这一限制性条件。《民事诉讼法》第 81 条第 2 款规定,因情况紧急,在证据可能灭失或以后难以取得的情况下,利害关系人可以在提起诉讼或仲裁前申请证据保全。所谓情况紧急,是指按照经验法则或一般人的判断,如果等待起诉受理后,再采取保全措施,该证据将灭失或难以取得,因而必须在起诉前申请证据保全,以便法院尽快采取证据保全措施。

由于是在诉讼开始之前,因此,在申请人的身份性质上与诉中证据保全不同,申请人为利害关系人,而非当事人。一旦提起诉讼,该利害关系人就是当事人(形式上的当事人)。我国民事诉讼法在起诉条件中要求原告应当是与案件有利害关系的人,也就要求原告应为适格当事人。[9]

---

〔9〕 关于形式当事人与适格当事人的关系,详见张卫平:《民事诉讼法》(第四版),法律出版社 2016 年版,第 135 页。

第三节 证据保全程序

一、申请证据保全

证据保全申请应当以书面形式提出。证据保全申请书应当写明利害关系人或当事人和被申请人的身份、被保全的证据、证据保全的原因或理由等。

《民诉法司法解释》第 98 条第 1 款规定,诉中证据保全的申请可以在举证期限届满前提出。当然,如果证据保全的原因是在举证期限届满之后出现的,当事人也可以在举证期限届满之后提出。按照举证期限设置的意义,当事人应当在举证期限届满前提出证据,以便法院在庭审中进行证据调查(质证、认证)。因此,通常而言,证据保全申请也应当在举证期限届满前提出。

二、管辖法院

如果是诉前证据保全,由于案件尚未起诉到法院,因此,利害关系人应当向被保全证据所在地法院或被申请人所在地法院提出申请;当事人已经起诉的,可以向对案件有管辖权的法院提出证据保全申请。

三、证据保全的担保

证据保全措施旨在固定证据,一般不会对作为证据资料载体的物质形态造成影响。但也有的保全方法或措施(例如,查封、扣押等)有可能导致被申请人或他人财产损失。这主要是因为限制其使用或保全过程中对作为证据的物质载体造成的损失。因此,为了防止财产损失后难以得到赔偿,《民诉法司法解释》第 98 条第 2 款规定,证据保全可能对他人造成损失的,人民法院应当责令申请人提供相应的担保。申请人不提供担保的,驳回证据保全申请。

四、证据保全申请的审查与裁判

法院在接到利害关系人或当事人证据保全申请之后,应当及时对证据保全申请进行审查。对于诉前保全的申请,法院应当在 48 小时之内作出裁定。证据保全申请符合保全条件的,作出证据保全裁定;申请不符合条件的,裁定予以驳回。裁定应以书面形式。无论是同意还是驳回申请的裁定都应当写明理由。

对法院的证据保全裁定,被申请人能否声明不服、提出异议,民诉法没有规定。从国外的法律规定来看，基于对证据保全效率的考量，被申请人不得就证据保全裁定声明不服（如日本《民事诉讼法》第238条）。当事人、鉴定人也不能就证据保全裁定声明不服。这里需要注意的是，尽管申请人等不能声明不服，但并不影响证人对证言拒绝权的行使。

第四节　证据保全的方法及效力

一、证据保全的方法

1. 对物证的保全方法。物证的保全方法通常采用查封、扣押、拍照、录像、复制、鉴定、制作笔录等方法。对于与案件现场事实状态相关的保全，可采取勘验的方法。实际上是通过笔录将所谓现场证据转化为另一种证据形式——勘验笔录。

2. 对人证的保全方法。证据方法为证人证言的，若证言在以后难以取得，则可以对证人证言采取保全措施。其保全方法通常为录音、录像。证言的录取必须注意按照规定的程序要求进行。为了保证证言的客观性，往往多采用录像的方法。在国外（例如德国），对证人证言的保全方法不是仅采用对证人陈述的录音或录像的方法，通常是通过法院对证人的询问使得证人陈述得以确定。对证人进行询问的方式可能更能够体现证言的客观性。我国目前的录音、录像只是强调对证人证言的记录，没有强调证人获取的程序性方式。关于当事人陈述，我国民事诉讼法尚未直接规定将其作为证据保全的对象，从理论上讲，既然当事人陈述属于证据的一种，自然也应当纳入证据保全的范畴。不过，实践中似乎没有对当事人陈述申请或实施保全的。在日本，通过当事人照会的方式在证据调查之前，即可将当事人陈述内容固定下来。当事人照会可以于起诉之后，亦可在当事人起诉之前进行。如果比照证人询问的方式进行证据保全，则当事人陈述也可以通过法庭审理前的当事人询问获得当事人陈述，实现对当事人陈述的证据保全。

3. 证据保全中的笔录。我国民事诉讼法中还没有关于证据保全实施中，必须由书记员将证据保全的实施过程记入笔录的规定。关于证据保全实施的笔录是证明证据保全过程的法定证明，应当是不可欠缺的。这是我国民事证据制度今后需要完善之处。

二、证据保全的效力

证据保全的效力，是指法院证据保全所具有的法律上约束力。证据保全的效力包括两个方面：

1. 处分约束效力。一旦对证据采取了保全措施，例如查封、扣押等限制处分的措施，被申请人不得处分或改变该证据。如果擅自处分或改变该证据将构成妨害民事诉讼的行为,并由此要承担相应的法律责任。

2. 证明效力。证据保全的实施,一个重要的价值就在于通过证据保全的方法可以使得对案件事实的证据信息予以保留,并利用保全的方式对案件事实进行有效的证明,取得与被保全证据直接证明同样的效果。典型的是,证人证言的保全,一旦通过录音、录像获取了证人对案件事实的陈述,则该录音、录像也就与证人法庭上直接作证具有同样的证明作用。经过对物证的复制,其复制品也同样具有与原物证同样的证明作用。

思考题

1. 证据保全的意义是什么?
2. 证据保全与财产保全有何不同?
3. 诉前保全的条件是什么?

真题链接

1. **(2014 年司法考试卷三多选第 77 题)** 甲县的佳华公司与乙县的亿龙公司订立的烟叶买卖合同中约定,如果因为合同履行发生争议,应提交 A 仲裁委员会仲裁。佳华公司交货后,亿龙公司认为烟叶质量与约定不符,且正在霉变,遂准备提起仲裁,并对烟叶进行证据保全。关于本案的证据保全,下列哪些表述是正确的? (　　)〔10〕

   A. 在仲裁程序启动前,亿龙公司可直接向甲县法院申请证据保全

   B. 在仲裁程序启动后,亿龙公司既可直接向甲县法院申请证据保全,也可向 A 仲裁委员会申请证据保全

   C. 法院根据亿龙公司申请采取证据保全措施时,可要求其提供担保

   D. A 仲裁委员会收到保全申请后,应提交给烟叶所在地的中级人民法院

2. **(2013 年司法考试卷三单选第 46 题)** 甲县吴某与乙县宝丰公司在丙县签订了甜橙的买卖合同,货到后发现甜橙开始腐烂,未达到合同约定的质量标准。吴某退货无果,拟向法院起诉,为了证明甜橙的损坏状况,向法院申请诉前证据保全。关于诉前保全,下列哪一表述是正确的? (　　)〔11〕

   A. 吴某可以向甲、乙、丙县法院申请诉前证据保全

   B. 法院应当在收到申请 15 日内裁定是否保全

   C. 法院在保全证据时,可以主动采取行为保全措施,减少吴某的损失

   D. 如果法院采取了证据保全措施,可以免除吴某对甜橙损坏状况提供证据的责任

---

〔10〕 AC

〔11〕 D

参考文献

1. 张卫平:《论公证证据保全》,载《中外法学》2011 年第 4 期。
2. 许少波:《证据保全制度的功能及其扩大化》,载《法学研究》2009 年第 1 期。
3. 占善刚:《证据保全程序参照适用保全程序质疑——〈中华人民共和国民事诉讼法〉第 81 条第 3 款检讨》,载《法商研究》2015 年第 6 期。

案例分析

扫描二维码阅读案例及作者对该案例的精彩分析。

第十三章　公证证据保全

第一节　公证证据保全概述

一、公证证据保全引述

随着我国社会、经济、科技、文化的快速发展，人们对社会关系的稳定诉求也愈加强烈，由此，公证机关的职能也越来越受到人们的重视。公证机关在社会发展和稳定方面正发挥着日益重要的作用。除了公证机关的公证证明这一基本职能外，公证机关的公证证据保全职能也在实践中得到越来越广泛的应用。公证证据保全已经成为近几年公证事务中最受人们关注的一项新兴业务。许多公证处纷纷设立了专门办理证据保全公证（含公证证据保全）的业务部门，公证处的公证证据保全业务量呈逐年上升态势。这一发展态势说明公证证据保全具有很强的社会需求。2005 年《中华人民共和国公证法》（以下简称《公证法》）从我国社会发展的现实需要出发，明确将公证证据保全作为公证机关的公证事项之一。（《公证法》第 11 条）2004 年 8 月中国公证员协会第四届理事会第三次会议通过了《办理保全证据公证的指导意见》，2008 年 11 月中国公证员协会第五届常务理事会第七次会议又通过了《办理保全证据公证的指导意见》（修订稿）[以下简称《指导意见（修订）》]，该意见实际上成为实践中公证人员办理保全证据公证的规范。《指导意见（修订）》第一次明确了公证证据保全是一类独立于公证证明行为的职能活动。

近些年来，公证机关除了在一般民事领域中对证人证言、书证、物证、视听资料、电子证据等实施证据保全公证之外，在知识产权领域、房地产领域、劳动争议领域中也大量涉及相应的证据保全。公证证据保全还以其特有的方式，对现场情况、行为过程的描述和记载对纠纷的证据事实予以保全。虽然公证证据保全在实践中已经得到大量运用，但关于公证证据保全依然有不少理论和实践问题未得到解决。对这些问题，人们的认识也存在模糊或误识之处，如公证机构对证据实施的保全是否是一种不同与公证证明的活动和职能？在理论上，这种行为具有什么特征、法律效力如何？正是由于这样最基本的问题没有得到澄清和解决，也就导致了公证机构在证据保全实践应用中的混乱和错误，从而影响了证据保全功能的正常发挥，因此，有必要通过理论探讨对这些重要的问题予以厘清。

二、作为公证机构一项职能的公证证据保全

“公证证据保全”是一个全新的概念，这一概念不同于以往人们在规范性文件和公证实务中使用的“证据保全公证”这一概念。后者是对一种公证证明行为的概括，前者是对一种证据保全方式的概括，两者在性质上是截然不同的。笔者将公证证据保全界定为公证机构的一项事务和职能。它表达和概括的是公证机构对预防纠纷、解决纠纷有意义的证据实施保全的职能和权限。这一职能不同于公证机构单纯对当事人或申请人的证据保全予以证明的证明职能。遗憾的是，一直以来，人们在使用证据保全公证这一概念时，实际上将公证机构实施证据保全的职能也纳入了这一概念之中，从而造成了公证机构两种职能的混淆。导致这一问题发生的主要原因是，现行公证法对公证机构证据保全职能规定的模糊。从某种意义上讲，是因为立法时人们对这一职能的疏忽或犹豫所致。现实中公证机构的证据保全作为是基于社会实践诉求而被动推导出来的。

根据《公证法》第 2 条规定：“公证是公证机构根据自然人、法人或者其他组织的申请，依照法定程序对民事法律行为、有法律意义的事实和文书的真实性、合法性予以证明的活动。”该条非常明确地将公证界定为“证明活动”。又根据《公证法》第 11 条的规定，证据保全为公证的事项之一。从法条语义解释的角度来看，将这两条规定联系起来，自然就可以得出这样的结论即证据保全公证是公证机关对证据保全这类特定行为的证明活动。也就是说，证据保全是公证机构证明活动的对象或客体，作为证明对象或客体的证据保全行为是当事人或申请人实施的，而非公证机构，这一点应当特别注意。但是，按照中国公证员协会的规范性文件——《指导意见（修订）》的表述，保全证据公证在内涵上就有所不同了。该意见相当明确地将公证机构自己的证据保全行为与对证据保全行为的证明活动区分开来了。根据《指导意见（修订）》第 2 条的规定：“保全证据公证是指公证机构根据自然人、法人或者其他组织的申请，依法对与申请人权益有关的、有法律意义的证据、行为过程加以提取、收存、固定、描述或者对申请人的取证行为[1]的真实性予以证明的活动。”根据这一表述，保全证据公证包括了两类行为：一类是公证机构依法对与申请人权益有关的、有法律意义的证据、行为加以提取、收存、固定、描述的行为；另一类是对申请人的取证行为的真实性予以证明的行为。显而易见，《指导意见（修订）》第 2 条通过“或者”这种表示并列的虚词将两类行为区别开来，并且在表述上将后一类行为明确界定为证明活动。这种表述实际上将公证机构对有法律意义的证据、行为加以提取、收存、固定、描述的行为排除在证明活动之外，构成一种不同于证明行为的法律行为。

---

〔1〕 这里的“取证行为”应当理解为广义上的证据保全行为，否则就不能对应证据保全公证这一概念。严格而言，取证行为和保全行为是不同的行为。虽然取证的目的有可能是保全。《指导意见（修订）》之所以没有直接使用“证据保全行为”这一概念，还是囿于这样的认识——对申请人取证行为的公证本身是一种证据保全。如果使用“证据保全”就可能存在同义反复的问题。

这里存在的一个问题是，在法解释学上，《公证法》第 2 条对“公证”的界定是否就是一种排他性或封闭式的界定：如果是这样，则所谓“公证行为”就只能是一种证明活动；相反，不是证明活动就不可能是公证行为。如果这样来理解，《指导意见（修订）》第 2 条将对证据、行为加以提取、收存、固定、描述的行为排除在证明活动之外，就与证据保全公证概念的字面含义完全不相容了。当然，我们也可以对《公证法》第 2 条规定的证明活动作开放式或广义的解释。将证据保全依然作为公证机构证明的对象或客体，而将公证机构对有法律意义的证据、行为加以提取、收存、固定、描述的行为置入这一证明活动之中。在意识上构成广义证明活动与狭义证明活动，从而将提取、收存、固定、描述的行为作为广义证明活动的组成部分，使其成为狭义证明活动的对象——证据保全公证证明的前提行为或附随部分。这样的广义理解也并非完全没有道理，因为提取、收存、固定、描述尽管是公证机构的行为，但这些行为也是为了更好地证明某一个事实的真实存在。诚然，这样的理解也可能面临这样的尴尬——不仅与《指导意见（修订）》第 2 条的规定在文义或语义上存在矛盾，且多少给人牵强附会之感。

从《指导意见（修订）》第 2 条的规定可以看出公证员协会对于明确公证机构的证据保全职能有明显的诉求和期盼，只不过囿于行业管理组织的权限限制，而无法直接赋予公证机构这一职能或权能。问题在于，证明活动是否就是公证机构唯一的法定活动、法定职责、法定职能？显然不是，公证机构除了实施证明活动之外，还具有实施非证明活动的权限。《公证法》第 12 条规定，公证机构还可以根据自然人、法人或者其他组织的申请，办理下列事务：(1)法律、行政法规规定由公证机构登记的事务；(2)提存；(3)保管遗嘱、遗产或者其他与公证事项有关的财产、物品、文书；(4)代写与公证事项有关的法律事务文书；(5)提供公证法律咨询。诚然，这些事务不是公证机构的主要事务，公证机构的主要事务和法定职责依然是证明，上述事务都是附随性的，但也是必需的。这些事务的附随性在于这些事务与公证事项的关联性。例如，公证机构对公证事项有关的遗嘱、遗产的保管就是如此。因此，笔者认为，从应然的角度来看，法律上应当将公证机构的证据保全行为直接、明确地规定为公证机构的法定事务之一，明确赋予公证机构证据保全的职能。理由有以下几点：

其一，证据保全的目的是公正、有效地解决纠纷，将这种具有预防性功能的职能赋予公证机构是妥当的，公证机构是一种提供预防纠纷服务机能的社会组织，而证据保全是一项有效预防纠纷的措施。公证机构的广泛性和公信力使得公证机构有条件行使这一职能。

其二，证据保全的效力如何与证据保全主体的可信度有直接关系。当事人的证据保全行为之所以需要公证机构提供公证证明，就在于通过这种证明能够提升该证据保全的可信度。与之相同，公证机构的证据保全行为也更能够为证据的真实性提供保障。

其三，既然将证据保全作为了公证的事项，则必然涉及与之联系的证据保全行为，因为在有的情形下,证据保全公证与公证机构的证据保全行为有着密切的联系。例如,对于现场的公证,具体的如展会场景保全公证的情形,[2]虽然也可以认为是一种证明活动——对展会现场的真实性予以证明,但也需要公证人员的介入并实施一定保全行为,如拍摄,记录等,才能保证其真实性,这种拍摄、记录的行为也就是一种证据保全行为。[3]网络证据的保全也是如此,申请人要求对网络信息进行证据保全公证时,为了保证其真实性,避免被他人(申请人或其他人)事前进行技术处理,公证机构需要使用自己的电脑和网络,[4]这些行为也是公证机构的一种保全行为。在有的情形下,对证据的保全是由申请人和公证机构双方共同的行为构成的。在实践中,往往难以将申请人的证据保全行为与公证机构的证据保全行为区分开来。[5]

其四,从实践来看,公证机构独立的证据保全行为已经广泛开展,并对纠纷的解决产生了积极作用,这充分说明社会对公证机构的证据保全有着客观需求,证据保全的实际社会作用为公证保全行为附加了一定程度的正当性。

在概念上,公证机构的证据保全职能可以概括为"公证证据保全",公证机构原有的,对申请人证据保全或取证行为的公证,则使用"证据保全公证"这一概念。这两个概念的使用明确区分了公证机构的两种不同职能。这种概念上区分有助于在程序和实体上完善和健全证据保全应当遵循的规范,更好地发挥其作用。相反,如果将两者混同,无论在理论和实践上都会影响两者的科学研究和深入探讨。我们注意到,许多涉及这一问题的文章在论述中都存在概念不清,对象不明的情形。在明确区分公证证据保全与证据保全公证这两个概念的不同含义之后,再对这两个不同概念以及相应的理论和实践问题进行研究和探讨就清晰多了。公证证据保全这一概念也与诉讼证据保全形成对应,是一种更具广泛性,并同时对诉讼证据保全具有补充性的保全方法。

公证证据保全不同于证据保全公证,我们可以将两者的主要区别概括如下:(1)公证证据保全是公证机构对解决纠纷有意义的证据进行保全的行为。证据保全公证是公证机构对当事人或申请人实施的证据保全行为和事实的公证证明。(2)公证证据保全是一种证据保全方法,在行为的本质上与诉讼证据保全是相同的。证据保全公证是一种证明活动,虽然也具有保全的意义,但不是一种直接的保全方法。对申请人取证事实、行为和过程的证明,是一种公证行为,而非公证证据保全行为。(3)公证证据保全是公证机构的一项事务,而非公证事项。证据保全公证是一项公证事项。两者是不同的职能。证据保全公证是将申请人或当事人的证据保全作为证明活动的对象,是公证事项的一种,因此

---

〔2〕随着我国展会业的兴起和快速发展,展会业中的侵权事件也大量发生,这就使得涉及展会的证据保全公证和证据保全需求也大量增加。

〔3〕张虎威等:《保全证据公证新兴业务初步研究》,载《公证研讨》2010年第4期。

〔4〕同上注。

〔5〕实践中,当事人证据保全行为与公证机构证据保全行为的混合并不能否定公证证据保全概念的独立意义。

其规范应当服从于一般证明规范的要求——无论是实体还是程序。与此不同,公证证据保全是一个新兴的领域,用法律规定的证明规范来约束和调整显然不能适应,因此,需要探讨和建构保障公证机构合法实施证据保全的规律和制度规范。实际上,人们现在经常指出的证据保全公证的诸多难题,包括大量技术性问题(例如,如何取证的问题)大都是公证证据保全中的问题。在诉讼实践当中,法院对于公证机构对证据保全的公证证明与公证机构的证据保全的审查和判断也是不同的。正是基于此,本书才重点从理论上尝试对公证证据保全的诸问题予以较深入的探讨。

第二节 公证证据保全的特征与作用

一、公证证据保全的特征

公证证据保全作为一种证据保全方法与诉讼证据保全有着不同的特性,是我们在公证证据保全实践和理论探讨中应当充分注意的。

1. 公证证据保全的即时性。众所周知,民事诉讼是以证据为基础展开的。只有依据相关证据,当事人和法院才能够了解或查明案件真相,明确争议的对象、原由,从而公正、合理地解决纠纷。然而从纠纷的发生到开庭审理必然有一段时间间隔,在这段时间内,某些证据由于自然原因或人为原因,可能会灭失或者难以取得。为了防止出现这两类情形,给当事人的举证以及法院的审理——质证、认证带来困难,保障当事人的合法权益,民事诉讼法为此设置了证据保全制度。公证证据保全作为一种证据保全方法是基于实践中纠纷当事人、非讼纠纷解决主体和法院对于证据的依赖而产生的一种证据保全方法。在证据保全的方法上公证证据保全与诉讼证据保全有相同之处,都是通过物理或其他技术方法对证据资料或证据信息加以固定、保存。例如,对因出国、重病等不能出庭作证的人进行录音、录像;对易腐的物证进行拍照、记录等。但是,公证证据保全也有与诉讼证据保全不同之处,笔者将其抽象为即时性或现时性,主要是指即时现场公证保全。由于诉讼是当事人已经将纠纷诉诸法院,通常情况下法院不会采取这种即时性现场保全措施。在公证证据保全中,除了对已经发生的静态证据资料进行保全外,公证机关还可以对即时发生的证据资料(事实)进行保全,这也是公证证据保全的基本特点之一。因为有的事实在一定的时期内存在重复发生的可能或当事人能够预测其发生的情形,所以当事人就可以申请公证人员在现场就当时发生的事实作即时性、现时性证据保全,利用录音、录像和现场记录等手段对事实进行证据保全。例如,对侵权人事实侵权行为过程的记录。

2. 公证证据保全应用的广泛性。证据保全的目的是保全证据的信息，因此，证据保全就有可能改变原有证据信息的载体形式或形态。例如，原来证据信息载体为特定物质形态，保全之后变为影像资料。由于这种改变破坏了证据载体的原初形态，就可能引发当事人的质疑，因此只有具有高度公信力、权威的法定机构才能实施证据保全，也只有这些特定的机构根据特定的程序实施的证据保全才能更充分地保证证据的客观性和合法性，实现实体公正和程序公正。法院对证据进行保全后，被保全的证据之所以依然能够发挥原有证据的证明效力，就是因为保全的是主体是法院。公证证据保全也是如此，通过公证机关的合法保全行为保证了被保全的证据资料依然能够具有与原有证据形态同样的证明效力。当然，公证证据保全较之诉讼证据保全具有其广泛性，公证保全的证据不仅可以用于诉讼，也可以用于人民调解、仲裁等其他纠纷解决替代方式和程序之中。

3. 公证证据保全实施的被动性。按照《民事诉讼法》第 74 条后段的规定，人民法院在诉讼中也可以依据职权主动采取诉讼证据保全措施。这一规定是基于价值追求。法院审判要求以事实为根据，以法律为准则。这就要求审判机关尽可能以证据作为认定事实的依据，相应地就必然派生对证据保全的职能。与诉讼证据保全不同的是，公证证据保全不是由裁判机关作出，也不是由具体的纠纷解决机关作出，因此公证证据保全不能在没有当事人申请下主动实施证据保全措施。公证证据保全的性质只能是消极、被动的。当然，这并不是说在进行公证活动中，对可能涉及证据保全需要的情形，公证人员不能向当事人提示这种需要，以便当事人考虑是否申请公证证据保全。

4. 公证证据保全既可以是诉前也可以是诉中的保全措施。在诉讼开始前，当事人可以向公证机关申请公证证据保全，但在诉讼中当事人是否可以申请公证证据保全呢？这可能是个问题。这里涉及诉讼证据保全与诉讼中公证证据保全的关系问题，涉及如何给公证证据保全定位的问题。有学者将公证证据保全定位为诉讼前证据保全。笔者认为，这种认识是一种描述性的、片面的。公证证据保全并非只能作为诉讼前证据保全的措施，也可以作为诉讼中的证据保全方法。理由主要是，公证证据保全是诉讼证据保全的补充，当诉讼证据保全没有及时作出或不便采取时，公证证据保全作为一种更为便利的保全措施，能够更方便地为诉讼服务，有利于法院作出公正裁判。因此，不能排除诉讼中的公证证据保全。当然，由于诉讼中的诉讼证据保全实施主体是法院，所以，在证据采信方面，诉讼证据保全实际上自然优于公证证据保全，诉讼证据保全的证据更容易得到审理法官的认可，这种差异会自然导致当事人可能会更倾向与诉讼证据保全，但这不应该是排斥诉讼中公证证据保全的理由。从近些年的诉讼实践来看，诉讼中的公证证据保全也大量存在。不仅包括开庭审理前的诉讼准备阶段，而且在初次开庭审理后，法庭辩论终结前也都存在。

二、公证证据保全的作用

公证证据保全之所以有意义就在于其能够发挥的作用,公证证据保全的作用可以从直接作用和间接作用两个方面来看。

在直接作用方面,公证证据保全具有对有可能灭失或难以取得的证据予以保全的作用。公证证据保全与诉讼证据保全相比,在保全的介入时段上有所不同,诉讼证据保全通常情况下是在诉讼系属于法院后,基于诉讼证据保全的需要所采取的措施。公证证据保全则往往是在诉讼尚未开始,甚至纠纷尚未发生之前就可以通过公证方式进行证据保全,证据保全的时段提前更有利于证据的保全,防止证据的灭失或以后的难以取得。

间接作用方面可以概括为两点:(1)有利于权利人更好地维护权利,实现权利。在实践中,权利人的权益受到侵害或行将受到侵害时,往往因为没有证据或足够的证据加以证明从而妨碍权利人维护自己权利。公证证据保全的及时性和便利性特征使得权利人更容易保留证据以维护自己的合法权益。(2)有利于化解纠纷,预防诉讼。由于公证证据保全的及时性和便利性,使得当事人之间的纠纷更容易化解,在证据面前,当事人更容易达成诉讼外的和解或调解,从而防止诉讼的发生,有利于减少纠纷解决的成本。诉讼毕竟是一种需要更多投入的纠纷解决手段,诉讼应当是一种不得已情形才采取的最后救济方式。就此而言,公证证据保全有助于纠纷解决替代方式的利用和实施。

第三节　公证证据保全的法律效力

对于诉讼保全而言,保全的法律效力在于,一旦人民法院对特定的证据采取保全措施后,即使该证据信息载体在庭审的质证和认证中已经发生改变甚至不复存在,但法院保全后的物质载体所负载的证据信息依然具有证明作用,变化的是仅仅是载体本身。也就是说不因为载体形态和方式的变化而变化。例如,在诉讼开始后,庭审前法院对病危证人证言的录音、录像,虽然在庭审中该证人不再出庭,但录音、录像作为证人证言内容的载体具有与证人出庭的同等效力,视为有效的证人证言。对作为物证的某特定物,法院对其数量、质量、形状、结构的记载、拍摄,也同样具有与以该物予以证明特定案件事实的作用。这种法律效力实质是一种对法院的约束力,因为法院是判断证据和认定事实的主体。对法院的这种约束力也间接对当事人发生约束力,具体体现在当事人不能因为保全发生的证据信息载体形态的改变而否定该原初证据资料所负载的证据信息。证据保全的实质在于证据信息的保留,并非载体形态的保留,虽然在许多情形下,证据保全是对载体形态的固定和保存。

公证证据保全也是如此,原则上同样具有这样的效力。在公证证据保全中,以是否改变原有证据信息载体形态可分为两类:形变公证保全和非形变公证保全。形变保全,是指那些保全措施仅保存其具有证明作用的证据信息,而不保留原有证据形态的保全。这类公证保全在公证证据保全中大量存在。最典型的是,通过对易腐,以及其他不得不销毁、出售的物品的拍照进行保全的情形。保全后,这些证明案件事实的证据形态不复存在,其证据信息以照片的方式予以保存。再如,对网络证据的保全。作为证明侵权人实施侵权的事实,原初的证据信息载体应当是网络上某网站或博客上现时文字或图形、符号,为了防止纠纷解决过程中该资料被删除和修改,需要通过一定保全方式加以保全,例如打印、下载、拍摄等方式。打印、下载、拍摄的信息虽然反映了原初的证据信息,但其载体的物质形态已经发生了变化。打印后,其载体为纸介,下载后或拍摄后的载体可能是电子可视画面。对证人证言的录音、录像;现场场景、行为的记载、录像等都属于形变保全。非形变保全,是指保全措施的实施不会导致原初证据信息载体形态发生变化。例如,对作为物证的特定物的提取、收存等。有法律效力的证据保全的意义就在于即使保全使得原初证据发生了形变,也不会否定形变后证据信息的存在。这正是公证证据保全所具有的法律优势。公证机构、法院以外的主体对证据所采取保全措施的,其保全的证据可能无法得到认可。

应当注意的是,公证证据保全的法律效力并非意味着,法院在诉讼中对当事人提供的公证保全证据就必须采信,法院依然需要对该证据进行审查。审查判断的核心是该保全的证据是否具有证据所必需的客观性、关联性和合法性。尤其是在形变保全的情形下,需要判断保全措施是否影响了证据信息的真实性。在公证证据保全的实施中,公证人员的主观认识和保全技术手段都可能影响被保全证据的真实性。特别是在涉及电子数据的保全更是如此。尽管如此,但基于公证证据保全的专业性、程序保障以及保全主体的公信度,其保全证据的可采信比之非公证证据保全就要高得多。

在公证证据保全的效力问题上,涉及是否应当将反证成立作为法院采信的消极要件的问题。换言之,对方当事人没有对公证保全的证据提出反驳事实且该事实成立的,法院就必须予以采信。这一消极要件的设置意味着公证证据保全对法院的采信判断有更大的约束。比较一下公证证明的法律效力,可以发现无论是公证法还是民事诉讼法都规定,对于公证机构已经证明的事实,法院应当作为认定案件事实的依据,除非对方当事人提出的证据予以推翻。笔者认为,鉴于公证证据保全与单纯事实证明之间的差异,证据保全在主观方面对证据具有更大的影响,因此,尤其是在证据保全制度还不够完善的情形下,还是应该给予法院更大的判断裁量权。基于这一考量,就不宜将反证成立作为唯一的消极要件。

第四节 公证证据保全的合法性

一、公证证据保全合法性概述

公证证据保全的合法性问题回答的是怎样的公证证据保全是合法的,毫无疑问,抽象来说,只有合法的公证证据保全才具有法律效力。怎样的公证证据保全才是合法性的,这一问题的实质是公证机关实施的具体证据保全行为是否符合法律要求,对于这一问题,需要从制度规定和理论上加以回答。

在制度规定层面,涉及公证证据保全的两个大的方面,即形式合法性和实质合法性。形式合法性和实质合法性是所有证据和证明所必须具备的。(1)关于公证证据保全的形式合法性。形式合法性,是指公证证据保全行为在形式上是否符合法律的要求。公证证据保全形式合法性具体包括两个方面——主体合法性和程序合法性。在主体合法性方面,要求实施公证证据保全的主体必须符合法律的规定。按照公证法的规定,只有公证机构才能实施公证证据保全,具体的实施主体应当是公证员;在程序合法性方面,由于公证法没有专门对公证证据保全程序作出专门规定,因此,在制度建设方面仍需完善,以保证公证证据保全程序正当性。目前可以根据现行法的有关规定参照执行。(2)关于公证证据保全的实质合法性。仅仅从主体合法性和程序合法性两个方面还不能够充分界定公证证据保全的合法性,还必须从公证证据保全行为的实质方面来加以规范。实质合法性不是从主体以及程序这些形式内容方面加以考察,而是就行为本身的合法性加以考察。公证证据保全的实质合法性考察涉及两个方面——从公证法规范对公证行为的考察和从民事证据法规范对公证证据保全行为的考察。由于公证证据保全通常没有放在诉讼程序之内,因而无论民事诉讼法还是最高人民法院《民事证据规定》都没有相应的直接或专门规定。对公证证据保全的实质合法性是相对于形式合法性而言的,因此,实质合法性实际上就是从实体的角度,更多的是从实体法的角度考察其合法性,即将实体法规范作为实质合法性判断的标准。虽然法律、法规以及司法解释没有关于公证证据保全的实质合法性具体规范,但我们可以从证据的合法性规范得到启示。

关于证据的合法性问题,人们通常是从证据取得的角度来加以认识规范的,基本思路是"毒树之果"的思路,即证据取得手段或方法违法,则该证据也就欠缺了合法性。最高人民法院《民事证据规定》对此作了原则的规定。按照最高人民法院《民事证据规定》第68条规定:"以侵害他人合法权益或者违反法律禁止性规定的方法取得的证据,不能作为认定案件事实的依据。"该条规定确定了两个基本判断基准,一是取得证据的方法侵害他人合法权益,二是取得证据的方法违反法律禁止性规定。按照这样的规定模式,公证证据保全也同样可以作如此原则性规定,即公证证据保全侵害他人合法权益或者违反法律禁止性规定的不具有合法性。分析公证证据保全的结构可以发现,公证证据保全是一个主客体结构,即作为证明保全的主体行为与作为证明保全客体的证据。这一结构看似主动与被动的结构,但实际上包含公证机关的主体行为和提供证据者的行为。也就是说,公证证据保全的证据是特定的当事人所提供的证据,这一证据一定是以某种方式或方法取得的,这就涉及被保全的证据本身的合法性问题。实际上,公证证据保全的合法性判断中包括了被保全证据的合法性。如果被保全的证据的取得侵害了他人的合法权益或者违反了法律的禁止性规定,则该公证证据保全也是违法的。

不过,在有的情形下,公证证据保全的合法性并非简单地从被保全证据是否具有合法性加以判断,因为被保全的证据在公证证明中会发生与公证机关的公证员与证据信息接触的问题,所以,公证证据保全的合法性问题还必须从公证主体与被公证保全的事项之间联系的角度来看。这里涉及一个可能被人们忽视的问题,对于某种涉及个人隐私、商业秘密、国家秘密的证据信息,公证人员能否知晓,并对其作出公证证据保全的问题。例如,短信、私人电子邮件、私人信件等涉及个人隐私的证据保全时,公证人员都可能接触到他人隐私,而且,短信、电子邮件和私人纸质信件都是当事人之间传递信息的媒介,公证人员作为第三方接触是否具有合法性,从而导致公证证据保全合法性的疑问。

二、公证证据的合法性与个人隐私、商业秘密的保护

在实践中,鲜有对涉及国家秘密的证据进行保全的。但涉及个人隐私和商业秘密的公证证据保全是大量存在的,尤其是涉及个人隐私的证据保全公证。实质问题是,当当事人在提出涉及个人隐私或商业秘密的公证证据保全申请时,公证人员的证据保全行为是否侵害他人隐私或商业秘密。由于公证证据保全制度并不健全,无论是公证法,还是民事诉讼法都没有相应的规定。对此,我们可以比照公证证明的情形。

《公证法》中没有规定禁止对涉及个人隐私、商业秘密和国家秘密的事项进行公证。从《公证法》第23条关于公证员不得从事的行为规定来看,可以推导出对于涉及个人隐私、商业秘密和国家秘密的事项是可以进行公证的,而且这也是公证业务中无法避免的。该条第8项规定,将“泄露在执业活动中知悉的国家秘密、商业秘密或者个人隐私”明确作为公证员所禁止的行为。该条也实际规定了公证员具有对国家秘密、商业秘密和个人隐私保密的义务。因此,我们可以说,在公证证明中公证员可以消极接触,也就是说,在公证事项范围内被动接触上述个人隐私、商业秘密和国家秘密。当然,这里必须考虑一个前提,即当事人公证事项的内容不得违反国家保密法律、法规。由于设定了公证员在公证中所知晓的商业秘密和个人隐私具有保密的义务,因此,涉及商业秘密和个人隐私的证据保全公证,只要证据的取得是合法的,证据保全公证也应当是合法。如果与诉讼

中的法官做一个比较,就可以发现法官在审理案件中是可能回避消极接触个人隐私、商业秘密和国家秘密的,如果回避,法官将无法审理和查清案件事实从而作出公正判决。因此,法官对上述隐私和秘密具有保密的义务,公证人员也是如此。公证证据保全的情形是否与证据保全公证的情形相同呢?笔者认为。大体上应当是相同的。公证机构的公证人员的证据保全行为本质上依然是一种消极行为,而消极触及个人隐私、商业秘密的,应当不构成违法。与证据保全公证相同,证据本身的合法性是一个重要的界限,对于合法证据的保全,即使涉及个人隐私、商业也不构成违法。

三、关于现场隐名或假名证据保全的合法性

在公证保全的合法性方面,实践中的另一令人关注的问题是公证人员的现场隐名或假名证据保全的合法性问题。所谓隐名或假名公证保全,是指为了便于对现场的证据资料进行取证保全,公证人员在取证前或取证过程中不向现场当事人事先表明其真实身份,而是在取证结束后才向现场当事人表明其身份或真实身份,并说明其目的的行为。这里的合法性问题从实质上说是保全行为的正当性问题。因为没有表明身份就可能存在因为“突然袭击”或违反诚信原则而导致程序正义的缺失。在程序正义的一般观念和认识上,“突然袭击”和非公开性都是违反程序正义的行为。就程序正义的价值观而言,法律行为的实施应当公开进行,否则其法律结果的发生就是非正当的。在隐名或假名公证保全的问题上显然存在追求事实真相与程序正义之间的矛盾。这是纠纷解决中始终伴随的矛盾。这一问题处理需要根据两者权重予以衡量与比较。也就是说,需要比较一下程序正义受损的程度与揭示真相的必要性程度。在隐名公证保全这一问题上,笔者认为隐名或假名公证保全虽然有“突然袭击”、减损诚信的客观可能性结果,但一方面,如果不实行隐名或假名公证保全,又将无法实施有效的证据保全,权利人的权利也就无法得以维护,侵权人的侵权行为也不能得以制裁;另一方面,隐名或假名公证保全的隐名和假名是有限制的,当取证结束后,公证人员应公开或还原自己的真实身份,这在一定程度上也可以缓和隐名或假名所造成的突袭性。隐名或假名公证保全与隐名执法以及陷阱取证是有所区别的(前者是基于目的差异,后者是主体差异)。所以,笔者比较认同隐名或假名取证的合法性。不过,笔者的认同是有条件的,隐名、假名公证保全应当是一种非常特殊的情形,尤其是假名的情形,不仅因为这种做法存在减损程序正义的副作用,还存在减损诚信的副作用,所以如同使用某些具有副作用的药物一样,必须限定其适用条件,只有在不得已的情况下才能实施隐名、假名公证保全,且对假名公证保全的情形应当更加严格。

第五节　证人证言的公证保全问题

关于证人证言的公证保全，首先必须明确的是，对证人证言保全的条件是该证人证言存在证人以后无法作证或难以作证的情形，这一条件也是证据保全一般条件的具体化。证据作为一种证明方法和手段，应当尽可能以证据的原始形态来证明案件事实，只有这样才能保证对案件事实的高度还原。证据保全，尤其发生形变的证据保全是一种不得已而为之的方法。对于证人证言而言，证据保全的结果必然是证人不再出庭或出庭后不能以语言方式（无论是口头语言还是肢体语言）作证，只能以保全后的替代形式证明案件事实。一旦证人不能出庭作证必将影响当事人对证人的质证以及法官对证人的询问。因此，对于证人证言证据保全的确实必要是保全的基本条件。

证人的“无法作证或难以作证”，应当界定为非主观原因，即非证人主观上不愿意出庭作证，而是客观上不能或有困难。所谓客观上不能，如证人已经处于濒危之中，有可能丧失生命，如果不进行公证证据保全便无法获得证言。在此种情形下，公证证据保全就可以通过录音、录像的方法记录证人的证言。关于证人证言“今后难以作证”，通常是指证人因留学、商务、公务出国、出国定居等原因，使其在诉讼中难以回国出庭作证的情形，这种情形之所以可以采取公证证据保全，原因是顾及了证人作证的成本，是在追求真实与诉讼效率之间的平衡。

关于证人证言的公证保全有几点需要注意：(1)在证人能够出庭作证时，对证人证言的公证保全不能替代证人出庭作证，因为证人证言的公证保全只是一种次优选择。例如，证人已经脱离危险可以作证情况下，对证人证言的录音、录像就不能替代证人证言。(2)以录音、录像方式记载证人证言的，证据方法依然是证言，而不是视听资料（就案件的事实而言），因为视听资料作为证据一定是对当时案件形成过程中对案件事实的反映，虽然公证证据保全是以与视听资料相同的手段进行记录，但不是对案件形成当时事实的记录，而是案件形成之后对证人证言的记载，所以证据形式依然是证言，而非视听资料。

在公证和诉讼实务界都有关于证人证言的公证保全可以替代证人出庭的观点。这一认识的一个背景是，当下我国证人出庭难的现实。在现实中，的确存在证人出庭难、出庭率低的问题，基于出庭成本、作证意识欠缺、担心遭受报复、作证干扰工作和生活等原因，证人不愿出庭作证。因此，一些人认为证人证言公证保全是一种很好的替代方式，是化解出庭作证难的一种很好的方法。[6] 关于这一问题，需要展开分析，不能简单而论。

---

〔6〕 王胜明、段正坤主编：《中华人民共和国公证法释义》，法律出版社2005年版，第136页。

对证人证言的保全当然具有替代证人出庭作证的作用，否则就不可能有证人证言保全这样的方法。对于证人证言有可能灭失或难以取得的情形，证人证言的公证保全的法律效果就是提供证言的证人不再出庭，也就替代了证人出庭作证。但是，这种替代是有条件的，不是所有证人证言都可以通过公证保全而予以替代的。原则上，只有因客观原因证人不能出庭作证的，才能通过保全方式替代证人出庭。虽然客观原因是一个有相当解释余地或空间的概念，但在多数情形下是可以界定的。证人证言的保全不能作为一般替代的原因在于，证言的真实性是需要通过法庭质证才能更好地予以确认，需要经过在法庭上法官和当事人的询问，如果证人通过公证保全一律无需出庭接受质证，则审理的直接原则、言辞原则将无法得到实施，证言的真实性也无法得到充分的保证。因此，不能以证人证言的公证保全作为证人出庭作证的一般替代方法，只能作为特殊情形下的特殊替代方法。在诉讼中应当提倡证人出庭作证，在法理上证人出庭作证是证人的一项义务。我国证人出庭难、出庭率低的问题需要通过制度修改、调整，强化作证意识，改变作证环境来化解，而不是将公证保全作为一种一般性替代方法，毕竟以事实为根据，追求真实是诉讼裁判的基本理念。

思考题

1. 公证证据保全与司法证据保全有何不同？
2. 公证证据保全与证据保全公证有何区别？
3. 公证证据保全的必要性何在？
4. 公证证据保全的合法性应当注意什么问题？

参考文献

张卫平：《论公证证据保全》，载《中外法学》2011 年第 4 期。

案例分析

扫描二维码阅读案例及作者对该案例的精彩分析。

第十四章　举证期限制度

第一节　举证期限的含义与后果

一、举证期限的含义

所谓举证期限有多种含义。从广义上讲,是指在诉讼中,法律规定或法院指定以及当事人协商提出证据的期限。从狭义上讲,举证期限仅指诉讼准备阶段或程序中法律规定、当事人协商或法院指定的当事人能够提出证据的有效期限。从最高人民法院《民事证据的规定》关于举证期限的规定来看,举证期限的含义限于狭义上的举证期限。2012年修改后的《民事诉讼法》关于举证期限的规定则属于广义上的举证期限。作为举证期限制度,有实际意义的是狭义上的举证期限。对于当事人的举证只有在诉讼准备阶段予以具体地规范才能有助于实现准备程序的价值。在诉讼准备阶段之外有关证据提出是否被允许,何时才能提出,属于法律规定以及法官裁量权限的范畴问题。《民诉法司法解释》对举证期限进行了具体的区分,实际上将举证期限又回归到了审理准备的层面,而非广义上的举证期限,即分别规定一审举证期限和二审举证期限的最低期限。

当然,由于《民事诉讼法》的规定属于广义上的举证期限规范,因此,有关举证期限的规定也适用于狭义上的举证期限。《民事诉讼法》关于举证期限的规定与《民事证据规定》在举证期限方面有所不同,也与《民事诉讼法》出台之后的《民诉法司法解释》相关规定不同,因此,《民事证据规定》中与《民事诉讼法》和《民诉法司法解释》冲突的部分也就失去效力。主要是逾期提出证据的法律后果方面,《民事诉讼法》和《民诉法司法解释》有很大的改变。

二、举证期限的法律后果

(一)《民事证据规定》中举证期限的法律后果

按照《民事证据规定》,举证期限是一种限制当事人诉讼行为的制度。举证期限对当事人举证的有效性和法院的裁判有很大的影响。如果当事人没有在法律规定或法院指定的期限内向法院提交证据的,视为当事人放弃举证权利。对于当事人逾期提交的证据材料，人民法院在审理时将不组织质证（对方当事人同意的除外）。由于《民事证据规定》规定了作为裁判依据的证据必须质证，因此不予质证也就间接地否定了逾期证据作为裁判依据的可能性。举证期限届满后，当事人所提交的证据如果不是新的证据，人民法院将不予采纳。由于当事人的原因未能在指定期限内举证，致使案件在二审或者再审期间因提出新的证据被人民法院发回重审或者改判的，原审裁判不属于错误裁判案件。一方当事人请求提出新的证据的另一方当事人负担由此增加的差旅、误工、证人出庭作证、诉讼等合理费用以及由此扩大的直接损失，人民法院还要予以支持。

在《民事证据规定》实施之前，因为没有举证期限制度，在诉讼实践中，虽然法院也可以指定当事人提交证据的期限，但没有法律效力，即使超过指定期限，当事人提出的证据仍然具有证据效力，法院不能拒绝采纳。规定了举证期限制度后就不同了，如果在规定和指定的期限内不提出证据，又无正当理由时，该证据便不能作为裁判的依据。举证期限的法律后果是使当事人在举证期间逾期后所提出的证据失去证据效力，体现在法院在裁判时不能以该证据作为依据。但应当注意，逾期提出的证据没有证据效力这一点并不是绝对的，按照《民事证据规定》和《民事诉讼法》的规定，对于诉讼中出现的新证据，当事人在辩论终结前都可以提出。不少人认为，只要超过举证期限，所有证据都一概不能提出，是一种错误的理解。

（二）《民事诉讼法》以及《民诉法司法解释》中举证期限的法律后果

2001 年最高人民法院制定了《民事证据规定》，该规定实施后，对于规范民事诉讼中证据的运用起到了明显的积极作用，但同时也应当看到由于人们对《民事证据规定》某些内容的不理解或理解上存在偏差，使《民事证据规定》在适用中发生变形和扭曲，影响了《民事证据规定》在调整和规范证据方面的实用性与合理性。从笔者的观察来看，最有争议和问题最多的部分集中在举证期限制度上，相当一部分当事人、律师，甚至法官均对举证期限制度存在不同程度的误解。一方面，因为制度规定的确存在有不明确或难以理解之处（这可能涉及对某些规定的理论基础和前提缺乏充分的了解或表述过于专业化、概念化的原因）；另一方面，也因为人们对制度的目的、规定的实质未能准确地加以把握。社会上人们对举证期限制度的误解也影响了《民事诉讼法》的修改。在《民事诉讼法》的修改中，举证期限的应有含义被扭曲，将举证期限的含义广义化，由此一来，使得举证期限的意义几乎荡然无存。在法律后果方面也采取了以制裁促使当事人举证的做法。

《民事诉讼法》第 65 条第 2 款规定：人民法院根据当事人的主张和案件审理情况，确定当事人应当提供的证据及其期限。当事人在该期限内提供证据确有困难的，可以向人民法院申请延长期限，人民法院根据当事人的申请适当延长。当事人逾期提供证据的，人民法院应当责令其说明理由；拒不说明理由或者理由不成立的，人民法院根据不同情形可以不予采纳该证据,或者采纳该证据但予以训诫、罚款。

《民诉法司法解释》第 102 条第 1 款规定,当事人因故意或者重大过失逾期提供的证据,人民法院不予采纳。但该证据与案件基本事实有关的,人民法院应当采纳,并依照《民事诉讼法》第 65 条、第 115 条第 1 款的规定予以训诫、罚款。该条第 2 款规定,当事人非因故意或者重大过失逾期提供的证据,人民法院应当采纳,并对当事人予以训诫。第 3 款规定,当事人一方要求另一方赔偿因逾期提供证据致使其增加的交通、住宿、就餐、误工、证人出庭作证等必要费用的,人民法院可予支持。

无论是《民事诉讼法》还是《民诉法司法解释》都规定,即使逾期无正当理由,也不会导致举证失权,其后果仅仅是制裁。这是与《民事证据规定》最大的区别。

三、举证期限的规范——《民事诉讼法》、《民诉法司法解释》、《民事证据规定》

《民事诉讼法》以及最高人民法院制定的关于举证期限的相关司法解释都是调整法院、当事人以及其他诉讼参与人之间关于举证的社会关系的规范。《民事诉讼法》的效力自然是最高的,最高人民法院的相关司法解释不能与《民事诉讼法》抵触。在司法解释中《民事证据规定》和《民诉法司法解释》也是关于民事证据最重要的制度规范。在《民诉法司法解释》出台之后,《民诉法司法解释》明确规定与该解释冲突的原来的司法解释一律失效。由于宣布《民事证据规定》作废,因此,《民事证据规定》没有与《民诉法司法解释》冲突的部分内容依然有效。因此,《民事证据规定》中关于举证期限的相关只要没有与《民事诉讼法》和《民诉法司法解释》冲突,理论上依然具有规范效力。《民事证据规定》与《民事诉讼法》和《民诉法司法解释》冲突的地方主要在于逾期举证后果以及举证期限的最低期限方面。

第二节　狭义举证期限制度的根据、目的和举证期限的性质

一、狭义举证期限制度的根据、目的

狭义举证期限制度建立的主要根据是民事诉讼诚实信用原则。根据诚实信用原则,当事人应当诚实信用地实施诉讼行为,不能以不正当地的目的实施影响诉讼公正或效率的诉讼行为。当事人没有正当理由,以诉讼上的"突然袭击"为目的,故意迟延提出证据,就是违反诚实信用原则的行为。

狭义的举证期限制度设立的目的在于以下三点:(1)促使当事人积极举证,提高诉讼

效率,更准确地讲,应当是提高庭审效率。是通过提高庭审效率,实现诉讼效率的目的。在诉讼实践中,影响庭审效率的一个重要原因是因为没有在庭审前限制当事人举证的期间,在诉讼中,当事人可以随时提出证据,导致反复开庭进行事实调查,无法提高庭审效率。举证期限制度有助于促使当事人在开庭前完成举证事项,提高庭审效率。(2)有利于防止证据上的"突然袭击"。(3)有利于法院对诉讼争点问题和证据进行整理。允许当事人随时提出证据,就必然造成证据上的"突然袭击",从而迟延诉讼,也影响法院尽早对诉讼争点和证据进行整理。从以上三个点来看,有利于法院对诉讼争点和证据进行整理应当是其最主要的目的。因为举证期限仅仅在于促使当事人在开庭审理前提出证据,部分证据实际上是无法在开庭审理前提出的,例如在开庭审理中发现和需要提出的证据。举证期限制度是与证据交换制度紧密联系在一起的,证据交换的目的也是有利于焦点问题和证据的整理,当然焦点问题的整理和证据整理也是为了提高庭审的效率。我们不能期望通过举证期限制度使当事人把所有裁判需要的证据全部提出来,也不可能全部提出,因为诉讼是一个典型博弈的过程,双方之间的某些证据的提出需要根据对方的行为才能决定,在诉讼开始阶段是不可能全部提出的。

在理解举证期限制度的目的时,我们还应当注意以下两个问题:

其一,举证期限制度的适用依然必须服从于民事诉讼制度的目的,而不是与民事诉讼制度的目的相违背。民事诉讼制度的目的应当是公正地解决纠纷,因此在适用举证期限制度时,应当服从民事诉讼制度的目的。注意这一点,有利于我们在适用举证期限制度的有关规定时,能够以诉讼制度的目的为指导,更好地、更合理地加以适用,尤其是在制度规定存在模糊、矛盾的情况下。例如,我们在理解何为"新证据"这一问题时,就存在是"从宽"还是"从严"理解的问题。如果从诉讼制度的目的来看,从公正审理纠纷出发,就应当"从宽",而不是"从严"。简单地以举证期限否定当事人提出证据的权利是一种教条、武断的做法。

其二,举证期限制度是以"举证失权"的法律效果来促使当事人积极举证,但应当注意的是,这种限制主要是针对那些以迟延诉讼为目的,而故意不提出证据的人,对于那些无此故意的人就不应当强加举证失权的效果。有的人必然会提出,是否故意很难加以判断。既然很难判断,在一般情况下,就应当"从宽"处理,而不是"从严"处理,不妨采用"无错推定的原则",因为一般而言,当事人总是希望提出证据对自己的主张加以证明,而不是相反。

二、举证期限的性质

举证期限的性质是一个十分重要的问题,笔者注意到,在举证期限制度的实际运用中,人们并不注意这一问题。正是因为没有正确认识这一点,导致举证期限制度适用的不合理。虽然《民事证据规定》表述为"举证期限",但实际上举证期限是一种期间。作为一种期间，其性质问题是指的这种期间是属于法定期间还是属于指定期间。法定期间，又称为不变期间，即如果没有法律规定的特殊情况，法院不能变更此期间。从《民事证据规定》的内容来看，举证期限应当不属于法定期间，法院可以指定举证期限，说明这一期间在性质上属于指定期间，由于当事人也可以协商确定此期间，因此又具有任意期间的性质。《民事证据规定》第33条虽然规定了的"指定期限不得少于30日"，但这是关于指定期间的下限规定，不能因此认为该期间属于法定期间。

举证期限不同于立案期间、答辩期间、上诉期间、申诉期间等法定期间。这些期间在没有满足法律明确给定的条件时，法院是不能变更的。与此不同，指定期间和任意期间都是可以变更的。对于指定期间，法院可以根据案件的具体情况加以变更，这种变更并不需要法律规定的理由。对于任意期间，则可根据当事人的意愿加以变更，但应当得到法院的认可。指出举证期限的性质这一问题，是由于举证期限在适用中，有的人错误地理解了举证期限的性质，导致该制度运用的不合理，误认为举证期限是不变期间。例如，法院指定的举证期限的届满日期为8月25日，如果当事人在8月28日向法院提交证据，在这种情况下，当事人提出的证据是否还有效呢？对此问题，人们之间存在争议。实际上，由于举证期限并不是法定期间，因此，法院可以根据具体情况确定逾期提交证据的效力，如果不是故意拖延诉讼，就应当认定提交证据的合法性，不应当将举证期间作为法定的不变期间来理解。

对此，有人会质疑：难道可以随意认定吗？这是对法院自由裁量权的误解，诉讼正当性的实现必须以法院享有自由裁量权为前提，法律之所以规定有些期间是法定期间，有的期间是指定期间和任意期间，就是为了使诉讼更具有合理性和正当性。指定期间是可变期间，法院可以根据案件的具体情况加以变更，法院也可以根据具体情况对逾期的诉讼行为的有效性加以判断。指定期间是法院行使诉讼指挥权的体现，指定期间的裁量和诉讼行为认定的裁量无疑应当符合诚实信用原则。《民事证据规定》第34条第2款规定"对于当事人逾期提交的证据材料，人民法院审理时不组织质证"，是法院的职权，并不是对法院的义务性规定，即只要逾期就绝对不能组织质证。这与当事人在超过上诉期间，绝对不能上诉不是一回事。上诉期间是不变期间、法定期间，法院没有自由裁量的余地，因为一旦当事人没有在上诉期间内上诉，一审判决便发生法律效力，具有不可逆性。而举证期限是可变期间、指定期间，法院可以根据具体情况加以变更。从这个角度来看，只要法院认定了逾期提交证据的有效性，也就不存在经对方同意才能进行质证的例外条件。"对方当事人同意质证"的情形应当是指法院没有认定当事人逾期提交证据的有效性的场合。当然，正确理解这一点是一个逐步认识的过程。

第三节 举 证 期 限

一、《民事证据规定》关于举证期限的规定

(一)举证期限的含义

举证期限在《民事证据规定》中是指当事人有效提出证据的期间,指的是一个期间段。例如,“由人民法院指定举证期限的,指定的期限不得少于30日,自当事人收到案件受理通知书和应诉通知书的次日起计算”(如果用“举证期间”这一概念可能更好一些,期限具有两个含义:一是指限定的一段时间;二是指所限时间的最后界限,而不是一个时间段。而第二种含义在人们的生活中使用得更多),即在30日内提出证据,都是有效的。

(二)举证期限的确定

举证期限的确定有两种情形:当事人协商和法院指定。前者可以称为“协议期限”,或者称为“指定期限”。当事人协商确定举证期限的,须经人民法院认可。法院指定的举证期限不得少于30日。问题是,协议期限是否可以少于30日?回答是肯定的,协议的举证期限可以不受30日的限制,可以少于30日。这一方面是当事人双方的处分自由;另一方面也有利于提高诉讼效率,是应当允许的。那么,是否可以放任举证期限呢?回答是否定的。一般而言,原告总是希望尽快结案,因此,原告自然会制约被告无故拖长举证期限的要求,举证期限一般不会太长。如果假设在特殊情形下,双方协议的举证期间过长时,法院可以进行干预,指定合理的举证期间,因为诉讼的指挥权在法院,法院必须考虑在维护当事人正当权利的基础上提高诉讼效率。

(三)举证期限是否属于可分别确定的期限

在《民事证据规定》的适用中,人们注意到这样的问题:由于举证期限的起算期间不同,当事人双方的举证期限也有所不同。即《民事证据规定》第33条第3款规定:“由人民法院指定举证期限的,指定的期限不得少于三十日,自当事人收到案件受理通知书和应诉通知书的次日起计算。”显然,原告收到受理通知书的时间与被告收到应诉通知书的期间有可能不同。一些人的疑问是:举证期限是否应当以应诉人的举证期限为限?如果这样,就意味着一方当事人的实际举证期限有可能长于另一方当事人。对于这一问题的理解,涉及举证期限是否属于可分别确定的期限的问题。民事诉讼法中关于期间有两种:一种是针对双方当事人的共同期间,例如上诉期间、申诉期间,期间的起算和终结对

双方当事人都是同样的。另一种是单独期间,只针对一方当事人所规定的期间。例如,申请执行的期间,不涉及对方当事人。《民事证据规定》既然规定了不同的起算点,表明举证期限既不是共同期间,也不是单独期间,而是分别确定的期间。也就是说,当双方提出证据的期间相同时,当事人双方举证期限届满的时间将有所不同。假如,法院指定的举证期限均为40天,原告收到受理通知书的时间为5月20日,被告收到应诉通知书的时间5月22日,则6月29日就是原告举证期限届满之日,7月1日则是被告举证期限届满之日。如果考虑当事人平等原则,这样的规定就是有道理的,使当事人双方的举证期间相同。因起算时间不同导致届满时间的不统一是可以的,没有必要迁就另一方,如果迁就必然导致举证期限长短不一,不符合当事人平等的精神。

与此相关的问题是:当事人能否协商确定各自不同的举证期限呢?即一方举证期限长于或少于另一方的举证期限呢?尽管在实际中尚未遇到这种情形,但理论上可以假设这样的情形。只要双方当事人对此协商一致即可,法院没有必要强求双方举证期限相同。

(四)举证期限的两种情形

举证期限按照是否属于重新指定,可分为两种情形:"元初指定期限"和"重新指定期限"。区分这两种情形的意义在于,明确两种情形不同的期限起算点。"元初举证期限",是从当事人收到案件受理通知书和应诉通知书的次日起计算。法院在送达受理通知书或应诉通知书的同时向当事人送达举证通知书,在该通知书中,法院将告知有关举证期限的规定。"重新指定期限",是指《民事证据规定》第35条中规定的,当事人变更诉讼请求时,法院对举证期限的重新指定。重新指定期限,意味着当事人提出证据不再受《民事证据规定》第34条的限制。那么,重新指定期限的,期限应当从何日起算呢?关于这一点,《民事证据规定》没有明确,但从道理上讲,应当从当事人变更诉讼请求并告知对方当事人,当事人知道诉讼请求变更之日起计算。诉讼请求的变更涉及对方的利益,诉讼请求的变更也必然涉及请求证据和答辩证据的变更,因此,举证期限应当从对方当事人知道诉讼请求变更之日起计算。

重新指定期限,是否允许当事人之间就举证期限进行协议呢?既然元初指定期限允许当事人协议确定举证期限,在重新指定期限的场合,也应当允许当事人就此协商确定。

(五)证据交换的时间与举证期限的确定

举证期限制度与证据交换制度是密切联系的,举证期限的确定也涉及证据交换时间的问题。《民事证据规定》第38条规定:"人民法院组织当事人交换证据的,交换证据之日举证期限届满。当事人申请延期举证经人民法院准许的,证据交换日相应顺延。"在实践中,人们普遍反映该条不太容易理解。应当承认,如果按照《民事证据规定》,在诉讼中有可能发生举证最后期限与证据交换的时间不一致的情形,因为《民事证据规定》既没有规定当事人协商确定的举证期限与当事人协商确定的证据交换的时间必须一致,也没有规定法院指定的举证期限必须与指定的证据交换时间一致。

该规定第 38 条涉及的具体问题在于:(1)证据交换的期限是否就是举证期限?(2)如果是这样的话,是否意味着即使指定了举证期限,但如果举证期限与证据交换期限不一致时(包括长于举证期限和短于举证期限),也应当以证据交换期限为准?也就是说证据交换期限优于举证期限。假设法院指定的举证期限是 8 月 5 日届满,法院指定的证据交换日期为 8 月 3 日时,是否就意味着举证的最后期限应当是 8 月 3 日?

应当承认第 38 条的规定的确有模糊之处,但既然已经规定,在适用中我们就应该从举证期限和证据交换制度的目的来考虑,尽量避免其矛盾,这也是适用法律所需要的智慧和对法官的职业道德要求。为了使其合理运作,应当注意以下几点:(1)尽可能将举证期限与证据交换的时间一致。法院在确定证据交换时间时,最好将证据交换的时间确定为举证期限的最后时间。原则上,证据交换的时间应当迁就举证期限。因为证据交换是以举证作为前提的,而举证期限又是得到法院认可或由法院指定的,所以,在举证期限届满前进行证据交换就不尽合理了。如果认为证据交换确有必要在举证期限届满前进行的,应当向当事人说明,征得当事人的同意,利于当事人的自由处分变更举证期限,否则,当事人坚持在交换证据后举证期限届满前提出证据时,要予以否定就缺乏说服力。(2)法院指定的举证期限与证据交换的时间不一致时,法院可以根据案件的具体情况相应变更举证期限或证据交换时间,以求两者的一致。(3)变更举证期限和证据交换时间应当考虑当事人的具体情况,给予当事人搜集和提出证据的必要时间,还应当考虑双方当事人之间的平等性。

(六)诉讼请求的增加、变更以及提起反诉与举证期限

《民事证据规定》第 34 条指出,当事人增加、变更诉讼请求或者提起反诉的,应当在举证期限届满前提出。有人提问:这一规定是否意味着当事人增加、变更诉讼请求或者提起反诉只能在开庭审理前?因为举证期限届满的期间总是在开庭之前。

按照举证期限制度设置的目的,举证期限的规定主要在于提高庭审效率,因此,举证期限只有确定在开庭前才具有意义。如果举证期限在开庭前届满,按照《民事证据规定》第 34 条的规定,就应当在开庭前提出。问题在于,诉讼请求的增加和变更以及反诉实际上都能够在开庭前提出吗?从诉讼实践的情况来看,当事人增加、变更诉讼请求以及提起反诉,并不总是在开庭以前实施,往往是开庭过程中或开庭后实施。按照民事诉讼法的规定,开庭审理主要有两项内容:法庭调查和法庭辩论。双方当事人的诉讼行为是根据对方的主张的实事以及辩论的情况来加以确定,是不断变化的,一方当事人在调查和辩论中发现需要才会提出增加和变更诉讼的要求。反诉的提起也是如此。

另外,民事诉讼法既没有限定当事人必须在开庭审理前增加、变更诉讼请求,也没有限定反诉的提起必须在开庭前。在我国,开庭审理并不是一次性,连续性的,我国民事诉讼中的庭审,有时往往具有预审的功能。因此,从理论上也并不排除开庭审理中或一次或二次开庭审理后,诉讼请求的增加和变更以及反诉的提起。理论上,通常强调的是诉讼请求的增加、变更和反诉应当在法庭辩论终结前提出,理由是一旦法庭辩论总结,法院将以辩论终结前的诉讼标的和诉讼材料作为裁判的对象和依据。

因此,基于上述理由,应当把《民事证据规定》第 34 条第 3 款的规定视为非强制性条款,而不是对增加、变更诉讼请求和提起反诉的绝对限制,即只是一种强调和提倡,也就是说该款中的“应当”不具有“必须”的含义。诉讼请求的增加、变更以及提起反诉都将影响诉讼的效率,尤其是影响开庭审理的效率,如果允许开庭以后增加、变更诉讼请求、提起反诉,必将导致多次开庭,我们必须考虑到这一点。但是,多次开庭总比另行诉讼的成本要低得多,不让当事人增加、变更诉讼,提起反诉将可能发生当事人另行诉讼的情形,这必将耗费更多的司法资源。所以,我们应当把该条规定理解为倡导当事人在庭审前就考虑好诉讼请求的增加、变更以及是否提出反诉的问题,尽可能在庭审前完成诉讼请求的增加、变更以及提起反诉。

这里随带提一下诉讼请求的变更问题,诉讼请求的变更可分为质的变更和量的变更。诉讼请求质的变更涉及诉讼标的的变更,如果允许当事人变更诉讼请求,则争议的法律关系、诉讼理由和证据也要发生变更,这对已经应诉的被告是不公平的,因此,笔者主张应当限制当事人诉讼请求在质的方面的变更,诉讼请求在量上的变更没有太大的影响,应当允许。

(七)当事人主张与法院认定不一致与举证期限

这里所指的不一致,是指在诉讼过程中,当事人对于主张的法律关系的性质或者民事行为的效力与人民法院根据案件事实作出的认定的不一致。在此种情况下,当事人举证将不受《民事证据规定》第 34 条的限制,人民法院应当告知当事人可以变更诉讼请求。由于当事人在诉讼中对法律关系的认识不能约束法院,法院有权根据自己的判断裁判法律关系的性质。因此,在诉讼实践中往往出现当事人所主张的法律关系性质与法院的认定不一致的情形。而当事人的诉讼请求和对方当事人的抗辩又是根据自己对该法律关系性质的认识,由于《民事诉讼法》允许当事人变更其诉讼请求,因此在现行诉讼体制下,法院就应当告知法院对法律关系性质的认定结果,告知当事人可以变更诉讼请求,以便当事人根据新的诉讼请求组织相应的证据。因此,《民事证据规定》规定,当事人变更诉讼请求的,应当重新指定举证期限。实践中,常见的情形是:双方当事人均认为双方之间达成的合同有效,争议仅在于是否履行,但审理中法院却认定合同无效。合同无效涉及如何恢复原状的问题,这就必然涉及当事人如何证明和法院认定合同无效所带来的损失问题。

二、《民诉法司法解释》中的举证期限

《民诉法司法解释》第 99 条第 1 款规定，人民法院应当在审理前的准备阶段确定当事人的举证期限。举证期限也可以由当事人协商，并经人民法院准许。该条第 2 款规定，人民法院确定举证期限，第一审普通程序案件不得少于 15 日，当事人提供新的证据的第二审案件不得少于 10 日。（第二审程序中举证期限是针对何种情形？《民诉法司法解释》没有明确规定。从逻辑上，应当是第一审没有提出的新的证据。如果是第一审中已经提出的证据就不存在需要举证期限加以限制的问题。在第二审的诉讼结构上是否也存在审前准备程序？没有准备程序，举证期限的期间从何时起算就是个问题。）该条第 3 款规定，举证期限届满后，当事人对已经提供的证据，申请提供反驳证据或者对证据来源、形式等方面的瑕疵进行补正的，人民法院可以酌情再次确定举证期限，该期限不受前款规定的限制。

按照《民诉法司法解释》的规定，当事人申请延长举证期限的，应当在举证期限届满前向人民法院提出书面申请。申请理由成立的，人民法院应当准许，适当延长举证期限，并通知其他当事人。延长的举证期限适用于其他当事人。

第四节　关于“新证据”的界定

从《民事证据规定》来看，“新证据”的界定具有十分重要的地位，因为只有新的证据才可以不受举证期限的限制，作为例外情形可以在举证期限届满后的诉讼中甚至判决后提出。《民事诉讼法》在两个条文中提到了“新证据”，明确了“新证据”可以随时提出，因此《民事证据规定》就不能绕开这一点。

《民事诉讼法》第 125 条中提到的所谓“新证据”，可分别从一审程序和二审程序两个阶段来看，一审程序中的“新证据”又包括两种情形：(1) 当事人在一审举证期限届满后新发现的证据。(2) 当事人确因客观原因无法在举证期限内提供，经人民法院准许，在延长的期限内仍无法提供的证据。实践中的情形是，知道存在该证据，但却没有找到或难以收集到。

如何理解第一种情形中的所谓“新发现的证据”是一个值得注意的问题。笔者认为，新发现的证据应当包括以下几种情形：其一，举证期限届满后，才知道该证据的所在；其二，虽然知道作为证据载体的材料的所在，并持有该证据材料，但并没有意识到其作为证明相关诉讼请求、主张的证据价值所在。例如，有一份文书在原告手里，原告也知道这份

文书就在自己家里，但原告并不知道可以用此证据来证明案件中的何种事实，随着诉讼的进行，原告经律师指点才意识到该文书作为证据的价值。从"发现"这个词的本义来看，"发现"就是当事人对客观世界的主观认识。也许这样的理解有些宽泛，但举证期限制度基本目的主要在于防止因当事人的故意迟延，因此不能使公正成为效率的牺牲品。在审判的价值方面，总体上公正依然是第一位的，或者说在公正与效率这对矛盾范畴中，主要方面应当是公正，因此不宜过于严格地理解所谓新发现的证据。

二审程序中的"新的证据"包括：一审庭审结束后新发现的证据；当事人在一审举证期限届满前申请人民法院调查取证未获准许，二审法院经审查认为应当准许并依当事人申请调取的证据。这里的"新发现的证据"应当与上述同解。

《民事诉讼法》第179条规定的所谓"新证据"，是指原审庭审结束后新发现的证据。但这里"新发现的证据"，应当不包括上述第二种情形。因为再审案件已经是经过审理的案件，不存在开庭审理后，诉讼进行中当事人仍然没有意识到某证据载体作为证据资料的价值。而且再审属于一种特殊程序，如果宽泛地来理解所谓"新证据"就极易导致判决的不稳定性。

第五节　几种特殊情形下的举证期限

一、简易程序转为普通程序后的举证期限

在诉讼实践中，经常发生案件一开始是按照简易程序来审理，当后来发现不适合适用简易程序，将案件转为适用普通程序的情形。这就涉及一个问题：程序转换后如何确定举证期限。

首先我们应当明确，简易程序虽然是适用简化的诉讼程序进行审理，但仍然可能涉及举证期限问题，也就是说，有的案件法院仍可能指定提出举证的期限，但这种情形的举证期限与证据交换无关，简易程序不存在证据交换的问题。一旦要交换证据，该案件就属于比较复杂的案件。这里的提出证据的期限是否等于《民事证据规定》中的举证期限恐怕值得探讨，至少有一点是可以肯定的，简易程序中指定的举证期限应当不受"不得少于三十日"的规定。《民事证据规定》有关举证期限和证据交换的规定，应当理解为仅适用于普通程序。

问题的提出基于这样的背景，即简易程序中已经指定举证期限，在转为普通程序后，如何确定举证期限的问题？这里涉及两种具体情况：(1)转为普通程序时，原指定的举证期限已经届满，是否应当重新指定或由当事人协商确定举证期限？(2)转为普通程序时，

原指定的证据期限尚未届满，是否应当重新指定或由当事人协商举证期限？这一问题的实质是，是否应当重新确定举证期限。对这一问题的认识又涉及如何理解简易程序转为普通程序后，原简易程序的效力问题。

在《民事诉讼法》中没有关于简易程序转为普通程序的规定，而是在最高人民法院《民诉法适用意见》中有具体的规定。根据该意见，既然案件的审理程序可以从简易程序转为普通程序，说明按照简易程序已经经过的程序以及当事人实施的诉讼行为仍然是有效的。但并非所有的程序都是有效的，尤其是审理程序。因为在审理程序和审判组织形式上，简易程序和普通程序具有很大差异。因此，一旦简易程序转为普通程序后，就应当重新确定举证期限。作为普通程序，就要适用《民事证据规定》的规范，例如由法院指定举证期限的，应当不少于30日。有的人会质疑，这样一来就可能导致诉讼时间的延长。笔者认为，案件由简易程序转为普通程序，就要按照普通程序的要求进行诉讼，这是基本要求，延长诉讼时间是必要的。当然，如果当事人同意则不受重新指定期限的影响或约束。

二、反驳证据的提出与举证期限

在诉讼实践中，经常遇到的问题是，法院指定举证期限后，一方当事人针对对方当事人的主张和证据欲提出反驳证据时，应当如何认定该反驳证据提出的有效性？

反驳证据的提出是当事人在诉讼中所实施的诉讼防御措施，主要针对对方当事人提出的主张和证据，目的是使对方的主张和证据不能成立。反驳证据的提出主要有两种情形：(1)在开庭审理前，一方当事人在举证期限届满前提出反驳证据；(2)在举证期限已经届满后提出。

前者所遭遇的问题多半是因为当事人在举证期限即将届满时才意识到应当提出反驳证据，但在有限时间内又难以收集和提出反驳证据。由于起诉状和答辩状中通常不会过多地显示证据，因此在证据交换前的反驳证据主要是针对对方当事人的主张的，用于反驳对方证据的不多。没有或不能在最初的举证期限内提出反驳证据，通常是因为没有意识或没有发现反驳证据，当意识到或发现反驳证据时，收集和提出已经来不及了。众所周知，在实践中，应当提出哪些证据需要具备相当的专业法律知识，而当事人尤其是原告往往在起诉时并没有聘请律师进行诉讼。不过这原本不是问题，因为当事人可以在举证期限届满之前向法院提出延长举证期限，使当事人有充分时间收集和提出反驳证据。问题可能发生在对方当事人反对延长举证期限或者法院不同意延长举证期限。这里的关键问题还在于法院对当事人申请理由的正确判断，以及在诉讼开始时是否充分告知举证期限延长的申请权。尊重事实毕竟是我们审判所要遵守的原则，因此，在申请人没有明显拖延诉讼的故意时，应当允许。

对于举证期限届满后，当事人在诉讼中提出的反驳证据，原则上都应当属于新证据，不应否认该证据提出的合法性。因为在实践中,反驳证据具有对弈性,即需要根据对方的主张和提出的证据的情况来实施相应的诉讼行为,尤其是反驳对方证据的证据。在证据交换以后,对方当事人根据对方提出的证据而提出反驳证据是常见的情形。这种证据无疑是新证据,不应当受《民事证据规定》第 34 条的限制。《民事证据规定》第 40 条规定:"当事人收到对方交换的证据后提出反驳并提出新证据的,人民法院应当通知当事人在指定的时间进行交换。"该条中就明确了这种反驳证据的性质属于新证据。

三、发回重审的案件应否确定举证期限

关于发回重审的案件是否应当重新确定举证期限,在实践中存在争议。一种意见认为,没有必要再指定或协商举证期限,因为这样必然会影响诉讼的效率。原审已经审理过一次,再次审理还要耗费时间,加重了时间成本;另一种意见认为,应当重新确定举证期限,因为毕竟是重新审理,程序就应当从头开始。

关于这一问题,笔者认为,应当明确对于发回重审的案件,原审的审理程序视为没有发生或不存在,但不等于所有程序从头再来,只是审理程序重新开始。这里涉及如何理解审理程序的问题。如果审理程序仅仅是指开庭审理以及以后的程序,则不需要重新指定或协商确定举证期限。如果将答辩期间以后的程序均认为是审理程序,那么证据交换就是必要的,而作为证据交换的准备程序举证期限的确定也就是必要的。当然,也可以从证据交换是否有必要的角度来考虑。如果认为有必要从重新交换证据,以便重新对焦点问题进行整理从而有利于再审案件的庭审,也可以确定举证期限,促使当事人在一定期限内提出证据。因此,笔者倾向于合议庭根据具体情况自由裁量,是否重新确定举证期限以及进行证据交换。

四、鉴定申请与举证期限

《民事证据规定》第 25 条规定:"当事人申请鉴定,应当在举证期限内提出。符合本规定第二十七条规定的情形,当事人申请重新鉴定的除外。"该条第 2 款规定:"对需要鉴定的事项负有举证责任的当事人,在人民法院指定的期限内无正当理由不提出鉴定申请或者不预交鉴定费用或者拒不提供相关材料,致使对案件争议的事实无法通过鉴定结论予以认定的应当对该事实承担举证不能的法律后果。"在诉讼实践中,不少人认为该条实际上限制了鉴定申请的提出,即在举证期限届满以后便不能申请鉴定。如果单纯从字面上理解似乎有这层意思,但这样理解并加以适用就未必合适。当事人在诉讼中申请鉴定,总是因为对某一个事实问题双方之间发生争执,需要借助鉴定人的专门知识对此加以确认。在许多情况下,当事人在诉讼前或诉讼开始阶段(举证期限)已经考虑到需要鉴定的事项,尤其是当事人双方在诉讼前已经对事实问题发生争议的情况,但也有在举证期限后,当事人双方就某一事实问题发生争议,并需要通过鉴定加以确认的情形,尤其是

对新发现或提出来的事实;在证据方面,如对反驳证据的真实性的鉴定问题。因此,不能排除举证期限届满后当事人提出鉴定申请的必要性。因此,笔者认为,应当把《民事证据规定》第25条的规定理解为倡导性条款,目的是要求当事人尽可能在举证期限内提出鉴定申请,这样有利于提高诉讼效率,不能理解为绝对排除性条款。鉴定结论(意见)是民事诉讼中的一种重要证据,当事人在举证期限届满以后提出申请要求鉴定,就相当于提出新的证据,作为新证据是可以随时提出的。

五、逾期提出证据的损失及赔偿

《民事证据规定》第46条规定:"由于当事人的原因未能在指定期限内举证,致使案件在二审或者再审期间因提出新的证据被人民法院发回重审或者改判的,原审裁判不属于错误裁判案件。一方当事人请求提出新的证据的另一方当事人负担由此增加的差旅、误工、证人出庭作证、诉讼等合理费用以及由此扩大的直接损失,人民法院应予支持。"

对于因当事人在二审或再审中提出新证据导致发回重审或者改判的,不应属于错误裁判无疑是正确的,但在没有设定条件的情况下,直接让提出新证据的当事人承担因此增加的差旅、误工、证人出庭作证、诉讼等合理费用以及由此扩大的直接损失恐怕就值得探讨了。

当事人提出证据证明自己的主张和反驳对方的主张均属于诉讼权利,只要属于正当地行使诉讼权利的行为,都不应当让该当事人承担其不利的后果。只有在故意实施侵害行为时,才应当承担损害赔偿责任。当事人提出新的证据是要维护自己的合法权益,因为提出新的证据而导致发回重审或改判就要承担相应的费用和损失在诉讼理论上欠妥当。例如,当事人起诉、上诉、申诉等都属于行使诉讼权利的行为,是法律所赋予当事人的权利,当事人不因为行使该权利而承担赔偿责任。起诉人在一审中败诉、上诉人在二审中败诉,仅仅应承担相应的诉讼费用,而不能承担对方因被起诉或被上诉所带来的损失,且承担诉讼费用还必须以败诉为前提。虽然从理论上,权利人在行使权利都应当负有正当行使的义务,不正当行使权利将要承担相应的义务,但对于诉讼权利而言,为了保障权利人有效、充分地行使权利,即使存在某些消极影响,例如增加诉讼成本,消耗司法资源,也不应加重权利人行使权利的负担和风险。如果提起诉讼的人还要承担因为起诉该被告人从而带来损失,则必然影响诉权的行使。当事人提出新证据也是如此。

未能在指定期限内举证,原因是多方面的,既可能是为了拖延诉讼而故意不提出证据,也有可能是因为没有发现该证据,还有可能是因为没有找到该证据,除了故意不提出证据属于不正当行使权利外,后两种情形均属于因正当理由不能提出证据的情形。另外,诉讼的公正性要求法院的裁判应当以事实为根据,在有证据时,法院就应当尽量根据证据作出判决,法律不应当鼓励当事人不提出证据。因此,提出新证据的当事人要为此承担对方当事人因发回重审和改判所发生的差旅、误工、证人出庭作证、诉讼等合理费用以及由此扩大的直接损失就未必合理。有人认为,规定提出新的证据一方当事人应承担另一方当事人上述费用是有法律依据和理论依据的。所谓法律根据,是指《民法通则》第106条第3款规定:“没有过错,但法律规定应当承担民事责任的,应当承担责任。”该法第132条规定:“当事人对造成损害都没有过错的,可以根据实际情况,由当事人分担民事责任。”并且认为,另一方当事人所开支的上述费用中差旅、误工费用属于人民法院诉讼收费方法中规定的“实际支出费用”,提出新证据的一方当事人应当承担。这种观点还引用了《最高人民法院关于适用〈中华人民共和国合同法〉若干问题的解释(一)》第26条的规定:“债务人行使撤销权所指出的律师代理费、差旅费等必要费用,由债务人负担。”

笔者认为,这种观点值得商榷。其一,《民法通则》虽然规定了无过错也要承担民事责任,但因无过错行为承担民事责任应当是非常谨慎的,在没有法律明确规定的情况下不宜适用无过错责任。作为一般承担民事责任的原则应当是过错责任原则,而不是无过错责任。其二,在英美法系国家的确存在由对方当事人承担另一方当事人实际支出的费用,包含当事人委托律师进行诉讼费用的情况,但前提是对方当事人败诉。而在大陆法系国家,不管胜诉败诉均是由实际支出费用的当事人承担(认为大陆法系国家将当事人私人的费用也包括在诉讼费用的说法有误)。其实这两种制度各有利弊。即使按照英美法系国家的做法,提出新证据的当事人如果没有败诉,也不应当承担对方当事人实际支出的这些费用。其三,合同法解释中“关于债务人行使撤销权所支出的律师代理费、差旅等必要费用,由债务人负担。第三人有过错的,应当适当分担”的规定,仅仅适用债务人行使撤销权的场合,不宜扩大适用民事诉讼中诉讼权利的行使。

当事人提出新证据,导致案件发回重审或改判并不是当事人的过错行为,如果有过错(例如,不属于新证据,当事人又没有举证期限内提出),该证据不能作为合法证据使用,则不发生发回重审或改判的问题。在没有主观过错的情况下,让提出新证据的当事人承担对方当事人在诉讼中的费用是欠缺合理性的,对于诉讼权利的行使即使存在过错,是否承担对方当事人的费用以及损失还需要认真权衡利弊,试图以承担上述费用达到促进当事人在一审中尽可能提出证据究竟有多大意义也是有疑问的。

思考题

1. 举证期限的意义是什么?

2. 举证期限制度与证据交换、审理前的准备是什么关系?

3. 在举证期限内无正当理由不提出证据的法律后果是什么?

真题链接

1. **(2013年司法考试卷三单选第40题)** 大皮公司因买卖纠纷起诉小华公司，双方商定了25天的举证时限，法院认可。时限届满后，小华公司提出还有一份发货单没有提供，申请延长举证时限，被法院驳回。庭审时小华公司向法庭提交该发货单。尽管大皮公司反对，但法院在对小华公司予以罚款后仍对该证据进行质证。下列哪一诉讼行为不符合举证时限的相关规定？（　）[1]

A. 双方当事人协议确定举证时限

B. 双方确定了25天的举证时限

C. 小华公司在举证时限届满后申请延长举证时限

D. 法院不顾大皮公司反对，依然组织质证

2. **(2007年司法考试卷三单选第33题)** 在民事诉讼普通程序中，根据有关司法解释，关于举证期限，下列哪一选项是正确的？（　）[2]

A. 举证期限只能由法院指定

B. 举证期限可以由当事人协商确定，不需法院认可

C. 当事人在举证期限内提交证据确有困难的，可以在举证期限届满之后申请延长

D. 法院指定的举证期限不得少于30日

3. **(2002年司法考试卷三单选第27题)** 根据有关司法解释，人民法院规定了民事诉讼当事人举证期限，下列哪一说法符合有关司法解释的规定？（　）[3]

A. 举证期限一经确定，在任何情况下，当事人都不可以申请延长举证期限

B. 当事人在举证期限内提交证据确有困难的，经法院先许，可以适当延长举证期限，但只允许延长一次

C. 当事人在举证期限内提交证据确有困难的，经法院允许，可以适当延长举证期限，延长举证期限后，当事人提交证据材料还有困难的，当事人可以再次提出延期申请，是否准许由人民法院决定

D. 当事人在举证期限内提交证据确有困难的，可以多次申请延长举证期限，但自第二次申请起，是否准许由上级人民法院决定

4. **(2002年司法考试卷三多选第75题)**《民事诉讼法》第125条第1款规定"当事人在法庭上可以提出新的证据"。该"新的证据"所指的是下列哪些情形？（　）[4]

A. 当事人在诉讼之前就持有，但在一审诉讼过程中一直没有向人民法院提供，到二审程序时，当事人才向人民法院出示的证据

B. 当事人在举证期限届满后才发现的证据

C. 当事人在二审中向人民法院提供的在一审定审结束后才发现的证据

D. 当事人在举证期限内因主观原因未能在举证期限内提供，但在法庭开庭时向法庭出示的证据

---

[1] C

[2] D

[3] C

[4] BC

参考文献

1. 张卫平:《论民事诉讼中失权的正义性》,载《法学研究》1999 年第 6 期。
2. 李浩:《举证期限制度的困境与出路——追问证据失权的正义性》,载《中国法学》2005 年第 3 期。
3. 张卫平:《举证期限制度的若干问题》,载《人民司法》2003 年第 9 期。
4. 张卫平:《民事诉讼中举证迟延防止对策分析》,载《法学家》2012 年第 5 期。

案例分析

扫描二维码阅读案例及作者对该案例的精彩分析。

第十五章　公 证 证 明

第一节　公证证明概述

一、公证证明的含义

公证证明是指国家法定的公证机构按照法律、法规所规定的程序，运用所掌握的证据材料，证明既存的或正在发生的法律行为、有法律意义的文书和事实的真实性、合法性的过程或行为。

二、公证证明的特征

公证证明具有以下特征：(1)公证证明的主体是国家法定的公证机关。公证证明是国家公证机构根据国家授予的公证职权、代表国家所作的证明，因此公证主体只能国家法律规定的享有公证权的机关。公证机关一般为依法设立的公证处。(2)公证证明的程序是法定的。公证证明必须按照法定的程序进行，未经法定程序进行的证明活动是不合法的，其证明结果不具有法律效力。(3)公证证明的客体是法律事实、法律文书和法律行为。(4)公证证明的要求是待证事实的真实性和合法性。公证机构不仅要证明待证事项的真实性，而且要证明待证事项的合法性。(5)公证证明具有特殊的法律效力。公证证明具有法律规定的特殊效力。这种效力不仅为我国所承认，也为国际社会普遍接受和承认，是国际上通行的法律文书。

正因为公证证明的上述特征，公证证明就具有了证明的公正性、权威性、确定性、可靠性、通用性等效用。公证证明是其他机关、团体、组织或个人的证明所无法比拟的。按照《公证法》和《民事诉讼法》的规定，公证证明可以不经审查，直接作为法院认定事实的根据。

三、公证证明的意义

人们之间的纠纷源于各种利益冲突，也因为对纠纷事实认识的差异，如果能够在事实认知方面能够具有共识，就可以在很大程度预防纠纷和解决纠纷。公证证明为固化事实,确定事实提供有力的保障,不仅对诉讼外纠纷解决,也为诉讼内纠纷解决提供了事实认定的基础。因而对于预防纠纷的发生和解决纠纷,进而对社会的稳定和发展具有重大意义。公证证明效力的正当性、权威性来源于法律对于公证证明的合法性、真实性的实体和程序的系统保障,使得公证证明具有了高度公信力,为社会所广泛认可。

此外,经济发展和对经济秩序、社会秩序稳定的强烈诉求又从根本上推动了公证事业的快速发展。在我国,公证证明事项所涉及的领域越来越广泛,不仅涉及合同、继承、委托、声明、赠与、遗嘱、财产分割、招标投标、拍卖等法律行为的公证,也涉及婚姻状况、亲属关系、收养关系、出生、生存、死亡、身份、经历、学历、学位、职务、职称、有无违法犯罪记录、公司章程等法律事实和文书的公证证明,还涉及为了公正、高效解决纠纷的证据保全公证。

第二节　公证证明文书(公证书)概述

一、公证书的含义及内容

公证书,也称公证文书,是指公证机构——公证处根据当事人申请,依照事实和法律,按照法定程序制作的具有证明效力的法律文书。

公证书作为一种法律文本,其内容格式、制作都有专门的要求。公证书在内容方面包括:(1)公证书编号。(2)当事人的基本情况。(3)公证证词。公证证词是公证书的核心。公证证词的内容包括:公证证明的对象、公证证明的范围和内容、公证证明所依据的法律法规等。公证证明对象、范围不同,公证的条件、内容和适用的法律也不同,这些都要在证词中有所反映。公证证词所涉及的组织名称第一次出现时必须使用全称;所涉及的日期要采用公历;需涉及农历时应采用括号注明。(4)承办公证员的签名或签名章、公证处印章。(5)出证日期。出证日期以公证处审批人审核批准的日期为准。(6)其他事项。

除了上述内容之外。有的公证书还具有强制执行效力。例如,对双方无争议的债权文书所作的公证书。其具有强制执行效力的事项也应在公证证词中注明,并注明债务人履行债务的期限。

需要注意的是,公证证词中注明的文件也是公证书的组成部分。

二、公证书的出证条件、制作要求及程序

(一)出证条件

所谓出证,是指公证处根据审查的结果,对符合条件的公证事项,依法制作,出具公

证书的活动。出证条件如下：

1. 法律行为(如签订合同、设立遗嘱、继承遗产、收养子女、提存等)公证应符合下列条件:(1)行为人员具有相应的民事行为能力;(2)意思表示真实;(3)行为的内容和形式不违反法律、法规、规章或社会公共利益。

2. 有法律意义的事实或文书公证,应符合下列条件:(1)该事实或文书对公证当事人具有法律上的利害关系;(2)该事实或文书真实无误;(3)事实或文书的内容不违反法律法规。

3. 文书上的签名、印鉴公证,其签名、印鉴应当准确属实;文书的文本公证,其文本内容应当与原本完全一致。

4. 赋予债权文书具有强制执行效力的公证应当符合下列条件:(1)债权文书经过公证证明;(2)债权文书以给付一定货币,物品或有价证券为内容;(3)债权文书中载明债务人不履行义务时应受强制执行的意思表示。

(二)制作要求

第一,公证证词中注明的文件是公证书的组成部分。

第二,公证书不得涂改、挖补、必须修改的应加盖公证处校对章。

第三,公证书应使用中文,在少数民族聚属或者多民族共同聚居的地区,除涉外公证事项外,可使用当地民族通用的文字。

第四,根据需要或当事人要求,公证书可附外文译文。

(三)出证程序

符合条件的公证事项,由承办公证员草拟公证书后连同公证卷宗,报公证处主任、副主任或其指定的公证员审批出证。

除法律另有规定外,公证书从审批人批准之日起生效。审批人批准日期即为出证日期。

三、公证书的证据属性

公证书的证据属性问题,是指公证文书是否是一种诉讼法上的证据。这里涉及如何理解《民事诉讼法》第 67 条和《公证法》第 36 条的规定与公证文书的证据属性之间的关系。不少人认为,公证文书当然是诉讼法意义上的证据,这不是一个问题或者是一个伪问题。但有学者却不这样认为,断然指出公证文书不是证据,至少不是普遍意义上的证据,仅仅在某些情形下才能作为证据,如在作为法律行为成立要件的公证中,公证文书才作为诉讼中的证据,对某一法律行为成立起到证明作用。这种认识指出,人们将公证文书理解为诉讼法上的一种证据是错误的。对于在一般公证中所形成的公证文书,当事人在诉讼中是作为一种证明手段来使用，而不是作为证明依据——证据来使用。其认为《民事诉讼法》第 67 条并非是将公证文书作为诉讼证据的规定；公证文书也不具有证据的三性——关联性、客观性、合法性，论证的基本理由是，在诉讼中，公证事实本身是不需要举证就可以得到法院的确认，因此，公证文书并不是作为证据来证明案件事实，而是法律上规定的一种免于举证的证明手段。从《民事诉讼法》第 67 条的规定来看，法律仅仅规定经公证的法律行为、法律事实和文书作为案件事实认定的依据，并非将公证文书作为认定事实的依据。（这一观点可以简称为“证据否定说”）虽然该学者在论证这一命题时存在着理论上的不足，如将证明手段与证明依据加以区别，但却没有论证证明手段与证明依据不同之处，再从证据三性论证公证文书的非证据属性也显得有些勉强。但这种观点提出了这样的问题，即公证文书与事实认定究竟是何种关系？要厘清这一关系，了断公证文书是否是诉讼法上的证据这一争议问题，首先必须解明公证事项与公证文书的关系。

公证的基本功能就是证明，具体体现为证明法律行为、法律事实和文书。而公证文书是关于这一证明结果的文本。也就是说，公证文书的内容陈述了一个事实，公证文书只是这一事实陈述的物质载体。在德国法上，明确将公文书与公文书陈述内容加以区分。对案件有直接证明作用的通常是公文书的陈述内容，而不是公文书本身，就这一点而言，上述学者质疑公证文书是一种直接证明案件事实的证据的观点是有道理的。例如，在财产纠纷案件诉讼中，收养关系是确定一方当事人是否拥有争议财产的法律事实，则经公证证明收养关系存在的事实就是法院裁判其拥有财产的事实依据，公证文书文本并非其裁判的依据。这一认识符合《民事诉讼法》第 67 条和《公证法》第 38 条的规定。但是，作为公证文书陈述内容的事实之所以能够作为法院直接认定案件事实的依据，如收养关系存在的事实，是因为这些事实是经过公证的，在形式上是由公证文书加以确定的，公证文书对这些事实提供了完全的证明。德国《民事诉讼法》第 415 条[公文书中陈述的证明力(1)]规定：“由公共官署在其职权内，或由具有公信权限的人在他的事务范围内，依正规的方式制作的文书，为公文书。如果其中所记载的是公共机关或制作文书的人面前所为的陈述，对于这种公共官署或制作文书的人以文字记载的事项，公文书提供完全的证明。”也就是说，当作为公证证明的内容（公证文书中的陈述内容，经公证证明的事项）对认定案件争议的主要事实或要件事实的证明发生作用时，公证证明的内容是证明案件争议事实的直接证据。最典型的是公证证明的内容为文书，如书证。该书证对案件争议事实具有直接证明价值。再如，对特定法律关系和法律行为成立的证明。例如，原告提起借贷返还之诉，要求被告返还所借贷的金钱。被告抗辩此金钱非借贷而是原告赠与，并提供经公证的赠与合同，对于这一抗辩事实，在原告没有足以推翻公证证明事实的情形下，法院应当以存在赠与关系的事实作出原告败诉的判决。在这种情形下，赠与合同是证明案件争议事实的直接证据，而公证文书是证明该合同具有完全证明力的证据，对于案件争议事实而言是一种间接证明。也就是说，上述情形下，证明有两个层次：一个是公证证明的内容对案件争议事实的直接证明；另一个层次是公证文书对公证证明内容真实性、合法性的证明。《民事诉讼法》第67条和《公证法》第38条的规定指的是第一个层次，而并没有规定第二个层次，即公证文书间接证明的证据效力，但也并不等于公证文书没有这种证明作用，就不是一种证据。只要具有证明作用，有一定客观表现形式或证明信息的载体，它就是一种证据。任何证据都是一种证明手段和方法。而且，我们也可以从《民事诉讼法》第67条和《公证法》第38条中自然推出公证文书的证据属性，因为法律明确规定的是“经公证”的事项。只不过公证文书对于案件事实而言在有的情形下是一种间接证明而已。公证证明的这两个层次的结合使得公证证明的情形成为一种“复合证明”或“复式证明”——证明的证明，公证文书证明某一特定事项，该事项证明案件某一特定事实。

当然，并不是所有的情形都是由这内外两个层次构成的，对案件事实的证明均是以复式证明的形式。除了“公证文书证据否定论”所提到的公证文书作为法律关系的生效要件的情形之外，当一方当事人主张事实（权利主张的事实或者抗辩事实）或裁判所依据的事实就是公证文书中证明的事实时，公证文书就同样具有直接证明作用，是一种“单式证明”。例如，原告提起撤销合同的诉讼，原告主张的理由是对方以胁迫手段订立的合同，被告抗辩合同为真实意思表示，抗辩的证据就是经公证的合同，此种情形下公证书即为直接证据，而不仅仅是在公证证明作为法律行为的要件事实起直接证明作用。也就是说，公证文书作为证据有两种情形：作为间接证明的证据和作为直接证明的证据。上述证据否定说忽视了这种情形下，公证文书的直接证明作用，也自然会否定其证据属性。正是在这个意义上，我国《民事诉讼法》和《公证法》需要加以完善，明确规定公证文书对公证事项具有完全的证明力。

在大陆法系国家，理论上均将公证文书作为一种证据——书证。将公证文书作为证据是在公证文书对其陈述事实的证明方法的意义上。大陆法系国家在证据性质的归属上，将公证文书纳入公文书范畴。所谓公文书，是指公务员基于其权限在职务上所制作的文书，除此之外的所有书证都被归于私文书。公文书与私文书在法律上有着不同的意义。公文书只要是有权限的机构制作的，就推定为真实。私文书则要求有当事人本人或代理人的签名或盖章时，才能推定其（在形式上）真实。

在大陆法系国家的证据理论中，公证文书在证据种类上被作为书证的一种。所谓书证即以文书记载的内容作为证据资料以证明案件事实的一种证据方法。在我国，通说也持这一基本认识。根据大陆法系国家的书证理论，书证可分为公文书和私文书。同时，书证还根据文书所发生的作用不同，分为处分性文书［也称生效性文书（德国）、处分文书、处分书证（日本）］和报告性文书［也称报道性文书（德国）、报告文书或报告书证（日本）］。处分性文书，是指该文书制作完成之时，即为法律行为的发生之时。文书制作的行为就是法律行为本身，如法院判决书、合同、催告函、支票、遗书等。报告性文书，是指文书的内容仅记载文书制作人关于某一事项的见闻、判断和感想的文书。登记簿、户口簿、法院笔录、收据、商业账簿等都属于报告性文书。当然，有的文书文本中既有处分性文书的内容，也有报告性文书的内容。就公证文书是公证机关是关于某一事项是否真实、合法的证明文书而言，是一种关于待证事实的法律判断，属于报告性文书。公证文书是由公证员依据其公证权限制作的，因而也是一种公文书。

处分性文书与报告性文书划分的法律意义在于，不同性质的文书其证明力（证据力）以及证明力的判断方法有所不同。按照大陆法系的证据理论，文书的证明力分为形式证明力和实质证明力（实体证明力）。文书对于待证事实有证明作用，便具有证明力。文书是基于文书制作者的意思制作的，那么该文书就具有了形式上的证明力；文书记载的内容对待证事实有证明作用的，则有实质上的证明力。对于处分性文书而言，一旦具有形式上的证明力，就当然具有实质上的证明力；而作为报告性的文书虽然具有了形式上的证明力，但不一定具有实质上的证明力。也就是说，虽然该文书成立，具有形式上的证明力，但文书的内容却未必就能证明待证事实。判断文书是否具有形式上的证明力，根据文书的性质不同而有所不同。只要在形式上能判断为公文书的，便推定公文书为真实。提出公文书的人不必举证公文书为真。相反，提出私文书的人需要证明该私文书为真。关于实质上证明力的判断，由于处分性文书只要具有形式上的证明力，就当然具有实质上证明力，因此处分性文书的实质证明力的判断就取决于形式上证明力的判断；而报告性文书实质上的证明力的判断一般情形下则是法官根据经验法则，以自由心证为原则作出。这里应当特别注意的是，虽然公证文书是报告性文书，但由于公证具有高度的公信力，因此，关于公证文书实质上的证明力大小不由法官自由心证。也正是基于此，公证文书在证据效力上具有优越性，公证文书也就不同于一般的公文书。

第三节　公证证明效力

一、公证证明效力的制度规定

早在 1982 年，我国制定的《民事诉讼法（试行）》就有了关于公证证明效力的法律规定。该法第 59 条规定“人民法院对经过公证证明的法律行为、法律事实和文书，应当确认其效力。但是，有相反证据足以推翻公证证明的除外”。

1991 年颁布的《民事诉讼法》（2007 年部分修订）进一步明确了公证证明的法律效力，第 67 条规定：“经过法定程序公证证明的法律行为、法律事实和文书，人民法院应当作为认定事实的根据。但有相反证据足以推翻公证证明的除外。”

1992年颁布的最高人民法院《民诉法适用意见》第75条明确将“经公证证明的事实”作为无需举证的事项之一。

2001年最高人民法院颁布的《民事证据规定》第9条中也同样规定“已为有效公证文书所证明的事实”作为无需举证的事实。

2005年对于公证制度具有划时代意义的《公证法》颁布，标志着我国公证制度得到进一步完善。该法第36条规定：“经公证的民事法律行为、有法律意义的事实和文书，应当作为认定事实的根据，但有相反证据足以推翻该项公证的除外。”

二、公证证明效力的发生机理

《民事诉讼法》和《公证法》明确了在民事诉讼中，人民法院应当将经公证过的法律行为、法律事实和文书作为认定事实的依据。也就是说，如果当事人在诉讼中提出与案件事实有关联的经过公证的法律行为、法律事实和文书，人民法院就应当将其作为认定案件事实的依据。

法律规定的这一约束作用即为公证证明的法律效力。在理论上这一效力的发生机理，学术上有两种观点。一种观点认为公证证明效力是基于公证证明属于司法认知的范畴，从而获得裁判机关的认可。[1]（这种认识可概括为“司法认知说”。）另一种观点认为，公证证明效力是基于推定，“属于推定的范畴，根据法律规定，法官在诉讼过程中推定公证证明的事实为真实”。[2]（这种观点可概括“推定说”）

司法认知，又称为审判上的知悉或审判上的认知。“司法认知”是英美法系国家证据法上普遍使用的概念，通常是指法官对于待定事实即在审判中的事实不待当事人举证，而直接予以确认作为裁判的依据。在英美法上，司法认知通常被作为一种证据形式之一。例如，美国联邦及多数各州就将证据分为言词证据、实物证据与司法认知三种。依照美国证据法学家华尔兹的观点，“由于有些事物属于社会中常识的范畴，或者属于某种推论所依据的，如日历或医学论文等高度可靠性原始资料的证明，所以其无需按通常的方式验证，于是审判法官将对它们进行司法认知，并指示陪审员们可以将其视为本案中已完全确认的事实，无需通过证人或展示物品的正式证明”。[3] 由于司法认知具有直接确认和免除举证证明的功能，因此我国有学者将经公证证明的事实也纳入了司法认知的范畴。[4]

---

〔1〕 何家弘、刘品新：《证据法学》，法律出版社2004年版，第278页；另参见毕玉谦主编：《民事证据法判例研究》，法律出版社2001年版，第405页；吴勇：《论公证效力争议救济制度之完善》，载《中国司法》2008年第3期。

〔2〕 参见于向明：《公证证明在非刑事诉讼证明制度中的法律地位》，载《中国公证》2007年第1期。

〔3〕 转引自何家弘、刘品新：《证据法学》，法律出版社2004年版，第277页。

〔4〕 何家弘、刘品新：《证据法学》，法律出版社2004年版，第278页。

在大陆法系，推定有所谓“事实上的推定”（“事实推定”）和“法律上的推定”（“法律推定”）。所谓事实上推定，是指法官利用已知的事实为前提，以经验法则推论待证事实的过程或行为，又称为“裁判上的推定”。事实上的推定必须要有四个基本条件：一是存在可以作为推定前提的事实；二是作为推定前提的事实必须是真实的；三是需要推论的事实无法直接证明（如果能够证明的话，通常情况下当事人仍然应当直接证明）；四是需要有推定的桥梁——经验法则。对于事实上推定，由于其具有高度盖然性，因此当对方当事人提出足够的证据证明推定的事实不能成立的，推定无效。

法律上的推定又分为两类：“法律上的事实推定”〔5〕和“法律上的权利推定”。所谓法律上的事实推定，是指法律规定以某一事实的存在为基础，直接根据该事实认定待证事实的存在与否。由于法律上的事实推定，直接由法律规定了某事实的存在便可认定待证事实的存在，因此当事人对待证事实也无需加以证明。所谓法律上的权利推定，是指法律对某种权利或法律关系是否存在直接加以推论的情形。例如，日本民法规定各共有人应有部分不明确的，推定为各共有人均等占有。但法律上的权利推定并不是一种证据规则，因为作为证据规则的证明对象必须是事实，而不是权利。因此，在证据制度上通常谈到的法律推定就是指所谓“法律上的事实推定”。

在大陆法系国家，如日本，在证据理论上，通说虽然将公证证明效力的发生机理归于推定，但没有直接归于事实推定上的推定，因为如果归于事实推定，那么按照事实推定的要求，法官就可以根据自由心证原则，依据经验法则判定推定成立与否。但是，在公证证明的场合，这种自由心证是受到限制的，法官没有依据经验法则加以判断的余地，应当推定直接成立，只有在反证成立的情况下，该推定才能被推翻，因此在理论上这种观点被称为“法定证据法则说”。〔6〕针对“法定证据法则说”，另一些学者认为，公证书效力的推定不是基于法定证据法则，而是基于法律上的推定，直接推定公证书所证明的事实为真。一方主张公证证明的事实不真实时，便发生证明责任的转换，不能证明不真实的，便不能推翻该推定。因为对于公证书证明的真实而言，既然没有本证，也就无所谓反证，所以根据反证推翻公证证明的说法是不妥当的。这种观点也称为“法律推定说”。就两者的学理解释而言，笔者认为，以“法律推定说”的观点来解释公证证明效力的发生机理可能更合理一些，尤其是针对我国公证证明的具体语境（与大陆法系国家相比，我国法律更强调公证证明的特殊优势地位）。一方面，“法律推定说”指出了“法定证据法则说”本身已经否定了作为事实推定的基本要件——基于经验法则的自由判定，因此也就不能将其归入事实推定的范畴，“法定证据法则说”将公证证明的情形作为例外，本身就是一种自我否定；另一方面，“法律推定说”则能更好地说明公证证明的优越和强势这一特点。

---

〔5〕　这里应当注意的是，“法律上的事实推定”依然是法律推定，不是事实推定。

〔6〕　［日］福田刚久等编集：《书证》（《民事证据法大系·第4卷各论2》），青林书院2003年版，第39～40页。

在公证证明效力的发生机理的解释论上，英美法上的司法认知概念和大陆法的推定概念表达的都是一种事实认定主体（法官）在一定条件下对事实的直接认定，但前者仅从证据属性的视角来认识的，且在英美法上并没有大陆法系这样的公证证明制度，将其硬性纳入司法认知的制度范畴仅仅是我国学者依据司法认知的定义将其扩张于我国公证证明的结果；而后者不仅在学理上与自由心证（限制自由心证）、证明责任的分担、法律推定、事实推定等一系列概念联系起来的，由此形成了不同的学术语境。而这一学术语境与我国民事诉讼法、民事证据法的学术语境更为贴切。尽管司法认知这一概念也可以说明公证证明效力的发生机理，但存在学术语境和制度的隔离，而大陆法系国家的推定概念和理论能更细致、更贴切地加以说明。

对于公证证明推定效力这种法律上的约束力，也可以进一步从公证行为的准公定力概念加以说明。笔者提出的“准公定力”概念是借助了行政法上的公定力理论。这种理论认为行政行为具有公定力的效力，原则上行政行为都应受合法的推定或者有效推定，在未经依法变更或者有权机关加以撤销外，任何人不得否定其效力，都必须予以服从、忍受或者执行该行政行为。根据行政法学理论的现代阐释，行政行为的公定力，不是超越实定法，而是实定法特别承认的效力。这种对行政行为有效性的推定只是暂时的、程序意义上，它为行政相对人留有挑战的法定管道与时间。[7] 笔者之所以使用准公定力这一概念，是因为：其一，公证证明行为同样具有推定的效力，在没有足以推翻其证明事项的真实性时，这种证明的有效性是持续存在的，对法院是有约束力的。其二，公证机关虽然不是国家行政机关，但公证机关行使了具有高度公信力的证明职能，其行为类似公法性质，正因如此，大陆法系国家将公证员定性为实质意义上的公务员。也因为公证机关的证明行为不能完全等同于行政行为，所以使用了准公定力概念。公证证明行为的准公定力来源于公证行为对于稳定社会、预防纠纷这一基本社会需要，基于公证行为的高度公信力。可以说，高度公信力派生了准公定力，而准公定力又具体体现为公证证明的约束力。

三、公证证明的法律效力

（一）公证证明对事实认定者的约束

《民事诉讼法》和《公证法》规定，对于公证证明的事项“人民法院应当作为认定案件事实的依据”，表明公证证明具有约束法院认定案件事实的效力，由此也产生了法院在认定事实方面的作为义务。如果当事人在诉讼中提出了与案件主要事实或要件事实有关联的经公证的法律行为、法律事实和文书，法院就有将其作为事实认定的义务。在没有否定该公证证明的例外情形时，法院不予认定的，法院的审理就违反了《民事诉讼法》和

---

〔7〕 余凌云：《行政法讲义》，清华大学出版社2010年版，第221页。

《公证法》,构成事实认定上的错误,是当事人上诉和再审的理由。(《民事诉讼法》第170条第3项;第200条第1款第2项)一旦原审存在这样的错误,上诉法院就应当撤销原判发回重审或自行改判;再审法院应当根据申诉人的申诉提起再审,通过再审程序加以纠正。检察机关也可以就此提起抗诉要求法院启动再审。原审法官没有根据法律规定对公证证明作为案件事实依据的,属于错案,按照现行的错案追究制,应当予以追究,审理法官应承担相应的错案责任。

公证证明的法律效力对案件事实的认定而言是一种义务,对提出公证证明的当事人而言就具有免证的法律效果。免证效果是从当事人提出证据行为的责任(主观证明责任)和当事人证明的结果责任(客观证明责任)两个方面来讲的。这一点可以从《民事诉讼法》第67条和《公证法》第36条的规定逻辑地推出。主观证明责任强调的是当事人对自己的主张提出证据证明自己主张的要求(《民事诉讼法》第64条第1款),而客观证明责任强调的是当作为裁判依据的事实处于真伪不明时,应当由哪一方承担由此产生的不利后果。为了进一步予以明确这一法律效力,最高人民法院2001年制定的《民事证据规定》第9条第6项中作出了规定。该规定第9条第1款规定:下列事实,当事人无需举证证明:"(一)众所周知的事实;(二)自然规律及定理;(三)根据法律规定或者已知事实和日常生活经验法则,能推定出的另一事实;(四)已为人民法院发生法律效力的裁判所确认的事实;(五)已为仲裁机构的生效裁决所确认的事实;(六)已为有效公证文书所证明的事实。"2015年的《民诉法司法解释》第93条也作了同样的规定。最高人民法院的《民诉法司法解释》第93条第1款是从行为意义证明责任的角度强调行为意义上证明责任的免除。针对公证证明的情形,也就是说,当事人只要向人民法院提出了经公证证明的法律行为、法律事实和文书,人民法院就应当将其作为认定案件事实的根据,而无需当事人再提出证明该争议案件事实的其他证据。这就免除了根据《民事诉讼法》第64条的规定要求——当事人对自己提出的主张,有责任提供证据。从当事人的事实主张和提供证据的关系来看,当事人的事实主张一旦有了公证证明,即使当事人没有为此提供证据证明,也不会因此导致该主张不能成立。

如果从结果意义证明责任上看,即当案件的主要事实或法律要件真伪不明时谁应当承担相应的不利后果,则不能概括地讲是否免除了结果意义上的证明责任。首先,要看提出公证证明的当事人对主张的事实是否负担结果意义上的证明责任;其次,如果按照法律、法规、司法解释的规定,由提出公证证明的当事人负担,则要考虑该当事人提出的公证证明是否达到了对该证明对象——案件主要事实或法律要件事实[8]的证明标准,

---

〔8〕 其是指权利取得、丧失、变更等法律效果的发生所必须具备的事实。关于主要事实或要件事实的含义,参见[日]高桥宏志:《重点讲义民事诉讼法》,有斐阁2004年版,第358页;骆永家:《民事举证责任论》,台湾商务印书馆1972年版,第19页、第35页。

一旦公证证明满足了证明标准的要求，则提出公证证明的当事人便不再承担结果意义上的证明责任。如果不能满足证明标准的要求，又没有其他证据的证明能够满足证明标准时，依然要承担结果意义上的证明责任，即承担因该主要事实或法律要件事实真伪不明所发生的不利后果。因此，从证明责任或举证责任的双重含义来分析，也就不能简单说《民事诉讼法》和《公证法》所规定的免证效力就是免除了当事人证明责任或举证责任。确切地讲，主要是免除了当事人提出其他证据加以证明的责任。

（二）公证证明限制了事实认定者审查判断的自由裁量或排除

公证证明的效力还体现为，法院对公证证明事实的实质审查判断的自由裁量权的限制或排除。众所周知，在诉讼中，法官面对当事人提出的各种证据都具有审查判断的权力，通过审查判断该证据与所要证明的案件事实之间的客观联系，确定该证据是否具有证据能力或证据资格（确定什么的证据事实或证据材料能够进入司法程序或审判程序），确认该证据证明力的大小（判定特定证据能够证明案件事实的程度）。对于证据关联性、证据能力的有无和证明力大小，法官的判断原则上根据经验法则予以心证裁量，在理论上称为自由心证原则。[9] 但各国也根据具体情形对法官的这种自由裁量进行限制，尤其是在证据能力方面，限制更多一些。这种根据法律规定明确确定其证据能力、证明力的原则也称为法定证据原则。[10] 从法律规定的公证证明的效力来看，应该说法官对于公证证明的事实审查判断受到相当的限制，即只要公证证明的事实与案件事实有关联，其证据能力和证明力的大小就没有多少自由裁量的余地，一般地说是排除了法官的自由心证。[11]

四、公证证明在证据证明力方面具有优越性

公证证明具有的优越性是从公证证明与其他证据证明力的对抗和比较的角度来认识的。这种公证证明的优越性也是公证证明效力的具体体现，它的优越性体现在作为特殊证据的公证事项在对抗相反证据和证明自己主张的证据群中具有相对的优势和强势。也有人将公证证明的这种优越性概括为“公证的证明效力具有优先性”。关于公证证明优越性的制度规范主要是最高人民法院 2002 年发布的司法解释——《民事证据规定》和《最高人民法院关于行政诉讼证据的若干规定》，前者第 77 条确定了人民法院如何认定数个证据对同一事实的证明力大小的原则，其中明确规定，国家机关、社会团体依职权制作的公文书证的证明力一般大于其他书证；物证、档案、鉴定结论、勘验笔录或者经过公证、

[9] ［日］福田刚久等编：《书证》（《民事证据法大系·第 1 卷总论 1》），青林书院 2007 年版，第 217 页。
[10] ［日］福田刚久等编：《书证》（《民事证据法大系·第 1 卷总论 1》），青林书院 2007 年版，第 218 页。
[11] 这是因为关于公证证明与案件事实的关联性的判断似乎并没有排除了法官的自由心证。

登记的书证,其证明力一般大于其他书证、视听资料和证人证言。后者第63条也作了内容大体相同的规定。

这一原则的规定有何实际作用,这一问题值得深究。证据的证明力在两个维度上发生作用。其一,在没有证据相互对抗的情形下,证明力的大小与事实认定的作用程度关联。这表现在,证明力小的单个证据往往不能单独实现对争议事实的认定,而需要多个证据才能实现争议事实的认定。有时即使有若干关联证据的集合,也会因为各自证明力太小而无法使法官对事实认定形成心证。其二,当当事人双方各自提出的证据发生对抗、矛盾的情形下,证明力大小的价值关联问题。在诉讼实践中的问题是,一方当事人提出的经公证的书证与对方提出的其他书证、视听资料和证人证言矛盾、对抗时,法院应当如何处理?按照《民事证据规定》第73条的规定:"双方当事人对同一事实分别举出相反的证据,但都没有足够的依据否定对方证据的,人民法院应当结合案件情况,判断一方提供证据的证明力是否明显大于另一方提供证据的证明力,并对证明力较大的证据予以确认。"

针对公证证明的情形,笔者认为,最高人民法院《民事证据规定》这一司法解释存在明显的不足或缺陷,理由是《民事证据规定》在规定证据的证明力时,只涉及了经公证证明中的书证证明。如果全面考虑公证证明的效力,就应当将所有公证证明中能够证明案件事实的事项纳入优势证明力的范畴,按照目前的《民事证据规定》的限制性理解,就可能导致人们会误认为其他公证证明的事项没有证明力上的优势。

另外,在认识公证证明的证明力时,还应当注意当公证证明的事项作为证据与其他不具有法定优势的证据发生对抗和矛盾的,原则上不能适用《民事证据规定》第73条,因为第73条只是在没有法定优势证据的情形下如何确认矛盾证据的可采信。正是由于对一般的证据而言各个证据都是平等的,因此,法院在认定证据时,就要求一方提供证据的证明力须"明显"大于另一方提供证据的证明力,才能对证明力较大的证据予以确认。而由于公证证明具有证据优势或证明力优势,因此,在与不具有法定优势的其他非优势证据对抗时,经公证的证据当然应当予以认定,既无需要求该证据的证明力明显大于对方提供的证据,也无需进行比较,因为公证证明的法定证据优势已经决定了其证明力高于其他非法定优势证据。只有在公证证明与其他同样具有法定证据优势的证据对抗时,才需要比照证明力的大小,对证据予以确定,因为在各法定优势证据之间并没有差异时它们就是平等的。

第四节 诉讼中对公证证明的异议及解决程序

一、对公证证明的异议

公证证明具有证明案件争议事实的作用。基于利害关系，当事人在民事诉讼中有可能对公证证明持有异议，因此，如何解决公证证明的异议是一个必须要解决的问题。

《民事诉讼法》和《公证法》规定，有相反的证据足以推翻公证证明的，法院不能将公证证明的相关事项作为认定事实的依据。这一规定中的“推翻公证证明或公证”在法律上是什么含义呢？笔者认为，“推翻公证证明”至少有三个层面的含义：(1)公证证明的法律行为、事实和文书与案件事实本身并不符合，是不真实的，当事人对此提出证据证明了这一点，从而导致公证证明丧失意义；(2)当事人证明了公证文书是伪造或变造的，不是公证机关或公证员的意思表示，导致作为公证证明的文本载体被否定；(3)当事人提出证据证明公证行为违法，公证文书的制作没有按照法律、法规和规章制度的相应要求，导致公证证明被否定。

二、争议解决程序

涉及公证证明的争议主要包括两大类：一类是涉及公证证明内容的争议；另一类是涉及公证行为是否违法的争议。从原理上，两类争议其解决程序也应当有所不同。

在第一类情形下，当事人是直接针对公证证明的事项的真实性进行的抗辩。这种抗辩成功的标准在现行法律上要求达到有相反的证据足以推翻的程度。基于公证证明特有的公信力和权威性，法院在判断是否推翻时，应当坚持严格证明标准，这就要求相反的否定性证明需要更加充分，其标准也应当高于一般民事诉讼证明标准。在程序上，可以通过庭审中的质证程序完成。

应当特别注意的是，在此种情形下，“推翻”并非否定公证书形式上的效力，公证书在形式上依然是合法的、存在的，所谓“推翻”仅仅既是公证书对公证内容真实、合法的否定，也是对实质上的证明效力的否定，从而使得法院不再受优势证明效力的约束，法院将根据当事人提出的证据，对案件事实进行认定。在理论上，一方面，尽管公证行为有准公定力，但这种准公定力可以因为反证而被破除。另一方面，从制衡原理来看，司法监督相对于行政行为、准行政行为具有优越性，因此基于司法监督的作用，法院对事实的认定就不必十分严格地受限于行政机关和准行政机关对事实认定的约束。这也包括了公证机关的公证证明行为，但对于公证机关的公证行为，如果没有法定诉讼程序，法院在形式上依然应当予以尊重。

这里还有一个需要特别厘清的问题，即对公证证明的反证救济与《公证法》第40条规定的关系。《公证法》第40条规定："当事人、公证事项的利害关系人对公证书的内容有争议的，可以争议向人民法院提起民事诉讼。"有的人认为，该条与《公证法》第39条共同构成了关于公证证明效力争议的救济措施，——向公证处申请复查和向人民法院提起诉讼。这种关于《公证法》第40条的规定是对公证证明效力救济的诉讼手段的认识代表了不少人的认识，但这种认识是一种误识。

要正确回答这一问题，需要清楚的一个前提是，通过民事诉讼解决的争议就一般情形而言，只能是直接关于民事实体关系的争议，即涉及民事权利义务的争议，如果不是直接关系民事实体关系的争议就不需要提起民事诉讼。按照诉的理论，也不存在诉的利益。因此，《公证法》第40条所规定的，就公证书内容的争议可以提起民事诉讼，只能理解为公证书内容的争议是关于民事实体关系的争议，而不是公证书真伪以及有关公证书中单纯的事实（如出生、生存、死亡、身份、经历、学历、学位、职务、职称、有无违法犯罪记录等）存否的争议。仅为公证书内容事实真伪、存否的争议不能提起民事诉讼。正如有的书中所举的例子，在某合同中约定，卖方在当事人双方约定的时间交付标的物时，如果买方无故拒绝接受该标的物的，卖方可以就该标的物提存，提存费用和灭失风险由买方承担。而公证机关公证的内容却是正好相反，提存费用和灭失风险由卖方承担。这种涉及提存费用和财产灭失风险负担的民事争议，当事人就可以向人民法院提起民事诉讼，通过民事诉讼程序加以解决。在此，民事诉讼与公证书的效力没有关系，不是关于公证书的争议，因此也就不是关于公证证明效力的救济。对单纯的事实公证，作为公证证明的内容也是不能提起民事诉讼，例如，学历的公证证明。作为例外，由于文书的真伪直接关系民事权利义务，因此国外民事诉讼法特别规定，可以提起确认诉讼要求法院就特定文书的真伪问题作出确认判决。

关于《公证法》第40条的规定应当如何理解，上海市高级人民法院的解答是，公证是对事实的证明，对诉讼而言，公证书仅仅是一项证明力较强的证据。法院受理民事纠纷，针对的是当事人之间民事权利义务产生的争议，而不是对争议涉及的某个证据进行裁判。公证当事人及公证事项的利害关系人对公证机构出具的公证书有异议，其实是认为公证书证明的事实，对他们之间的权利义务关系产生了不当影响。如果公证书所影响的基础法律关系的争议属于民事性质的，则当事人、利害关系人可以就该争议提起民事诉讼。仅就公证书的撤销与否起诉的，法院不予受理。

第二类情形针对的主要是公证文书本身的真伪。关于公证文书真伪的判别，在程序上，究竟是按照一般质证程序（例如，我国民事诉讼中的质证程序）、特别附带程序（法国），还是设立专门的诉讼程序（德国、日本），大陆法系国家有不同的做法。例如法国，就设置了专门的"声明文书伪造程序"来解决公证文书的真伪问题。这种程序在性质上属于特别非讼程序。法国的声明文书伪造的程序,要求当事人必须以法定的方式提出文书系伪造的声明,并须提供相应的证据。在该程序中,法官通过审理对文书是否伪造作出独立的裁决。这种专门针对公文书真伪的审理裁决与我国诉讼质证中的证据质辩和认定就有了相当大的不同。法国为解决文书真伪问题之所以设置专门程序,目的之一就是强调文书作为书证的特殊性。

德国、日本有专门的诉讼程序来解决当事人之间文书(对法律关系具有证明作用的文书)真伪的争议问题。这种诉讼称为"确认文书真伪诉讼"。关于公证文书真伪的争议也被纳入这种诉讼程序加以解决。无论是德国还是日本,在诉讼中法官都可以传唤公证文书的制作人进行讯问,以查清公证文书的真伪问题。

这种确认文书真伪的诉讼是在当事人主张公证文书系伪造的情形下启动的。在涉及民事权利义务的一般民事诉讼中,在当事人没有主张公证文书有问题的,按照大陆法系国家的制度和理论,法院也可以对公证文书的真伪与否进行调查,由于实行的是职权主义,该事项属于"职权调查事项"。法官在诉讼中发现或怀疑公证文书有问题的,可以依据职权进行调查,在没有调查的情况下,法官不能直接认定公证文书的真伪。按照日本民事诉讼法的规定,法官应当向制作公证文书的公证机构进行调查核实。也正是由于公证文书的真伪属于职权调查事项,因此,对于公证文书的真伪和存在与否不能适用自认。也就是说,即使对方当事人认可公证文书是真实的,也不能约束法官的判断。而非职权调查事项的事实,对方当事人认可的,对法官有约束力。

设立专门解决公证文书真伪的争议的特别程序,对解决公证文书的真伪的争议可能更符合公证的性质和价值。既然我们承认公证的社会价值,认可公证证明的优越性,那么就应当对公证文书持更为严肃的态度,维护公证的权威性,设立专门的程序解决公证文书的争议问题就是妥当的。

一旦公证文书是不真实的,则该公证文书就不再具有证据效力。由于公证文书具有推定真实的效力,所以,对于公证文书不真实的主张,当事人就要对此承担证明责任(结果意义上的证明责任)。证明责任的意义在于当公证文书的真伪处于不能判别的情形时,主张不真实的一方当事人的主张不能成立,法官应当推定认可公证文书是真实的。

对于第三种情形,应当如何处理是一种值得思考的问题。在没有满足《公证法》及公证法规、规章制度的要求,法院是否可以认定该公证文书无效,并依此为根据使得公证证明的事实丧失证明优势,这需要认真考量。这种公证文书无效的确认是由公证机关确定,还是由司法确定,存在如何妥当把握公证管理权和司法审判权的关系问题。由于我国实行的是审判权依据不同职能各自行使的分工原则,即司法审判权分别划分为行政审判权、刑事审判权和民事审判权。各种审判权必须在相应的诉讼程序中才能行使。因此,在民事诉讼中,民事审判庭行使民事审判权就不能干涉公证权的行使,判定该行为在形式上无效。具体而言,法院不能在民事诉讼中裁判确定公证文书无效,是否有效应当由公证机关以及相应的机构按照程序加以确定。如果法院在审理中认为公证文书的制作存在违法行为时，应当否定公证证明所具有的优越性，需要主张该事实的当事人对该事实的存在与否进行证明，如果不能证明，该事实不能作为案件事实认定的根据。上海市高级人民法院《关于公证民事诉讼的若干解答》同样认为，"如果当事人在基础法律关系的诉讼中，将撤销公证书或宣告公证书无效作为一项请求或理由提出的，法院可以综合案件的审理情况，对公证书所证明的事实是否存在作出分析认定，但不应直接作出撤销公证书或宣告公证书无效的判决"。笔者认为，上海市高级人民法院的这一理解是正确的。

第五节　对公证行为违法的救济程序

由于我国的公证证明属于实质性证明，而非形式证明，要求公证机关证明待证事项的真实性和合法性，因此对于违法公证书的矫正或救济就显得十分重要。过去，在传统上我们将公证机关定性为行政机关，公证行为是一种行政行为，因此，我国的公证管理体制体现为完全由国家司法行政机关对公证执行活动进行监督。基于这样的认识，因此也就有理由将违法公证行为的救济纳入行政救济程序。随着《公证法》的颁布，对于公证机关的定性发生了变化，公证机关变为不以营利为目的，依法独立行使公证职能、承担民事责任的证明机构。公证管理体制也发生了变革，由公证协会对公证行业进行具体管理。公证协会对公证执行活动进行监督，而政府只是对公证进行宏观管理。按照《公证法》第39条的规定，当事人、公证事项的利害关系人认为公证书有错误的，可以向出具该公证书的公证机构提出复查。公证书的内容违法或者与事实不符的，公证机构应当撤销该公证书并予以公告，该公证书自始无效；公证书有其他错误的，公证机构应当予以更正。问题在于，如果公证机构对当事人或利害关系人提出的要求撤销、更正公证书的请求不予理睬时，应当如何予以救济呢？

有的人主张这一问题可以通过行政诉讼加以解决，当事人或利害关系人作为诉讼的原告，办证的公证机构为被告，诉讼标的是当事人或利害关系人是否具有要求公证机构撤销或更正公证书的请求权。笔者认为，这一路径在理论上面临的难点是，被告公证机构肯定不是行政机关，被告在主体资格上不适格；原告也不是行政相对人，原告也不适格；争议诉讼标的也不是行政法律关系上的请求权。支持这一路径的人认为，可以通过解释扩大行政诉讼适用范围，即将一些虽然在主体上不是行政机关，但却实质上行使部分国家职能——证明职能的行为也纳入行政诉讼的范围，而不必将诉讼对象拘泥于形式上的行政活动。从理论上基于公证行为具有准行政的特点，因此将这类争议纳入行政诉讼也未尝不可。扩大解释的问题在于容易招致行政诉讼范围的扩大化,也与公证体制改革去行政化的基本思路相悖,恐难为人们所接受。

公证行为违法的后果是特定公证书的违法存在。因此,问题就转化为如何解决公证书的有效与无效问题。笔者主张将这类问题作为涉及特殊民事权益的案件纳入民事诉讼特别程序加以解决,该程序的特别之处可以在《民事诉讼法》中专门予以规定,或在《公证法》中加以规定。(适用民事诉讼特别程序与适用一般民事诉讼程序是完全不同的,一般民事诉讼程序要求一定是关于民事争议的案件。《公证法》第40条规定的情形就是后者。)这种方法的好处可以回避纠纷的性质问题,使得这类问题可以由法院民事审判庭行使审判权(具体体现为司法确认功能)加以解决。其理论根据在于,虽然关于公证书无效的问题不是一种公证机关与当事人或利害关系人之间的民事争议,但公证证明主要是关于民事活动、事实的证明,涉及当事人或利害关系人的民事权益。民事诉讼特别程序本身也是一个具有开放性和包容性的程序,这一程序中既包括没有民事争议但涉及民事权益案件,也包括非民事争议的案件,如完全与民事权益无关的选民资格案件。(《民事诉讼法》第146条)由于民事诉讼特别程序的开放性,将无效公证书的司法救济纳入程序也许阻力更小一些。这类适用特别程序进行审理的程序可以称为“请求确认公证书无效特别程序”。在这类案件中,直接利害关系人是启动该程序的申请人,没有相应的被告(公证机关因不是民事权益争议的主体也不能作为被告)。虽然公证机构不是被告,但法院在特别程序审理中为了查明案件事实可以将具体的制作人作为证人传唤到庭。无论是纳入行政诉讼程序,还是纳入民事诉讼中的特别程序,都需要由法律修改并作出相应的规定。

当然,如果考虑到法院司法审查的负担以及顾及司法审查与公证行业管理的相互关系,也可以将救济程序设计为,利害关系人要求公证机构撤销,而公证机构不予认可或不予理睬的,利害关系人可向公证协会提出复议,由公证协会复查后作出是否撤销的决定。

第六节　公证证明与诉讼中的质证

在我国的制度语境中,一般情形下证据效力在认定之前有一个必经程序——质证。所谓质证,是指在民事案件开庭审理中,在法院的主持之下,双方当事人就对方出示的证据就其证据资格有无、证明力大小进行辩论,以便法院予以认定的过程或程序。按照《民事证据规定》第47条规定:“证据应当在法庭上出示,由当事人质证。未经质证的证据,不能作为认定案件事实的依据。”由于公证文书在有的情形下是对某些法律事实和文书的证明,这些法律事实和文书又对案件的主要事实或要件事实具有证明作用,无论是公证文书还是公证文书证明的事项也都是一种证据，这些证据是否需要质证呢？笔者认为，是否进行质证需要根据具体情形来判断。应当质证的证据包括三类：第一类是涉及作为证明公证事项的证据——公证书本身的真实性与合法性，即公证文书是否伪造、变造等；第二类是公证证明的事项在内容上具有很强主观性，公证不能保证真实性的证据，典型的如证人证言；第三类是其他难以通过公证确认其真实性和合法性的证据，例如，诉讼中和诉讼外的鉴定结论等。除此之外的其他经公证证明的，无需进行质证。

其理由主要有以下几点：

首先，质证是为了便于法官认定证据的效力，认定证据可采信和证明力大小。而公证证明在法律上已经排除了法官对公证证明内容的可采信和证明力大小的自由判断余地，也就没有必要对公证证明的事实进行质证。在大陆法系国家，如德国法上就明确规定，只有公文书在形式上有缺陷时，才允许法官进行自由心证裁量。（德国《民事诉讼法》第419条）在理论上，真实文书的证明力是通过一系列有约束力的规则所确定的，因此在这些规则适用的范围内，就不允许法官对公证证明内容的证明力进行自由裁量。

其次，从狭义上讲，质证是法庭审理的一个组成部分，质证作为一种程序和制度包含了一系列对各种证据予以质辩的过程和要求。例如，对书证、物证、视听资料进行质证时，当事人有权要求出示证据的原件或者原物。（《民事证据规定》第49条）再如，对证人证言、鉴定结论、勘验笔录等证据的质证也有相应的要求。（《民事证据规定》第52条至第60条）如果要对公证证明的事实进行质证，就必然要求按照对一般证据质证的要求对作为公证证明内容的法律事实、行为、文书等进行质证，如此一来，公证证明的优越性便不复存在，公证制度的功能和作用也将丧失殆尽。

再次，公证证明形成的证据与鉴定结论、勘验笔录等证据有所不同，鉴定结论涉及鉴定的资质、对象、方法和程序的多样性和复杂性；勘验笔录也涉及勘验的方法和现场的差异性，这些多样性、复杂性和差异性使得鉴定结论和勘验笔录在作为证据的合法性、真实性和证明力大小等需要质证才能获得法官的充分认可，而公证证明形成的证据的真实性、合法性已经为公证证明活动所证明。正是基于此，才排除和约束了法官的自由判断。在这一点上，如同法院生效裁判所确认的事实以及仲裁机构生效仲裁裁决所认定的事实一样，不可能将法院的判决和仲裁裁决过程作为质证对象进行质证。质证的仅仅是裁判文书和裁决书文本的真伪。

最后，虽然法律规定可以对公证提出反驳，但是从现行的制度的规定来看，有足以推翻公证的相反证据时才能否定公证，但这种对公证证明的抗辩不过是广义上的质证而已，包括了所有在诉讼活动中的证据抗辩行为。当事人对公证证明的内容的真伪提出抗辩主张即提出反驳，是在证据交换和庭审中作为事实抗辩主张由当事人加以主张的。一旦提出这一抗辩主张，反驳公证证明内容成立的证据反而需要进行质证，对作为公证证明内容的证据不能进行质证，这是公证证明优越性使然。而反驳推翻公证证明的事实因为需要满足“足以”推翻公证证明的高标准要求，所以法官要通过质证判明反驳公证证明的证据的真实性、关联性合法性以及是否达到了法律所要求的证明力。“足以”虽然不是要求达到百分之百绝对化的程度，但应当满足民事诉讼证明标准中的“高度盖然性”，即已经达到通常是如此的程度。是否达到“足以”这样的高度盖然性的判断基准是法官的经验法则。

笔者之所以将证据内容具有很强主观性的证据纳入质证的范围，是因为这些证据如证人证言即使经过公证也不能保证该陈述内容的真实性，公证只能证明该证言为该证人所言。证人证言的真实性仍然需要通过质证，通过证人询问才能去伪存真。这里也涉及证人证言的公证能否替代证人出庭的问题，从笔者上述的观点来看，其显然不能替代证人出庭质证。有的人认为，鉴于我国证人出庭率低是由于证人出庭缺乏可靠的安全保障、没有提供适当的经济补偿、国民作证意识薄弱等原因，因此，可以通过公证证人证言化解证人出庭作证难的问题。其实这是不同的问题，证人出庭主要是有利于法院查明案件事实，辨别证人证言的真伪，证人不出庭就无法达到这一目的，因此法律上要求除确有困难不能出庭的以外，证人都有义务出庭作证。即使进行了公证，但由于无法解决证人证言内容的真实性问题，因此也就不能成为解决证人出庭作证难的方法。理论上，证人不出庭的障碍事由只能是客观原因。由于公证不能保证证人陈述的真实性，因此，公证不能作为证人出庭的替代手段。

思考题

1. 公证证明是如何对社会稳定和发展发挥作用的？
2. 法律为何赋予公证证明以特殊的证明效力？
3. 公证证明的法律效力体现哪些方面？
4. 公证证明效力发生机理是什么？
5. 公证证明争议解决的程序机制是什么？

真题链接

（2014年司法考试卷三单选第45题）下列关于证明的哪一表述是正确的？（　　）[12]

A. 经过公证的书证，其证明力一般大于传来证据和间接证据

B. 经验法则可验证的事实都不需要当事人证明

---

〔12〕 C

C. 在法国居住的雷诺委托赵律师代理在我国的民事诉讼，其授权委托书需要经法国公证机关证明，并经我国驻法国使领馆认证后，方发生效力

D. 证明责任是一种不利的后果，会随着诉讼的进行，在当事人之间来回移转

参考文献

1. 张卫平:《公证证明效力研究》，载《法学研究》2011 年第 1 期。

2. 黄祎:《关于我国公证效力的解析》，载《政治与法律》2006 年第 5 期。

3. 詹爱萍:《真实、合法:公证证明标准之新思考》，载《河南财经政法大学学报》2014 年第 5 期。

案例分析

扫描二维码阅读案例及作者对该案例的精彩分析。

第十六章　证明与证明标准

第一节　证明与疏明

一、证明

证明是诉讼程序的核心和中心，一般而言，可以说没有证明就没有诉讼。因此，证明过程的制度保证和制度建设，也就成为证据制度建构的核心和中心。证明有广义和狭义两种含义。广义的证明是指当事人对某种事实存在与否的证实活动及过程。狭义的证明，不仅是一种证实活动，而且是一种需要达到使裁判者确信程度的一种活动。更确切地讲，狭义的证明，是指当事人对作为法院裁判基础的事实通过证据加以证实，使得法官对该事实的存在与否达到确信状态的诉讼活动。证明活动达到何种程度才能使法官对该证明的对象事实予以确信，属于证明标准的问题。毫无疑问，证明是当事人期望获得胜诉裁判的最重要的诉讼活动。在我国，人们通常所谓的证明概念是从广义上来使用的。狭义的证明主要是为了与下文中的疏明概念相区别。

二、疏明

疏明这一概念来自大陆法系一些国家，如德国、日本等。疏明是相对于证明而言的，广义上讲，疏明也是当事人在诉讼中的一种证明活动，但疏明不像证明那样，需要达到使法官确信的程度，而是只需要达到使法官大致相信即可。

疏明这一概念的意义在于，对于某些事项的证实无需达到证明的状态或程度，以此可以减少证实的成本，从而提高诉讼效率。在外国民事诉讼法中，对于裁判事实以外的，需要迅速加以处理的事项或者派生性程序事项所涉及的事实就要求达到疏明的程度，而无需达到证明的程度。例如，根据日本《民事诉讼法》第35条第1项的规定，在向审判长申请特别代理人时，就只需要对损害被代理人的事实达到疏明的程度即可。再如，关于请求禁止公开口头辩论的诉讼记录时，也只需要疏明与当事人存在利害关系即可。（日本《民事诉讼法》第91条第2项）

我国民事诉讼法虽然没有使用疏明的概念，也没有明确哪些事项的证明达到疏明程度即可。但从原理来讲,在民事诉讼中,承认这一概念也是有实际意义的。原则上对于非裁判基础的事实都仅要求达到疏明程度,而无需达到确信的证明程度。这样就能减轻当事人的证明负担。

第二节　严格证明与自由证明

一、严格证明与自由证明的含义

所谓严格证明,是指当事人对案件事实的证明必须按照法律规定的证据方法和程序所进行的证明。自由证明相对严格证明而言,是指当事人对案件事实的证明无须按照法律规定的证据方法和程序所进行的证明。法律规定的方法和程序,如证据调查中的公开原则、直接原则。如果是自由证明则无须遵循公开、直接原则。严格证明与自由证明的概念源于大陆法系诉讼理论,但并非其法律术语。区别严格证明与自由证明的目的在于概括和把握法律对证明的要求,更好地认识和运用民事诉讼中的证明。

在民事诉讼中,作为证明的对象有诸多事实,如关于实体权利的事实——判断权利义务关系存在与否的必要事实、间接事实;涉及诉讼要件的必要事实、间接事实;关于诉讼中附随程序事项的各种事实,如果这些事实一律采用严格证明,则可能导致证明的刚性化、证明的形式主义、增加证明成本、影响诉讼的效率。因此,有必要根据证明的具体事项不同,对有些事项的证明采用自由证明的方式,将证明从严格证明中解放出来。可以说,自由证明完全是基于诉讼效率和成本的角度提出的概念。

二、自由证明概念的缘起

自由证明(Freibeweis)的概念源于德国。最初来自德国刑事诉讼法领域,在20世纪20年代为德国学者提出,并在以后的判例和学说中得到承认。后来在德国民事诉讼法领域中,学者们也引入了自由证明的概念,也同样逐渐为学说和判例承认。在日本,受德国学说的影响,日本学者在“二战”之前就首先在刑事诉讼法理论中引入自由证明的概念。不久,在日本最高裁判所的判例中也开始使用自由证明的概念,并与严格证明对应。自由证明的概念引入民事诉讼领域是在“二战”之后的20世纪50年代。不过,在日本,刑事诉讼中的严格证明与自由证明的含义与民事诉讼中严格证明和自由证明的含义有所不同。在刑事诉讼中主要是指关于证据能力的证明,即严格证明是指按照法律规定对证据能力的证明,相应的无须按照法律规定对证据能力的证明为自由证明。而在民事诉讼领域中,严格证明和自由证明主要针对的是证据方法,因为在民事诉讼中针对证据能力应用的意义不大,民事诉讼不像刑事诉讼那样对证据能力有诸多限制。关于自由证明与严格证明的界限在国外也一直存有争议。甚至至今也有学者对两个概念的存在持有疑义。

三、自由证明与严格证明的对象

在国外的证明理论中,通常认为涉及诉讼标的的权利或法律关系存在与否的证明应当适用严格证明。除此之外的其他事项,例如,职权调查事项没有必要一定采用严格证明,使用自由证明即可。在大陆法系国家诉讼理论中,诉讼要件的事项就属于职权调查事项。例如,关于审判权的范围、是否属于重复诉讼、当事人适格、法院管辖等事项。但也有的学者认为,不能简单地以是否系职权调查事项来判断是采用严格证明还是自由证明,因为职权调查事项中的有的事项涉及当事人的重要诉讼权利,直接关系到其实体权利的实现问题,所以不能一概而论。也就是说,是否为严格证明抑或自由证明需要根据证明对象的重要性及对诉讼结果的影响程度以及诉讼经济、发现真实等因素综合考量确定。不过,如此一来,法官的裁量余地就非常大了。

就我国的情形来看,严格证明与自由证明概念区分的意义有助于我们对证明对象与证明的程序要求有所认识。严格证明虽然与自由证明在某些证明事项的界定上可能存在模糊,但不容置疑的是,涉及诉讼标的的权利或法律关系事项的证明都应该采用严格证明的要求,即按照法律的规定和程序进行证明,例如实行公开、言辞和直接原则。在我国传统审判方式比较轻视严格证明的情形下,我们有必要在民事诉讼中强调严格证明的一般意义。需要我们特别注意的是,在国外审判中开始强调从严格证明中走出来的时候,我国恰恰应当强调从实际中的自由证明走向严格证明。这是由我国的诉讼法治或法治的初级阶段所致。

四、自由证明与疏明的区别

自由证明容易与疏明的概念混同,应当注意两者的区别。疏明是与证明对应的概念,是指当事人就某一特定事项举证到达的程度。证明要求举证到达使法官确信的程度,而疏明仅仅是使法官大致确信的程度。自由证明不是一种举证所满足的程度,而是在其无须按照法律的规定或程序进行,对应的是严格证明。[1]

---

〔1〕 关于严格证明与自由证明,国外资料参见[日]高桥宏志:《自由证明》,载新堂幸司等编:《演习民事诉讼法(2)》,有斐阁1989年版,第209页;[日]高桥昌宏:《民事诉讼中自由证明的存在与界限》,载《早稻田法学》第65卷第1号。

第三节 主要事实、间接事实、辅助事实和基本事实

一、事实的划分及含义

大陆法系国家如日本，在民事诉讼理论中将案件事实分为主要事实、间接事实和辅助事实三大类。所谓主要事实又称为直接事实，是指对于权利的发生、变更或消灭所产生的法律效果有直接作用的、并且是必要的那些事实。换言之，即构成适用法律规范内容的要件事实，或者说法律条文中规定的要件事实。[2] 例如，在借贷法律关系的场合，要使该借贷法律关系能够成立，就必须满足民法中关于借贷关系成立的法律要件事实。而关于借贷标的物的返还的约定、借贷标的物的转让等事实就是借贷关系发生的主要事实。

所谓间接事实，就是指借助经验规则、法理规则能够推定其主要事实存在与否的事实。[3] 例如，通过一方当事人多次催促对方当事人返还借贷标的物的事实，可以推定对方当事人接受过另一方当事人给付其借贷标的物这一主要事实。

所谓辅助事实，或称补助事实，是指能够明确其证据能力（又称证据适格）和证明力的事实。例如，能证明该案的证人是本案当事人的好友或亲戚等的事实。

二、主要事实、间接事实、辅助事实划分的意义

将事实分为主要事实、间接事实和辅助事实的意义在于：

1. 为辩论原则的适用划定范围。在理论上辩论原则只适用于主要事实，而不适用于间接事实和辅助事实。将辩论原则的适用范围划定在主要事实的范围内，是因为间接事实和辅助事实在性质上与证据具有“等质性”。在诉讼中，对有争议的权利义务的最终判断所依据的事实是主要事实，而在判断主要事实存在与否的关系上，间接事实与证据处于同等的位置。例如，作为证明已经接受借款证据的借条与多次催促借款人返还借款的事实在证明借款人已经接受借款这一主要事实上起着同样的作用。证据的存在与否或真实与否的判断是审判人员依据判断证据的原则来进行的，不受当事人意志的左右。与此相同，间接事实的存在与否的判断也是由审判人员按判断证据的原则进行的，同样不受当事人主张的限制。即使当事人没有在辩论程序中主张，也可以自由地加以认定，即

---

〔2〕 参见[日]《法律学小词典》，有斐阁 1972 年版，第 446 页。

〔3〕 参见[日]《法律学小词典》，有斐阁 1972 年版，第 446 页。

法院无须等待当事人对间接事实加以主张便可以直接予以认定。[4] 如果对于间接事实也必须经过当事人的主张，那么在当事人未进行主张的场合，法院就不能利用通过证人证言等其他证据判明的间接事实，如此一来，势必使法官对事实的认定处于一种不自由境地，进而违反赋予法官自由判断的法律意旨。另外，辅助事实与证据也具有等质性，自然也不适用辩论原则。[5]

2. 便于诉讼中裁判推理。民事诉讼的最终结果是，法院对作为诉讼标的的权利或法律关系在裁判的当时是否存在作出判断。判断的基础就是案件事实，而且是权利或法律关系是否存在的事实。对于借贷争议的案件，法院需要判断的就是借贷返还请求权是否存在的事实。只有该事实存在，法院才能作出确认该返还请求权的判决，否则就要驳回。关于返还请求权的事实就是主要事实。案件也是围绕该事实进行审理和辩论的。间接事实和辅助事实都是以该事实为中心的。返还请求权是否存在具体地就是看返还请求权构成的各要件事实。主张该权利的当事人也因此要承担对各要件事实的证明责任。间接事实在审理中并非必须证明和审理的事实，一旦对方当事人对主要事实予以承认（自认）或属于免证事实，则法院就无须审理和调查。由于辅助事实是涉及有关证据能力和证明力的事实，因此，在无需证据证明时，也不会涉及辅助事实。因此可以说，主要事实和间接事实、辅助事实的划分对于无论是诉讼审理推理方面，还是提高诉讼效率方面都是有其存在意义的。

3. 有利于提高诉讼效率，规范裁判行为。(1)在裁判结果如判决书中，法院必须对案件的事实进行描述和认定。如果对案件争议的所有事实都予以描述和认定必然大幅增加成本，从正当性与司法成本的衡平性考虑，只需要对案件主要事实作出描述和认定即可满足。(2)有助于对争点进行整理。诉讼效率的提高依赖于开庭审理前的争点整理，进行争点整理就需要依赖于主要事实的主张，法院需要根据主要事实的主张形成有实质意义的争点。(3)有助于提升上诉和再审的正当运作。对于上诉和再审而言，涉及案件事实的上诉事由和再审事由都直接关系到主要事实。一旦主要事实认定错误或遗漏都可能导致一审判决或原判决被推翻。

三、主要事实与间接事实区分的难点与争论

民事诉讼必须遵循辩论原则。辩论原则仅适用于主要事实，同时，正确把握主要事实对民事诉讼的正当和有效运行具有非常重要的意义。因此，如何把握主要事实就是十分重

---

〔4〕 参见[日]中野、松浦、铃木：《民事诉讼法讲座》，有斐阁1976年版，第201页。

〔5〕 在外国民事诉讼理论界，也有学者对将间接事实排斥在辩论原则的约束之外持不同意见，认为主要事实和间接事实的划分本身就存在问题。作为适用法律的构成要件的事实就是主要事实，则"过失"、"正当事由"等就可以理解为主要事实，但这些事实既可以具体地作为根据的事实，又可以理解为间接事实，也就无须当事人主张，便可由法院予以认定。

要的法理和法律技术作业。一般情形下，主要事实的认定不会有太大的问题，但某些情形下，主要事实与间接事实的区分存在一定模糊性。这也正是学术界试图努力厘清的问题。

在日本，过去的通说一般认为，作为法规构成要件的要件事实就是主要事实，因此，"过失"或"正当事由"就被理解为主要事实。而作为这些主要事实之根据的具体事实则被定位为间接事实。这些具体的间接事实无需当事人的主张，法院就可以直接予以认定。例如，如果当事人（原告）提出被告存在酒醉驾驶事实的主张，那么，即使双方当事人对被告是否酒醉驾驶尚还存在争议，法院也可以依据通过证据调查获得的被告存在"酒醉驾驶"之事实作出判决。但是，这样的判决就对当事人造成了突然袭击。因此，对主要事实的这种认识就招致了其他学者的质疑。现在学界的观点认为，主要事实应当成为审理对象的事实，而且必须是证明及证据调查对象的具体事实。作为法律条文构成要件被列举的事实（要件事实），有的是指被抽象化的事实（在被表述为"事实"的场合），有的则不是事实，而是一种评价性的概念（规范性的概念）。日本《民法》第709条规定的过失以及《土地房屋租借法》第28条规定的正当事由等即属于此。例如，"过失"并不能直接作为证明的对象，能直接作为证明对象的事实是诸如"酒醉驾驶"、"超速驾驶"以及"旁观驾驶"等能被评价为"过失"的具体事实，而且这些具体事实才是主要事实。[6] 目前，这种观点已经成为学界的通说，按照这种观点的理解，当事人单单提出"存在过失"的主张并不构成对主要事实的主张，因此，当事人还必须提出诸如"酒醉驾驶"等具体事实的主张。[7] 而且，如果当事人未提出"酒醉驾驶"之主张，那么出于处分原则，法院就不能对此作出认定。[8]

四、基本事实

我国民事诉讼法学家中的一些学者引进了国外关于主要事实、间接事实和辅助事实分类法，并使用主要事实的概念来说明解释有关民事诉讼的原理，尤其是在证据法领域。但在我国的民事审判实践和民事诉讼的规范中尚未使用对事实的这一分类方法和概念。

---

〔6〕 也有观点对于这些事实使用"准主要事实"之表达法。[日]仓田卓次：《一般条款与证明责任》（昭和49年），载仓田卓次：《民事实务与证明论》，日本评论社昭和62年版，第252页以下。该书认为，虽然在一般条款中的具体事实是主要事实，但是为了强调被适用构成要件要素与普通法律条文的差别，应当避免采用"主要事实"之表述法，而代之以"准主要事实"这一称谓。此外，[日]三月ケ章：《民事诉讼法》（法律学讲座双书）（第三版），弘文堂平成4年，第196页以下。该书观点也认为，诸如"故意"、"过失"等这种作为抽象的构成要件之基础的具体事实应当被称为"准主要事实"。转引自[日]高桥宏志：《论辩论主义》，载《法学教室》1990年第9号。

〔7〕 不过，如果在原告单单提出"存在过失"的主张时，被告对此予以承认（权利自认），那么在这种情况下原告也无需提出具体化的主张，这应当是一种另当别论的情形。关于此点的详细论述可以参见[日]青山善充：《主要事实与间接事实的区别与主张责任》，载新堂幸司：《讲座民事诉讼法④》，弘文堂昭和59年版，第367页以下，尤其是第397页。关于德国学界的论争状况的论述参见[日]田瑞穗：《民事诉讼中主张过程的规制》，载《法学协会杂志》第112卷第4号第488页以下（平成7年）、第114卷第1号第1页以下（平成9年）。[日]高桥宏志：《论辩论主义》，载《法学教室》1990年第9号。

〔8〕 [日]高桥宏志：《论辩论主义》，载《法学教室》1990年第9号。

在《民事诉讼法》和《民诉法司法解释》中使用的法律术语是“事实”和“基本事实”。例如，“有关事实”、“新的事实”。在表达事实的不同重要程度方面，使用“基本事实”这一法律术语。例如，《民事诉讼法》第 170 条第 3 项规定，“原判决、裁定认定基本事实不清的，裁定撤销原判决、裁定，发回人民法院重审，或者查清事实后改判”。该法第 200 条第 2 项规定，“原判决、裁定认定的基本事实缺乏证据证明的”。《民诉法司法解释》第 102 条规定，“当事人因故意或者重大过失逾期提供的证据，人民法院不予采纳。但该证据与案件基本事实有关的，人民法院应当采纳，并依照民事诉讼法第六十五条、第一百一十五条第一款的规定予以训诫、罚款”。不论是《民事诉讼法》还是《民诉法司法解释》都没有使用与“基本事实”对应的其他层次的概念。在民事诉讼的实践中也有当事人和律师会使用主要事实、次要事实、辅助事实、背景事实等说法，但规范的法律文书中一般不予使用。

关于何为基本事实的含义，《民诉法司法解释》有专门的解释，该解释第 335 条规定，“民事诉讼法第一百七十条第一款第三项规定的基本事实，是指用以确定当事人主体资格、案件性质、民事权利义务等对原判决、裁定的结果有实质性影响的事实”。该解释对“基本事实”的理解基于两个方面的考量：其一，事实的范围。作为基本事实的事实是关于当事人主体资格、案件性质、民事权利义务三个方面的事实。其二，是上述事实的重要程度。上述事实还必须是对裁判结果有实质性影响的事实。从《民诉法司法解释》对“基本事实”的解释来看，除了涉及主体资格外，大体上与国外民事诉讼法理上的主要事实相同。由于不存在域外法上的辩论原则，似乎也就不会有主要事实与间接事实、辅助事实区别的必要。我国民事诉讼法上的“基本事实”概念的机能主要在于强调程序规定的特殊性。基本事实的存在是适用例外或特殊规定的前提。例如，发挥重审、提起再审、逾期证据的采用等。因此，在机能上与域外或国外的主要事实有所不同。

第四节 证 明 标 准

一、证明标准的意义

在民事诉讼领域中，证明标准的提出与民事审判方式的改革有直接的关联。民事审判方式改革是对过去传统审判方式的否定。传统审判方式的一个特点是“重调查，轻举证”。[9] 作为审判主体的法院并不是消极探知案件事实，而是具有积极探知案件事实的

〔9〕 张卫平：《民事诉讼审理构造的基本法理》，载章武生等著：《司法现代化与民事诉讼制度的建构》，法律出版社 2000 年版，第 438 ~ 450 页。

职权,不受当事人主张事实的限制,法院可以主动收集证据,并以此作为裁判的事实根据。法院依职权直接对案件事实进行调查,并在法院调查的事实基础上进行调解或作出判决,是我国民事审理最具有特色之处,也是我国民事诉讼、民事审判的基本传统。在审判理念方面,法院有责任查明事实,只有在案件事实清楚的前提下才能作出裁判。法院对案件事实进行"全面、深入"的调查是法院的职责。〔10〕审判员有责任对案件事实进行调查。以马锡五的话来讲,就是"深入调查研究,联系群众,解决问题"。由于法院有职责调查和收集证据,因此,当事人不提出证据,也往往不会承担败诉的后果。在这种职权探知的审判方式下,当事人的证明责任作为一种不利后果就被淡化了。尽管在诉讼实践中必然客观存在裁判应当依据的事实真伪不明的现象,但基于这种探知职权化的观念,也就无法强化当事人对利己案件事实的揭示和证明的责任。

改革开放使中国社会发生了巨大的变化,尤其是人们观念上的变化。在审判领域,同样是变革之风劲吹,从20世纪80年代中后期开始,审判方式作为社会改革的一部分正式登场。在20世纪80年代末期与90年代初期推出的民事审判方式改革的若干措施中,"强化"当事人的举证责任就是其基本措施之一。一般的提法是在法院的指导下,当事人负主要举证责任,法院只是视情形自由裁量是否自行调查,当事人不举证或举不出证的,将承担败诉的后果。之所以称为"强化"也许是因为法律上也规定了当事人对自己的主张提出证据加以证明的责任,但没有予以强调和落实。

强化当事人的举证责任的直接动机是试图通过当事人举证而使法院从直接调查案件的繁重工作中解放出来。改革开放以来,民事纠纷直线上升,民事案件数量成倍增长。法院面临着巨大的压力,如果再沿袭过去直接调查收集证据的做法,将无法摆脱这种巨大的压力。另外,人们也意识到长期以来,法院"包揽调查"、"庭外理案"、"庭上纠问"的活动方式,忽视和弱化了当事人的举证责任。在诉讼活动中法官包揽"一切"、一切由法官决定的职权主义行为,使当事人仅仅成为被询问、被调查的对象,处于一种"非主体"的地位。这种地位当然不利于发挥当事人的积极性和主动性。一方面,当事人与案件的利害关系和与案件事实的联系,使得当事人一方面最关心诉讼的审理和结果,主观上会积极提供证据;另一方面,当事人又最了解案件的实际情况,能够提出证明案件事实的证据。通过当事人相互之间的质辩,法院就可以巧妙地发现案件的真相,作出正确的裁判。〔11〕

随着民事审判方式改革的推进和观念的渐变,证明责任作为一种不利后果已经为人们所普遍接受。而最高人民法院的《民事证据规定》作为民事诉讼证据运用的基本规则更明确规定了这一点。《民事证据规定》第2条第1款规定:"当事人对自己提出的诉讼

〔10〕《民事诉讼法(试行)》第56条。

〔11〕马原、谢安山主编:《辩论式审判方式操作实务》,人民法院出版社1996年版,第30~31页。

请求所依据的事实或者反驳对方诉讼请求所依据的事实有责任提供证据加以证明。”同条第2款规定:“没有证据或者证据不足以证明当事人的事实主张的,由负有举证责任的当事人承担不利后果。”(衡量足以或不足以的标准就是证明标准)既然举证责任是一种当事人不能证明的不利后果,因此便自然要追问何为能够证明?如何区别没能证明与已经证明?或者表述为证明到何种程度才算已经证明,在国外证据理论中称为证明度。[12]按照证明责任承担的基本要求:应当对该主要事实加以证明的一方当事人对该事实没有能够加以证明的,该当事人就要承担相应的不利后果。这种不利后果往往就是败诉的后果。是否已经证明对于当事人就是具有决定性的因素。所以在民事诉讼中,常常出现当事人与对方当事人或法院之间就是否已经证明发生激烈的争执。正是因为这一实践现象,学者们才对证明度的问题如此关注。学者们自然会提出这样一个设想:能否将证明度标准化,使其能够成为超越不同认识主体的外在的、客观的尺度,尤其是“法官在诉讼中认定案件事实所要达到的证明程度”[13],这种度量证明程度的外在尺度就是所谓“证明标准”。人们的良好期盼是:在有了证明标准以后,一旦证据的证明力已经达到这一标准,待证事实的真实性就算已得到证明,法官就应当认定该事实,以该事实的存在作为裁判的依据。反之,法官就应当认为待证事实未被证明为真或者处于真伪不明的状态。[14]人们的良好期盼还不止这些,人们还期望证明的标准化能够使诉讼当事人能够预测诉讼结果,不至于因为不了解证明标准而在没有足够证据时提起诉讼,也不会因为已经有了能够达到证明标准的证据却仍然徘徊在诉讼大门之外。有了证明标准,人们还能够使法官在认定案件时具有统一的规则,法官能够准确地判断当事人的事实主张是否已经得到证明,是否还处于真伪不明的状态。对于不能证明时,法官就有信心和决心作出裁判,使当事人对此心服口服;在我们对法官普遍缺乏信赖的现实下,证明标准更成为制约法官,防止法官擅断乱判的一剂良药;有了证明标准,在一审裁判后,当事人如果认为一审法院没有按照证明标准认可当事人的证明时,该当事人还可以以此作为上诉的理由,要求二审法院以一审认定事实不清撤销原判,发回重审。对于已经发生法律效力的判决,当事人也可以以此向法院提出申诉。证明标准就是一种认定事实的正义标准,是正义之剑。

二、民事诉讼证明标准

关于证明标准以及民事诉讼证明标准,在学术界存在争议,总括诉讼法学界的观点来看,关于证明标准主要有以下观点:

---

〔12〕［日］小林秀之:《证据法》(第2版),弘文堂1996年版,第66页。

〔13〕司法部律师资格考试委员会编审:《诉讼法与律师制度》(全国律师资格考试指定用书),法律出版社2000年版,第188页。

〔14〕司法部律师资格考试委员会编审:《诉讼法与律师制度》(全国律师资格考试指定用书),法律出版社2000年版,第188页。

（一）客观真实说

“客观真实说”在我国证据理论中长期以来占据主导地位。这种观点认为，无论是民事诉讼，还是刑事诉讼都要求查明案件客观真实。法院在认定案件事实时，需要达到“事实清楚，证据确实充分”的程度。因此，当事人对案件事实的证明也应当满足这一要求。“所谓‘确实充分’既包括对案件证据质的要求，也包括对案件证据量的要求。其标志是：（1）据以定案的证据均已查证属实；（2）案件事实均有必要的证据加以证明；（3）证据之间、证据与案件事实之间的矛盾得到合理排除；（4）得出的结论是唯一的，排除了其他的可能性。”[15]这一证明标准适用于民事、刑事、行政诉讼，因此也称为“一元化证明标准”。其实这与其说是证明标准，还不如说是法院认定事实、作出裁判的标准。这种认识并没有从当事人证明的角度去考虑，而是从法院认定事实的角度去考虑的，如果要说这是关于证明标准的界定，也不过是一种迂回和间接的界定。

“客观真实说”近年来不断受到质疑。质疑者主要的批判观点是：（1）民事诉讼和刑事诉讼不应当采取一元化的标准，要求民事诉讼的证明标准也要满足“客观真实”的要求未免太高。因为民事诉讼主要是解决当事人之间的民事权利义务争议，属于私权性质的纠纷，其承担责任的方式主要是财产责任。在这类解决私权纠纷的诉讼中，当事人的意志起着十分重要的作用，证明标准也不必达到那么高的要求。[16]（2）“客观真实说”强调了客观真理的绝对化，没有考虑案件事实还有其相对性的一面，从而也将证明标准提高到了不应有的高度。另外，在法律中规定的法律推定和法律上的拟制本身就没有强调这种客观真实。[17]

（二）盖然性说

其一，国外民事诉讼中的证明标准——高度盖然性。

“盖然性”被认为是大陆法系国家和英美法系民事诉讼中普遍采用的证明标准。大陆法系国家明确规定证据判断的原则是自由心证原则，按照自由心证原则，法官对证明的接纳应当是当事人的证明使其达到法官的内心确信。因此，证明度与法官内心确信的形成或固定有直接关系。当事人的证明达到使法官能对待证事实的认定形成“内心确信”时，证明就是成功的。怎么样才能达至法官的内心确信呢？大陆法系国家法院的判

---

〔15〕　王圣扬：《论诉讼证明标准的二元制》，载《中国法学》1999年第3期。

〔16〕　罗玉珍主编：《民事证明制度与理论》，法律出版社2002年版，第624页。笔者认为，以民事诉讼中当事人的意志起着重要的作用与证明标准过高似乎没有必然的联系。当事人在民事诉讼的自治性可能会影响裁判的裁决基础的真实性，但并不涉及证明标准的高低问题。据笔者所知，民事诉讼之所以不能要求像刑事诉讼那样严格的证明标准，是因为如此要求将使当事人的民事权利难以实现。

〔17〕　毕玉谦：《民事证据法及其程序功能》，法律出版社1997年版，第72～75页。

例指示证明应当具有“高度盖然性”。1885年德国帝国法院指出：“由于人们的认识方法受到若干限制，无法就要件事实获得确实真实的认识。因此，若以彻底的良心尽其所能利用实际生活中现有的认识方法已获得高度盖然性时，即视为真实。将这样获得的高度盖然性称之为获得了真实的确信就是十分妥当的。”[18]关于证明标准，日本最高裁判所1958年的判旨指出：“诉讼上的证明原本就不同于自然科学工作者基于实验所作的理论上的证明，是一种历史性证明。理论证明的目标是‘真实’，与此不同，历史性证明只要具有‘高度盖然性’就可以了。换言之，即确信达到了普通人无论谁都不再怀疑程度的真实就是证明就成立了。对于理论上的证明，在当时的科学水平上，是没有反证的余地，而历史性证明作为诉讼上的证明则留有反证的余地。”[19]从日本的司法判例实务来看，日本无论是刑事诉讼还是民事诉讼，在证明度的基准问题上都是持“高度盖然性”的观点。[20]

在美国，民事诉讼的证明标准就完全不同于刑事诉讼，刑事诉讼的证明标准为“排除合理怀疑的证明”（proof beyond reasonable doubt）。美国加利福尼亚州刑法典将“合理怀疑”的概念表述为：“它不仅仅是一个可能的怀疑，而是指该案的状态，在经过对所有证据的总的比较和考虑之后，陪审员的心里处于这种状况，他们不能说他们感到对指控罪行的真实性得出永久的裁决已达到内心确信的程度。”[21]民事诉讼采取的证明标准与大陆法系国家有相同之处，也是一种高度盖然性，但这种高度盖然性还强调双方证明的优劣（证据优越 preponderance of evidence），以判断是否已经证明。因此学者们将英美法系国家的证明标准也称为“盖然性占优”或“或然性权衡”原则。美国模范证据法典起草委员会主席摩根教授对此的诠释是：“凡于特定之存在有说服负担之当事人，必须以证据之优势确立其存在。法官通常解释说，所谓证据之优势与证人之多寡或证据的数量无关，证据之优势乃在使人信服的力量。有时并建议陪审团，其心如秤，以双方当事人之证据置于其左右之秤盘，并从而权衡何者有较大的重量。”[22]美国著名法学家理查德·A.波斯纳指出：“证据优势标准（the preponderance - of - the - evidence standard）要求审理案件事实的法官在负有证明责任的当事人所举证据，比对方当事人所举的证据更可能真实时，支持前一当事人。”[23]按照我国台湾地区学者李学灯先生的理解：“所谓证据之优势，亦即为盖然性之优势。所谓优势，依法院之意见，须使审理事实之人真正置信于事实之真

---

〔18〕 Entscheidungen des Reichsgerrichts in Zivilsachen（RGZ）95，S. 294 = Juristsche Wochenschrift（JW）1919，S. 572. 转引自雷万来：《民事证据法论》，瑞兴图书股份有限责任公司1997年版，第88页。

〔19〕 ［日］小林秀之：《证据法》，弘文堂1996年版，第66～67页。

〔20〕 ［日］小林秀之：《证据法》，弘文堂1996年版，第67页。

〔21〕 卞建林：《美国刑事诉讼简介》，载《美国联邦刑事诉讼规则和证据规则》，中国政法大学出版社1996年版，第21页、第22页。

〔22〕 ［美］摩根：《证据法之基本问题》，三民书局1982年版，第48页。

〔23〕 ［美］理查德·A.波斯纳：《法律的经济分析》，中国大百科全书出版社1997年版，第720页。

实,亦即高度的盖然性。"[24]之所以要采取"盖然性"的标准,是因为证明只是再现案件已经发生的过程,而法庭不可能完全再现这一切。"法庭可能永远无法确定过去究竟发生了什么事,因而事实认定需要借助盖然性的程度。盖然性概念是证明的最重要构成。"[25]

资料显示北欧国家也大体上是将"高度盖然性"作为判断认定事实的基准。瑞典诉讼法典规定,法院在判决理由中必须证明个人已经获得证明。学者主张,证明乃过去事实的再现,但并非必须充分显现其真实性,只须达到事实的盖然性的极限值(Grenzwert)。[26]

其二,我国《民诉法司法解释》的一般证明标准与特殊标准。

一方面,一般证明标准——高度可能性。《民诉法司法解释》第108条规定,对负有举证证明责任的当事人提供的证据,人民法院经审查并结合相关事实,确信待证事实的存在具有高度可能性的,应当认定该事实存在。对一方当事人为反驳负有举证证明责任的当事人所主张事实而提供的证据,人民法院经审查并结合相关事实,认为待证事实真伪不明的,应当认定该事实不存在。法律对于待证事实所应达到的证明标准另有规定的,从其规定。

另一方面,特殊证明标准——排除合理怀疑。《民诉法司法解释》第109条规定,当事人对欺诈、胁迫、恶意串通事实的证明,以及对口头遗嘱或者赠与事实的证明,人民法院确信该待证事实存在的可能性能够排除合理怀疑的,应当认定该事实存在。在纠纷的现实中对所有情形均采取同一个证明标准有可能导致裁判的非正当性——或者过于轻率,或者难以使实体权利得以实现。由此,理论上应该在某些特殊情形下适当提高证明标准或降低证明标准。《民诉法司法解释》正是基于这一考虑,提高了当事人对欺诈、胁迫、恶意串通事实的证明标准,可能是考虑到如果对这些主张的事实依然采取高度盖然性的证明标准将会导致这些主张的事实容易得以确认,并使得当事人之间的合意行为或其他自己实施的民事法律行为被轻易否定,影响了法律关系的稳定性。但有的学者提出了异议,认为这样的规定并不妥当,主要理由在于:(1)排除合理怀疑标准在民事诉讼司法实践领域尚缺乏足够的共识,此时添列易产生难以操作和扩大化使用的问题,进而可能冲击高度盖然性的一般标准;(2)排除合理怀疑主要源自英美法系国家的刑事证明标准,两者的混搭可能会模糊民事诉讼与刑事诉讼在法律性质、特征和精神上的界限;(3)司法解释制定者将民法规范中"足以"、"显失公平"等理解为实体法提高证明标准的证据,但是这属于"如何解释规则"而非"如何证明事实"的问题,应当纠正这种"立法"之

---

〔24〕 李学灯:《证据法比较研究》,五南图书出版有限公司1992年版,第393页。

〔25〕 Mike Redmayne, "Standrds of Proof in Civil Litigtion", in The Modern Law Review(1993.3), UK, Vol. 62, No. 2, p. 168. 转引自程春华主编:《民事证据法专论》,厦门大学出版社2002年版,第208页。

〔26〕 参见雷万来:《民事证据法论》:瑞兴图书股份有限责任公司1997年版,第99页。

初的误解;(4)从域外比较法考察,司法解释制定者可能错误借鉴了英美法系国家的经验,而忽视了德日等大陆法系国家证明理论在此问题上的处理;(5)提高证明标准显示出对证明标准功能不切实际的期待,如果合理运用现代科学技术证明工具、具体考量案件事实的若干细节也能起到发现真实的作用;(6)新的抽象证明标准的运用还可能造成对不同法律关系主体的具体情境考虑不足、变相激励不法行为和不诚信行为的后果;(7)司法解释制定者可能意图通过提高证明标准的方式防范实践中已经存在的高度盖然性证明标准被"折扣执行"的问题,但是这种意图也存在极大的局限性。因此,目前的任务应当是巩固并严格适用高度盖然性的证明标准,完善特殊情形下降低证明标准的制度规范,以形成完整的民事诉讼证明标准体系。[27]

三、证明度的标准化

正如政治学中的"无赖理论"一样,正是基于将从事政治的人假定为无赖,才需要建构相应制约这些"无赖"的制度。证明标准的提出和建构主要是基于对法官的不信任,人们期望通过一些标准来制约法官,使法官在认定事实时能够受其制约,而不是肆意妄为。然而,证明度能够标准化吗?

所谓标准,必须具有统一性、外在性、可识别性。要求标准具有可识别性,就要求作为标准的尺度必须是具体的、明确的。将"高度盖然性"作为一种"度量"尺度,无论如何都只能是一种抽象的概念,而无法作为一种具体的尺度。而如果标准不是具体的,也就无法使该度量规范具有可操作性。为了使"高度盖然性"能够成为具体的、具有可操作性的标准,人们也着实下了一番功夫。

在这方面,德国学者(埃克罗夫、马森)以刻度盘作为工具来说明证明度,刻度盘的两端为0%和100%,从0%到100%分为不同的级别,第一级为1%—24%;第二级为26%—49%;第三级为51%—74%;第四级为75%—99%。0%为绝对不可能,100%为绝对可能。第一级为非常不可能;第二级为不太可能;第三级为大致可能;第四级为非常可能,即高度盖然性。[28] 这种理论的目的在于使法官的心证与当事人证明度的关系方面更加细化,以便确定已经证明的程度。这些学者认为获得证明的界限为第四级(75%—99%),在穷尽所有可获得的证据后,仍然没有达到这一级,法官就认定当事人主张的待证事实不能成立。反之,如果达到了这一级的要求,法官应当认定当事人主张的待证事实成立。

在大陆法系国家由于明确规定证据判断适用法官自由心证原则,因此证明度的判断也就自然与法官心证密切相关。为了限制法官判断的主观随意性,就必须固化心证,使

---

〔27〕 参见霍海红:《提高民事诉讼证明标准的理论反思》,载《中国法学》2016年第2期。

〔28〕 [德]汉斯·普维庭:《现代证明责任问题》,吴越译,法律出版社2000年版,第108~109页。

心证受外在标准的限制。日本学者中岛弘道先生认为，当事人提出证据加以证明就是要使法官的心里能够形成对案件已发生事实的影像。但由于存在对立的双方当事人，因此在提出主张的当事人一方提出本证后，对方当事人会提出反证，本证提出者试图使法官形成对待证事实清晰的影像，而反证提出者则提出反证使该影像又变得模糊起来。于是法官的心证就在两者之间动摇。当事人的主张能否证明就要看心证处于何种状态。中岛先生把法官的心证按强度将其分为四级：第一级为微弱的心证；第二级为大致的心证；第三级为盖然的确信心证；第四级为必然的心证。第一级和第二级同为"弱心证"；第三级和第四级均为"强心证"（强心证又分为消极的强心证——确信其不存在——和积极的强心证——确信其存在）。[29]

随着证明责任的强化，证明标准问题的提出，我国学者受中岛学说的影响也提出了量化证明标准的问题，将盖然性按心证强度划分为三个区间：（1）初级盖然性，心证强度为51%—74%，表明大致如此；（2）中级盖然性，心证强度为75%—84%，表明事实在一般情况下如此；（3）高级盖然性，心证强度为85%—99%。表明事实几乎是如此。[30]

与大陆法系国家不同，英美法系国家，例如，美国并不在乎法官心证的问题，因此在证明标准的可操作性和具体化方面不是固化证明判断的主观方面，而是试图使证明标准能够客观化、外在化。这种客观化就必然要求外在事物量化。于是统计学和概率理论就大量用于事实认定。美国有学者认为："考虑到民事案件的说服责任相对宽松，认定原告的主要证据为真实的明确概率，只要超过50%即可，即稍稍超过这一数值就应该加以认定。"[31]这种方法借助于统计学的方法，计算出某种事实发生的可能性。[32]然后以此为依据认定事实。另一种方法是使用"概率乘积规则"。这一规则就是两个或两个以上独立事件为真的概率等于每个事件为真的概率乘积。例如，三次公平地掷币皆出现正面的概率为0.125（即0.5×0.5×0.5）。[33]当达到一定概率乘积时，法官应当认定或指示陪审团确认该事实的存在与否。运用统计和概率的最典型案例是美国的科林斯案件。在这一案件中控方指控科林斯夫妇犯有抢劫犯罪行为。控方的证据表明确定其为犯罪人的错误率仅为1200万分之一。该案所得证据与个别概率如下：黄色汽车（十分之一）、长胡须的男子（四分之一）、穿连衣裙的女人（十分之一）、金发女人（三分之一）、长络腮胡子的黑人（十分之一）、车中夫妇为不同人种（千分之一）。检察控方把这些个别概率统计

---

〔29〕［日］中岛弘道：《举证责任研究》，有斐阁1949年版，第90～93页。

〔30〕李浩：《民事诉讼证明标准的再思考》，载《法商研究》1999年第5期。

〔31〕［美］理查德·A.波斯纳：《证据法的经济分析》，徐昕、徐昀译，中国法制出版社2001年版，第93页。

〔32〕在美国还有一种"比例认定理论"，按照这种理论法官并不要求当事人的证明度达到100%，只要达到70%就可以作出相应的认定。但并非对主张事实的认定，而是作为裁判责任的比例依据。例如，关于事故与当事人后遗症之间因果关系的认定，如果法官的对因果关系的认定具有70%的心证时，就应该认定70%的损害赔偿数额。这种理论严格而言并不是关于证明标准的理论。

〔33〕［美］理查德·A.波斯纳：《证据法的经济分析》，中国法制出版社2001年版，第99～100页。

起来，认为这已经达到了极高的概率。科林斯夫妇应当能够被认定为犯罪人。[34]

诚然，以上概述并非对证明标准的具体方法的穷尽，但已经可以看出，人们对“高度盖然性”标准实用的两个路径：一是细化，试图使盖然性这一抽象化标准能够具体化；二是客观化，试图使证明度能够摆脱证明判断者的主观意识。但笔者认为这些努力都只能归于失败，证明标准化本身就是一个不可能完成的任务，这种企望只能是一种空想。

我们应该对证明标准的“标准”予以界定，如果不能在特定的含义中来讨论证明标准的问题，则可能是“自言自语”。“标准”实际上具有两种含义：一种含义是指衡量事物的准则；另一种含义是榜样和规范。[35] 当然这两种含义都有参照的意思。作为证明的标准只能是能够具体衡量个案证明度的准则。如果我们只是在抽象意义上谈标准也丧失了作为个案适用的意义，抽象意义上的标准就不过是一种指导性和导向性的路标，如同强调在审理案件中要实事求是、公平诚信地认定案件事实一样仅仅是一种道德的、自律性要求而已。

作为一种衡量的准则，证明标准必须是具体的，而且是外在物化的尺度。然而，证明度的测度则是无法具体化和客观化。无论如何细化，都无法解决细化中层次判断的主观化问题。我们可以把心证程度细化为若干层次，但一旦适用案件具体情况时，仍然需要通过人们主观判断才能进一步确定在何种层次，处于何种盖然状态。相对于个案而言，即使再细化的划分也都是抽象的和不确定的。在理论上，可以将证明度作任意划分，也可以确定一个分值区域或分值段作为获得证明的界限，但这种划分是数学中的非限制抽象，具体个案是无法适用统一、具体的衡量规范。

在诉讼中，当事人是否达致证明度的要求由谁来判断？是由法官来判断。证明标准的建构虽试图以其标准的客观化来制约判断者，然而却是不可能做到的。证明度既然是主观的判断，就无法以外在的标准加以制约，既然是外在的标准就必须排除主观的认定。一方面，制约判断者的证明标准如果是有证明度的划分，那么达到证明标准的要求仍然需要判断者的判断。另一方面，证明标准的适用不可能像生活中的量度标准一样排除法官的判断，一旦如此，法官也就不再是法官，而是生产线上的一名工人。大陆法系国家的自由心证原则就是为了使法官能够根据个案的实际情形作出符合实际的认定，如果排除自由心证将导致案件处理的僵化和教条。没有一个案件会是同样的，现实生活中的这种多样性必然赋予断案者灵性，即判断的所谓人性化。在英美法系中，即使有陪审团参与审理的案件，也同样存在个性化的判断，首先是由法官就是否获得证明给予指示，陪审团根据指示的原则和精神进行认定。

也有的学者认为，人们长期形成的“共识”就是一种标准，也就是通过长期的在法官

---

〔34〕［日］小林秀之：《证据法》，弘文堂1996年版，第73～74页。

〔35〕《辞海》（缩影本），上海辞书出版社1980年版，第1280页。

之间的“沟通”,完全可以在法官心中形成一种对客观事物的共同认识,这种共同认识也就成为法官们在审判实践中衡量是否已经证明的准绳或准则。显然,这种“共识”与人们经常提到的统一认识、统一思想,从而实现步调一致是完全一样的。

法官对某种情形——客观状况——有了统一的认识当然是积极的,对司法的统一性而言无疑是有益的。但问题在于:(1)这种共识的形成本身不可能是一种人为建构的产物,而是法官长期互相沟通、交流所形成的,是一种自发的过程。不可能由一个人或少数人发布或规定一种要求人们必须遵守的思想守则。这种认识主体相互之间形成的共识实际上就成为一种审判习惯,成为一种无形的规则。但这种基于共识而形成的无形规则,往往只存在于人们的头脑当中,如有人所言,是一种“无言的知”,是一种无可言传的知识。如此一来,这样的证明标准显然就不再是一种外在的标准,也就是第三人所无法判断、适用的标准。这无疑等于法官的自由的裁量,我们只是相信法官心里“有杆秤”,然而心里的这杆“秤”自然不是外在,可以由他人来使用的量具。这与人们所期望的客观化、外在化,任何人都能够判断的证明标准的建构就已经相去甚远。(2)司法统一性的基本保障是外在于人们的法律的存在,如果没有一种外在于人们认识当中的法律规则,仅仅靠人们的共识是很难保障其统一性的。从这一点来讲,如果没有一种外在的,能够度量化的证明标准规则,依靠共识也同样难以保证其标准的统一性。每一个法官都有自己的知识背景,即使是同一个学校、同一个班上的同学对同一法律问题或事实问题的认识都有可能存在差异,更何况由不同的法学教授传授不同的认知方法。法官之间认识的统一与学者之间认识的统一一样存在困难。尤其是当法官面对不同的案件的时候,因为在理论上,没有一个案件与另一个案件是完全相同的。(3)也是最重要的一点,即使存在于法官心里的这杆秤是统一的,但这种共识能够成为一种规则适用吗?这一问题的实质是这种作为共识的主观上的标准能够作为一种具有法律效力的规则吗?作为一种规则,它的意义就在于人们能够适用,并且具有一定的法律效果。人们之所以要追求一种外在的标准,就是试图达到这一目的。具体而言,在审判实践中如果一审法官裁决一方当事人因为没有能够证明案件主要事实而承担败诉结果时,该当事人是否可以以自己已经证明对该裁决提出上诉,以寻求二审救济。这就要求证明标准不能只存在于法官的心里,只能由法官来感知和把握,必须是法官以外的一般人也能判断的规则。显然,如果仅仅作为“共识”的主观标准是不具有这样的意义的。笔者注意到,这也是在诉讼实践中为什么人们很少以证明标准适用错误作为上诉理由的主要原因。

学者们提出的统计概率方法实际上是想完全排除判断者的主观判断。但这样的方法,一方面是难以做到,另一方面,一旦做到就必然使法官成为机械接受数学运算结果的客体。这种方法形式上看起来是科学的,但却是可笑的。例如,假设原告被一辆公共汽车撞伤,已知在原告被撞的路段上,75%的公共汽车由A公共汽车公司所有,25%的公共汽车属于B公司。那么,经过简单的计算,我们就可以得出原告被A公司的公共汽车撞伤的概率在75%,如果按照高度盖然性,是否应该判A公司承担责任呢？这样判决虽然可以以盖然率为借口,但想想这样判决的错误率也将在25%。这样高的错误率我们能接受吗？在以概率方法认定事实方面,还面临的一个问题是作为复杂的计算公式是需要确定个别数值,然后才能将数值代入计算公式中进行运算,然而数值的确定依然是一个无法摆脱确定者主观判断的环节。

在上述科林斯案件中,所有个别概率都涉及这一问题。作为备受推崇的贝叶斯定理[36],也同样面临这一问题。在贝叶斯定理中,有两个十分重要的计算因素:一是事前盖然率(一般情形下发生的盖然率);二是新事实的存在与否。而这两个因素本身就具有很大的不确定性,这就导致了计算结果的不确定性。作为事前盖然率的一般情形也同样需要判断者加以判断。在诉讼审理的过程中,法官总是以"一般情形"作为判断的事实基准,但众所周知的是,法官却不可能在每一案件中对各种一般情形进行统计,测度人们的一般认识。"一般情形"只是以法官个体的感受为参照的。而且在概率计算中,有时还需借助实验以获得统计数据,然而许多案件是无法进行多次实验的。米歇尔·福科在分析自由心证原则的意义时就指出:"人们承认证明成立所依据的标准不是有效证据规范表格,而是确信:任意一个主体,即不同主体的确信。只要他是进行思考的个人,只要它可以认识并接受真实,即是说通过内心确信原则,我们从繁琐算术和可笑的古典证据制度,过渡到对于设想为一般的来说是真实性的普遍提词,体面的体制,匿名的体制。"[37]

现实告诉我们,具体案件证明的认定是不可能脱离法官的内心确信,也不应当离开法官的内心确信。正因如此,大陆法系国家的学者才努力地从心证形成角度去寻求证明标准,以求对法官判断主观化的制约。为此,德国的学者瓦尔特提出了所谓"拟制第三人"理论,即对于证明尺度的判断不以法官的判断为准,而是以拟制的"第三人"的认识能力为基准,即"一个理性的普通人的心证"。按照这种学说,法官的心证虽然也来自法官自己,但如果每一个理性的"第三人"都得到心证的话,法官也应该得到内心确信的心证。[38] 问题在于,如何获得这种"第三人"对具体认定事实的认识呢？如果"第三人"为社会一般人,又如何获得一般人的认识呢？人们可以在假想的空间中设想"第三人"的认识是什么,可以任意将认识分为若干层次,并以适当的认识层次作为基准,但这些基准的确定是无法实在化的,如果能够在诉讼实务中运用,依然只有通过法官的心证来完成,这样一来,实际上"第三人"的认识就成为"上帝"的意识,法官变成了"上帝的仆人",但传达的仍然是"仆人"的意识,实际上"第三人"就是法官本人。如果说存在"第三人"的认

---

〔36〕 关于贝叶斯定理,可参见雷万来:《民事证据法论》,瑞兴图书股份有限责任公司1997年版,第120~123页。

〔37〕 [法]米歇尔·福科:《不正常的人》(法兰西演讲系列——1974年—1975年),钱翰译,上海人民出版社2003年版,第8页。

〔38〕 [德]汉斯·普维庭:《现代证明责任问题》,吴越译,法律出版社2000年版,第108~109页。参见雷万来:《民事证据法论》,瑞兴图书股份有限责任公司1997年版,第92~94页。

识的话,这种"第三人"的认识永远都只能是一种"彼岸"的认识。

也有的学者试图以"经验法则"作为确定法官确信的基准。所谓经验法则,是指人们从经验中所归纳出来的关于事物性质、事物与事物间因果关系的知识和法则。[39] 但经验法则已经不属于主观范畴,而是一种客观盖然性,同样属于需要由法官来判断的问题,因而无法避免法官的认识基准。经验法则作为外在于法官主观认识之外的东西,类似于事实本身,提出经验法则如果被法官所接纳,实际上就等于法官认可了某类事实。

尽管人们在寻求确信的客观化方面做出了种种努力,但这些努力同样是徒劳的。心证本身是判断者的主观活动,更是无法加以外在化和具体化的。对于依靠主体认知形成的判断结果,我们是无法寻求具体的、统一的外在标准。如同试图给"美"或"善"确定一个标准一样是没有意义的。任何人关于"美"和"善"的标准都只能抽象,只有如此才能获得普适性,但也正是因为这种抽象性而使这种标准变得没有意义。人们照样有自己关于"美"和"善"的标准,而一旦"标准"个性化也就丧失了作为标准的意义。在我们的心中总是存在一种"苏格拉底情结",即寻求事物的共性(这使我想起人们对证明责任分配的一般原则的探求)。[40] 然而这种苏格拉底追问只是一种哲学上的追问,抽象的共性是无法作为尺度来适用的,人们从诉讼中抽象的"高度盖然性"就是如此。

笔者并非休谟怀疑论的拥护者,并非"怀疑感觉之外的任何存在",[41] 但一种为我们所掌握、适用的,同时又是外在的、客观统一的、具体的证明尺度却是不存在的。抽象的证明标准只存在于人们的理念之中。如同对美的判断一样,人们承认作为客体的美的物质形态是存在的,我们承认对象的客观性,但是由于美的判断标准同时具有主观性,美与非美的判断是一种价值判断,会因人们知识框架和背景的不同而有所不同。我们通常所说的"东方美"和"西方美"实际上就是表达这种主观价值判断的差异。"西方美"就意味着不符合东方人的审美标准,相反,"东方美"也同样不符合西方人的审美标准,东方和西方在某些方面有着对美的共识,但必然存在差异,试图建构一种为所有人都认可的审美标准同样是不可能的,这是一种乌托邦。

笔者指出,作为一种确定的、统一的、具有可操作性的证明标准的建构只能是乌托邦,并认为事实认定不可能离开法官的主观自由判断,但这绝不意味着笔者赞同法官在案件事实认定中可以臆断妄裁。在我国虽然没有在法律上明确规定自由心证,但心证的自由在审判实践中是实际存在的,消极和积极方面均有所表现。人们对证明标准的热望

---

〔39〕 [日]兼子一等:《条解民事诉讼法》,弘文堂 1986 年版,第 928 页。另参见[日]藤木英雄等编:《法律学小辞典》,有斐阁 1972 年版,第 207 页。

〔40〕 在《美德篇》中苏格拉底和弟子美诺讨论美德问题。苏格拉底问:什么是美德?美德回答了不同人在不同领域中的行为为美德。苏格拉底说,我要找的是一个美德,你却给我许多美德。显然,苏格拉底要找的是一个抽象出来的,作为概念的美德。参见黑格尔:《哲学史讲演录》(第 2 卷),商务印书馆 1997 年版,第 60 ~ 61 页。

〔41〕 [英]休谟:《人性论》,商务印书馆 1980 年版,第 5 页。

表明法官自由裁量正面临巨大的社会不信任压力。因此,在这个意义上讲,即使存在一个指导性的“标准”也有助于吸收不满,满足暂时的程序正义要求。从长远而言,要保证法官能够凭良心诚信裁量证明度,只有通过间接制约的路径。

间接制约不外乎以下两点:(1)提高法官素质。这是不言而喻的。这也恐怕是最为间接的制约,但却是最有效的制约。法官的素质包括了业务素质和道德素质两方面。只有具备这两方面的素质,才能真正在个案审理中贯彻法律的精神。当一个素质低下的法官手持法槌时,再好的规则也无济于事。诚然,提高法官素质比制定规则当然要难得多,但只有提高素质才是最为可取的。也只有在素质提高的前提条件下,作为指导性的证明标准才能通过法官个体在个案中使证明的正义性得以具体实现。法官心里有一杆公正的称才是最重要的。作为具有指导意义的“高度盖然性”才能被个案审判的法官所正确理解和运用。在法律业务素质方面,只有具有高水平的法律素质,才能理解和运用大量复杂的证据规范和理论(例如,证据连锁和证据圆环推定理论、正确运用经验法则以解决复杂的事实认定问题)。(2)在制度方面强化间接制约。一是心证的公开化,其要求法官在裁判文书中应当说明主要事实认定的理由;二是强化审判中言词原则;三是真正贯彻公开原则;四是强化合议功能;五是有效保障当事人的质证权等。

在直接制约方面,就是要进一步细化证据规则。我国现行的规则仍有所疏漏。我们在约束法官,防止滥用自由裁量权与给予法官自由裁量,以根据个案之具体情形灵活处理,彰显法律之精神内核之间总是处于悖论境地,总是在两者之间游离。但不管怎样,适当限制仍是必要的。笔者注意到,在英美诉讼中有大量的证据规则,这些规则起到了限制法官对事实认定的自由裁量范围之作用,由于这些规则十分具体,因而具有可操作性,比之空洞的所谓标准更具有意义。

思考题

1. 区别证明与疏明的意义何在?
2. 严格证明和自由证明的对象范围有何不同?
3. 主要事实、间接事实和辅助事实的划分意义何在?
4. 证明标准的意义何在?
5. 如何认识证明的客观性?
6. 民事诉讼证明标准与刑事诉讼证明标准有何不同?为什么标准有所不同?

真题链接

(2014年司法考试卷三单选第45题) 下列关于证明的哪一表述是正确的?(　　)[42]

A. 经过公证的书证,其证明力一般大于传来证据和间接证据

B. 经验法则可验证的事实都不需要当事人证明

C. 在法国居住的雷诺委托赵律师代理在我国的民事诉讼,其授权委托书需要经法国公证机关证明,并经我国驻法国使领馆认证后,方发生效力

D. 证明责任是一种不利的后果,会随着诉讼的进行,在当事人之间来回移转

参考文献

1. 黄海涛:《民事诉讼中的疏明责任初探》,载《法学家》2008年第4期。

2. [日]高桥宏志:《主要事实与间接事实》,载《民事诉讼法:制度与理论的深层分析》,林剑锋译,法律出版社2004年版,第340~349页。

3. 张卫平:《证明标准建构的乌托邦》,载《法学研究》2003年第4期。

4. 何家弘:《司法证明标准与乌托邦——答刘金友兼与张卫平、王敏远商榷》,载《法学研究》2004年第6期。

5. 霍海红:《提高民事诉讼证明标准的理论反思》,载《中国法学》2016年第2期。

案例分析

请扫描二维码阅读案例,根据【路径与指引】尝试对该案件进行分析。

案例(二)

【路径与指引】

1. 通过学习上述刑事诉讼案例和民事诉讼案例,具体认识和了解两个案件对证明标准的把握。

2. 从证据制度上分析造成杜培武冤案的主要原因。

3. 你认为在民事诉讼中是否应当坚持证明标准的二元化——一般标准与特殊标准?

[42] C

第十七章　事实认定的方法

第一节　引　　论

公正司法裁判的前提是正确的事实认定，因此在证据制度和证据理论上必将把如何保障正确的事实认定作为其核心内容。刑事诉讼与民事诉讼不同，强调的是证据裁判原则或证据裁判主义，也就是说对刑事诉讼中的事实认定，法院必须依据相关的证据作出，而民事诉讼对案件事实的认定则不仅仅是依赖证据，还需要根据除证据之外的在辩论程序中存在的其他资料信息，例如当事人、代理人陈述时的态度及表现、共同诉讼人的自认、当事人或代理人对已陈述内容的修正、攻击防御方法提出的时间等内容。在大陆法系国家民事证据理论中称为"辩论全趣旨"。[1]

刑事诉讼之所以采用证据裁判原则或证据裁判主义，是为了更好地保障无辜的人免受有罪的刑事追究。民事诉讼之所以采取更加宽松的态度是因为将复杂的事实认定更多地委任于法官根据经验法则予以裁量。两者之间的差别类似于在不同的诉讼中采不同证明标准的考量。

在事实认定方面，西方证据制度发展史上曾采用过法定证据主义。大陆法系国家现在通常采用的是自由心证主义或自由心证原则。在我国，(主要是在刑事诉讼法学界)对于诉讼中事实认定的方法应当采用何种原则，存有以下争议：一是"自由心证或内心确信"原则，二是"法定确认"原则，三是"依法求实"、"循法求是"原则，四是"实事求是"原则。[2] 近年来，刑事诉讼法学界更多的学者倾向于将自由心证原则作为证据判断原则。主张采取自由心证原则的理由主要在于：第一，自由心证是一种自然而然的认知方式，没有创造新的证据评价方式，而是对日常生活中习以为常的评价方式的认可；第二，从行为的哲学基础来看，自由心证原则立足于认识的相对性，符合人们的认识规律；第三，自由心证原则体现了对人性的尊重，表现为对公民的权利和法官权利的尊重，以及对公民的

---

〔1〕［日］新堂幸司：《新民事诉讼法》，林剑锋译，法律出版社2008年版，第388页。

〔2〕参见中国法学会诉讼法学研究会主编：《诉讼法学论丛》，中国政法大学出版社1985年版，第16～194页。转引自刘金友：《试论我国审查判断证据的原则及其理论根据》，载《政法论坛》2004年第2期。

理性和法官理性的信赖；第四，自由心证原则与混合式诉讼模式对应契合。[3]

在民事诉讼中对于事实的认定或证据的判断采用什么样的方法或原则，应当遵循司法认知的客观规律，需要根据民事诉讼的特点加以建构。法官对事实的认定既不能绝对按照形式化的标准，也不能完全放任法官的自由裁量，应当是在经验法则的约束之下，根据案件的证据和辩论的所有资料信息综合予以认定。

第二节　事实认定与法定证据原则

在国外证据制度上，对于事实认定的方法有两种原则：一种就是所谓的自由心证原则；另一种就是法定证据原则。正确地理解自由心证原则的内涵以及自由心证原则的表述，需要对自由心证的反对原则——法定证据原则有准确的了解。

一、法定证据原则的含义

法定证据原则，是指证据的取舍、证据证明力的认定以及相关的证据判断规则均由法律预先作出明文规定，法官无权运用自己的认识和思维自由判断证据的资格和证明力，而只能依据法律的明确规定对案件所涉证据作出具体判断。由于当时的理论认为，每种证据的证明力在不同案件中也是恒定不变的，同时，也是基于当时的法官体制原因，要求法官在运用和审查证据时必须严格遵循法律规定的统一标准和固定规则，而没有证据判断上的自由裁量权。即使法官对法定证据的证明力有所怀疑或者对不满足法定条件的证据形成内心确信，法官也只能遵从法律的规定作出相应的判决。

二、法定证据原则的历史渊源

作为历史范畴的法定证据原则萌芽于罗马帝制时期的纠问程序，13 世纪开始逐渐向欧陆扩展，盛行于 16 世纪至 18 世纪的欧洲大陆，直到 19 世纪，以法定证据原则为主导的法典依然存在。体现法定证据原则的法典主要有 1532 年神圣罗马帝国《加洛林纳法典》、1670 年法兰西王国《刑事法令》、1853 年奥地利《刑事诉讼法》、1857 年俄罗斯《帝国法规全书》等。[4] 但是，中国封建时代和英国中世纪都不存在法定证据原则，因为中国古代不会限制法官对司法证明的自由裁量权，反而强调法官在事实认定上的能动性，虽然有“据众证定罪”的法定证据身影，但尚不能称为一项原则，而英国在神示证据制度之

〔3〕 宋英辉、汤维建主编：《证据法学研究述评》，中国人民公安大学出版社 2006 年版，第 107 页。

〔4〕 参见李浩主编：《证据法学》（第 2 版），高等教育出版社 2014 年版，第 53 页、第 55 页。

后就走向了与大陆法系截然不同的以陪审团为中心的证据制度,因此法定证据原则仅限于大陆法系语境。

法定证据原则是在否定神示证据制度的理念基础之上、在封建君权政治体制得以确立的历史背景下诞生和形成的。13 世纪末神示证据制度最终消亡,司法证明转向为以人为主的理性证明方式,倾向于以证据而非神的意志裁断案件。为指导和规范裁判者的证据裁判行为,罗马—教会法制度以理性和演绎方法对证据资料进行等级划分,构筑起一套限制法官自由裁量权的法定证据原则。同时,13 世纪至 15 世纪欧洲大陆的封建割据形势严峻,封建领主控制各地的司法组织和活动,司法证明实践混乱,造成同案不同判、证据采信标准不一的问题。封建君主在逐渐确立中央集权的过程中也着手统一司法,以法定证据原则控制国家的司法权,实现国家司法组织和裁判活动的统一、稳定和有序运作。

法定证据原则也与纠问式诉讼模式相适应。一方面,纠问式诉讼程序采取书面审理、秘密审理的方式,法官可以根据预审法官的书面调查记录对涉案证据依据法律规定进行判断,纠问式诉讼程序为法定证据原则的适用创造了条件和环境;另一方面,纠问制下的法官集调查证据、发动诉讼和司法裁判诸职能于一身,需要法定证据原则限制法官的职权,防止法官的恣意独断。此外,法定证据原则是特定时代的产物,即当时的法官职位可以买卖,法官素质较低,社会缺乏对法官的信任,因而也需要有法定证据原则以防范法官的滥权。

三、法定证据原则的特点

第一,证据的真实性和证明力的大小由法律预先规定。例如,法律常将不同证据的价值划分为完全的证明、一半的证明、少一半的证明,或者划分为二分之一的证明、四分之一的证明、八分之一的证明。

第二,法定证据原则具有浓厚的形式主义色彩,根据证据的形式而非内容对证据的资格和价值作出划分。例如,在证人证言的效力上 1875 年俄罗斯《帝国法规全书》规定男人的证言优于女人的证言,基督徒的证言优于犹太人的证言,学者的证言优于非学者的证言;在书证的效力上规定公文书的证明力大于私文书的证明力,原本的证明力大于副本的证明力。

第三,法定证据原则具有绝对的约束力。有完整的证明时法官必须作出判决,没有完整的证明时法官则不能作出判决。法官的职责是依据法律规定确定证据证明力的大小,进行机械的加减运算直至达到"完整证明"或"完全证明"。对于法律没有规定的证据情形或者法官对证据形成的内心确信,皆不能作为裁判的依据。

四、法定证据原则的缺陷

首先,裁判者只能服从法律的明文规定,丧失了证据判断的主动性和灵活性。这完全消磨了裁判者作为认识主体的主观能动性,也根本违背了裁判者认识证据和发现案情的客观规律,在一定程度上阻碍了裁判主体对民事纠纷真相的全面发现和深入探究。

其次,被告的口供通常被规定为具有直接证明主要案情的作用,处于"证据之王"的重要地位,这就鼓励了裁判者为获得被告的口供采取一切刑讯手段,刑讯逼供也自然成为合法且合理的取证手段。封建时代大量冤假错案的产生也与法定证据制度及其配套的刑讯逼供方式密不可分,被告的人权无法得到保障。

最后,法定证据制度体现了浓厚的封建等级色彩,背离了法律面前人人平等的现代法治理念。封建君主为协调君臣关系、巩固统治基础,往往在证据和证明上赋予特定集团以特权。例如证人证言的效力上贵族要高于平民,僧侣的证言会优于世俗人。

五、民事证据法中的法定证据

在许多国家,随着现代司法制度,尤其是现代法官制度的建立,自由心证原则逐渐取代了法定证据原则。虽然是在事实认定的基本原则上,自由心证原则取代了法定证据原则,但并不意味着法定证据规则完全被淘汰出局。无论是大陆法系国家,还是英美法系国家的证据制度中都依然存在或规定了特殊情形下的法定证据。例如,在大陆法系国家,票据诉讼〔5〕中采用的就是所谓"书证原则",即只有书证才能证明票据请求权,排除了其他证据的证明效力。基于票据法的原理,票据是一种"文言证券",票据上的权利关系只有证券上的文字才能专门加以证明。因此,不允许通过其他证明方法变更或补充证券上的文字含义。另外,票据是无因证券,票据关系与票据原因关系脱离,以实现票据的流通和信用功能。正是因为票据是无因证券、文言证券,因此,在票据诉讼中奉行书证原则。〔6〕 又如,关于法庭笔录的证明效力。按照大陆法系国家庭审笔录制度,庭审笔录是一种由与庭审法官相对独立的书记官(公证官员)制作,能够为当事人阅览或使用的,具

---

〔5〕 关于票据诉讼,人们常常在三种含义上使用。第一种含义是将票据诉讼等同于失票诉讼。第二种含义是将票据诉讼限制在有关票据权利的诉讼,即票据权利诉讼(票据权利诉讼又有狭义和广义之分,狭义的票据权利诉讼仅指涉及票据权利行使的诉讼,限于因票据权利的行使发生纠纷而就票据金额以及相关的法定利息赔偿的请求所提起的诉讼;广义的票据权利诉讼还包括与票据权利的确定和恢复有关的诉讼)。第三种含义是将凡是涉及票据的诉讼都称为票据诉讼。但就国外关于票据诉讼的特殊规范而言,只有票据权利诉讼才适用特殊诉讼程序,属于特殊诉讼,其他涉及票据的诉讼依然属于普通诉讼,例如请求确认票据权利不存在的诉讼就是普通诉讼,不适用票据诉讼的特殊规则。因此,票据诉讼应当限定于关于票据权利的诉讼。我国早些年出版的著作,如张德荣主编的《票据诉讼》(法律出版社 2002 年版)就是使用的第三种含义。其主要是以我国现有诉讼制度为背景对票据诉讼的阐析,而非基于应有的票据特殊诉讼的论述,所以我们应当注意加以区分。

〔6〕 参见[日]石川明、高桥宏志:《注释民事诉讼法(9)·再审、督促程序、票据诉讼、判决的确定、执行停止》,有斐阁 1996 年版,第 231 页。

有法定证明效力的文书。法庭笔录作为证据对庭审程序性事项的证明具有唯一性,即是唯一能够证明庭审程序性事项是否发生以及内容的证据。所谓程序性事项,包括庭审案件、庭审地点、时间、庭审法官或合议庭法官、书记官、庭审翻译、是否申请相关人员的回避以及相应的处理、出庭当事人及相关信息、法定代理人、诉讼代理人、出庭的其他诉讼参与人(诉讼辅助人、证人、鉴定人)及相关信息、庭审公开与否以及不公开的理由、辩论的重要过程。[7] 另外,补强证据规则也是法定证据规则的一种形式。关于补强证据规则详见后述。

在我国的司法制度背景之下,人们对法定证据具有很强的需求。一方面,我国尚未完成司法制度的现代转型和制度建构;另一方面,传统的裁判权威已经丧失,因此面临着社会对司法裁判者在相当程度上的不信任。为了约束裁判者,法定证据化成为一种"刚需"。因此,有学者提倡的所谓现代法定证据制度,或称法定证据制度的历史性回归,或曰法定证据与自由心证混合,或谓新法定证据主义等实际上就是这种需要的反映。

作为这一需求和理念的印证,2001 年《民事证据规定》、2002 年《关于行政诉讼证据若干问题的规定》、2005 年前后诸多地方高级人民法院出台的证据规则以及 2010 年《关于办理死刑案件审查判断证据若干问题的规定》、《关于办理刑事案件排除非法证据若干问题的规定》等纷纷对证据的能力和证明力作出规定。例如,《民事证据规定》第 77 条规定,"人民法院就数个证据对同一事实的证明力,可以依照下列原则认定:(一)国家机关、社会团体依职权制作的公文书证的证明力一般大于其他书证;(二)物证、档案、鉴定结论、勘验笔录或者经过公证、登记的书证,其证明力一般大于其他书证、视听资料和证人证言;(三)原始证据的证明力一般大于传来证据;(四)直接证据的证明力一般大于间接证据;(五)证人提供的对与其有亲属或者其他密切关系的当事人有利的证言,其证明力一般小于其他证人证言"。

虽然这些法律规定采用了"一般"的表述,并非是对法官的刚性约束规则,但在根本上不同于中世纪的法定证据原则。但如果按照大陆法系现代证据法和自由心证原则的观点,法律不应对不同证据证明力的大小强弱做出限制和约束。由此,可以说我国证据立法还是存在法定证据的色彩。这些外在客观标准的存在乃至扩大,反映了我国司法制度,尤其是法官制度还未完成现代化建构,导致社会对法官的信赖度不高的现实。基于这种对裁判者的不信任,自然也就倾向于限制法官在事实认定上的自由裁量权。[8] 而法官在一定意义上也因为这些法定证据规则受到保护,减轻了自身的社会压力,增强了裁判的说服力和形式权威性。[9]

---

〔7〕 关于庭审笔录的法定证明,详见张卫平:《论笔录法定化》,载《中外法学》2015 年第 4 期。

〔8〕 参见陈瑞华:《以限制证据证明力为核心的新法定证据主义》,载《法学研究》2012 年第 6 期。

〔9〕 参见李浩:《民事证据立法与证据制度的选择》,载《法学研究》2001 年第 5 期。

六、补强证据规则

补强证据规则被认为是法定证据原则的保留。所谓补强证据规则，通常是指在认定案件事实方面，仅有某一证据的存在尚不能对特定的案件事实予以认定，需要结合其他证据才能认定事实。简言之，就是指某些情形下，仅有单一证据不能成就特定事实的认定，即所谓孤证不能认定。也有的学者将瑕疵证据的补正、证据之间的相互印证也包含在补强证据规则之中。由此就有了所谓"广义的补强证据规则"和"狭义的补强证据规则"之分。上述含义的补强证据规则也就是狭义上的补强证据规则。

补强证据规则的概念来自英美法。英美法重视补强证据规则与英美法系诉讼制度有直接的关系，尤其是陪审制的存在。陪审制中法官无权对案件事实进行认定，只有陪审员拥有事实认定的权力。由于陪审员不是专业法官，因此就需要有更为细致的证据规则来约束陪审员对事实的认定。这些规则中就包含了补强证据规则。相反，大陆法系国家强调法官在事实认定上的自由心证原则，特别是对证据的证明力判断更强调法官的心证裁量。虽然自由心证原则也强调通过内外两个方面对法官进行制约(关于制约问题详见"自由心证原则"部分)，但关于证据的证明力毕竟需要根据个案的具体情形加以处理，因此，只能委任于法官裁量。依照大陆法系的司法观念，在有现代法官制度保障的情形下，这样的委任也是社会所认同的。因此，大陆法系国家在证据法理上，通常不使用补强证据或补强证据规则的概念，在民事证据制度方面几乎不存在补强证据规则。

在我国，补强证据规则的概念最初源于刑事诉讼法，首先在刑事证据法中使用。最典型的就是仅有被告的供认不能认定被告人有罪和处以刑罚，视为补强证据规则。刑事诉讼或刑事证据法中之所以重视和强调补强证据规则是基于刑事诉讼的特殊性，即被告嫌疑人面对的是公权力。如果不强调补强证据规则，很容易导致冤假错案的发生。在人权保障与追求真实方面，显然人权保障处于更为优先的地位。后来受刑事证据法理论或英美证据法的影响，在民事诉讼法或民事证据理论中也有不少学者开始使用补强证据或补强证据概念，尤其是倚重于英美证据法知识的学者。因此，我们在认识补强证据规则时，应当特别注意补强证据规则的背景差异——不同诉讼以及不同法系的差异。

2001年最高人民法院出台了《民事证据规定》。其第69条规定，下列证据不能单独作为认定案件事实的依据：(1)未成年人所作的与其年龄和智力状况不相当的证言；(2)与一方当事人或者其代理人有利害关系的证人出具的证言；(3)存有疑点的视听资料；(4)无法与原件、原物核对的复印件、复制品；(5)无正当理由未出庭作证的证人证言。按照补强证据规则的基本含义，这一规定成为民事诉讼中最典型的补强证据规则。

从证据证明力的视角来看，补强证据规则是关于证据证明力的规则，不是关于证据能力或证据资格的规则，即补强证据规则并没有否定孤证的证据资格，而是认为孤证没有达到足以认定事实的程度，需要其他证据予以支持，才能实现事实认定。

从我国的司法制度现状来看,我国司法体制包括法官体制,尚未实现现代转型。因此,现代司法所要求的司法权威和法官权威也尚未真正树立起来。基于这一现实,在我国,法定证据规则包括补强证据规则有其存在的必要,甚至今后有可能会进一步扩大化。尤其是在司法体制改革的深化和推进还需要较长时期的情形下。

法定证据规则包括补强证据规则主要是一种盖然性规则,完全否定或排除现实中的特殊性。其目的主要是限制事实认定者,追求的是一种更为形式化的正义,并以这种形式吸收不满。但我们也必须认识到补强证据规则所具有的形式主义特征,使其很难做到规则与案件的实际情形一致或契合。例如,上述《民事证据规定》第 69 条第 1 项规定,未成年人所作的与其年龄和智力状况不相当的证言作为孤证时不能作为事实认定的依据。这样的规定显然排除了现实中可能存在的某些特殊情形。因为实际存在某些未成年人具有比一般未成年人更强的认知能力。该条第 3 项规定,与一方当事人或者其代理人有利害关系的证人出具的证言作为孤证时也不能作为事实认定的依据。显然也是排除了现实中可能存在的某些特殊因素,没有针对该证人的个人品格、证人与案件利害关联的大小,也没有考量证人在案件之外的其他因素。因此,最合理的事实认定就只有法官根据案件的具体情形才能作出符合实践情况的事实认定。但这需要一个前提,就是法官是有经验、有专业技能和职业道德的。无疑,这一前提的制度保障是现代法官制度和司法制度。关于这一点,目前一些研究补强证据规则的学者似乎并没有真正地意识到。

第三节 事实认定与自由心证原则

一、自由心证原则的含义

自由心证原则,是指法官在认定案件事实的过程中,对于证据方法(证据资格、证据适格)、证据资料以及事实推定等事项,法律一般不作规定,而是交由法官依照经验法则予以判断的原则。

自由心证原则之所以称为"自由心证",是相对于法定证据原则而言,即按照法定证据原则,法官对证据方法(证据资格、证据适格)、证据资料的证明力以及事实推定等事项只能按照法律的规定,不能在法律规定之外自由裁量。只是因为在证据制度的历史上,先有法定证据原则,随着历史的发展后有现代证据制度的自由心证原则,因此,才会强调事实认定的自由心证。实际上,尽管称为自由心证原则,但是这一原则的重点和核心并非是"自由"。法官在对待证据方法、证据资料的证明力以及事实推定方面并不是自由的,须受到两个方面的制约——外在制约和内在制约。外在制约方面,虽然法律一般不对证据方法(证据资格、证据适格)、证据的证明力、事实推定作出规定,但在某些特殊的场合法律也会就此作出规定,一旦作出规定,法官就必须遵照这些规定。内在制约方面,是指在法律没有对证据方法、证据资格、事实推定作出规定的情形下,法官必须依照经验法则作出认定。

二、自由心证原则的制度基础

自由心证原则被认为是近现代诉讼制度的基本审理原则,它产生在一定的制度基础之上。没有相应的制度基础,自由心证原则不可能建立。通常认为,自由心证原则的制度基础有两个方面:一个是现代法官制度;另一个是体现审判公正的原则体系。正是因为过去缺失现代法官制度,也缺失能够体现审判公正的原则体系,因此,证据方法(证据资格、证据适格)、证明力方面就只能依赖于法律规定,也就是证据法定原则。在一些法治发达国家,随着现代法官制度和审判原则的建立,自由心证原则也就具有应用的制度基础,否则自由心证就可能被滥用。

(一)现代法官制度与自由心证

现代法官制度的建立是自由心证原则运用的前提之一。所谓现代法官制度,是指关于法官审判的独立、法官资质要求、法官的公正任用、资格废黜、身份保障等都有一整套合理的制度规范,能够保证或保障法官具有与公正审判相应的专业素质和道德素质。因为在事实认定方面,面对复杂多样的民事案件,法律不可能对所有证据方法、证据的证明力、事实推定作出具体的规定,一般情形下只能交由法官根据具体情形自由心证裁量。因此,保障法官素质的现代法官制度是必不可少的。从现实的情形来看,正是因为我国的司法体制和法官体制还处于转型和改革之中,因此,在司法实践中事实认定的滥用也将在一段时间内继续存在。

(二)审判原则与自由心证原则

自由心证原则的适用除了需要现代法官制度予以支撑之外,还需要有相应的审判原则作为基础,没有这些审判原则,也就无法使得自由心证原则正当运行。这些原则包括公开原则、言辞原则、直接原则等。公开原则使得所有的证据信息都可以公开,法官心证的信息来源于当事人共知、公开的信息。公开原则也形成一种对法官心证的间接制约。言辞原则和直接原则要求所有事实主张应当以口头方式直接向法官提出,避免案件审理采取书面方式间接审理,使得法官能够直接面对当事人,通过最直接的方式感受和知晓当事人的事实主张和陈述。言辞原则和直接原则也可以在一定程度上抑制当事人的虚假陈述和主张。正是基于此,在程序建构方面,还需要加强对于审判原则体系化的作业。从我国民事诉讼制度的现实来看,这些原则还有进一步完善和建立的必要。一方面,公开原则需要具体细化和制度化；另一方面，言辞原则和直接原则需要建立，同时加以具体制度化。

三、自由心证的适用范围

自由心证适用的范围，是指法官在证据评价方面可以自由心证的界限。通常认为，只要涉及事实认定，就都属于自由心证原则适用的范围。具体包括证据方法（证据资格、证据适格）、证据的证明力、事实推定、证明标准的判断等方面。

（一）自由心证与证据方法（证据资格、证据适格）

在理论上，证据证明力的判断交由法官自由心证没有争议，存在争议的是关于证据方法（证据资格、证据适格）的判断是否应当纳入自由心证范围的问题。如果纳入自由心证的范围，则意味着法律一般不对证据方法（证据资格、证据适格）作出规定，是否作为证据方法即是否具有证据资格完全交由法官心证依照经验法则决定。例如，在关于利用非法手段获得的证据资料是否可以作为证据的问题上，如果适用自由心证原则，则是否作为适格证据就由法官根据具体情形作出判断。由于民事诉讼中民事纠纷的复杂性以及证据的收集一般是通过私权利为之，因此，如果对证据方法（证据资格、证据适格）的判断不交由法官根据具体的经验法则处理，则很难平衡各种价值关系。例如，民事权利的维护和保障。如果承认证据方法（证据资格、证据适格）交由法官自由心证，则非法取得的证据、传闻证据就可能根据具体情形得以采用，而不会一概排除。比较典型的就是私录资料的证据资格问题。在某些案件中，例如借贷案件、侵权案件中涉及个人隐私的录音资料就可能被认定为具有证据资格而被法官采纳。但这种开放式的适用可能存在的隐患是鼓励或刺激人们通过违法的方式获得证据，因此，如何正确把握是一个实践性难题。从我国的司法实践来看，实际认可根据案件的具体情形在某些特殊情况下允许法官自由裁量认定。但作为司法解释，例如，2001 年的《民事证据规定》则否认违法取得的证据具有证据资格。在此，需要注意民事诉讼中自由心证与刑事诉讼中自由心证的适用范围有所不同。基于刑事诉讼对人权保障的特殊要求，在自由心证的适用范围方面要求不得对证据资格问题适用自由心证。[10] 而民事诉讼基于证据收集的私权化以及私权利的实现，并非绝对排除对证据资格适用自由心证。某些证据资料即使通过违法手段获得，法官也可以根据具体情形裁量其具有证据资格。诉讼领域或性质不同，自由心证原则的适用也有所不同，这是我们在认识自由心证原则时必须要特别注意的问题。

---

〔10〕 详见陈朴生：《刑事证据法》（第三版），三民书局 1979 年版，第 66 页、第 554 页。

(二)自由心证与证据的证明力

证据的证明力,是指特定证据对待证事实的证明价值或作用。不同的证据对案件事实的证明价值或证明作用是不同的。在特定情形下,某一特定证据所具有的价值或作用的判断只能交由法官按照经验法则自由心证予以认定。

在2001年最高人民法院《民事证据规定》中,有的规定被认为属于广义上的法定证据,主要是关于证据证明力的规定。从规定的具体内容来看,实际上是将经验法则类型化、法定化。例如,该规定第77条,人民法院就数个证据对同一事实的证明力,可以依照下列原则认定:(1)国家机关、社会团体依职权制作的公文书证的证明力一般大于其他书证;(2)物证、档案、鉴定结论、勘验笔录或者经过公证、登记的书证,其证明力一般大于其他书证、视听资料和证人证言;(3)原始证据的证明力一般大于传来证据;(4)直接证据的证明力一般大于间接证据;(5)证人提供的对与其有亲属或者其他密切关系的当事人有利的证言,其证明力一般小于其他证人证言。该条规定中的所谓"一般"实际上就是一种较高程度盖然性。该规定是将具有这种较高程度盖然性的经验法则法定化。但问题在于,这样的规定可能导致适用的教条和僵化,使得事实认定与实际不符。例如,该条第5项规定,证人提供的对与其有亲属或者其他密切关系的当事人有利的证言,其证明力一般小于其他证人证言,最容易出现与实际事实不相符合的情形。这就要求法官根据具体情形和其他经验法则综合予以判断。对事实的认定还得依赖法官的自由心证。

(三)自由心证与事实推定

事实推定是指根据已知事实推定待证事实的过程。在具体的诉讼中,事实推定总是由案件的各种间接事实推定其主要事实。自由心证与事实推定的联系在于,对于间接事实是否能够推定主要事实的存在与否,同样需要法官依照经验法则达成心证。因此事实推定依然属于自由心证适用的范围。

(四)自由心证与证明标准

所谓证明标准,是指当事人对主张事实的证明达到予以认定的程度。在大陆法系国家也称为"证明度"。民事诉讼对证明标准的要求与刑事诉讼不同,民事诉讼一般情形下仅要求证明达到高度盖然性即可,而刑事诉讼则要求对指控事实的证明程度要达到排除合理怀疑。所谓高度盖然性,是指当事人对案件主要事实的证明已经达到通常是如此,一般是如此的程度,但不需要证明到百分之百是如此。刑事诉讼中对指控事实的主张不仅要证明一般如此,还要能够排除犯罪嫌疑人或辩护人提出的合理怀疑,没有能够排除合理怀疑的,则没有达到可予以认定该事实的程度。证明标准的高低设置需要考量不同诉讼中各种价值的衡平。关于证明标准详见本书"证明与证明标准"一章。

自由心证与证明标准的联系在于,关于当事人主张事实的证明是否已经达到事实认定的标准,需要法官根据经验法则作出判断,这一判断依然是适用自由心证原则。虽然法律上可以规定证明标准为高度盖然性,但具体适用还需要法官的自由心证。对心证的约束在于各种具体的经验法则。在某些情形下,为了更好地维护权利人的实体权益,法律也要考虑适度减低证明标准。此种场合,何为适度证明标准也需要法官运用自由心证按照经验法则予以认定。

(五)自由心证与损害赔偿数额的确定

损害赔偿的具体数额一直是侵权案件中困扰法官的难题。问题棘手之处在于,在侵权损害赔偿案件中要求受害人完全清晰地证明具体的损害数额往往很难做到,如果按照严格证明要求,受害人一旦不能证明具体损害数额,双方就损害事实发生争议,则赔偿请求难以成立,受害人的权益也就无法得以维护。损害赔偿数额难以确定不仅发生在侵害人身权案件中的精神损害赔偿,即使单纯的财产及人身损害数额往往也难以确定和证明。为了化解这一难题,一些国家在法律上或司法政策上明确将损害赔偿数额的确定交由法官根据案件具体情形自由心证予以认定。例如,德国《民事诉讼法》第 287 条第 1 项就明确规定,如果当事人就损害是否发生及损害数额或利益发生争执的,法官在斟酌全部案件情事的情形下,以自由心证决定。是否以及在何种情形下,应当进行证据调查或依据职权指定鉴定人进行鉴定,也由法官裁量决定。我国《侵权责任法》第 20 条也规定,(人身权益侵权的案件)被侵权人的损失难以确定,侵权人因此获得利益的,按照其获得的利益赔偿;侵权人因此获得的利益难以确定,被侵权人和侵权人就赔偿数额额协商不一致,向人民法院提起诉讼的,由人民法院根据实际情况确定赔偿数额。在最高人民法院颁布的《精神损害赔偿解释》中虽然规定了精神损害数额的确定所要考虑的因素,但具体案件对各种因素的确定依然必须依赖于法官的裁量斟酌。只不过我国的相关规定没有明确其限制条件。我国台湾地区“民事诉讼法”第 222 条第 2 项则明确规定,当事人已证明受损害但又不能证明其数额或证明显有重大困难者,法院应审酌一切情况,依所得心证定其数额。

四、自由心证原则适用的例外情形——证据方法(证据资格、证据适格)的限制

虽然依照自由心证原则,原则上关于证据方法(证据资格、证据适格)交由法官自由心证,但某些情形下,法律依然有必要对证据方法(证据资格、证据适格)作出规定,也就是证据法定化。证据法定原则虽然退出了历史舞台,但作为例外或特殊情形,证据法定化依然尤为必要。在大陆法系国家如日本,民事诉讼法就明确规定,关于代理权的证明要求必须是书证;法庭笔录是关于口头辩论方式的唯一证明;票据诉讼要求必须为书证

方式;对小额诉讼的证明方式也有相应的限制。[11] 法律对证据方法(证据资格、证据适格)的特殊规定也被看成对法官自由心证的外部限制或制约,即在法律有明确规定的,法官没有自由裁量的余地。在我国现行的民事诉讼法中还没有关于法定证据的明确规定,无论是证据方法,还是证据的证明力。如上所述,在民诉法解释中(最高人民法院《民事证据规定》)有关于证据证明力大小判断的一般规定。该规定可以视为法定证据规定。

五、自由心证原则的限制

正如上述所言,自由心证原则虽然以"自由"标示,但这一原则并非表示法官对事实的认定是可以主观肆意的,法官心证的形成需要受到若干制约,包括外部制约、内部制约,程序制约、实体制约等各个方面。这些制约表明自由心证原则实质体现了法官对事实认定的不自由。

(一)外部制约——法定证据

所谓外部制约,是指法律有明确的规定,限制对事实认定的心证,法官没有裁量余地,只能按照法律的规定认定案件事实。也就是所谓法定证据,其包括法律对证据资格、证据证明力、推定、证明标准等方面的具体规定。

(二)外部制约——证据契约

在域外的证据法理论上,证据契约这一概念有多种含义,最狭义的证据契约仅指当事人之间关于证据方法的契约。最广义的证据契约是指当事人双方所有关于事实的确认或以何种方法确认事实的契约,包括证据方法、证明责任分配,也包括实体性确认契约和承认契约。[12] 我国民事诉讼法上尚无关于证据契约的有关规定。由于现行的民事诉讼体制在理念上还没有完全确立对当事人意思的尊重,因此还不会完全承认证据契约,尤其是关于限制证据方法的契约。

从证据契约与自由心证的关系来看,无疑证据契约是对自由心证的限制,而且也是一种外部限制。对于当事人双方之间就证据方法(资格)、证据证明力等达成契约,只要该契约没有违反法律的规定,该契约对法官的心证形成制约,法官对契约所涉及的证据内容没有自由心证的余地。

(三)经验法则

在国外,尤其是大陆法系国家,经验法则是诉讼法和证据法中经常使用的概念。简

---

〔11〕[日]门口正人主编:《民事证据法大系·第1卷总论(1)》,青林书院2007年版,第221~222页。

〔12〕姜世明:《证据评价论》,新学林股份出版有限公司2014年版,第37页、第38页。

要地讲，所谓经验法则，是指人们从生活经验中归纳获得的关于事物因果关系或属性状态的法则或知识。经验法则既包括一般人日常生活所归纳的常识，也包括某些专门性的知识，如科学、技术、艺术、商贸等方面的知识等。

经验法则是人们对事实状态的一种认识，而非事实本身。这种认识存在于人们的意识之中，是人们对事物状态、性质的归纳。但这种认识只是人们对事物状态、性质存在、运动规则的经验性认识，是归纳的结果，因此，并不一定全都真实或完全且充分反映事物存在的客观规律或事物的性质。但由于经验法则是人们所归纳出来的知识，因而这种知识在很大程度上或基本上反映了事物的性质和状态，是一种事物的常态，反映了事物之间联系的高度盖然性。正因如此，将经验法则作为推定和认定事实的根据就具有正当性。

基于经验法则的高度盖然性特点，法官在案件事实认定时就必须根据经验法则作出判断。这一要求也就形成了一种制约。但由于经验法则的运用也需要依赖法官的心证因而是一种内在制约。

（四）论理法则

所谓论理法则，也有多重含义，广义上为人们进行认知推理所应遵循的一般过程和规则。狭义上论理法则主要是指人们在认识和分析中所运用的逻辑规则或法则。论理法则反映了人们思维分析法则的客观性，因此也应当是审判者在认识案件事实时所必须遵循的法则。在我国台湾地区的“民事诉讼法”中明确将论理法则作为事实认定所应遵守的规范。

（五）禁止证明预断

所谓禁止证明预断，是指法官不能在没有进行证据调查（质证）之前，对证据作出评价。禁止证明预断有利于防止法官在证据调查之前以所谓自由心证形成主观判断。但这里应当注意的是，需要区别法官对证据调查必要性的判断与证据方法（证据资格）的判断。证据调查必要性的判断属于法官的职权。在证据调查不合适或不适格时，法官有权作出不开展证据调查的决定。但对于证据评价必须在证据调查开始之后，才能作出。[13]就此，禁止证明预断也成为对自由心证的程序性制约。不过，在我国由于没有强调证据调查申请和程序，因此，对于是否为证明预断，在程序上难以判断。

（六）遵循程序原则

遵循程序原则，是指法官在认定案件事实时，需要遵循民事诉讼法的程序性原则，例

---

〔13〕 姜世明：《证据评价论》，新学林股份出版有限公司 2014 年版，第 39～40 页。

如,辩论原则、适时提出原则以及其他有关的程序规定。这些程序性原则也同样构成对法官自由心证的制约。

以辩论原则(约束性辩论原则,而非辩论权原则)为例,按照约束性辩论原则的要求,只有当事人主张的事实才能作为裁判的依据;另外,按照约束性辩论原则的要求,法院应当以当事人双方没有争议的事实作为裁判的依据。根据后一要求也就有了自认制度。如果依照辩论原则,就要求法官不能对当事人提出的证据进行评价,对当事人已经自认的事实,法官应当作为裁判的依据,法官没有评价的余地。当然,至于当事人的自认明显违反经验法则是否构成有效自认,以及自认是否合法则是另一个问题。由于现在我国民事诉讼法尚未建立约束性辩论原则,因此,在这方面也就缺失对心证的约束。

再以证据适时提出原则为例。在国外,为了提高诉讼效率,根据诚实信用原则,要求当事人不得故意迟延,必须适时提出证据,即所谓证据适时提出原则。按照证据适时提出原则,当事人因故意迟延而逾期提出的证据,法院将不得对此证据进行调查并作为事实认定的依据。这一原则实际上就为法官认定事实的证据划定了一个范围,只有适时提出的证据才能依据自由心证原则予以判断。

在我国2001年最高人民法院《民事证据规定》原来也设定了举证时限制度,对于无正当理由逾期提出的证据法院将不再进行质证,自然也就不能作为认定事实的依据,即所谓举证失权。后来因为人们对举证时限制度不了解,举证时限制度没有得到很好的运用。在2012年的《民事诉讼法》修改时实际取消了举证时限制度,以处罚替代举证失权。(关于举证时限制度,详见本书“举证期限制度”一章。)

(七)全辩论旨意

因为口头辩论资料信息也是证据原因之一,所以,法官对案件事实的认定也就不能离开口头辩论资料信息。在日本,民事诉讼法上将口头辩论资料的信息称为“辩论全趣旨”,〔14〕意即口头辩论中的所有资料信息。日本《民事诉讼法》第247条规定,法院认定事实时,不仅应当依据证据调查的结果,还需要根据口头辩论中产生的所有资料信息,也就是所谓“辩论全趣旨”或“全辩论意旨”。因此,事实认定的心证也要受制于口头辩论的其他资料信息。口头辩论资料信息包括当事人陈述的态度、行为举止、表情、表达方式等。

其实在我国古代审判历史上就有所谓“听讼制度”,审理中须“五听”断案——辞听、色听、气听、耳听、目听。〔15〕即通过五听,察言观色以认定案件事实。《周礼·秋官·小司寇》中说:“古者取囚要辞,皆对坐。”在审讯时司法官要察言观色,所谓:“五声听狱讼,

〔14〕[日]高桥宏志:《重点讲义民事诉讼法》,张卫平、许可译,法律出版社2007年版,第45页。
〔15〕《尚书·吕刑》。

求民情：一曰辞听（观其出言，不直则烦），二曰色听（观其颜色，不直则赧），三曰气听（观其气息，不直则喘），四曰耳听（观其听聆，不直则惑），五曰目听（观其眸子视，不直则眊然）。”这就是要求司法官在审理案件时，应当注意当事人的陈述是否有道理，陈述时的神情是否从容，气息是否平和，精神是否恍惚，眼睛是否有神，并据此综合判断其陈述是否真实，从而对案情作出判断。五听所反映的信息并不是证据本身，而是包括案件证据之外的其他信息。为了保证事实认定的客观中立，要求这些信息必须来自公开的口头辩论程序。正是因为案件事实的认定还应包括证据之外的，在口头辩论中法官获得的其他信息，因此也就形成了对事实心证的制约——划定自由心证的信息范围，使案件事实的认定并不仅仅依赖于当事人提出的证据，以保证案件事实的认定更加切合实际，更为准确地反映案件真相。要做到这一点就对审判人员的素质有着很高的要求。否则原本是一种对心证予以制约的机制，则有可能成为滥用的借口。

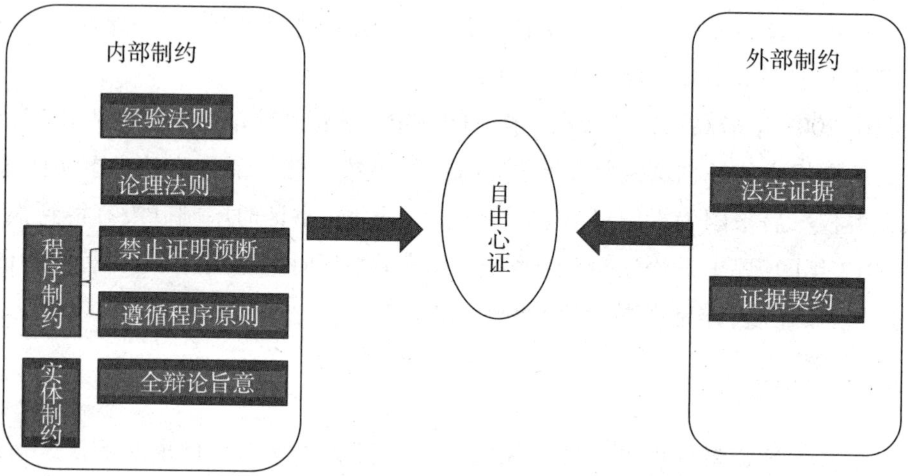

六、自由心证与对事实认定的争议及处理

根据自由心证原则，法官只要是在自由心证原则适用的范围内，对案件事实作出的认定，即使当事人不服，也不会存在违法认定的问题。对事实认定的争议可以通过第二审予以救济。在实行第三审即法律审制度的国家，关于事实认定的异议则不能作为法律审的上告理由。如果法律对证据方法（证据资格、证据适格）有明确的规定，法官在认定事实时没有按照法律的规定，则构成事实认定的违法，可以在第三审中加以主张并要求第三审法院予以改正。

虽然经验法则的适用也需要法官的心证，但对于法官心证过程中对事实的认定明显违反经验法则，无法获得社会一般认同的，也应当构成事实认定违法，也构成上诉或法律审上告的理由,[16]否则无法体现经验法则对法官的内在制约。在国外,也有学者主张将经验法则视为法律、法规,一旦在事实认定方面违反经验法则也就视为违法,可以作为上诉或上告的理由。

在我国,《民事诉讼法》第7条规定,人民法院审理民事案件,必须以事实为根据,以法律为准绳。因此,法院在作出裁判时都需要对案件基本或主要事实作出认定,并在此基础上适用法律。对案件基本或主要事实的认定,通常会在裁判文书中予以明示。因为在我国第二审也是事实审,因此当事人如果对法院的事实认定不服的,可以通过上诉就原审事实认定或法律适用提出异议。上诉中异议成立的,可能导致发回重审或改判。

第四节　事实认定的制度保障及建构

过去,基于意识形态,对自由有一种先天的排斥,又由于对自由心证原则含义的误解,我们一直排斥将自由心证原则作为事实认定的原则,认为坚持实事求是就足以了。但问题在于,坚持实事求是虽然没有错,但是过于抽象,无法将其制度化,仅仅停留在意识形态口号的层面。因此,在事实认定的制度建构方面需要进一步将这一价值要求变成具体的法律原则和制度规范。自由心证作为一项事实认定的审理原则已经为世界各国所认同,我们没有必要予以拒斥,尤其是以意识形态为理由。人们真正顾虑的是自由心证的"自由"会否导致审判者的主观臆断。这里存在一定的悖论关系,即一方面面对复杂的案件事实,无法依赖法定证据保证案件事实认定的真实性,只有让审判者根据具体的案件情形加以判断,而这种判断必须是自由的;另一方面给予这种自由,则可能导致主观随意,为获取私利提供方便。要打破这种悖论,就只能从法官制度和诉讼制度两个方面着手,通过建构现代法官制度以保障法官的素质,通过完善诉讼程序和制度防止法官在事实认定中的主观随意。这就包括必要的法定证据制度,建立约束性辩论原则,完善和落实公开原则、言词原则、直接原则等审理原则,以及明确经验法则、论理法则对案件事实认定的制约作用,使得这种程序原则和制度能够成为保障自由心证原则合理运行的制度保障体系。自由心证对于事实认定是必须的,也是不得已的,在目前情形下要紧的就是尽快推进司法体制改革,建立现代法官体制,完善上述程序原则和制度,否则实践中案件事实认定中的客观公正将难以保证,裁判的公正和权威也都无法得以实现。

---

〔16〕［日］新堂幸司:《民事诉讼法》,林剑锋译,法律出版社2008年版,第389页。

思考题

1. 什么是法定证据？
2. 补强证据规则的利弊何在？
3. 为什么英美法系国家重视补强证据？
4. 为什么说自由心证原则的实质并非法官在事实认定上的自由？

真题链接

（2002年司法考试卷三多选第76题）下列哪些证据不能单独作为认定案件事实的证据？（　　）[17]

A. 当事人李某的妻子袁某向法院作出的有利于李某的证言

B. 原告陈某向法院提交的其采用偷录方法录下的用以证明被告刘某欠其5000元人民币的录音带，该录音带部分关键词的录音听不清楚

C. 由未成年人所作出的各类证言

D. 原告提出的字迹清晰的合同文书复印件，但该合同文书的原件已丢失，且被告不承认其与原告存在有该合词文书复印件所表述的法律关系

参考文献

1. 李浩：《民事证据立法与证据制度的选择》，载《法学研究》2001年第5期。
2. 张卫平：《认识经验法则》，载《清华法学》2008年第6期。
3. 占善刚：《论民事诉讼中自由心证主义的例外——兼对现行〈民事诉讼法〉第71条之检讨》，载《法学评论》2010年第3期。

案例分析

请扫描二维码阅读案例，根据【路径与指引】尝试对该案件进行分析。

【路径与指引】

1. 本案主要事实认定的心证根据是什么？
2. 经验法则对法官心证起什么样的作用？

---

〔17〕 ABD

第十八章 证明责任

第一节 概 说

众所周知,法作为规范具有两个方面的含义:作为规范人们的行为的社会规范和作为裁判准则的强制规范。一般情况下,裁判实际是“以抽象的法律规范为大前提,以具体的事实作为小前提,然后得出其结论这种三段论式”的判断过程。这个过程也就是法院法律适用的具体过程。法律适用的前提首先是必须对符合法律构成要件的事实加以认定。事实的认定通常情况下主要依靠证据,当事实处于真伪不明而使得法官无法认定时,势必存在谁承担败诉后果的问题,这就是最简单意义上的证明责任问题。德国著名诉讼法学家罗森贝克指出证明责任制度是“民事诉讼的脊梁”,足见证明责任制度在民事诉讼中的地位和作用。[1]

在我国,从20世纪90年代开始,民事审判方式改革成了社会改革在审判领域的直接体现。民事审判方式改革虽然涉及民事审判制度的各个方面,但毫无疑问,民事证据制度改革在民事审判方式改革中占据了最重要和中心的地位。在民事审判方式改革的整个系统工程中,民事证据制度改革的力度最大,改革的进程也最快。尽管民事审判方式改革之初并非以证据制度改革为切入点,现在也仍然有学者将落实公开审判制度作为民事审判方式改革的核心,但由于证据制度在民事诉讼制度中的天然核心地位,因此,关于民事诉讼制度的全面改革就不可能不触及证据制度,并且自然地将证据制度改革置于其改革的核心和中心地位。从审判的逻辑结构来看,民事审判结构的搭建是以证据制度为骨干和基础的。而民事证据制度改革的最初切入点就是证明责任制度,改革的措施就是强化“举证责任”。[2] 证明责任的强化和落实体现在当事人不能证明自己的主张时不利

---

〔1〕 Leo Rosenberk, op cit (28), s. 61. 参见《证明责任论》(日文版)(修订版),[日]仓田卓次译,判例时报社1987年版,第70页。

〔2〕 证明责任的强化和落实一开始就成为证据制度改革的另一条主线。这里的所谓“强化”和“落实”是极具中国特色的司法行为方式。这是因为在中国司法运行的过程中实际存在法律制度虚化的独特现象,即被法律明确规定的制度在司法实践中并不一定能实际地予以执行,需要通过“强化”或“落实”,甚至还要“加大力度”才能真正使该制度实际运作起来。

后果的实在化，而不是像过去那样，只是学者们在喊“狼来了”。当事人只能从自己不能证明中去寻找败诉的缘由，而无法从法院方面追究败诉的原因。证明责任对中国的律师已不再是生僻的法律术语。

与改革的发展模式相同，关于举证责任的实践早已走在理论的前面，当理论界还在探讨举证责任的性质时，不少法院已经将举证责任分配的规则摆到了每一个当事人的面前。借民事审判改革的强劲东风，许多中、高级法院都制定了证据规则，并作为民事审判方式改革重要的显形成果，该规则中最重要的内容就是证明责任及证明责任的分担。然而，在面临证据规则时，我们还是应当问一下证明责任究竟是何含义，它意味着什么，为什么证明责任要这样分担等。遗憾的是，在一开始提出强化举证责任时，并没有真正地去追问一番，似乎这是一个人们早就认同的概念和制度，只是多年以来一直把它束之高阁而已。仔细思索，其实并非如此。因为，在传统的民事诉讼体制下，我们实际上没有真正系统地接纳过证明责任制度和证明责任制度依存的理论。

证明责任或举证责任的概念是“舶来品”。人们面对许多法律上的“舶来品”时，常犯两种错误：一是不顾使用的各种环境，直接移植套用；二是在使用中完全走形，实际抛弃了所值得借鉴的东西，只留下了一个外壳，把该理论中最基本和最有价值的东西抛弃了，即所谓“买椟还珠”。要避免犯这两种错误应做到以下两点：其一，真正了解所引进借鉴的事物，了解该事物在“原产地”的运作情况，了解该事物生存发展的环境，了解该事物的发展趋势。其二，充分认识移植地的各种环境，是否具有排斥移植物的因素。笔者在本章中热衷于较详细地介绍和研究国外证明责任制度的出发点正是基于上述第一点。同时，我们还应当注意，作为一种反映法律适用领域中普遍规律的制度，就其具有的普适性，应当充分加以尊重，不能随便加以改造。为了某种“特色”而人为地加以改造，有可能随之改变该制度的机能，不能实现该规范的作用。

证明责任问题不是一个孤立的问题，它涉及诉讼的基本模式、辩论原则、自由心证原则、诉讼基本价值范畴（程序正义与实体正义的关系、诉讼效率与程序正义的关系）等周边问题。如果不从这些原则、制度、理念与证明责任的关联角度来看待证明责任，便不可能全方位地考察和分析证明责任，必将导致“斜视”的后果，误解证明责任。因此在本章中，笔者不仅涉及证明责任的问题，也将涉及与之联系的周边问题。证明责任作为一项重要的制度，其最有价值的地方就在于证明责任的分配，但如果不清楚证明责任概念及相关的问题，就难以正确理解证明责任分配的功能和实现合理的分配。

第二节　证明责任的含义

一、证明责任的概念

证明责任过去多称为“立证责任”、“举证责任”，国外主要是日本，近年来一般使用“证明责任”的说法。通常认为，证明责任一词有两种含义：[3]第一种是指客观上的举证责任、实质上的举证责任、证明责任（Beweislast），即当某种事实的存在与否不能确实时（真伪不明的状态），规定应由哪一方当事人承担不利法律后果的一种负担。第二种指主观上的举证责任、形式上的举证责任、证据提出责任、形式上的举证责任、证据提出责任（subjektive od ,formelle Beweislast, burden of producing evidence, burden of going forward with evidence），即指当事人在具体的诉讼中，为了避免败诉的危险，而向法院提出证据，证明其主张的一种行为责任。在日本，最初举证责任、证明责任和立证责任三个用语是可以互换的，后来为了防止使用中产生混乱，似乎有些约定俗成地将实质上的举证责任，称为证明责任。也就是说，举证责任或立证责任有实质和形式之分，而证明责任只能等于实质上的举证责任，而没有实质上和形式上之分，只要一提证明责任必是指实质上的举证责任。

在诉讼理论中，举证责任概念诞生之初，并没有上述两种含义，只有一种含义，即所谓应向法院提出证据的行为责任。到了 1883 年，德国诉讼法学家尤利乌斯·格尔查在他的著作《刑事诉讼导论》（Handbuch des Strafprozesses）中首次将举证责任区别为客观的举证责任和主观的举证责任。

在英美法系国家，一开始也并未将举证责任作实质上的和形式上的划分。直到 1890 年，美国学者塞耶才在其论文《证明责任论》中指出 burden of proof 实际上具有两重含义。并在八年以后出版了近十年来潜心研究的成果《证据理论研究》。在该书中，赛耶对 burden of proof 的两种含义进行了详细的论证。他认为，burden of proof 的第一种含义是指：“提出任何事实的人，如果该事实为对方所争执，他就有承担特殊责任的危险——如果在所有的证据都提出后，其主张仍不能得到证明，他就会败诉。”第二种含义是指：“在诉讼开始时，或是在审判或辩论过程中的任何阶段，首先对争议事实提出证据的责

---

〔3〕也有的人认为，不止两种含义，例如英国法学家罗纳林·沃克指出举证责任至少在三种不同的意义上使用：（1）指当事人证明其案由义务；（2）指当事人证明任何单独争议或与该争议有关事实的特定义务；（3）指提出证据以证实事实的义务。

任。"[4]现在,在英美仍是在两种含义上使用 Burden of proof 这一词,尽管在使用上往往是混乱的,但都承认有两种含义存在。美国法学家摩根(Edmund Morgan)教授指出,任何一个法官都必须在面对每一系列的命题时,决定:(1)在证据的质与量方面,如未充分提供足以发现该命题为真实时,哪一方当事人将败诉。(2)若在举证程序终结时,陪审团仍无法决定该命题是否真实时,则哪一方当事人将告败诉。简言之,法官必须决定哪一方当事人应负担未提供充分证据,足以使陪审团为特定发现的危险,以及哪一方当事人应负担未说服陪审团作出认定的危险。前者通称为举证的负担(Burden of Producing evidence),后者通称为说服的负担(Burden of Persuasion)[5]。

在大陆法系国家,客观的证明责任前提是当事人主张的事实处于真伪不明的状态。依照德国法学家汉斯·普维庭的观点,构成"真伪不明"环境条件是:(1)原告已经提出有说服力的主张;(2)被告也已提出实质性的对立主张;(3)对争议事实主张需要证明(自认的事实、众所周知的事实、没有争议的事实不在此限);(4)所有程序上许可的证明手段已经穷尽,法官仍不能获得心证;(5)口头辩论程序已经结束,上述第(3)或第(4)项状况仍然没有改变。[6]

虽然在诉讼程序结束时讨论真伪不明才有意义,但是不能由此得出结论,客观的证明责任也只是在这一时间点上才具有价值。事实上客观的证明责任在诉讼开始以前也可以发挥作用。只有关于证明责任裁判才必须以真伪不明的存在和事实认定已经结束为前提条件。[7] 汉斯认为,那种认为在不存在真伪的条件下也可以适用证明责任裁判的观点是错误的。事实上,客观的证明责任是一种法定的风险分配形式。例如,侵权法规范对所造成的损失的风险分配。因此,客观的证明责任规范是对真伪不明的风险分配,即对事实状况的不可解释性的风险进行的分配。这种抽象的风险分配在每一个诉讼开始之前就已经存在,就像实体法的请求权规范一样。

汉斯进一步强调,客观的证明责任不过是实体法上的风险分配。从证明责任是对风险的分配这点来看,证明责任的分配就像其他实体法规范一样必须由立法者通过立法加以规定,也就是说客观的证明责任必须规范化。[8] 由此看来,在没有关于客观证明责任的规范时,由法官来分配客观的证明责任是不能成立的。

在当事人已行使诉权的场合,法官有义务对当事人的诉讼请求作出裁判,不能拒绝裁判。客观证明责任的基本功能在于当主张的事实真伪不明时,可以适用客观证明责任

[4] Cross, On Evidence Butterworth, 1975, p. 27. 转引自李浩:《民事证明责任研究》,法律出版社 2003 年版,第 3 页。

[5] [美]摩根:《证据法的基本问题》,李学灯译,台湾世界书局 1982 年版,第 45 页。

[6] [德]汉斯·普维庭:《德国现代证明责任论》,吴越译,法律出版社 2006 年版(第 3 章第 1 节"真伪不明的概念"),第 21~24 页。

[7] 同上注。

[8] [德]汉斯·普维庭:《德国现代证明责任论》,吴越译,法律出版社 2006 年版(第 3 章第 5 节"客观证明责任的分配"),第 29 页。

的法律规范,保证法官履行裁判的义务。如果没有客观的证明责任,那么在事实真伪不明的情况下,法官将无法作出裁判。

德国学者莱昂哈德的举证责任学说未被介绍到日本以前,日本学术界关于举证责任一词的使用同最初的德国一样,没有确切划分两种含义。日本法学家雉本朗造博士在日本大正年间介绍莱氏理论并予以支持后,也得到多数日本学者的承认。从此,学说判例中均明确举证责任具有双重含义,〔9〕并进一步转向肯定举证责任应只是指客观上的举证责任,否定主观上的举证责任为举证责任。按照日本诉讼法学家三月章教授的说法,客观举证责任的概念一经提出,理论上就认为,只有客观举证责任才与举证责任概念相吻合,应仅针对客观的举证责任使用该词。举证责任的概念从原来以辩论主义为前提,作为主观行为责任来对待的朴素立场,转换至客观性责任的过程,反映了从表面现象的分析转变为对本质特征的认识,属于应予肯定的理论深化。〔10〕 主张举证责任(证明责任)就是行为责任或主张举证责任本身就应当包含两个方面含义的观点虽然是少数说,但仍有一定的市场,甚至目前强调主观责任为举证责任的核心的观点亦有所抬头。主张举证责任具有双重性含义的学者们认为,客观举证责任和主观举证责任是一种相辅相成的关系,主观举证责任使举证责任能够在辩论主义的基础上最大限度地发挥其作用,但主观举证责任必须以客观举证责任为基础和前提。〔11〕 主观举证责任是客观举证责任在辩论主义里的投影,它依存于客观举证责任。

关于主观的举证责任和客观的举证责任两种概念的联系与区别,国外理论界也比较模糊。三月章教授认为,所谓客观举证责任,是对裁判的一般要求,存在于所有的诉讼中,尽管其重要程度有所差别。但主张责任或主观的举证责任则只有在辩论主义的诉讼构造中才有明确的反映。比如,民事诉讼规则规定,当事人对其主张或立证具有调查事实关系的义务。这一规定的背后,隐含着这样一种作为主观行为责任的主张责任或举证责任的观念及其责任分担的思想。但又不能认为这种主张责任与客观的举证责任没有关系或与客观举证责任具有同等的价值。主张责任或主观的举证责任的形成是以客观的举证责任为前提,并且是从客观举证责任中分离出来的,必须依赖于客观的举证责任的存在。主观的举证责任只能在辩论主义的条件下才能构建,只与辩论主义有逻辑上的联系。〔12〕

二、理解证明责任应注意的几个问题

关于证明责任(客观举证责任),只从概念的表述上来理解是很不够的,还需具体到

〔9〕 日本最高法院判例,1956年9月13日。

〔10〕 [日]三月章:《民事诉讼法》,弘文堂1985年版,第447页。

〔11〕 [日]三月章:《民事诉讼法》,弘文堂1985年版,第407页。[日]高岛:《主观的举证责任和客观上的举证责任》,载《法学家》第300号。

〔12〕 [日]三月章:《民事诉讼法》,弘文堂1985年版,第447页。

以下几个方面,才能深入地把握其内涵。

1. 证明责任是一种承担不利后果的负担。因为涉及真伪不明时,总有一方要承担不利后果的问题。但证明责任绝不是一种义务,既不是相对于对方的某种权利,也不是相对于法院的职权。而义务总是相对或针对某种权利而存在的,没有相对的权利,义务就不存在。当事人没有举证,并不因此而受到法律上的强制。而义务是必须履行的,不履行就要受到法律的强制。证明责任是一种承担不利后果的负担,这是关于证明责任性质的表述。在我国,关于证明责任的性质,在较长时期里一直没有定论。主要有权利说、义务说、权利义务说、责任说、需要说、效果说、必要说和负担说等。之所以出现这种众说纷纭的状况,原因之一是人们没有在同一个层面上讨论同一个问题。我们讨论问题,首先必须明确是在何种意义上对该问题进行讨论。关于证明责任性质问题的讨论就必须首先明确是在证据提出责任(主观的证明责任)的意义上,还是在结果责任(客观的证明责任)的意义上。讨论的问题没有定位和界定,其结果就只能是一头雾水。实际上,这些学说,有的是从当事人的基本程序权利来看的,完全离开了证明责任这一问题。把当事人提供证据的权利与证明责任性质联系起来,必然会得出证明责任是一种权利的认识。就提供证据与当事人的程序权利的关系而言,提供证据是一种当事人的程序权利当然没有错,但问题是证明责任,无论是主观的证明责任,还是客观的证明责任都与当事人的程序权利无关,证明责任最终落实为是一种不利后果的承担。如果在这一点人们不能达成共识,则人们无法对证明责任的性质进行讨论。义务说也是如此,把民事诉讼法的义务与证明责任错误地联系起来。不可否认,我国民事诉讼法为了在查清案件事实的基础上作出裁判,当然要求当事人提供证据加以证明,这种要求无疑是一种义务。但证明责任尤其是客观的证明责任指的是当事人主张的事实真伪不明时,应当由谁承担败诉风险的问题,与当事人是否提供证据没有直接关联。因此,不可能给证明责任加上一个义务的性质。就要求当事人提供证据而言,法院是权力主体,当事人是义务主体。这是从诉讼中当事人与法院的相互关系来看的。即使在主观证明责任这个意义上,当事人没有提供证据对自己的主张加以证明,而承担不利后果,也不是没有履行所谓"义务"的结果,而是由于当事人在没有提供证据对主张的事实加以证明的情况下,法院无法确认当事人主张事实的存在,从而作出不利于该当事人的判决。这与法院的权力和当事人的义务没有关系。法院要求当事人提供证据的权力是基于法院查清案件事实的职能和职权。一旦确定了这一点,事实上主观证明责任已经没有存在的必要,还怎么会讨论主观证明责任的性质呢?因此,不管权利说还是义务说都是在离开证明责任的一般含义上来认识的。

2. 证明责任是在事实没有得到证明或没有充分证明时所承担的一种责任,而不是因为当事人没有提出证据所要承担的一种责任,也就是说不是一种进行证明活动所附带的责任。即使当事人不举证,如果事实真伪是明确的,那么当事人也不会因此而承担败诉的后果。法官在诉讼中对双方所主张的证据都要予以斟酌,并根据自由心证的原则来确定某事实的存在与否,一旦出现不能对某事实的存在与否加以确认时,就存在谁因此承担败诉的结果的问题,此时也才存在证明责任。

3. 证明责任是在法律中抽象地加以规定的责任规范,它不会因为具体诉讼的不同或当事人对诉讼活动态度的不同而有所不同。证明责任的规定不是关于证明的规定,而是关于没有证明的规定,在诉讼开始或诉讼进行中,证明责任作为一种后果的责任规范都不会发生适用的问题,因为事实是否真伪不明并不清楚,只有在审理完结之时,证明责任才表现出来。

4. 证明责任只是当事人在某种情况下应承受的负担,而且只能是由一方当事人承担。对某一个事实真伪不明的不利后果只可能是由一方当事人承担,不可能由双方当事人共同承担。诉讼的胜败可能是按比例的,即双方当事人各有胜负,但具体到某一个事实真伪不明所致的不利后果只能由一方当事人承担。另外,法院是不能承担证明责任的。证明责任是在作为裁判基础的事实真伪不明时,当事人应承担的不利后果的问题,法院只是根据实体法或程序法规定的责任规范裁判哪一方要承担不利后果。

5. 一般地讲,证明责任只在主要事实存在与否不明确的情况下才会发挥作用。若仅仅是间接事实和辅助事实不明确时,一般不存在证明责任的问题,因为间接事实和辅助事实只是帮助认定主要事实的一种手段。有时候之所以表面上看也存在因间接事实和辅助事实真伪不明而承担证明责任的情形,这是由于该间接事实和辅助事实的真伪不明导致了主要事实的真伪不明,从而发生了证明责任的问题,但绝不是直接由间接事实和辅助事实的真伪不明而发生的。

6. 原则上需适用的法律规范不明确时,不产生证明责任的问题。证明责任一般只限于要件事实不明时才发生。因为法律规范是法官裁判的准则,法官裁判过程就是适用法律规范的过程。因此,法官应该知道所应适用的法条,如果适用的法条不明确也不能让当事人来承担因此而带来的不利后果。法律规范的适用由法院依照职权探知的方法加以确认,而不是必须由当事人加以证明,即使适用的是作为准据法的外国法也是如此。

7. 证明责任不因当事人双方的意思表示而改变,即不因双方的合意和对合同内容的解释以及对文书的自身解释而改变证明责任。

8. 关于证明责任的转换。证明责任或举证责任的转换是证明责任理论中常常遇到的问题,由于举证责任的双重含义,使得举证责任转换问题也变得复杂起来。西方民事诉讼理论中所指的证明责任或举证责任的转换大体上有两种情况:(1)在具体的诉讼中,负有证明责任的当事人成功地对要件事实加以证明时,就必然使对方对事实的证明发生了动摇,这就意味着对方要使自己的证明成功的话,就必须再提出证据加以证明。在这种情况下,提出证据的责任就发生了转移。但学者们指出,这其实并不是证明责任的转移,不过是法官对具体的案件事实在形成心证时的变动问题。证明责任是不可能发生转换的。[13] 在英美法系，判例中尽管使用了证明责任转换的说法，但理论上一般都认为，这不过是提出证据责任的转换，证明责任（客观上的举证责任）是绝不会发生转换。[14]（2）对某个要件事实，虽然在法律上对证明责任的负担作了一般性的规定，但因改革以及程序的需要，特别规定由原不承担证明责任的对方承担证明责任。这种意义上的"转换"并不是诉讼系属中发生的现象，而是在具体诉讼之外，预先的以特别规定修正法律中关于证明责任分担的一般原则，相当于我国民事诉讼中所说的法律上举证责任的倒置。

9. 证明责任不同于主张责任。主张责任也是一种后果，是指当事人如果没有向法院提出对自己有利的事实将可能承担的不利后果。主张责任不是一种基于对某主要事实不能证明所要承担的不利后果。主张责任承担的原因在于，因为当事人没有对该事实加以主张，法院也就无法知道该事实的存在，也就不能将该事实作为裁判的依据，从而导致没有主张对自己有利的事实的当事人承担不利的后果。这也是辩论主义（原则）的要求。

10. 证明责任是一种拟制或假定。拟制或假定负有证明责任的当事人没有能够证明时，该事实的存在处于真伪不明，并非一定不存在，只是导致对自己有利的法规不能适用，并依此让负有证明责任的当事人承担相应的不利后果。因此，证明责任规则的适用应当是在法官对所有的证据方法都已经穷尽以后，仍然不能作出该事实的存在与否的判断时，才能适用证明责任的规则。在审理中法院应当注意尽可能地不适用证明责任的规则，因为证明责任作为一种不利后果的承担毕竟是在一种拟制或假定的前提下决定的。在我国民事审判实践中，存在简单地适用证明责任规范的做法，而不是尽量综合考虑案件的证据资料解决主要事实真伪不明的问题。这一点值得我们注意。

11. 证明责任是在民事诉讼中，当作为裁判基础的法律要件事实处于真伪不明时，指引法院裁决由一方当事人承担相应的不利后果的一种方式。因此，证明责任仅发生于诉讼（裁判）阶段，在执行阶段不发生证明责任负担的问题。执行中，债务人是否有可供执行的财产，是由申请人提供证据加以证明，还是由法院查明，并不是证明责任的问题。不能把申请人没有能够证明被执行人存有财产的后果认为是证明责任。因此，那种认为执行阶段中也存在证明责任的观点是不正确的。

证明责任的基本功能是在案件事实真伪不明时使裁判有可以遵循的依据。即使案件事实真伪不明，法院也不能拒绝作裁判，而裁判又不能随法官的主观臆断，证明责任为法官裁判时的规范，即依据证明责任确定由谁承担败诉结果。作为规范必涉及其所属法域的争议问题，对此，外国理论界长期以来一直争议不绝。一种观点认为，证明责任规范应属于诉讼法法域。理由是证明责任只有在诉讼领域才发挥其效力，并且证明责任作为

---

〔13〕 国内也有人指出，这种情况下，不过是行为意义上的举证责任发生了转换，而客观上的举证责任是不可能转换的。但国内大多数学者都认为这种情况下是举证责任的转移。

〔14〕 Wingore, Evidence 2489; American Jurisprudence Vol. 20, Evidence 132.

一种规范专属于法官适用,是一种裁判规范。与此相对立的观点是,证明责任规范应归入实体法体系。其理由是,证明责任作为一种独立的规范在诉讼外仍可以适用,它与实体法具有密切的联系,是依附于实体法的一种规范。按照大陆法系国家法学理论的思维传统,必然有第三种观点作为前两种观点的折衷,这种观点认为,证明责任规范一部分属于实体法,另一部分属于程序法,或者认为证明责任规范属于具有实体性质的司法法。因为在证明责任规范中必然涉及原告应证明的权利发生事实是什么,被告应证明的权利妨害事实或权利消灭的事实又是什么的问题,而这些毫无疑问属于实体法的问题,只有实体法才明确规定哪些是权利发生的事实,哪些又是权利妨害事实和权利消灭的事实。但又不能否认,证明责任规范作为私法的派生规范调整着裁判的内容,因而又属于司法法的范畴。[15] 在德国,过去一直是诉讼法说占据着多数说的地位,后来改朝换代,又成了实体法说的天下。德国著名的诉讼法学家莱特(Lent)、尼克逊(Niksch)都是这种观点的积极支持者。诉讼法学泰斗罗森贝克则于最初持诉讼法说,随后又转向实体法说。[16] 而最近时髦的是适用法规所属法域说,也就是根据证明责任适用的法律所属的法域,具体判断其属性。证明责任适用的是侵权法中规定的证明责任,那么它属于侵权法这个实体法,如果适用的是诉讼法的规定,就属于诉讼法。

上述各种学说之间的争议也并非完全是为了玩弄文字游戏,证明责任规范的法律性质或法域归属的问题涉及国际私法领域中准据法和时际法的适用。如果说证明责任规范属于诉讼法,那么在该国诉讼的案件即使适用外国法,也不会适用外国法中的证明责任规范,因为该国的法院一定是适用自己的诉讼法,其中也包括属诉讼法的证明责任规范。换句话说,法院裁判案件时只适用本国的证明责任规范,而不适用外国的证明责任规范。反之,如果证明责任属于实体法的话,法院就不能适用本国法中的证明责任规范。把证明责任规范划归诉讼法的欠妥之处在于为什么要把适用的外国法中的证明责任规范部分从该法中抽出去呢? 作为外国法中的证明责任规范是该外国法的有机组成部分。不仅在准据法适用中难以圆满解释上述矛盾,而且在涉及法的溯及力问题时亦显露其破绽。原则上,诉讼程序应适用诉讼系属时有效力的诉讼法,而实体上的权利则应适用该权利关系成立时有效的法。如果按照诉讼法说必然适用旧法之规定。显然关于证明责任规范的适用以后者为妥当,因此,旧法中证明责任的规范与旧法中权利的规定在理论上是统一的。

三、关于证明责任适用的前提——要件事实真伪不明

证明责任是指在作为裁判基础的某个事实真伪不明时,依照预先规定的裁判规范,

---

〔15〕［日］村上博巳:《证明责任研究》,有斐阁1987年版,第17页。

〔16〕罗森贝克在其撰写的第一版民事诉讼法教程中持诉讼法说,以后再版的教科书中又改持实体法说。

由当事人一方承担不利后果的一种负担。证明责任只有在作为法律的要件事实不能确定时才起作用。因此，证明责任与自由心证密切相关，如果法官对某事实存在与否已经达到内心确信，也就不存在证明责任的问题，只有在作为法律要件的事实真伪不明时，才存在按照什么样的原则规范使一方遭受不利结果的问题。在现代法的适用中，即使应确定的事实真伪不明时，法院也不能拒绝作出裁判，此种情况法院作出裁判的规范就是关于证明责任分配的规范。这里需要注意的是，法律要件事实真伪不明是适用证明责任的前提，只有在法律要件事实处于真伪不明的状态时，才能动用证明责任的方法作出裁判。如果能够通过当事人双方提出的证据以及辩论中整个案件信息对法律要件事实作出存在与否的认定，就不存在适用证明责任的问题。例如，在借贷纠纷案件中，如果能够认定义务人已经还款，则请求权消灭，法院驳回请求；反之，如果能够认定没有返还，且没有妨碍返还请求权的其他事由，则判决诉讼请求成立，被告败诉。证明责任规范的作用也在于，当法律要件事实真伪不明时，指示法官如何作出裁判，而不是拒绝裁判或随意裁判。

对于事实真伪不明这一前提，有的学者明确予以了质疑。质疑的学者中，有人从比较法的角度指出，在英美法系和大陆法系国家实际存在两类不同的证明模式，在大陆法系存在三种事实状态——事实存在、事实不存在和事实真伪不明（“三分模式”）。英美法系仅存在两种事实状态——事实存在与事实不存在（“二分模式”）。之所以存在这样的差异，是因为在英美法系国家中存在说服责任，说服责任适用的前提不同于大陆法系国家证明责任的适用前提。不能说服法院或陪审团时就是事实不存在；能够说服，则是存在。大陆法系国家证明责任的适用前提则是真伪不明。学者们还进一步认为在我国，同样不存在真伪不明的情形。这主要是基于司法理念、法律的要求和司法实证。[17] 的确，从司法理念和民事诉讼法的要求来看，法院应当查明事实，只有在查明事实的基础上才能作出裁判。从我国民事诉讼的实证调查来看，《民事证据规定》实施以来，很少有以主要事实真伪不明适用证明责任的。还有的学者指出，既然强调证明标准，那么在对主要事实的证明没有达到证明标准时就可以认定该主要事实不存在，真伪不明的状态是不存在的。

笔者认为上述说法有一定的道理。问题在于，我国应该采取什么样的证明模式的问题。这不是现实是如何的问题，而是应然问题。英美法系采取二分法与英美法的司法传统有关，其中一个重要的因素是陪审团。只要能够说服陪审团，事实就存在，否则就是不存在，这在英美法的司法理论中是没有问题的。另外，大陆法系采取三分法与大陆法系证明标准的判断标准的适用有关。在司法的理念上，相比较而言，大陆法系国家较为强调客观性。这也是大陆法系与英美法系在司法理念上的差异。在大陆法系民事诉讼中，尽管存在所谓盖然性证明标准，但实际上当事人的证明有时往往处于高度盖然性与中度

---

〔17〕　曹志勋：《“真伪不明”在我国民事证明制度中确实存在么？》，载《法学家》2013 年第 2 期。

盖然性的中间状态,即所谓模糊地带。在这一模糊地带,如果断然以事实不存在或存在作出事实认定,并进而作出裁判,在没有说服责任的司法理念之下,法官们是难以作为的。在这种情形下,依靠更为客观化的证明责任规范作出裁判,法官就可以脱离由此产生的困境。众所周知,大陆法系法官的自由裁量度远不如英美法官(尤其是美国)。这与两大法系司法制度和法官制度的历史形成有直接关系。正是由于其历史原因,英美法系的法官具有更高的权威。权威意味着在一定程度上可以超越规则和事实,其裁判依然可以获得正当性。英美法尤其是美国法的对抗制也为这种证明模式提供了制度环境,或者说是这种制度环境产生了英美的这种证明模式。

在我国,虽然民事诉讼法要求法官审理案件要查明事实,但现实是案件事实往往是不可能完全被揭示的。人们也知道,基于人们的认识能力、揭示案件事实的成本、时间和利益的限制,有时事实真相是无法得以揭示的。现行民事诉讼法的这种要求主要基于两个因素。其一,是基于一种意识形态、价值取向(尽量查明案件的价值取向是应当予以肯定的)上的,并非基于对司法现实的考量。其二,是基于民事诉讼的职权主义理念。基于职权主义理念和诉讼体制的要求,认为法官应当依职权探知案件事实。从现在的发展趋势来看,人们已经意识到这些问题。民事审判方式的改革、民事诉讼体制的转型或民事诉讼的发展也都显现出一种对原有理念的反思。人们越来越意识到应当承认案件揭示的有限性和事实认定的相对性。另外,我们暂时还不可能完全实现司法体制的转型和深层变革,现代法官制度的建立还有相当长的过程,司法权威还有很大的提升空间。在这种情形下,无论是理念还是现实,法官在自由裁量的主观方面都受到很大限制。在此情形下,人们必然强化对司法客观化、规则化的追求,使得法官的主观能动性受到更大限制,而不是相反。在证明标准的运用和把握方面也就显得更为困难。在司法实践中,证明标准的问题经常被法官们所回避。这也是因为证明标准的把握具有较强的主观性。如果没有证明标准客观化的支持,事实认定的二分法就很难实现。英美法的证明标准也就难以推行。

相比较而言,在证明模式方面,大陆法系的模式可能更适合我国的具体情形。因为证明责任规范使得人们可以在一定程度上回避基于事实模糊性的主观认定。在事实处于真伪不明的模糊状态时,可以直接动用证明责任作出裁判。这是相对更为简单且更具技术化的方法。虽然真伪不明的判断也具有主观性,但毕竟比简单认定事实存在与不存在有了过渡的余地。这也可以理解在理念、现实的矛盾中,民诉法司法解释为什么依然坚持了大陆法系的证明模式。比较一下英美法系和大陆法系司法运行的外部条件——理念、司法传统、司法制度、法官制度等,采取何种证明模式应该是比较清楚的。

第三节 我国民事诉讼中的“举证责任”与“证明责任”

一、我国民事诉讼理论中的“举证责任”

我国民事诉讼法学理论和实务界中最初所使用的“举证责任”一词是直接从日本“进口”的，就像我国法学中的许多术语一样。其历史背景是清末在国内外政治压力之下，曾大量模制西方国家的现代法律体系，其中《大清民事诉讼律草案》就是在当时制定的。这一点与沙俄时代彼得大帝的法律制度改革有类似之处。由于日本对我国清末文化的影响，在制定《大清民事诉讼律草案》时就请了日本当时很有名的民事诉讼法学家松冈义正帮助立法，并给立法的官员们讲授民事诉讼法的基本理论。松冈义正的著作《民事证据论》的中译本也在1933年出版。该书第一次系统地将当时的举证责任理论介绍到中国，对旧中国的民事诉讼理论产生了很大的影响。松冈义正指出：“举证责任者，简言之，即当事人为避免败诉之后果，而有证明特定事实之必要。”从松冈义正的定义性表述来看，他所理解的举证责任是一种提供证据加以证明的责任。[18] 作为传授民事诉讼法的日本老师对举证责任的理解当时也仅限于提供证据责任这个层面。以后，随着我国在各方面与苏联的接轨，法学方面也主要继受苏联的理论，暂时中断了原来法学理论与大陆法系的联系，人们不再从大陆法系理论中去寻找学术和制度资源。

而在举证责任方面，苏联证据理论给我们所描述的举证责任却是提供证据的责任。受苏联证据理论的影响，我国在相当一段时间里一直以提供证据的责任来定义举证责任。即使到现在，在许多教科书中仍然持这种观点。在法院系统比较有影响的《中国民事诉讼法教程》就是持这种观点。该书指出：“在民事诉讼中，当事人对自己提出的主张提供证据加以证明的责任，称为举证责任。”[19] 这种观点实际上转述了《民事诉讼法（试行）》第56条第2款和《民事诉讼法》第64条第1款的规定。试行的民事诉讼法和现行民事诉讼法的这两款都规定，当事人对自己提出的主张，有责任提供证据。在1992年民事诉讼法的修改过程中，关于怎样规定当事人的举证责任的问题，修改参与人之间进行了激烈的争论。一种观点认为，举证责任是一项完整的法律制度，举证责任的两个含义（行为意义和结果意义）都应当在民事诉讼法中加以规定。只规定行为意义上的举证证明的负担，而不规定举证责任的法律后果，这种举证制度是不完整的。为了加强当事人

---

〔18〕 参见李浩：《民事举证责任研究》，中国政法大学出版社1993年版，第14～15页。

〔19〕 王怀安主编：《中国民事诉讼法教程》，人民法院出版社1992年版，第154页。

的举证责任,保证立法的科学性、严谨性,应当规定举证不能或举证不充分的法律后果,即负有举证责任的当事人举证不能或所举证据不足以证明自己主张的,承担相应的法律后果。另一种观点则认为,民事诉讼中决定胜诉、败诉的应是案件的事实,不能认为举不出证据就一定败诉。我国人口中绝大多数是农民,他们的法律知识和法律意识相对较差,如果规定举不出证据来就要败诉,他们的利益就得不到很好的保护。同时,立法上这样规定也容易使法院忽视自己调查取证的职能,不利于发挥审判人员的积极性。因此,立法上不能规定举不出证据就要承担不利的后果。《民事诉讼法》第64条第2款就是在权衡两种观点后的选择。[20]

20世纪80年代中后期,国外有关证明责任的理论逐渐介绍到祖国大陆。时任西南政法大学教授的王锡三老师是第一个将举证责任理论详细地介绍给内地学界的学者。李浩教授则是第一次在国内公开发表的论文中撰文指出:"应当从行为和结果两个方面来解释举证责任。即举证责任具有双重含义:行为意义上举证责任和结果意义上的举证责任。前者指当事人对所主张的事实负有提供证据加以证明的责任;后者指在事实处于真伪不明状态时,主张该事实的当事人所承担的不利后果。这种不利的诉讼结果既表现为实体法上的权利主张得不到法院的确认和保护,又通常表现为因败诉而负担诉讼费用。"[21]李浩教授给自己的这一观点取名为"双重含义说"。在李浩教授提出这一观点后,一些研究者在其论文或论著中提出了相同或类似的观点。例如,"举证责任既表现为十分具体的诉讼活动,即提供证据的活动;又与一定的法律后果即不提供证据或提供证据不充分的法律后果相联系。它有主观举证责任和客观举证责任两种含义"。[22] 现在已有不少学者持"双重含义说"。

应当注意的是,双重含义说并不是认为,举证责任(证明责任)可以有两种理解,一种是行为意义上的;另一种是结果意义上的。其是指举证责任(证明责任)包含两种含义,即举证责任(证明责任)自身包含两个方面。按照双重含义说的观点,"行为责任或结果责任都是举证责任的组成部分。虽然这两种责任之间存在诸多差别,在一定的情况下行为责任甚至可以脱离结果责任而独立存在,但它们都是举证责任的组成部分,是从不同层次上反映举证责任。因此,无论是将两者完全等同,还是将它们相互割裂,都是不正确的"。以后又有学者进一步阐述为:两种责任既有联系,又有区别。联系方面,"行为责任和结果责任均是证明责任概念内涵的组成部分,它们在证明责任的外化过程中相继呈现出来。先是结果责任的预先设定,后是行为责任的实际履行。行为责任实际履行后,结果责任有可能出现,有可能不出现。无论结果责任出不出现,结果责任皆已发挥了基本

---

〔20〕 常怡主编:《民事诉讼法学》,法律出版社1994年版,第165页。

〔21〕 李浩:《我国民事诉讼中举证责任含义新探》,载《西北政法学院学报》1986年第3期。

〔22〕 李详琴:《论民事诉讼中的举证责任》,载《法学研究》1990年第4期。

作用,证明责任的概念和制度获得了基本的意义”。区别方面,由于两种责任毕竟是同一个责任的两个分别独立的责任,在法律根据、是否转移、存在的时间、能否由律师和法院协助履行等方面有所不同。[23] 实际上,双重含义说是把前两种观点结合起来,使这两种责任成为证明责任的统一又对立的两个方面。

依照笔者的观点,我国的民事诉讼结构与大陆法系和英美法系都有所不同,是一种职权主义的诉讼构造。但为什么我国民事诉讼法学界和苏联民事诉讼法学界都认同的是主张责任(提供证据的责任,不同于当事人主义诉讼体制下的主张责任),而不是客观的举证责任呢?如本章前述,国外学者认为,主张责任只与辩论主义的民事诉讼构造有逻辑上的联系,在职权主义的诉讼构造中不可能存在主张责任。客观的举证责任(结果责任)则与民事诉讼的构造没有必然联系。问题出在我国民事诉讼法学界对主张责任或提供证据的责任的理解与国外的学者的理解存在偏差。国外民事诉讼理论中的主观举证责任虽然也认为是一种向法院提供证据加以证明的责任,但这种主观举证责任重在谁必须提出证据的问题,而不仅仅是没有主体指向的“提出证据”这一行为的描述。主观举证责任所要解决的是,当双方当事人都没有向法院提供证据时,哪一方当事人应当承担不提出证据的不利后果。在典型的职权主义诉讼构造中,法院有义务查明案件真实情况,当然就不存在当事人不提供证据而承担不利后果的问题。在诉讼中,法官必然要问,本案诉讼应由哪一方当事人提出证据加以证明,应当提出证据加以证明的当事人没有提出证据的,因没有证据加以支持而败诉。如果法院有义务查清案件事实,但没有查清时,法院也必须在此情形下作出判决,而不管判决结果如何,客观上必定是一方当事人承担由此而产生的不利后果,因此,这种情形下的不利后果的承担就是一种客观举证责任(客观证明责任)。这种客观证明责任在我国实际上是存在的,只是我们在主观上没有承认而已。客观的举证责任实质在于当事人双方都提出了证据,或双方当事人都没有提出证据,但法官仍然不能查明争议的事实时,应当由谁来承担不利后果的问题,这显然与何种诉讼构造没有关系。

二、应当如何理解《民事诉讼法》第 64 条关于谁主张谁举证的规定?

《民事诉讼法》第 64 条第 1 款规定:当事人对自己提出的主张,有责任提供证据。这里所说的责任是什么含义呢?是否就是国外证明责任的含义呢?这一问题在实践或理论上始终有些模糊。

我国民事诉讼法尽管规定了当事人对自己的主张,有责任提出证据。但是,我国民事诉讼法并没有排斥法官独立收集证据的职权。法官是可以代替当事人收集证据的。《民事诉讼法》第 64 条第 2 款后段规定:“人民法院认为审理案件需要的证据,人民法院

---

〔23〕 江伟主编:《证据法学》,法律出版社 1999 年版,第 83 ~ 87 页。

应当调查收集。”在这种情况下，当事人的主张责任就不存在。有的人会指出，民事诉讼法不是规定了有责任提供证据吗？这里的责任与证明责任中的责任不是一个性质。《民事诉讼法》第64条的责任是一种要求。如果没有满足法律规定的要求，当事人提出的主张就可能不成立或不为法院所采纳。证明责任中所说的责任是一种可能承担不利后果的风险，并且与相应的法律要件相联系。如关于权利产生的要件事实，处于真伪不明时，当事人的权利请求就不能成立，这就是证明责任。证明责任与当事人的某一事实主张是否成立或被法院采纳不同。也许《民事诉讼法》第64条规定也实际隐含作为结果责任的证明责任的含义。如果说可以理解为《民事诉讼法》第64条隐含证明责任的含义，也就是说，《民事诉讼法》第64条包括了两种含义的证明责任——行为上的证明责任与结果上的证明责任。但由于没有关于结果意义证明责任的分配规定，因此只能理解为是一种关于提出证据对其事实主张进行证明的要求，而非结果意义上的证明责任。与2001年的《民事证据规定》和2015年的《民诉法司法解释》不同，这两个司法解释都非常明确地表明证明责任的确立。实际上，将《民事诉讼法》第64条第1款的规定理解为是法律对当事人事实主张提出证据予以证明的要求更为准确。因为只有双方当事人对自己的事实主张提出了证据加以证明，法院才能通过这些证据判断认定当事人的权利主张和抗辩是否成立。民事诉讼对案件事实的揭示主要依赖双方当事人的对抗机制，通过双方当事人对自己事实主张的证明实现案件事实揭示的最大化。如果没有要求当事人对自己事实主张的证明，案件事实的揭示就只能依赖法院职权收集证据，显然法院无法满足全面揭示案件事实的要求，同时也将客观影响诉讼的公正性。证明责任要解决的问题或者证明责任的直接作用不是如何促使当事人双方尽可能提出证据，而是解决当法律要件事实或主要事实真伪不明，法院应当如何裁判的问题。这就是《民事诉讼法》64条第1款与《民诉法司法解释》第90条第2款的根本不同之处。

虽然，在1992年《民事诉讼法》修改时，多数人就认为，“不能说举不出证据就一定败诉”，因为如果举不出证据就败诉，就不利于保护那些“法律知识水平和法律意识相对较差”的人的利益。同时，也容易使法院忽视自己调查取证的职能(职责)，不利于发挥审判人员的积极性。这说明这些人已经意识到诉讼构造的特殊性问题。意图肯定主观举证责任的人却是在辩论主义的诉讼构造中来思考的。也有的人指出，在实践中许多法院根本不再依职权独立收集提出证据，完全是由当事人提出证据，提不出证据对自己的主张加以证明就要败诉。这种行为上的举证责任不就成立了吗？这里应当注意的是，法官可以在一个特定的案件中形成一种辩论主义式的诉讼环境，并适用主张责任。但这恰恰说明主张责任与诉讼构造环境的关系。相反，只要法院依职权独立地调查收集证据，主张责任就不存在，因为主张责任的生存环境已经消失。

2001年最高人民法院《民事证据规定》第一次相对比较明确地规定了作为结果意义或客观意义上的证明责任。该规定第2条第2款指出，“没有证据或者证据不足以证明当事人的事实主张的,由负有举证责任的当事人承担不利后果”。“由负有举证责任的当事人承担不利后果”的表述表明这种责任是一种结果责任或客观责任。该规定第4条、第5条也是在结果责任的基础上对特殊侵权纠纷案件和合同纠纷案件的举证责任(证明责任)进行分配的。

在2012年《民事诉讼法》再次进行修改之后,2015年最高人民法院出台了《民诉法司法解释》,其中证据制度部分再次重申作为结果责任的证明责任,并且将“举证责任”的表述改为“举证证明责任”。《民诉法司法解释》第90条第2款规定:在作出判决前,当事人未能提供证据或者证据不足以证明其事实主张的,由负有举证证明责任的当事人承担不利的后果。

思考题

1. 证明责任的含义是什么?证明责任有何意义?
2. 为什么说证明责任是一种假定?
3. 行为证明责任与结果证明责任有何区别?
4. 英美法上的说服责任与大陆法的证明责任有何差异?
5. 如何理解主要事实真伪不明?

真题链接

1. **(2014年司法考试卷三单选第45题)**下列关于证明的哪一表述是正确的?( )[24]

A. 经过公证的书证,其证明力一般大于传来证据和间接证据

B. 经验法则可验证的事实都不需要当事人证明

C. 在法国居住的雷诺委托赵律师代理在我国的民事诉讼,其授权委托书需要经法国公证机关证明,并经我国驻法国使领馆认证后,方发生效力

D. 证明责任是一种不利的后果,会随着诉讼的进行,在当事人之间来回移转

2. **(2011年司法考试卷三多选第84题)**关于证明责任,下列哪些说法是正确的?( )[25]

A. 只有在待证事实处于真伪不明情况下,证明责任的后果才会出现

B. 对案件中的同一事实,只有一方当事人负有证明责任

C. 当事人对其主张的某一事实没有提供证据证明,必将承担败诉的后果

D. 证明责任的结果责任不会在原、被告间相互转移

---

〔24〕 C

〔25〕 ABD

参考文献

1. 李浩:《民事举证责任研究》,中国政法大学出版社 1993 年版,第 14 ~15 页。
2. 张卫平:《证明责任概念解析》,载《郑州大学学报》2000 年第 6 期。
3. 胡学军:《从"抽象证明责任"到"具体举证责任"——德、日民事证据法研究的实践转向及其对我国的启示》,载《法学家》2012 年第 21 期。
4. 曹志勋:《"真伪不明"在我国民事证明制度中确实存在么?》,载《法学家》2013 年第 2 期。

案例分析

扫描二维码阅读案例及作者对该案例的精彩分析。

第十九章　证明责任的分配

第一节　证明责任分配的含义和意义

一、证明责任分配的含义

正如本书前一章“证明责任”中所指出的那样，客观证明责任的基本功能在于当当事人主张的事实（主要事实或要件事实）真伪不明时，可以适用客观证明责任的法律规范，保证法官履行裁判的义务。如果没有客观的证明责任，那么在事实真伪不明的情况下，法官将无法作出裁判。在当事人已行使诉权的场合，法官就有义务对当事人的诉讼请求作出裁判。证明责任是一种结果责任，即不能证明其主张的主要事实或要件事实时，负有证明责任的一方当事人就要承担相应的不利后果，也就是败诉的风险。因为这种结果责任作为一种风险是由负有证明责任的一方当事人负担。因此，就必然存在一个这种不利的结果或风险应由谁来承担的问题。法律上确定由哪一方当事人承担这种不利后果就是所谓证明责任的分配。同时，证明责任的分配也表明在民事诉讼中，证明责任作为不利后果的承担不总是恒定地由哪一方承担。规范制定者将根据纠纷解决的需要或法律的要求确定由哪一方承担这种不利后果。为了避免法官肆意裁量进行分配，立法者将规定证明责任分配的一般原则。法院根据案件的具体类型适用证明责任的原则规范。

过去，由于在我国民事诉讼法中没有明确客观证明责任，而将民事诉讼法关于证据提出责任也视为客观证明责任，导致将民事诉讼法中关于证据提出责任的要求也作为客观证明责任分配的原则，即所谓“谁主张，谁举证”（《民事诉讼法》第 64 条第 1 款）。客观意义上的证明责任的分配是对案件中的某一主要事实或要件事实处于真伪不明的状态时，谁应当承担相应的不利后果的分配。显然，“谁主张，谁举证”不能作为客观证明责任分配的原则。因而需要立法者根据纠纷解决的需要或法律的要求抽象出证明责任分配的原则。

由于证明责任涉及主要事实真伪不明时，谁来承担相应不利后果的问题。因此，如果法律能够针对每一种情形作出规定自然更好，但实际上法律是无法做到这一点，因为案件的具体情形千差万别。虽然我们可以在民事实体法中尽可能根据民事法律关系或权利的类型作出抽象的规定，但依然还是无法包罗万象，因此就需要对证明责任的分配作出原则规定，而且原则越简单、越概括越好。由此可以使得证明责任分配更为简单和统一。这也是证明责任分配规范建构的一个理想状态。

证明责任的分配与具体的民事诉讼有直接关联，离开了具体的民事诉讼过程，就无法具体运用证明责任规范。同时，证明责任的分配规范的制定也必须考虑实体法与程序法的结合，因此证明责任分配既是民事实体法学者研究的对象，也是民事诉讼法学者研究的对象，更是民事诉讼法学、民事证据法学研究的重要内容。

二、证明责任分配的意义

证明责任分配不仅决定主要事实真伪不明时，谁应当承担相应的不利后果，避免裁判的不确定性。同时，证明责任分配也是当事人实施民事实体行为和诉讼行为的指引。基于人趋利避害的心理，人们会根据证明责任分配的结果实施相应的行为。在诉讼前或诉讼中积极实施证据收集、保存和证明的准备。相应地，证明责任的分配也就客观上有利于避免在现实中法律事实真伪不明的状况，一旦发生民事纠纷也能够充分地还原案件真实，使得法院能够根据案件真实作出裁判。

第二节　证明责任分配规范

一、《民事证据规定》中的证明责任分配规范

在我国民事诉讼的规范中最早规定证明责任分配的是 2001 年最高人民法院制定的《民事证据规定》。基于民事审判方式改革的推进，民事案件审判压力逐渐加大，最高人民法院开始强调当事人主张、举证和证明的责任，客观证明责任的问题也实际显现出来。因此，制定证明责任分配的规定显得十分必要和迫切。于是在最高人民法院《民事证据规定》中试图对证明责任以及证明责任的分配予以明确。那时，按照我国台湾地区的表达方式，将客观证明责任称为“举证责任”。《民事证据规定》第 2 条第 1 款规定：“当事人对自己提出的诉讼请求所依据的事实或者反驳对方诉讼请求所依据的事实有责任提供证据加以证明。”第 2 款规定：“没有证据或者证据不足以证明当事人的事实主张的，由负有举证责任的当事人承担不利后果。”一般认为，该条第 2 款的规定就是关于客观证明责任的规定，因为它强调了当事人不能证明应当承担不利后果，明确了不能证明的后果责任。

不过，《民事证据规定》并没有明确证明责任分配的一般原则，仅仅是对合同案件、代

理权争议和特殊侵权案件的证明责任分配作了部分规定。对合同案件的证明责任分配规定的更为系统和全面。《民事证据规定》第5条对合同案件诉讼的证明责任分配作出明确的规定。该规定第5条第1款规定:“在合同纠纷案件中,主张合同关系成立并生效的一方当事人对合同订立和生效的事实承担举证责任;主张合同关系变更、解除、终止、撤销的一方当事人对引起合同关系变动的事实承担举证责任。”第2款规定:“对合同是否履行发生争议的,由负有履行义务的当事人承担举证责任。”第3款对代理权争议的证明责任作出了规定:“对代理权发生争议的,由主张有代理权一方当事人承担举证责任。”

关于侵权案件,《民事证据规定》并没有像合同案件那样作出概括原则的规定,而是针对所谓特殊侵权案件的情形,根据具体类型对证明责任分配作出部分规定。这主要是基于两个原因:(1)针对具体的问题作出解释性规定是司法解释的特点。因此,也就没有考虑制度建构的整体性、涵盖性和抽象性。(2)要表达一般侵权案件的证明责任分配,实际上就是将证明责任分配基本原则抽象出来,而在当时,这种原则概括被认为是十分困难的事情。因此,当时的规则制定者尽可能地将原有的实体法规定(《民法通则》)和司法解释的已有规定移植到关于侵权案件诉讼的证明责任规范之中。关于特殊侵权案件证明责任分配集中规定在《民事证据规定》第4条当中。

该规定第4条规定:“(一)因新产品制造方法发明专利引起的专利侵权诉讼,由制造同样产品的单位或者个人对其产品制造方法不同于专利方法承担举证责任;(二)高度危险作业致人损害的侵权诉讼,由加害人就受害人故意造成损害的事实承担举证责任;(三)因环境污染引起的损害赔偿诉讼,由加害人就法律规定的免责事由及其行为与损害结果之间不存在因果关系承担举证责任;(四)建筑物或者其他设施以及建筑物上的搁置物、悬挂物发生倒塌、脱落、坠落致人损害的侵权诉讼,由所有人或者管理人对其无过错承担举证责任;(五)饲养动物致人损害的侵权诉讼,由动物饲养人或者管理人就受害人有过错或者第三人有过错承担举证责任;(六)因缺陷产品致人损害的侵权诉讼,由产品的生产者就法律规定的免责事由承担举证责任;(七)因共同危险行为致人损害的侵权诉讼,由实施危险行为的人就其行为与损害结果之间不存在因果关系承担举证责任;(八)因医疗行为引起的侵权诉讼,由医疗机构就医疗行为与损害结果之间不存在因果关系及不存在医疗过错承担举证责任。”

分析《民事证据规定》第4条关于所谓特殊侵权案件诉讼证明责任的规定可以发现有如下几个特点:(1)其中部分侵权案件诉讼的有关规定依据了相关法律的规定。例如,高度危险作业致人损害的案件,建筑物或者其他设施以及建筑物上的搁置物、悬挂物发生倒塌、脱落、坠落致人损害的案件、饲养动物致人损害的案件等,关于证明责任的规定依据了《民法通则》的相关规定。因缺陷产品致人损害的案件依据了《产品质量责任法》的相关规定。(2)关于环境污染案件和医疗纠纷案件则是自创了新的证明责任规范。因为这两类案件在当时已经比较突出。(3)该条仅对某类案件的某些主要事实的证明责任作出规定。例如,关于专利侵权案件,规定仅对制造同样产品的单位或者个人对其产品制造方法不同于专利方法的举证责任加以规定。关于环境污染侵权案件,仅对因果关系的证明责任作出规定。有人认为,这主要是针对证明责任倒置的情形,即是关于证明责任倒置的规定。如前一章中所说的,这是一种误读。有的规定的确有可能是证明责任的倒置,例如医疗纠纷案件和环境污染的案件,有的则仅仅是强调或者移植实体法的规定而已。例如,关于高度危险作业致人损害的案件。

虽然《民事证据规定》没有明确证明责任的分配原则,但多数学者认为从《民事证据规定》的相关规定来看,应当是以大陆法系国家的法律要件分类说作为分配基础的。尽管《民事证据规定》有了关于证明责任的分配规定,但由于人们对证明责任以及证明责任分配的含义和条件并不熟悉,因此关于证明责任分配的规定并没有在诉讼实践中充分得以实行。鉴于同样的原因和宣传不够,整个《民事证据规定》实际上也都没有得以充分实施。人们对证明责任以及举证时限可能是议论或异议最多的两个领域。

二、《民诉法司法解释》中的证明责任分配规范

在 2012 年《民事诉讼法》进行较全面的修改之后,为了落实新《民事诉讼法》,2015 年最高人民法院出台了重新全面解释《民事诉讼法》的司法解释。在解释《民事诉讼法》的同时,也根据实践的需要创制了一些诉讼制度。《民诉法司法解释》中对证明责任以及证明责任分配也作出明确规定。在概念表述上将《民事证据规定》中的"举证责任"改为"举证证明责任"。(举证证明责任的内涵就是证明责任,如果使用证明责任则更为简洁。)比较 2001 年的《民事证据规定》,在证明责任方面,有很大的提升和完善,着重体现在明确提出了证明责任分配的一般原则。

《民诉法司法解释》第 91 条规定:"人民法院应当依照下列原则确定举证证明责任的承担,但法律另有规定的除外:(一)主张法律关系存在的当事人,应当对产生该法律关系的基本事实承担举证证明责任;(二)主张法律关系变更、消灭或者权利受到妨害的当事人,应当对该法律关系变更、消灭或者权利受到妨害的基本事实承担举证证明责任。"

作为证明责任分配的一般原则,《民诉法司法解释》将主张的基本事实(可对应主要事实或要件事实)划分如下:(1)产生法律关系的基本事实;(2)法律关系变更或消灭的基本事实;(3)妨害权利的基本事实。主张相应基本事实的一方对此承担证明责任。这一证明责任分配的理论依据是大陆法系国家证明责任分配的通说——法律要件分类说。在《民诉法司法解释》生效之后,与《民诉法司法解释》冲突的司法解释将失效。按照这一说明,《民事证据规定》的相关规定,只要不与《民诉法司法解释》相关规定冲突,则依然有效。由此,《民事证据规定》中关于证明责任分配的部分规定也就是有效的。例如,关于合同纠纷案件的证明责任分配因与《民诉法司法解释》关于证明责任分配原则一致,成为关于合同纠纷案件证明责任分配的细化规则。

三、实体法中有关证明责任分配的规范

关于证明责任分配的规范，并非只有民事诉讼法中才予以规定，从理论上讲，由于证明责任与实体权利联系的关系，更具体的证明责任规范应当在实体法中加以规定更为合适，因为在实体法中规定能够更为细致，更有针对性。这也是笔者所说的，抽象和原则的程序性规定应在民事诉讼法中加以规定，具体的程序性规定应该在实体法规范之中加以规定。但遗憾的是，我国的实体法规范的制定之中恰恰没有充分注意到这一点。其原因在于没有证明责任以及证明责任分配的意识。

（一）实体法直接规定证明责任的情形

实体法中明确或直接规定证明责任分配的不多。在《侵权责任法》中明确规定证明责任（举证责任）的是关于环境污染纠纷案件。该法第86条规定：因污染环境发生纠纷，污染者应当就法律规定的不承担责任或者减轻责任的情形及其行为与损害之间不存在因果关系承担举证责任。也就是说，在环境污染侵权诉讼中，双方之间就是否存在法律规定的不承担责任或者减轻责任的情形及其行为与损害之间不存在因果关系发生争议，并且该事实真伪不明时，污染者应当承担相应的不利后果。

（二）实体法间接规定证明责任的情形

在有的情形下，实体法间接地规定了证明责任分配。这些情形在《侵权责任法》中存在多处。例如，《侵权责任法》第85条规定，建筑物、构筑物或者其他设施及其搁置物、悬挂物发生脱落、坠落造成他人损害，所有人、管理人或者使用人不能证明自己没有过错的，应当承担侵权责任。所有人、管理人或者使用人赔偿后，有其他责任人的，有权向其他责任人追偿。该法第87条规定，从建筑物中抛掷物品或者从建筑物上坠落的物品造成他人损害，难以确定具体侵权人的，除能够证明自己不是侵权人的外，由可能加害的建筑物使用人给予补偿。该法第88条规定，堆放物倒塌造成他人损害，堆放人不能证明自己没有过错的，应当承担侵权责任。该法第91条第2款规定，窨井等地下设施造成他人损害，管理人不能证明尽到管理职责的，应当承担侵权责任。

从实体法的角度来看，在上述法律规定中，立法者将能够证明某种事实的存在或不存在作为作为承担法律责任的条件。例如，《侵权责任法》第85条的规定，建筑物的所有人、管理人或使用人不能证明自己没有过错的，将承担侵权责任。从证据法的角度来看，涉及证明责任的分担问题。也就是说，立法者将所有人、管理人或者使用人没有过错的这一事实的证明责任分配给了所有人、管理人或者使用人。按照证明责任，在这类纠纷诉讼中，双方之间就所有人、管理人或者使用人是否存在过错发生争议，而对于该事实，双方的证明使该事实处于真伪不明时，所有人、管理人或者使用人将要承担由此产生的

不利后果——判定所有人、管理人或者使用人承担侵权责任。这就是证明责任分配的机能。同样,第88条也是如此,在堆放物倒塌造成他人损害的诉讼中,堆放人没有过错的证明责任在堆放人一方。堆放人与受害人之间就堆放人是否存在过错发生争议,双方都没有能够证明,该事实处于真伪不明的状态时,堆放人将承担不利后果——承担侵权责任。《侵权责任法》第87条的规定稍微微妙一些,没有对加害主体的过错这一事实规定证明责任的分担,而是规定在不能证明自己不是侵权人时,将承担侵权责任。这种证明责任的分配是比较苛刻的,因为在一般侵权案件中,总是由权利人(被害人)证明义务人(加害人)有加害行为,而非义务人(加害人)承担自己不是侵权人这一事实的证明责任。所以,可以说这一规定属于一般证明责任分配原则的倒置。另外,第87条规定没有明确证明的客体究竟是什么,仅仅是抽象地规定"不是侵权人"。"不是侵权人"是指没有主观过错,还是指没有实施行为,或者说因果关系,没有明确。

第三节 证明责任分配的理论

一、罗森贝克的规范说理论

在国外,证明责任分配的理论学说可以分为两大类:第一类是按照证明对象的性质来分析,确定哪些事实应当哪一方来加以证明。例如,消极事实说和外界事实说。根据消极事实说,主张消极事实者不承担证明责任。根据外界事实说,则主张外界事实者不承担证明责任。第二类是按照法律构成要件的事实,依据不同的价值标准对证明责任加以分配。这类学说统称为"法律要件分类说"。其中,具有代表性的有因果关系说、通常事实说(或称通常发生事实说)、最低限度事实说、特别要件说。罗森贝克的证明责任分配理论被称为规范说(Die Normentheorie),也属于法律要件分类说这一大类。罗森贝克的证明责任分配原则也被称为"罗森贝克公式"。

罗森贝克的证明责任分配原则是,"如果没有一定的法规可以适用,则无法获得诉讼上请求效果的当事人,应就该法规要件在实际上已经存在的事实予以主张和举证"。"简言之,各当事人应对有利于自己的规范要件加以主张和举证。"[1]罗森贝克的分配理论建立在纯粹的实体法规结构的分析之上,是从实体法中法律效果的发生要件出发,对实体法的规定进行分类。从法律规范相互之间的逻辑关系寻找证明责任分配的原则。从对实体法律规范的分析上去寻找分配原则的方法,并非罗森贝克的首创。但从法律规范

〔1〕[德]L.罗森贝克:《证明责任论》,仓田卓次译,日本判例时报社1987年版,第116页。

相互之间的关系中去发现分配的原则，应当说是罗森贝克的独创。罗氏认为，在法律规范中存在一种补足支援关系和相互对立或排斥的关系。这里的相互排斥或对立，并不是说法规相互之间存在矛盾，而是指法规中既有关于发生权利的规范，也有妨碍权利的规范或消灭权利的规范，这些规范对权利有着肯定和否定的对立关系。例如，德国《民法典》第607条规定，消费借贷的贷与人有请求借用人返还借贷物的权利。同时，德国《民法典》第107条也有关于未成年人意思表示的法律效力的规定。如果借用人为未成年人时，借贷关系便不能成立。根据德国《民法典》第362条还规定，给付请求权因履行而消灭。德国《民法典》第119条规定，表意人意思表示错误的，可以撤销其意思表示。进而使得原已生效的法律关系从一开始就无效。德国《民法典》第214条规定，时效消灭后，债务人可以拒绝向债权人给付。民法的该条规定就属于限制债权实现的受制性规范。〔2〕

基于上述分析，罗森贝克将所有的实体规范首先分为彼此对立的两大类：一类是能够产生某种权利的规范。这些规范被称为"基本规范"（Grundnorm）或"请求权规范"（Anspruchsnorm）、"主要规范"（Hauptnorm）、"通常规范"（Regelnorm）。另一类规范是与产生权利规范相对应的，妨碍权利产生或使已经产生的权利复归于消灭的规范。这类规范又可以进一步分为三类："权利妨碍规范"（Rechtshindernde Norm）、"权利消灭规范"（Rechtsvernichthende Norm）和"权利受制规范"（Rechtshemmende Norm）。上面所谈到的关于借贷人可以请求借用人返还借款的规定就是权利产生规范，关于债权因债务履行而消灭的规定属于权利消灭规范，关于未成年人意思表示的规定就是权利妨碍规范，关于时效的规则则是权利受制规范。〔3〕以后，罗森贝克又将权利受制规范并入权利妨碍规范，将所有规范仅分为三类。

罗氏在对实体法规范作了上述分类之后，便对适用上述规范所要求的事实的证明责任进行分配。主张权利存在的人，因为要求适用关于权利产生的规范，因此，应就权利产生的法律要件事实举证。例如，主张对方损害赔偿，就必须满足损害赔偿的法律要件。这些要件是：损害事实的存在；加害人有主观上的过错；损害事实与行为人的行为有因果关系；加害人实施了加害行为。如果赔偿请求权人不能对这些要件事实加以证明，就不能适用关于损害赔偿的法律规范，请求人的请求权也就不能成立。相应地，否认权利存在的人，应对妨碍该权利的法律要件事实加以证明。主张权利消灭的人，应对权利已经消灭的法律要件事实加以证明；主张权利受制的人，应对权利受制（阻止）的法律要件事实加以证明。依据罗森贝克的观点，之所以要进行这样的划分，是因为法官适用法律时，首先必须确认适用该法律的法律要件事实是否存在，然后才能适用。主张的当事人如果不能证明该法律要件事实的存在，法官就不能依据该当事人的请求适用该法律，确认该

---

〔2〕［德］L. 罗森贝克：《证明责任论》，仓田卓次译，日本判例时报社1987年版，第117～118页。

〔3〕同上注。

法律效果的存在。正是由于罗氏立足于实体法律规范的相互关系，分析法律规范用语与内容的关系，以法律条文为证明责任分配的依据，所以罗氏的分配理论就称为“规范说”。

二、对罗森贝克规范说理论的质疑

规范说强有力的逻辑分析，以精细的法律规范作依据，具有很强的可操作性。所以，该说出台不久，便战胜其他分配学说，成为德国通说，并扩散到日本以及亚洲的其他国家和地区，也成为通说。也许是规范说“统治”的时间太长，人们对规范说太熟悉，规范说的种种问题也不断地显现出来。20 世纪 60 年代中期，首先由德国学者对罗氏的规范说“发难”，主将是德国学者瓦亨道夫（Wahrendorf）和莱伊波特（Leipold）。以后，日本学者也在“本土”对规范说发起攻击，掀起一场强劲的批判之风。领衔学者有石田穰、松本博之、春日伟知郎、加藤雅信、陇崎喜助等，阵容强大，将规范说的批判本土化。对规范说的批判主要有以下几点：

1. 规范说以预设的权利产生规范、权利妨碍规范和权利消灭规范为三种标准，然后以演绎推理的方法引出具体问题中的证明责任分配法则。但这样做的前提必须是所有的实体规范能够这样进行逻辑划分。实际上，权利产生规范与权利妨碍规范无法加以区分。以日本《民法》第 95 条为例，该条规定：“法律行为的要素有错误者，意思表示无效。但表意人不得自己主张其意思表示无效。”依照规范说的理论，错误存在的事实就应当是权利妨碍的事实。那么，该条就是关于权利妨碍的规范。问题在于，如果立法者将错误存在事实当作权利妨碍事实，这与立法者将错误不存在的事实当作权利产生事实是完全相同的。两者的区别仅在于立法者的表达方式不同而已。〔4〕

2. 关于这一点莱昂哈德就曾经在 21 世纪初，在罗氏的《证明责任论》一书出版前，针对当时的通说中关于权利根据事实和权利妨碍事实的划分提出批评，认为这种划分并没有经过证明，是一种任意的划分。因为，一种法律效果的要件既可以是权利根据事实，同时也可以是权利妨碍事实。例如，关于行为能力，如果依照区分权利根据事实和权利妨碍事实的观点，有行为能力为权利根据事实，无行为能力为权利妨碍事实。但事实上有行为能力者对自己的行为负责与无行为能力者不对自己的行为负责是同一个意思。20 年以后，罗森贝克对莱氏的这种批评进行回应，认为权利妨碍的法律要件对于实体法仍然有其意义。为了增强说服力，罗森贝克举出了很多例子。其中一个例子是关于车内吸烟的例子。罗氏举例说，关于车内吸烟有两个规定：一个规定是在一等车厢中，只有征得所有乘客的同意时，才能吸烟；另一个规定是如果旅客没有异议就可以吸烟。罗氏认为，这两个规定的实体法效果是不同的。前者是以全体乘客的同意为法律要件，依后者的规定，在没有乘客提出异议之前，吸烟是被许可的。对此，莱氏的反驳是，这个例子不能说

---

〔4〕［日］石田穰：《举证责任论的现状与未来》，载《法学协会杂志》第 90 卷第 8 号。

明区分权利根据规范和权利妨碍规范的必要性。因为,关于吸烟的两个规定在实质上就是不同的,所以才有不同的实体法效果。不能成为对上述行为能力问题辩护的理由。笔者也注意到,前一个规定,同意是先行的、前提性的,而后一个规定,吸烟是主动和现行的,乘客异议是被动的行为。〔5〕

3. 规范说在方法论上是法规不适用和法律规范分类,并依此对要证事实进行分类。这种分配的结果与法律上的事实推定矛盾。按照罗森贝克的观点,法律上的事实推定,是指某一法律构成要件事实,受另一事实推定的规定。法律构成要件的事实称为推定事实,另一事实为前提事实。德国《民法典》第1253条第1款前段规定:"质权人将质物返还于出质人或所有人时,其质权消灭。"该条第2款又规定:"质物有出质人或所有人占有时,推定质权人已经返还其质物。"质权人返还质物的事实为推定的事实,出质人或所有人占有质物的事实为前提事实。根据规范说,主张质权消灭的人,应就质权返还的事实举证,因为该条第1款的规定应当是权利消灭的规范。如果主张质权的人不能证明返还质物的事实,使是否返还质物的事实处于真伪不明的状态时,法官就不能作出有利于主张质物消灭的人的判决。但该条第2款已经规定,如果主张质权消灭的人能证明其占有质物的事实,即使质物返还的事实真伪不明,法院也应当适用第1款的规定,作出有利于主张者的判决,而不是罗森贝克所说的法规不适用。〔6〕

4. 对规范说的批判还针对该学说中认为对间接反证的事实也应适用关于客观证明责任分配原则的观点。所谓间接反证,是指负有证明责任的一方当事人借用经验法则(举出事实A、B、C)推导出自己主张的正确性。在这种情况下,不负证明责任的对方当事人又通过对与A、B、C不同的事实的证明,动摇了法官前面已经形成的心证,使负有证明责任的当事人应证明的事实又回到了真伪不明的状态。前一当事人的证明称为"间接证明",后面针对该当事人的间接证明而提出的证明则称为"间接反证"。反规范说的学者认为,罗氏在这里混淆了主观证明责任和客观证明责任的区别,对间接事实不存在客观证明责任负担,只是主观证明责任负担的问题。当间接事实获得证明时,原告虽然应当另外提出事实或证据以推翻法官对间接事实的认定,但并不是原告对推翻间接事实的其他事实负担客观证明责任。客观的证明责任仍然由被告负担。〔7〕

5. 对规范说的批判除了集中于该理论自身结构和逻辑之外,批判者还指出该学说的功能缺陷。批判者认为法律要件分类说过于注重法律规定的形式构成,完全不考虑举证难易、对权利救济的社会保护,使证明责任制度的适用走入教条,从而影响证明责任分配的实质公平与公正。尤其是消费者保护诉讼和环境污染侵权诉讼中,如果按照规范说分

〔5〕［日］松本博之:《证明责任的分配》,信山社1996年版,第49~50页。

〔6〕参见陈荣宗:《举证责任与民事程序法》(第二册),台湾大学法律丛书编辑委员会1984年版,第29页。

〔7〕［日］松本博之:《证明责任的分配》,信山社1996年版,第51页。参见陈荣宗:《举证责任与民事程序法》(第二册),台湾大学法律丛书编辑部1984年版,第30页。

配证明责任，则受害人很难有效地维护自己的合法权益。另外，批判者在批判之中对法律要件分类说进行修正调整，或对其彻底否定以新学说取而代之。

支持规范说的学者对反规范说的种种“指控”进行了积极的辩护。例如，关于权利产生规范与权利妨碍规范的区分问题。支持者认为，将某一事实的存在积极地认为属于权利发生规范，或者将该事实的不存在，消极地认为属于权利妨碍规范是完全可以的。如何区分，关键在于把握立法者的意图，而立法者的意图可以从法条的语言表达和体裁中明了。以日本《民法》第 95 条为例，该条中规定的“法律行为的要素有错误时，意思表示无效”，在立法者的意思来看，只能是指法律行为无效时的法律要件，怎么能够理解为是法律行为的要件呢？此即是对“认为该条规定既可以是权利发生规范，也可以是权利妨碍规范”的批驳。〔8〕由于论辩双方的各种观点都是在特定的环境、法律背景和话语场景中进行的，因此，场景外的人很难对论辩双方观点的正误作出判断。

三、规范说理论的修正以及证明责任理论的发展

在罗森贝克规范说成为证明责任分配的通说之后，就遭受了来自德国、日本学界的各种质疑，不少学者试图以新的证明责任理论取代罗森贝克的规范说。

（一）德国的危险领域说

危险领域说是一种被认为区别于规范说的有关证明责任分配的新理论。其倡导者是德国学者普霍斯。普霍斯关于危险领域说的发想源于普霍斯对德国一系列判决的研究。这些判决在涉及合同违约的诉讼中，在如何分配证明责任的问题上，有比较特殊的地方。普氏发现，从水源案开始，法院对于来自“涉及危险领域”的损害原因处于真伪不明状态时，则由被告负担证明责任。而不是像过去那样，关于损害原因事实的证明由原告承担。普霍斯从这些判决得出一个结论：在危险领域应当适用一种新的证明责任分配的原则。所谓“危险领域”，按照普氏的界定，是指当事人在法律上或事实上能支配的生活领域。在这个“危险领域里”，被害人对损害发生的主观和客观要件均不承担证明责任。相反，加害人应对不存在损害事实发生的主观和客观要件事实加以证明。这种加重加害人证明责任的分配理论出于以下考虑：（1）被害人难以知道处于加害人控制之下的危险领域里所发生的事件过程，因此，难以提出证据。（2）相反，由于该危险领域在加害人的控制之下，加害人更容易了解有关案件的情况，因此，容易提出证据，证明自己的清白。（3）德国民法中有关当事人民事责任承担的法律规定均在于防止损害发生。要实现这一目的，就应当让加害人对在自己控制的危险领域里所发生的事情加以举证，不能证明时就要承担不利的后果。这样有利于预防损害的发生。总之，由加害人承担证明责任

---

〔8〕［日］仓田卓次：《对证明责任论中通说的拥护》，载《判例タイムズ》第 26 卷第 6 期（1975），第 57～65 页。

是因为损害原因出自加害人能控制的危险领域,而对于该危险领域,受害人不能左右。[9]危险领域说认为,证明责任分配的标准在危险领域和没有危险的领域应当是不同的。在这些领域中,如果仍然按照规范说的标准分配证明责任的话,就难以使受害人的权利得到救济。根据规范说的证明责任分配原则,主张权利产生的人就应对权利产生的法律要件事实举证。在损害赔偿的场合,损害赔偿请求权能够成立,就必须证明以下法律要件事实:(1)存在损害事实;(2)加害人有过错;(3)加害行为与损害事实有因果关系;(4)加害行为是侵权行为。如果上述事实由受害人承担证明责任,显然加重了受害人的负担。尤其是加害行为与损害事实之间的因果关系的证明,对于被害人来讲往往相当困难,特别是在现代工业化时代,因果关系常常不能以人们一般所具备的知识去判断、识别,这就给受害人的权利救济设置了障碍。因此,必须反思法律要件分类说,积极考虑如何分配证明责任。危险领域说的最大特点是不拘泥于法律条文对权利规定的形式构成,把证明的难易和有利于防止损害的发生作为证明责任分配的根据。在这一点上,危险领域说似乎是待证事实分类说的回归,但实际上危险领域说并没有完全否定法律要件分类说。不过是主张在某些领域(危险领域)里考虑证明难易和损害救济预防因素。具体地讲,只在不法行为侵权领域和契约关系领域中考量举证难易和损害救济预防等因素。应当说危险领域说在方法论上改变了过去规范说的教条主义,在证明责任的重新分配方面反映了分配公正性的要求。

(二)日本的利益考量说与实体法说

日本的学者也在指出罗氏理论不足的同时,也提出关于证明责任分配的新原则和理论。其中比较具有代表性的是日本学者石田穰教授和新堂幸司教授。他们的基本观点被称为“利益考量说”(从内容来看,也可以概括为“具体情形说”)和“实体法说”。

1. 利益考量说。石田教授认为,证明责任的分配根据不应该是教条的,形式化的,而应当根据具体的情形进行分配。主要的考量根据是:其一,是立法者的意图。其二,在立法者意图不明确的情况下,可根据当事人与证据距离的远近为标准进行分配。其三,双方当事人与该证据的距离相同时,可根据举证的难易程度或事实存在与否的可能性高低作为标准。其四,当事人有妨碍举证或违反禁反言的行为时,证明责任的分担实行倒置。[10]

2. 实体法说。该说主要以所谓实体法的趣旨以及实体法的价值判断作为分配标准。之所以称为“实体法说”,是因为在这一学说中,证据法中的考量因素被剔除,如距离证据

---

〔9〕［德］汉斯·普维庭:《德国现代证明责任论》,吴越译,法律出版社2006年版(第17章“危险领域与客观责任的分配”),第289~310页。

〔10〕［日］石田穰:《证明责任论的再构成》,载《判例タィムズ》第322号。

的远近、举证的难易等因素，而是单纯从实体法的角度予以考量。按照这种学说的观点，合同法乃至民法整体的趣旨是维护交易安全。因此，主张错误这一事实处于真伪不明时，应当由主张错误的一方当事人来承担证明责任，如此分担证明责任是基于实体法上交易安全的考虑，而非基于证据法上证据距离的远近。[11]

四、对证明责任学说的评价

规范说是一种关于证明责任原则规范的学说，而非关于在具体情形下如何分配证明责任的指导性理念。作为一种抽象的原则规范，很难避免具体情形下分配的不合理性问题。不可否认只有根据具体情形才能做到证明责任分配的合理性，但这一方面要求实体法尽量根据相应的规范情形对具体证明责任作出规定；另一方面，也要求诉讼中的法官对于实体法的具体规定及精神有所了解，并根据具体案件的情形予以处置。如此尽管最好，但由于实体法不可能穷尽所有情形，并作出细致的规定，同时也无法给予法官完全的自由裁量。因此，在我国目前的司法体制和环境之下，短期内法官素质尚不能满足正当自由裁量要求时，尤其需要有抽象的原则规范予以统一。抛开抽象的证明责任原则规范显然是不现实的。抽象原则是必需的。而从抽象的证明责任规范理论来看，尽管规范说存在诸多问题，但其他学说还无法取代或超越规范说，更多还是在规范说基础上予以修正。如果以规范说为基础，针对具体的特殊类型予以适当修正，证明责任分配的正当性是可以保证的。

第四节 证明责任分配原则的运用

一、证明责任分配原则适用应注意的几个问题

尽管从 2001 年开始民事诉讼实践开始尝试适用证明责任，至今已经有一些成效，但总体而言，证明责任规范的适用并不是十分理想。一方面是人们对证明责任的认识还不是很清晰，对适用的条件和具体操作还不是很清楚；另一方面也是因为制度和司法习惯的原因，人们往往在回避真伪不明的实际状况下作出裁判，导致证明责任规范的运用受阻。要想充分发挥证明责任规范的作用，正确地分配证明责任，实现裁判的正义性，应当注意以下几点：

---

〔11〕 详见［日］高桥宏志：《民事诉讼法——制度与理论的深层分析》，林剑锋译，法律出版社 2005 年版，第 444 ~ 449 页。

1. 明确证明责任规范的适用前提。因为证明责任作为结果责任是基于一种大致的假定,因此,适用证明责任规范作出裁判是不得已而为之的做法或选择。在当事人基本穷尽所有证据方法,法官在综合全案情形的基础上,依然不能对主要事实予以认定时,才能动用证明责任规范作出处理。

2. 需要充分了解权利或法律关系的基本要件。实践中,人们之所以不能很好地运用证明责任,其中一个重要原因是对每一个案件中实体权利或法律关系的要件并不清楚。证明责任分配运用是与实体法的法律要件密切联系在一起的,是以特定的法律要件事实为前提。对于某一特定权利或法律关系,如果不清楚权利发生、权利消灭、权利妨碍的要件事实是什么,也就无法分配证明责任。例如,一般侵权损害赔偿请求权发生的要件是行为违法、行为与损害结果之间存在因果关系、行为人存在主观过错、存在损害事实,四个要件缺一不可。作为主张损害赔偿请求权的一方就必须对四个要件事实承担证明责任。如果四个要件事实处于真伪不明时,请求权不能成立。再如,关于借贷返还纠纷的案件。主张返还请求权的一方当事人应当对返还请求权发生的要件事实承担证明责任。返还请求权的要件包括两个——借贷关系成立和借贷款项已经交给对对方。如果这两个要件事实不能证明,则借贷返还请求权不能成立。已经返还的事实属于借贷请求权消灭的事实,被告应当对该事实承担证明责任。这就需要对实体法中相应规定的各种法律要件有正确的了解。即要明确什么是权利产生的事实,什么是权利妨碍(妨害)的事实,什么是权利变更或消灭的事实。但在实践中,有的当事人甚至有些律师、法官也并不了解具体的法律要件构成,尽管知道法律的相关规定。例如,不清楚关于借贷返还请求权成立的两个要件是什么以及什么是相应的权利消灭的事实,当然也就不会清楚相应证明责任的分配。因此,也就导致了证明责任规范难以在实践中实施。这里存在一个深化宣传、普及相应应用知识的问题。

3. 在适用证明责任原则时,需要注意区分对证据的抗辩与请求原因事实的实体抗辩。只有实体抗辩才存在证明责任的分配问题。针对原告证据的反驳不存在客观证明责任的问题。权利妨碍事实、权利消灭事实都属于针对权利主张的实体抗辩事实。被告主张相应事实的,就要对该事实承担证明责任。例如,原告主张偿还请求权,要求偿还借款10万元。被告主张已经偿还,予以抗辩。已经偿还借款事实就属于权利消灭的事实,被告对此事实主张要承担证明责任,如果该真实真伪不明时,被告就要承担由此产生的不利后果。如果被告主张双方之间有偿还期限的约定,而偿还期限尚未届满,则该抗辩事实属于权利妨碍事实,如果被告不能证明该事实的存在,就要承担由此产生的不利后果。如果该事实存在,则原告偿还请求权不能实现。在我国的证明责任实践中,不少人将双方之间的证据抗辩与实体抗辩混淆起来,这样一来就无法理解关于证明责任的分配原则。一方对另一方证明的反驳不存在证明责任分配的问题。只有关于主要事实或要件事实的证明存在证明责任。被告一方提出收据,证明已经偿还借款,对方证明该收据是假的。法官可以要求主张是假的一方提出证据加以证明，如果不能证明收据是假的，表明被告对权利消灭事实的主张的证明可能是成立的。原告的请求权不能成立。如果能够证明收据的确是假的，被告的抗辩便不能成立，就要承担抗辩事由不能成立的后果。

4. 注意证据共通原则。所谓证据共通原则，是指在诉讼中，无论证据是哪一方提出来的，都可以成为要件事实的根据。也就是说，对方提出的证据，也可以成为己方主张事实的证明根据。

5. 对于特定的诉讼请求，法院可以释明请求权成立的要件事实；相应地，法院也可以对对方当事人释明权利消灭或权利妨碍的要件事实。如果不释明，当事人有可能无法知晓什么是权利产生的要件事实，什么是权利消灭或权利妨碍的事实。但应当注意的是，法院不能具体指明什么纠纷中什么证据可以用于证明这些要件事实。否则，成为法院的非正当职权干预行为。

二、证明责任分配应用示例

以下以甲与乙之间的借贷纠纷为例。甲与乙之间一年前达成关于甲借给乙 10 万元的协议。协议明确借期为半年，利息 10%。双方签订借贷合同。双方在合同文本上签字。当天，甲在通过银行转账将 10 万元转到乙的账户。借期届满之后，乙因为经济原因没有还款。电话请求甲再延长一年还款。甲没有同意。多次催促还款，未果。甲始向法院提起诉讼，请求乙返还借款本金及利息。被告应诉。

此案证明责任分配运用如下：

1. 甲作为原告要求被告乙返还借款及利息。本案的诉讼标的是借贷本金返还请求权和利息返还请求权（在实践中，人们往往理解为是一个诉讼标的）。

2. 本金返还请求权的要件事实（权利产生的事实）为：(1) 借贷关系成立；(2) 甲将 10 万元实际交给被告乙。借贷关系成立的证据为双方之间签订的合同。甲实际交付 10 万元的证据为银行转账记录小票；

3. 利息返还请求权的要件事实为：(1) 双方之间关于利息的约定；(2) 约定本金 10 万元的借贷关系成立；(3) 原告甲将 10 万元实际交给乙。

4. 被告在答辩状中抗辩已经返还借款 8 万元。证据是银行转账记录小票。第一次开庭审理中，原告提出证据证明此款为被告乙交付的货款。被告改为抗辩原告已答应减半返还本金，并免除利息。同意返还本金 5 万元。被告主张原告同意减少借贷返还，以及免除利息属于权利妨碍事实。被告的证据是证人丙的证言。

5. 以后案件审理的事实焦点集中于，是否存在本金债务部分免除和利息债务全部免除的问题。法院传唤证人到庭询问证人是否存在原告免除债务的事实。在证人询问中，由于不能确定证人证言的真实性。综合全案情形，法院不能认定原告是否同意过免除债务的事实。按照《民诉法司法解释》关于证明责任的规定，被告关于权利妨碍的事实主张真伪不明,应当承担由此产生的不利后果。被告应当返还原告主张的10万元本金及利息。诉讼中,双方就利息达成调解,免去利息。

思考题

1. 什么是证明责任的分配?意义何在?
2. 具体说明什么是权利产生的要件事实?什么是法律关系变更或消灭的要件事实?什么是妨碍(妨害)权利的要件事实?
3. 侵权纠纷案件的证明责任是如何分配的?

真题链接

1. **(2015年司法考试卷三多选第96题)**主要办事机构在A县的五环公司与主要办事机构在B县的四海公司于C县签订购货合同,约定:货物交付地在D县;若合同的履行发生争议,由原告所在地或者合同签订地的基层法院管辖。现五环公司起诉要求四海公司支付货款。四海公司辩称已将货款交给五环公司业务员付某。五环公司承认付某是本公司业务员,但认为其无权代理本公司收取货款,且付某也没有将四海公司声称的货款交给本公司。四海公司向法庭出示了盖有五环公司印章的授权委托书,证明付某有权代理五环公司收取货款,但五环公司对该授权书的真实性不予认可。根据案情,法院依当事人的申请通知付某参加(参与)了诉讼。本案需要由四海公司承担证明责任的事实包括:(　　)〔12〕
   A. 四海公司已经将货款交付给了五环公司业务员付某
   B. 付某是五环公司业务员
   C. 五环公司授权付某代理收取货款
   D. 付某将收取的货款交到五环公司
2. **(2014年司法考试卷三多选第79题)**当事人可对某些诉讼事项进行约定,法院应尊重合法有效的约定。关于当事人的约定及其效力,下列哪些表述是错误的?(　　)〔13〕
   A. 当事人约定"合同是否履行无法证明时,应以甲方主张的事实为准",法院应根据该约定分配证明责任
   B. 当事人在诉讼和解中约定"原告撤诉后不得以相同的事由再次提起诉讼",法院根据该约定不能再受理原告的起诉
   C. 当事人约定"如果起诉,只能适用普通程序",法院根据该约定不能适用简易程序审理

---

〔12〕 AC
〔13〕 ABCD

D. 当事人约定“双方必须亲自参加开庭审理，不得无故缺席”，如果被告委托了代理人参加开庭，自己不参加开庭，法院应根据该约定在对被告两次传唤后对其拘传

参考文献

1. 张卫平：《证明责任：性质与分配》，载张卫平：《民事诉讼：关键词展开》，中国人民大学出版社 2005 年版，第 201 ~ 273 页。
2. 胡学军：《从“抽象证明责任”到“具体举证责任”——德、日民事证据法研究的实践转向及其对我国的启示》，载《法学家》2012 年第 2 期。
3. 吴泽勇：《规范说与侵权责任法第 79 条的适用》，载《法学研究》2016 年第 5 期。

案例分析

扫描二维码阅读案例及作者对该案例的精彩分析。

关键词索引

证据 1,15,22,30,154,160,172,182,253
民事诉讼 2,7,10,280
实体规范 293
程序规范 5
民事责任 25,38,48,177,209,227
侵权责任 290,291
请求权 3,33,38,52,177
职权主义 8,9,10,11
当事人主义 9,10,11,105,119
英美证据法 25,142,144,257
大陆法系证据法 6,7,8,18
证据资料 15,17,24,74,95
民事证据规范 3,4,174
证据方法 15,24,39,51,71,92
人证 7,15,19
物证 15,89,94
证据的合法性 15,16,156,190
证据材料 15,16,195,204,222
视听资料 15,23,34,66,68
电子数据 23,24,66,68
证人证言 49,50,55,71,138
当事人陈述 89,90,92,93
勘验笔录 68,71,89,98
鉴定意见 68,69,70,77,85
鉴定结论 68,86,207,229,256
类型化鉴定 79
证据能力 17,18,30
证据的关联性 17,129
证明力 18,30
直接证据 18,21,120,127,215
间接证据 18,21,127
传来证据 18,20,135,261
原始证据 18,20,72,135,261
法定证据原则 18,129,222,253,254
自由心证原则 6,18,118,219,252,258
诉讼代理权 19
非法证据排除 8,98,156
书证 28,29,30,68,216
文书 29,30,42,213
公文书 29,215,256
私文书 29,216
处分性文书 29,217
报道性文书 29,30,216
普通文书 29,101
特别文书 29,30,101
原本 30,114,141,206,254,266
副本 30,53,166,254
缮本 30
影印本 30
节录本 30
译本 30,280
认证本 30
举证证明责任 31,36,94,243,289
书证提出义务 23,31,32,34,41,165
文书提出命令 23,33,159
证据开示 8,32,158,165

准文书 23,32,34
证明责任 13,21,35,83,146,269
证人 49,51,54,179
单位证人 49,50
举证期限 35,83,178,195
司法鉴定 79,86
诉讼内的鉴定 78
诉讼外的鉴定 78,80,229
私鉴定 78,80,129
职权鉴定 83
重新鉴定 86,207
质证 16,17,71,85,155,224,228
专家辅助人 80,81
诉讼辅助人 44,256
专家证人 58,60,82
本证 21,245
反证 21,29,46,143
反驳 83,125,189
反驳性证据 22
证据保全 110,172,182,213
法庭调查 45,97,202
处分原则 2,9,141,237
辩论原则 2,9,63,111,236,270
平等原则 32,201
新证据 196,204,208
诚实信用原则 52,79,110,151,197,265
证据交换 22,198,201
举证失权 197,198,265
证据开示 8,158,165
主要事实 13,91,111,235
间接事实 91,117,235
辅助事实 91,235
经验法则 8,20,123,125,147
众所周知的事实 112,125,144,145,272
自然规律 125,145,221
事实上的推定 127,145,146,219
法律上的推定 145,219
法律上的事实推定 127,145,146,219,294
法律上的权利推定 127,145,146,219
自认 104,112,119
诉讼上的自认 109
诉讼外的自认 109,110
疏明 232,234
真伪不明 22,137,148,221,271
举证证明责任 31,36,40,243,284
证明责任规范 137,272
客观上的举证责任 271,273,276
实质上的举证责任 271
说服责任 245,278
主观上的举证责任 271,273
形式上的举证责任 271
证据提出责任 147,157,271,274
实质上的举证责任 3,124,230
主张责任 13,92,167,273,276
事实主张 21,39,93,106,221
权利主张 281,283,298
盖然性 3,124,230
证明责任分配 13,115,249,286,287
罗森贝克公式 291
法律要件分类说 289,295
规范说 291,293,295,297
消极事实说 291
外界事实说 291
因果关系说 291
通常事实说 291
最低限度事实说 291
特别要件说 291
请求权规范 272,292
权利妨碍规范 292,293,294
权利消灭规范 292,293

权利受制规范 292
免责事由 288
证明责任的倒置 289
证明标准 3,22,130,232
客观真实说 241
高度盖然性说 3,125,130
中度盖然性 278
内心确信 131,241,254,278
质证 56,85,158,194
对质 56,166
公开质证 75
认证 44,155,186,231
法院调查取证 205
武器平等 166
证人 49,51,54,55
证据效力 16,63,173,216,226
程序正义 13,87,131,192
实体正义 16,270
证据主体 16,74
证据形式 16,22,71,94,179
证据取得方法 16,74
偷录 16,67,268
偷拍 16,67
证据程序 16,74
质证程序 16,85,174,224
原件 19,40,71,257
原物 19,257
复印件 19,72,257
复制品 19,40,72,97
隐私权 2,16,56,166
非法证据 2,98
非法证据排除规则 8,156
禁止性规定 3,74,190
电子证据 22,34,67,182
一般义务 33,34,36
信息资料 32,34,69
保证书 54,55,84,94
鉴定结论 23,68,86,135,222
司法鉴定 79,86
类型化鉴定 79
非类型化鉴定 79
鉴定申请 83,207
鉴定人 44,83
鉴定机构 78,81,84
补充鉴定 86
重新质证 86
重复鉴定 86,87
补充质证 86
交叉询问 7,56,57,129
待证事实 22,30,92,95,127,130
证据可能灭失 176,177
人民法院调查收集证据 161,162
追加当事人 14,161,162
中止诉讼 14,161
终结诉讼 14,161,162
回避 14,16,44,161,192,228
程序事项 43,232
商业秘密 35,161,191
个人隐私 35,161
举证 35,195
失权 36,197,265
逾期证据 196,238
突然袭击 109,192,197,237
新发现的证据 204,205
基本事实 59,197,235,237,238,29
诉讼争点 166,198
争点效 149,150,151,152
证据整理 198
证据抗辩 229,298
起诉状 14,35,113,206

答辩状 14,35,113,206
定理 124,125,145,221
裁判上的推定 219
公证文书 29,125,213
广义的证明 232
狭义的证明 232
法律要件事实 221,222,235,283,298
文书真实性 29
基本规范 292
主要规范 79,292
通常规范 292
一元化证明标准 241
高度可能性 243
排除合理怀疑 3,242,261
罚款 40,52,54,157,197,238
拘留 52,54,157
环境污染纠纷 78,290
产品质量纠纷 77
医疗纠纷 77,80,289
公权力 2,6,32,155,257
私权利 155,260
公证证明 30,144,212
公证证据保全 182,186
罗森贝克 34,277,291,293,294
谁主张,谁举证 286
败诉风险 274

图书在版编目(CIP)数据

民事证据法 / 张卫平著. —北京:法律出版社,2017(2021.9 重印)
ISBN 978 - 7 - 5197 - 0969 - 3

Ⅰ. ①民… Ⅱ. ①张… Ⅲ. ①民事诉讼—证据—法的理论—研究—中国 Ⅳ. ①D925.113.01

中国版本图书馆 CIP 数据核字(2017)第 135498 号

民事证据法
MINSHI ZHENGJUFA

张卫平 著

责任编辑 刘 琳
装帧设计 乔智炜

出版发行 法律出版社
编辑统筹 法律教育出版分社
责任校对 郑怡萍
责任印制 胡晓雅
经　　销 新华书店

开本 787 毫米×1092 毫米 1/16
印张 20.25 **字数** 384 千
版本 2017 年 6 月第 1 版
印次 2021 年 9 月第 3 次印刷
印刷 三河市龙大印装有限公司

地址:北京市丰台区莲花池西里 7 号(100073)
网址:www.lawpress.com.cn
投稿邮箱:info@lawpress.com.cn
举报盗版邮箱:jbwq@lawpress.com.cn

销售电话:010 - 83938349
客服电话:010 - 83938350
咨询电话:010 - 63939796

书号:ISBN 978 - 7 - 5197 - 0969 - 3
定价:48.00 元

凡购买本社图书,如有印装错误,我社负责退换。电话:010 - 83938349